하이데거
사유의 도상에서

하이데거
사유의 도상에서

[리하르트 비서 지음 ● 강학순 · 김재철 옮김]

철학과현실사

■ 한국어판을 위한 서문

마르틴 하이데거와 칼 야스퍼스는 20세기 말엽 가장 중요한 독일 철학자로 일컬어진다. 이 두 사람은 차이는 있지만 세계 전역에서 많은 주목을 받아왔다. 그 동안 102권에 달하는 하이데거 전집을 통해서, 그리고 시간이 지나면서 방대하면서도 다양한 칼 야스퍼스의 유고에서 출판된 두꺼운 책들을 통해서, 그들 사유의 전반적인 윤곽이 드러나게 되었고, 이제 사람들은 이 두 사람, 사유자 하이데거와 철학자 야스퍼스가 생전에 가르치고 저술했던 것에 전체적으로 접할 수 있게 되었다. 동시에 하이데거의 사유의 길과 야스퍼스의 철학함에 대한 그 동안 훑어보기도 힘들 정도로 많아진 2차 문헌들은 제한된 주제와 관점의 선택 그리고 그 관심과 평가를 통해 부분적이지만, 의도적으로 이 두 사람간의 뚜렷한 차이와 대립을 나타내 보여주고 있다.

분명한 것은 이전이나 오늘이나 중요한 것은 그때마다 항상 다시 사람들은 나름대로의 그럴 듯한 이유를 가지고 이 두 사람을 20세기의 두 대립자로서 특징짓고, 정식화를 위해 각각 따로 특징을 부여하며, 그것이 수용적으로 받아들여지든 파괴적으로 거절되든, 두 사람의 저작에서 던져지는 엄청나게 많은 개별적인 물음에 대한 특별한 연구가 진행되었다는 사실이다. 이러는 동안 이제 야스퍼스냐 아니면 하이데거냐 하는 식의 물음은 더 이상 중요하지 않게 되었다. 오히려 오늘날 물음은 하이데거와 야스퍼스에 대한 것이다. 보다 정확히 말해서, 물음은 어떻게 흔히 아주 다의적인 말로 특징지어진 진리에 대해 각각 이 두 사람이 사유해온 것이 정당화될 수 있는가 하는 점이다.

한편으로 하이데거는 지식적이고 전문적인 이해로서의 해결이 충분치 않다는 점을 "철학의 끝과 사유의 과제"라는 주장을 통해 제시한다. 그 때문에 사유가 철학에서 할 수 있는 것 이상으로 더 사유적"이어야 할 필요가 있다. 결국 사유는 철학을 뒤로 할 수밖에 없다. 다른 한편으로 세밀하고, 전문 분야에서 뛰어나게 되는 것으로 만족스럽지 못하기 때문에 철학이 바로 그 종말에 있지 않다고 야스퍼스는 밝히고 있다. "오히려 유럽철학의 끝에 다가올 세계 철학으로의 길"을 찾는 것이 "시대의 과제"(야스퍼스)며, 따라서 "철학이 물러서서는 안 된다. 적어도 오늘날에는"이라는 주도적인 그의 명제는 여기에서 중요한 의미를 가진다.

이처럼, 하이데거와 야스퍼스는 20세기 문제와 관련한 대립이라고 말할 수 있다. 즉, 그들이 어떻게 그것을 의식하려고 했는지에 대해서만 아니라, 우리가 이 사람이냐 저 사람이냐를 결단하는 일에 나 자신이 직면하게 되었다는 것이다. 오늘날 — 징후로 볼 때 — 인터넷-소비-사회에서, 모니터에서부터 눈을 떼지 못하게 된 사람에게 사유가 "존재를 사유하지 않고 있음"(하이데거)을 보다 더 분명히 밝혀야 한다면, "더 사유적"이어야 한다는 것에 동의할지 않을 수 없다. 이러한 사실은 또한 "데이터"와 "데이터 고속망"의 다채로운 접근에도 그 명맥을 유지해야 하는 거부할 수 없는 철학함을 요청한다. 즉, 이는 긴 전통을 가져온 영원의 철학에 주목을 할 뿐만 아니라, 그 때문에 "다가오는 세계 철학"을 위해 개방되어 있음을 나타낸다. 알려진 『마르틴 하이데거 / 칼 야스퍼스의 서신 교환 1920~1963』에서 보여주듯이 두 사람, 하이데거와 야스퍼스는 서로 만났을 뿐만 아니라, 철학을 "교수들의 철학, 단순한 교과 철학으로 쇠퇴하는 경향에 반대해 당시 근원적으로 개방적인 태도를 가진, 즉 "사유하며" "철학할" 준비가 된 사람으로서 상대방을 서로 평가하고 인정했다.

당시 대부분의 다른 철학자들이 보았듯이, 그것이 존재 사유든 철학이든, 그들의 관계를 엄청난 거인들의 싸움으로 여긴 것은 이상한 것이 아니다. 상호 연관되면서도 대립하는 독특한 이 대-결을 문제 삼을 때, 모든 지금까지 철학에 놓여 있는 방향들을 만족시킬 수 있다. 이 방향들은 그 동안 상당히 넓고 방대하지만, 그것에 대한 어떤 공동적인 이름도 없이 간격이 벌어지며 진행되고 있었다. 이 방향들에 우리는 하이데거와 야스퍼스를 통해서 더 분명하게 도전해나갈 수 있게 된다.

비유적으로 말해서, 사람이 두 다리로 걸어야 하는 것처럼, 나 자신은 두 사람, 야스퍼스와 하이데거 모두에게 공평하려고 노력했다. 이런 노력의 일환으로 나는 다음과 같은 일을 해오고 있다. 철학을 위한 세계 회의를 기회로 캐나다의 몬트리올 (1983), 영국의 브라이튼(1988), 러시아의 모스크바(1993), 미국의 보스톤(1998)(미국 암헤르스트 매사추세츠대학의 레오날드 H. 에르리히 교수와 함께)에 열린 네 차례의 국제 칼 야스퍼스 -회합을 제의하고 조직하고 진행했고, (마찬가지로 그와 함께)

세 권의 기록 문서집을 출간했다 —『칼 야스퍼스. 오늘. 미래의 문턱에서의 철학』(워싱톤 D.C. 1988),『철학자들 중의 철학자 — 철학 중의 철학』(Würzburg, 1993),『칼 야스퍼스. '세계 철학'으로의 도상에서의 철학』(Würzburg, 1988). 네 번째 책 — 『칼 야스퍼스의 철학 : 현재에 뿌리내린 미래를 위한 패러다임 — 칼 야스퍼스의 철학 : 칼 야스퍼스의 철학 : 현재성과 미래』 — 은 준비중에 있다.

반면 나는 또한 하이데거편에서 내가 할 수 있는 것을 수행하려고 노력하고 있다. 여기 몇 가지 열거한다면, 하이데거 자신이 설명했듯이 유일한 텔레비전-인터뷰와 함께 마르틴 하이데거의 80회 생일 기념을 위한 나의 텔레비전 필름을 말할 수 있고, 내가『대담중의 마르틴 하이데거』, Freiburg im Breisgau (1970)라는 제목으로 출판한 기록문이 있다. 이 책에 기록된 것은 1975년 두 번째 하이데거 필름이다. 1986년 개최자며 책임자로서 당시 유고슬라비아에 속하였지만, 지금은 크로아티아에 속하는 드보르닉의 Inter-University centre of postgraduate studies에서 14일간 "마르틴 하이데거 : 사유의 도상에서"라는 주제로 국제 심포지엄을 진행하였고, 이와 관련하여 같은 제목의 책을 "서거 10주년 심포지엄", Freiburg / München(1987)이라는 부제를 붙여 출간하였다. 또한 거기에서 하이데거 100세 기념으로 14일간의 국제철학대회를 "마르틴 하이데거, 사유의 도상에서"라는 주제로 진행하였다. 이 대회를 계속하게 될 것은 물론, 나는 다음해에 있을 터키의 앙카라와 이탈리아의 로마, 크로아치아의 자그레브, 콜롬비아의 보고타 그리고 당연히 내가 재직하고 있는 마인츠대학에서도 이러한 활동을 벌일 것이다.

이런 두 노선을 걷고 있는 나에게 1999년 나의 제자 손동현 교수와 강학순 교수가 칼 야스퍼스의 주제와 관련하여 많은 경험과 신뢰를 주는 정영도 교수의 도움으로 한국어 번역판으로 나의 야스퍼스 책 ―『야스퍼스 : 검증중에 있는 철학. 강의들과 논고들』(1, 2판, Würzburg, 1995)(역주 :『카를 야스퍼스』, 문예, 1999) ― 이 나올 수 있게 된 것은 아주 특별한 기쁨이었다. 그리고 나에게서 개인적으로 하이데거를 주제로 지도를 받은 두 제자, 강학순 교수 ―『형이상학의 극복의 과정에서 하이데거의 니체-해석의 의미』(Europäische Hochschulschriften, Frankfurt am Main 1990)라는 제목의 논문으로 학위를 받았다 ― 와 김재철 박사 ― 그의 논문은『삶과 현존재. 마르틴 하이데거의 사유에 있어서 빌헬름 딜타이의 의미』라는 제목으로 나의 추천으로 Würzburg에 있는 Königshausen & Neumann출판사에서 출간될 예정이다 ― 가 이렇게 나의 책 ―『하이데거. 사유의 도상에서』― 을 한국어로 출판할 수 있게 되어 매우 기쁘다.

　하이데거에 관한 이 책에서 나 자신은 의도적으로 결론을 끌어내려는 주장을 내세우지 않았다. 그 이유는 그때마다 다양한 동기와 시간들 그리고 다른 상황과 다른 문맥에서 하이데거의 사유의 핵심을 중심적으로 추구하고, 다양하면서도 고유한 관점에서 또한 다른 사유 방식과 삶의 양식과의 관계에서 하이데거 자신에서부터 그의 "사유"의 "사태"를 언어로 가져올 수 있기 때문이다. 이를 넘어서 이 책은 또한 인간의 개인적인 면을 밝히려 했고, 그것에 가깝게 다가가고, 그의 사유를 보다 더 잘 이해하는 것에 무척 기여하려고 했다. 지금 한국어로 나온 두 권의 책은 각기 하이데거와 야스퍼스를 옹호하는 데 목적을 두고 있다. 그래야만 우리, 살아 있는 자들과 앞으로 살게 될 자들이 담당하고, 다시 소위 이러저러한 입각점으로 되돌아가서는 안 될 그런 과제의 성공적인 해결을 위한 전제들을 창출하는 일이 미래에 가능할 것이기 때문이다. 이 중요한 20세기의 대결에 우리 자신을 개입시키는 것이 우리의 과제다. 즉, "다가오는 세계 철학"의 엄청난 역할에 대한 야스퍼스의 전망을 소홀히 여겨서 안 되며, 하이데거가 그의 전집과 관련해서 손수 써붙인 주제어, "길들 — 저작이 아님"이란 말을 되새겨보아야 한다.

2000년, 마인츠와 보름스에서
리하르트 비서

▣ 옮긴이의 말

　지금 우리는 여기저기에서 엄청난 기술 문화적 변화와 변용을 강요받고 있다. 우리가 무엇이든지 적시대적(適時代的)으로 빨리빨리 바꾸지 않으면 낙오되고, 심지어 생존의 위협을 받게 될 것이라는 예언자들의 목소리가 드세게 울려퍼지고 있다. 우리의 철학마저도 사유하는 본질을 망각한 채 이런 변화를 재빠르게 수용하지 않으면 도태될 것이라는 철학의 자기 비판이 무성하다. 작금의 기술 시대에 철학은 "더 이상 사유하지 않는 과학"에 얽매여 있고, "빠른 기술"의 압권(壓卷) 하에 인간은 자기의 고유성을 상실한 것조차 망각하고 있는 실정이다.

　그러나 "사유하는 중에 모든 것은 외롭고 더디게 되어간다." 이것은 하이데거 노후(80세)의 심경이 드러난 그의 결정적인 철학적 고백이다. 이는 철학에서 "한 걸음 물러섬(Schritt Zurück)"을 수행하면서 조용하게 차차 사유의 사태를 언어로 내어 나르는 것을 의미한다. 이것이야말로 시종 "한 별을 향해가는" 그의 사유의 길이다. 그는 사유의 사태를 길의 모습으로 보여주고 있다. "숲길", "들길", "길표지", "언어로의 길 위"에서 길의 메타포가 등장한다. 길이란 세계 본질의 근거에 밀접히 연관되어 있음을 표현하며, 그 속에서 인간에 대해 결정적으로 중요한 것을 알게 하는 인간학적인 근본 정황성이 드러나고 있음을 파악할 수 있다고 한다. 하이데거는 자신의 '작품들'이 마감되고 완성되어, 완결된 것으로 오해되는 것을 막기 위해서 그가 죽기 얼마 전, 그 동안 출판되거나 또는 계획되어 약 102권에 달하는 그의 저작의 "전집"이 "길들이지 작품들이 아님"을 강조한다. 그는 자신의 사유의 길에 대한 이해를 "존재 가까이로의 소요(逍遙)(Wanderschaft in die Nähe des Seins)"로 표현했다. 이와 같이 하이데거의 사유는 길의 성격을 지니고 있고, 사유의 길을 함께 천천히 가도록 촉구하고 있다. 길은 하이데거에게서 끝나는 것이 아니라 통로로서 개척된 사유를 우리에게 독자적으로 전수를 받을 수 있는 가능성을 준다는 사실을 저자는 강조한다.

저자인 비서(R. Wisser)는 하이데거가 낸 사유의 길을 동행하면서 독자적인 방식으로 그의 사유의 길을 해명하고자 한다. 즉, 그때마다 다양한 동기와 시간들 그리고 다른 상황과 다른 문맥에서 하이데거의 사유의 핵심을 중심적으로 밝혀낸다. 다양하면서도 고유한 관점에서 또한 다른 사유 방식과 삶의 양식과의 관계에서 하이데거 자신에서부터, 그의 사유의 사태를 언어로 가져오고자 한다. 저자는 인간학의 토대를 "비판적-위기적 근본 정황성(kritische-krisische Grundbefindlichkeit)"으로 보고 있다. 인간은 "비판적으로" 사회와 개인들, 나아가 자기 자신에게 대립한다. 이를 통해 "차이"를 확보하고 "위기적으로" 소위 "확보된" 차이에 머무를 수 없다는 것을 경험한다. 저자는 하이데거와 함께 인간학적인 도상에 있음의 근본 정황성, 즉 인간은 도상의 인간으로 있고, 가고 있는 길들에 책임을 져야 하는 의식적으로 도상에 처한 본질임을 통찰한다. 이것을 토대로 이 저서는 "길 안내", 특히 중요한 "철학의 길 안내"가 본질적으로 요청되어 그것에 부응하고자 한 노력의 결실이다.

더욱이 저자는 하이데거의 개인적이고 사적인 면모를 밝히려 했고 그것에 가깝게 다가감으로써 그의 사유를 보다 더 잘 이해하고자 했다. 저자는 1969년에 하이데거 80회 생일을 기념하기 위한 "하이데거와의 텔레비전 인터뷰"를 처음으로 수행했다. 이것을 계기로 하여 인터뷰 직전에 두 사람 사이에 이루어진 질문을 위한 사전 대화, 인터뷰 및 텔레비전 촬영 과정, 인터뷰 이후의 사적인 담화를 생생하게 소개하고 있다. 덧붙여 저자와 하이데거와의 개인적인 서신 교환을 통해서 하이데거의 사상과 인물을 묘사하고 있다. 또한 1975년에 저자와 리델의 주관 하에 이루어진 <마르틴 하이데거 — 사유의 도상에서>라는 영화(44분)의 각본을 이 책의 말미에 소개하고 있다. 보프레, 슐츠, 로츠, 볼노우를 포함에서 11명의 증인들이 그들이 가까이에서 본 "하이데거상"을 육성을 통해 생생하게 증언하고 있다. 또한 저자가 주도한 하이데거 서거 10주년 그리고 100세 기념 심포지엄에서 다룬 "하이데거 — 사유의 도상에서"의 내용을 집약시켜 소개한다.

저자는 20세기의 가장 의미 있는 철학자와 사상가의 대결을 야스퍼스와 하이데거에게서 본다. 저자가 두 사상가에 대해서 대단히 공평하게 접근하며, 이 대결에 대해 "이것이냐 저것이냐?" 하는 당파적 결론을 유보한 채, 양자를 그들의 입장에 서서 정당하게 옹호하고자 한다. 그리고 이러한 대결에 우리 자신을 개입시키는 것이 철학도의 과제라고 본다. 즉, 다가오는 세계 철학의 엄청난 역할에 대한 야스퍼스의 전망을 소홀히 여겨서는 안 되며, 사유가 철학에서 할 수 있는 것 이상으로 더 사유적이어야 할 필요가 있다는 하이데거의 말을 되새겨보아야 한다는 것이다. 철학자 야스퍼스는 오히려 유럽철학의 종말에 다가올 세계 철학으로의 길을 찾는 것이 시대의 과제며, 그리하여 오늘날 철학은 물러서서는 안 된다고 한다. 반면 하이데거에게서 사유는 철학을 뒤로 할 수밖에 없다고 진단하며 결국 "철학의 종말"을 선언하고 "사유의 과제"를 제안한다. 하이데거의 사유의 길과 야스퍼스의 철학함에 대한 차이와 대립을 부각시킨다. 그러나 두 사람은 철학을 당대의 강단 철학, 즉 교수들의 철학, 단순한 교과 철학으로 쇠퇴하는 경향에 반대해 당시 근원적으로 개방적인 태도를 가진, 즉 사유하며 철학할 준비가 된 사람으로서 상대방을 서로 평가하고 인정했다는 것을 강조한다.

제1부에서는 '물으며 사유함 : 이정표들'을 다룬다. 여기서는 학문, 철학, 사유의 이정표를 비코, 헤겔, 하이데거에게서 찾는다. 이를 통해 문제 연관들의 역사적이며 체계적인 연결점들, 즉 관점들의 지평으로서의 역사를 조명한다. 이리하여 하이데거의 존재 사유, 사유의 사태, 회상하는 사유, 한 걸음 물러섬, 사유의 경험, 존재 생기들이 해명된다.

제2부에서는 '사유하면서 물어감 : 갈림길들'을 다룬다. 철학적 인간학에 대한 의문점 내지 인간이란 무엇인가라는 물음에 대한 문제점이 거론된다. 비코, 칸트, 포이에르바하, 셸러, 야스퍼스, 하이데거 및 비판적-위기적 인간학, 기초인간학과 기초존재론의 갈림길이 상론된다. 특히, 셸러와 하이데거, 야스퍼스와 하이데거의 차이가 부각된다. 특히, 사유사적 배경으로서의 비코의 사상, 저자의 "인간의 비판적 위기적 근본 정황성" 하이데거와 야스퍼스의 서신 교환에 대한 해명이 소개된다.

제3부에서는 '서로의 만남, 하이데거 사유의 길'이 다뤄진다. 여기서는 생생한 하이데거의 인물과 사상에 대한 증언들이 등

장한다. 하이데거와 저자와의 서신 교환, 텔레비전 인터뷰 그리고 11명의 증인이 생생한 증언이 담긴 저자와 리델에 의해 구성된 각본이 소개된다. 하이데거는 자신의 사유를 통해 다시 인간을, 즉 존재를 향해 열려져 탈존하는 그의 본질의 진리와의 관련으로 인간을 해방시키고자 한다.

 저자가 자신의 최근의 저작, 『철학적 사유의 길 ─ 특성』, 『철학적 길 안내』, 『누구도 동일하지 않다』, 미간행 강연집에서 편집하여 이루어진 책, 『하이데거, 사유의 도상에서(*Martin Heidegger, Im Denken unterwegs*)』을 마인츠대학교에서 저자에게서 직접 논문 지도를 받은 김재철과 강학순이 공역했다. 김재철은 1, 3부를, 강학순은 2부를 번역했다. 두 사람은 저자의 의도에 충실하게 번역하려고 하고, 번역어를 통일하고자 노력했지만, 여러모로 미진한 부분이 있을 줄로 안다. 독자 여러분들께 질정(叱正)과 양해를 구한다. 이 자리를 빌어 이 번역서가 나오기까지 여러모로 애써주신 은사님이신 비서 교수님께 감사드린다. 그리고 출판계의 어려움에도 불구하고 흔쾌히 이 번역서를 출판할 수 있도록 배려해주신 '철학과현실사' 전춘호 사장님과 교정을 위해 수고하신 편집부 선생님들께 고마운 마음을 전한다.

2000년, 修理山 寓居에서
강 학 순

♣ 참고 : 이 번역서의 원서 제목 ─ Richard Wisser, **Martin Heidegger, Im Denken unterwegs. Königshausen & Neumann. Würzburg 1999.**

차 례

제 1 부 / 물으며 사유함 : 이정표들

철학-학문-사유
문제 연관들의 역사적이며 체계적인 연결점들
　비코-헤겔-하이데거
봄(Sehen) "혹은" 인식의 관점성에 관하여 : 관점들의

차 례

차 례

차 례

⬭ 차 례 ⬭

차 례

인간의 도상에 있음에 대하여
과제로서 "철학의 길 안내"

1. "도약점"

모든 사람이 그 말의 뜻이 무엇인지 알지도 못하고, 말하는 형식에 매여, 그가 그 일을 "거기 놓아두려" 한다고 확고하고, 동시에 권위적으로 말하게 된 것은 오래되지 않았다. 이 "놓아 둠"과 관계해서 대담하게 어떤 문제를 "그 점으로 이끌었다"고 주장하는 다른 말의 형식이 있는데, 이 표현도 위의 말이 행해지던 시점에 사용되었다. 항상 관련된 사람들을 떠올리며 자신이 했던 관대한 몸짓 또는 세심한 지적을 생각하면서, 어떤 것을 "놓아둔" 그 사람은 상당한 시간 후에 그것을 다시 파악하고 싶을 때, 이상하게 생각한다. 왜냐 하면 보통 그 사이에 그것이 바뀌었거나 "그 점에 이끌어진" 일도 당시 상황의 "그 점"에 머물러 있지 않기 때문이다.

이 문제는 여기에서 다룰 수 없는 *시간의 본질*과 관련되어 있다는 것을 쉽게 통찰할 수 있다. 시간의 본질은 그 자체로 시간적이기 때문에 미래와의 연관에서 작용하며, 동시적으로 머물러 있지 않다. 그리고 시간 속에 있는 것은 어떤 공간들을 통해서 정지될 수 없다는 사실, 그리고 시간은 오히려 부지중에 *지나가고*, 이때 공간들에 자리잡고 있던(einräumen) 것을 비워(ausräumen)버린다는 사실을 사람들이 알게 된다면, 공간 역시 우리가 냉장고 또는 책장에서 갈아넣는 그런 방부제로서 여길 수 없다.

분명 사람들이 "그대로 놓아둘" 수 있고, 아마도 그것 자체에서 볼 때, 사람들이 "할" 수 있는 것이 아니기 때문에, 그렇게 두어야만 할 것이 있다. 그리고 또한 바늘 끝처럼 "그 점으로 이끌려"질 수 있고, 마찬가지로 이끌어져야만 하는 것이 있다. 왜냐 하면 바늘이 그렇지 않으면, 바늘이 아니기 때문이다. 즉, 끝이 뾰족하지 않기 때문이다. 그러나 매 시간 활발한 진행이 이루어지는 도처에 "어떤 것을 놓아둔다"는 것은 권할 만한 것이 아니다. 그것은 어디를 막론하고 그렇다. 왜냐 하면 사람들이 "어떤 것을 그 점으로 이끌어놓았다"고 할 때조차, 그것은 거기에 머물러 있지 않고, 나아가 어떤 *시-점*(*Zeit*-Punkt) 또는 공간 속의 어떤 장소와 *정지-점*(*Halte*-Punkt)에도 그것은 마찬가지이기 때문이다. 달리 말해서, *변화*와 *흘러감*은 사람들이 고루하거나 교리에 몰입해 있지 않는 한, 무시할 수 없는 것이다. 변화와 흘러감과 함께 우리는 "도약점"에 서 있다.

모든 것이 "운동 속에" 있다는 사실을 이미 에베소의 헤라클레이토스(약 544~483)는 알았다. 그러나 그가 그 사실 자체를 직접 말하지는 않았다고 해도, 확실히 그가 명제, "판타 레이(Πάντα ῥεî. 모든 것은 흐른다)"를 말했다는 것에 반대할 사람은 아무도 없다.[1] 반면 그는 위의 두 가지 말하는 방식, "어떤 것을 공간에 놓아두다" 그리고 "어떤 것을 그 점으로 이끌다"에 대해 자신을 방어했을 것이다. 헤라클리트가 있는 모든 것의 본래적인 존재 방식으로서 "흐름"에 관해서 말했고, 강과 관련해서, 오늘날도 강바닥이 마르지 않으면, 에베소 가까이 볼 수 있는 하나의 강에 관련해서, 변화와 흘러감의 본질에 대해 깊이 사유했다는 것은 논란의 여지가 없다.[2] 그리고 헤라클리트는 거기서 변하면서, 변하는 한에서만, 동시에 머무르고 있는 것에 대한 숙고에만, 즉 강의 흐름에 대한 숙고에만 머물러 있고 그 본질에 대해 사유하지 않았다면, 유명한 철학자가 되지 못했을 것이다. 그의 사상과 관련해서 그는 너희들 중 누구도 두 번 다시 강 속에 같은 사람으로 들어갈 수 없고, 더 이상 동일하지 않은 강물 속에 변화된 자로서 들어간다고 말했다.[3]

흐름으로서 동일하게 머물면서 피할 수 없이 바뀌고 변화하는 강의 흐름에 관련하여 헤라클레이토스에서 개시되고 있는 것에 바로 주목만 한다면, 사람들이 "어떤 것을 공간에 둘" 수 있다고 생각하는 것이 얼마나 피상적이며, 그리고 "어떤 것을 그 점

---

1) Wilhelm Capelle는 그의 책, 『소크라테스 이전 철학자들』. 그 단편과 원전에 대한 보고서(*Die Vorsokratiker. Die Fragmente und Quellenberichte*)』. Wilhelm Capelle에 의한 번역과 서문. Stuttgart 1940, 132, 주 1)에서 유명한 'Πάντα ρεῖ'에 들어 있는 사상이 "신속한 형식"으로 유포된 것은 처음 아리스토텔레스의 정식화에 기인하고 있지만, 문자적으로 남아 있지 않다는 것을 올바로 지적하고 있다.
2) Platon, Kratylos (22 A 6), 402 A : "헤라클레이토스는 어디에선가 말했다. 변화 속에 있는 모든 것은 잡히거나 지속하지 않는 것이다. 그래서 그는 그것을 강의 흐름과 비교한다 ……."
3) Heraklit, 단편 B 49a : "같은 강에 우리가 들어가지만, 들어가는 것이 아니다. 우리는 우리지만 우리가 아니다", in : 『소크라테스 이전 철학자들의 단편들(*Die Fragmente der Vorsokratiker*)』. Hermann Diels의 그리스어와 독일어 대조 번역, 6. 개정판. Walther Kranz 편집, 1권, Tübingen 1951, 161. 참조, 단편 B 12, B 91.

으로 이끌었다"고 여기는 것이 얼마나 착각인지 분명해진다. 존재하는 모든 것은 오히려 "도상에" 있다. 운동(Bewegung)이란 말에는 숙고해보아야 할 사이 줄이 필요하다. 그것을 통해 우리는 길-냄(Be-wegung)이란 표현을 할 수 있고, 그것에는 "길"에 대한 말이 보존되어 있음을 생각하게 된다. 이렇게 말을 해도 여전히 유행하는 말로부터 벗어나지 못하고, 이러한 발견을 통해서도 지금 실제로 사태가 "그 점으로 이끌어졌다"고 생각하는 사람은 사태가 "길"과 길을 "가고 있는 중"에 대한 암시를 통해 "점"으로 이끌어지는 것이 아니라, "도약점"으로 이끌어진다는 것을 알아야 한다. 그러므로 "도상에 있음(Unterwegsein)"과 함께 "길"과 같은 것이 자신과 어떤 관계에 있는지에 대한 물음이 인간 존재의 근본 물음으로 되지 않는다면, 근본적으로 심각한 문제다.

2. 길과 길 의식

많은 것을 의심할 수 있어도, 의심할 수 없는 한 가지는 우리 인간이 도상에 처해 *있다*는 사실이다. 우리 *존재*는 그렇게 있다. 뿐만 아니라 우리는 도상에 처해 있다는 *의식*을 가지고 있다. 따라서 우리에게는 "길"과 "길들"이 문제가 되고 있다. 분명히 많은 길들이 있다. "올바른" 길을 또는 적어도 "맞는" 길을 찾지 못한 사람은 잘못된 길과 헤매는 길로 빠질 위험이 있다. 그리고 어떤 길 안내자의 조언을 받을 수 없고, 더 이상 "계속해서" 알지 못하게 될 때, 사람들은 아주 쉽게 "숲길(Holzweg)"로 들어서게 된다. 호모 *비아토르*(도상의 인간. homo viator)[4]로서 옳게 파

---

4) Gabriel Marcel은 그의 책, 『도상의 인간. 희망의 철학(*Homo viator.*

악되었듯이, 그 인간은 길을 물을 수 있는 자임이 틀림없다. 그의 존재 방식으로서 길(via)은 그에게서 그의 태도를 나타내는 어떤 하나의 상징만이 아니라, *길에 대한 물음은* 인간학적인 근본 물음이 된다. 누군가를 찾아서 또는 누군가와 만나서 그에게 정보를 주고, 그에게 길을 안내하며, 나아가 그를 인도하고, 그를 수행하며, 그를 동반하는 사람은 길-동반자이거나 또는 실제적인 "인도자"다.

통상적으로 대부분 생각 없이, 그 이름의 의미를 새겨보지 않고 교육자라는 말을 쓴다. 그러나 *교육자*(Pädagogen)라는 말은 우리에게 길을 가는 것뿐만 아니라, "똑바른 길"을, 목적을 의식한 태도와 그 "방법적인" 나아-감을 도와주는 사람을 뜻한다. 사람들은 교육자라는 말을 실제 "그 말에서" 오는 의미만을 가지고, 예를 들어 "볼기짝 치는 사람" 또는 *학교* 선생님을 생각하면서 안 좋은 경험을 떠올린다. 그러나 우리 인간이 구조적인 "도상에 있는" 존재라고 할 때, 진정한 의미의 "교사"로서 이해된 교육자는 본래 평생 중요하며 꼭 필요한 사람들이다. 우리가 비록 성장했다고 할지라도, 우리는 아이와 같이 (그리스어 : παῖς. pais) 인도를 필요로 하는 인간이다. 그러므로 우리

Philosophie der Hoffnung)』(Wolfgang Rüttenauer의 번역, Düsseldorf 1949)에서 다음과 같은 것을 지적하고 있다. "철학적 차원"에서 길이 진행하고 또는 진행되어야 할 방향이 "저편에"(214) 머물러 있다고 한다면, "그 길에 대한 상(像)은 속이는 것으로 보일 수 있다." 특히 우리가 "가치"로서 여기는 것에서, 우리에게 저편 세상으로 가는 통로를 열어주는 것의 관점에서 경험되어야 하는 그러한 것이 문제가 된다. 그는 "인간이 *잠시 지나감의* 상태라고 부를 수 있는 것에 대한 날카로운 의식을 가질 것"을 요구한다. "즉, 산산 조각난 우주의 표석들을 통해 불확실한 길을 놓아가고 있다는 것을 기억하는 상태를 뜻한다. 세상의 모든 것은 도처에서 자신에서 벗어나, 그 존재에 확고하게 정착해 있는 세계로 도주한다. 그런 세계로부터 인간은 현세에서 다만 변화하고 불확실한 반성만을 간직할 수 있다."

는 손에 손을 잡고, 우리를 이끌고(그리스어 : ἀγογός. agogos), 길을 가게하며, 앞서가며, 잘못-인도(ver-führen)되는 것으로 부터 우리를 막아주는 사람에게 의존하고 있다.

그리고 또한 학자인 우리들에게 아주 쉽게 입에 오르내리며, 자주 쉽게 언급되고 적용되는 "방법(Methode)"이란 말은 "그 말에서" 보면, 아주 분명하게 "길"에 대해 말하고 있다는 것을 우리는 알게 된다. 그것은 전해내려온 의미에서 볼 때, 계획에 맞춰진 "어떤 탐구의 과정"을 의미할 뿐만 아니라, 문자적으로 "길을 따라감", 나아가 우리를 어떤 것으로 인도하는 그러한 길을 뜻한다. 그것은 길(그리스어 : 호도스. ὁδός. hodos)을 택하는 길-개척(Ver-fahren)을 뜻한다. 그 길에서 우리가 똑바로 그 길을 따라가고 우리의 진-행(Vor-gehen)이 그것에서 벗어나지 않을 때, 성공하게 되고, 우리 모두는 각기 실제적으로 길-가봄(경험. Er-fahren)을 얻게 된다. *방법*들은 계획적인 도상에 있음의 방식들이며, *교육자*는, 그들이 진정한 교육자라면, 우리의 도상에 있음에 평생 같이 있어야 할 그런 사람들이다. 우리는 평생 "도상에" 있기 때문에, 그들은 첫 번째 또는 "두 번째 도야의 길"에서 뿐만 아니라, 삶의 길에서 *우리보다 앞서가는 사람*들이다.

3. 종교적 안내의 근본말로서 길

우리가 교섭하고 우리에게 흥미를 이끄는 단순한 은유 이상의 의미인 "길"이라는 말5)과 그것에서 나오는 다양한 길에 대

---

5) 역사적인 시각에서의 길 은유에 대한 참조, Alexander Demandt, 『역사를 위한 상징들과 역사적이고 정치적인 사유에서의 말들과 비유들(*Metaphern*

한 말들이 단순한 임의적인 상징을 넘어서 그것들이 오히려 인간적인 *근본 정황성*(Grundbefindlichkeit)의 표현이며, 그것에 대-구하는(ent-sprechen) 것임을 사람들이 비로소 알게 된다면, 무엇 때문에 "길"이 종교적 안내의 총칭이 되고, "철학의 길 안내"가 철학의 *본래적 의도*로서 탈바꿈하게 되는지 이해하게 된다.6) *종교적* 안내의 관점에서는 적어도 두 가지가 두드러지게 구분된다. 이 두 경우를 통해서 세계를 움직이는 예가 제시된다. 이 예에서 길이란 말이 *근본말*임이 밝혀진다.

첫 번째 경우에서 중국어의 도(TAO)는 길을 의미하고, 통로로 불린다. 이는 모든 현상에 근거하고 있는 감(gehen) 그리고 흐름(Ab-lauf), 좀더 좋게 말해서, 그러한 현상들의 근본-도약성(Ur-sprünglichkeit), 본래적인 흐름을 규정한다. 유명한 "도와 덕에 관한 성스러운 책", 도-덕-경이라는 *제목*에서 뿐만 아니라, 그 전체적인 *내용*과 그 *문맥*에서 도라는 말은 현상들의 근본-도약, 본래의 흐름을 규정하는 모든 현상들 속에서 현성하며 작용하는 것을 나타낸다.7) 근본말로서 도는 다양한 형식에서 도가 사상에서 뿐만 아니라, 중국의 종교 사상에서도 나

---

für Geschichte. Sprachbilder und Gleichnisse im historisch-politischen Denken』, München 1978, 199, 201 이하, 204, 208 이하, 211, 213, 215, 231, 290, 428.

6) Richard Wisser, 『철학의 길 안내, 모델들과 전망들(*Philosophische Wegweisung. Versionen und Perspektiven*)』, Würzburg 1996.

7) 노자, 『도덕경』. 길과 덕에 관한 성스러운 책. 번역, 귄터 데본(Günther Debon)의 서문과 해설. 개정판, Stuttgart 1979. 데본 : "노자의 가르침에 대한 지혜의 유래는 ― 그는 지혜의 아버지로 여겨졌다 ― 알 수가 없다. 그 중심 개념, 도, 즉 '길'은 이미 공자가 말한 여러 곳에서 찾아진다. 그 의미는 덕이 있고 경륜이 있는 왕의 길, 올바른 행실의 길로 나타난다. 가장 오래된 도가 사상에서 '길'이란 말은 '영원한 생명의 길'로서 이해될 수 있다. 개념이 확대되면서 도는 우주의 길로, 자연의 과정으로, 존재의 근본 근거로 되었고, 결국 칭할 수 없는 것 일반의 이름으로 되었다."

오고 있다. 그 고유한 전통에서 볼 때, 이 사상은 그 동안 서구에서 나온 "길 안내"의 이데올로기적인 연관에 지금까지 빠지지 않았다.

다른 경우에서 이런 표현을 쓸 수 있다면, "길"이란 말은 직접 신적인 자기 개시를 나타낸다. 즉, 예수 그리스도가 실존적인 상황에 사로잡혀 소위 고별사에서 제자들에게 "아이들"이란 표현을 하고 있는 것은 나름대로의 이유가 있다. 그들의 생애 동안에 있을 구조적인 갈급함 그리고 앞서가는 "교육자"에 의존되어 있음을 가르쳐주는 것이다. "나는 길이요 진리요 생명이다"[8]에서, 길은 신의 이름이다.

예수는 여기에서 다만 부수적으로 또는 상징적으로 말하지 않고, — 그 본래적인 핵심을 주목해볼 때 — 규정적이며 결정적인 구속력을 가지고 말하고 있다. 그는 결정적으로 중요한 현실을 말하고 있다. 왜냐 하면 모든 것은 그것과 영원히 관련하고 있기 때문이다. 이는 다른 여러 것 중에서 하나를 선택하도록 제의하는, 여행사 휴가 광고에서나 볼 수 있는 그런 제안과는 거리가 멀다. 예수는 하나님께 도달하기 위한 모든 다른 길, 즉 인간의 본래적인 목적에 도달함을 통해서 종교적인 성취를 얻으려고 하는 모든 것을 범주적으로 물리친다. 그것을 위한 유일한 것은 *어떤* 길이 아닌 *자신의* 길을 뒤-따름(Nach-folge)임을 분명하게 말한다. 그러나 이 뒤따름을 위해서 어디로 가야 하는가? 이것이 문제다.

그 물음은 "공간 속에 세워져" 있지 않다. 그리고 그 물음에 대한 대답도 "그 점으로 이끌어"지지 않는다. 오히려 그것은 "도약점"을 말한다. 예수는 말하기를, "하나님을 믿고 또 나를 믿어라. 내 아버지 집에는 있을 곳이 많다. 그리고 나는 너희가

---

8) 요한복음 14장 6절.

있을 곳을 마련하러 간다. 만일 거기에 있을 곳이 없다면 내가 이렇게 말하겠느냐? 가서 너희가 있을 곳을 마련하면 다시 와서 너희를 데려다가 내가 있는 곳에 같이 있게 하겠다. 너희는 내가 어디로 가는지 그 길을 알고 있다." 그때 도마가 예수에게 말한다. 우리는 통상적으로 가끔 도마를 "믿음 없는" 도마라고 말한다. 왜냐 하면 그는 예수의 부활 이후, 그 부활한 예수를 "믿지" 않았기 때문이 아니라, 암시 대신에 증거를 요구했기 때문이다. 그는 단순한 현실주의자였다. 그는 그 길을 정말 알지 *못하고*, 그 길을 진심으로 알고 싶어했기 때문에, 헤어지는 그 순간에도 물어볼 용기 그리고 뻔뻔함(Chuzpe)[9]을 가진 유일한 사람이다. 그는 그 순간이 이야기를 들을 마지막 기회로 생각하고, 다른 입다문 제자들처럼 넘겨버리지 않은 사람이다. "주님, 저희는 주님이 *어디로* 가시는지도 모르는데 어떻게 그 길을 알겠습니까?" 그에게 예수는 "나는 길이요 진리요 생명이다. 나를 거치지 않고서는 아무도 아버지께 갈 수 없다"고 진심으로 대답한 것이다.[10]

4. 세계 본질의 진행으로서의 길
(헤겔 · 마르크스 · 키에르케고르 그리고 하이데거)

"길"은 *어떤 하나의* 말이 아니라 인간적인 근본말이다. 이 근본말에는 자신의 인간학적인 존재, 길-냄(Be-wegung)에 처해 있는 도-상-존재(Unter-wegs-sein)임을 벗어날 수 없음(das Un-ent-wegte)을 말해주는 분명하고도 주의를 끄는 말이다.

---

9) 유대인의 독일어, 뻔뻔함, 때에 따라서는 태도의 몰염치함을 뜻함.
10) 요한복음 14장 1-6절.

이와 동시에 길이 향해가는 어디, 즉 그 목적, 그리고 미래와 함께 그것이 온 곳, 즉 그 유래가 관련되어 있는 그 모든 것이 지평으로 드러나게 된다. 그러므로 서로 다른 세계관들 사이에서도 그 연관에서는 어느 정도 일치를 쉽게 볼 수 있다. 더 분명히 말한다면, "길"에 대한 근본 물음에 주어지는 대답에는 어떤 일치도 지배하지 않는다. 예를 들어 "학문"은 길에 대한 근본 문제에 대해 종교와 아주 다른 방식으로 관심을 가진다. 예를 들어 소위 "감리교(Methodisten)"(존 웨슬리)와는 완전히 다른 "방법론"을 수행한다는 것을 알 수 있다. 학문은 소위 학문적인 "방법", 즉 어떤 것을 얻어내고, 찾아내고 그것을 상호 주관적으로 "방법적인" 과정으로서 원칙적으로 모두에게 접근되고 행할 수 있도록 하며 게다가 언제나 검토할 수 있게 유지하고 형성함을 요구한다.

철학 역시 그 "길(도)"에 대한 종교적인 생각과 표현들 또는 신적인 자기 개시로서의 길에 대한 이해를 비판적으로 받아들일 뿐만 아니라 "길", "진리" 그리고 "삶"에 대해 고심한다. 철학은 어떻게 이 문제를 이해하고 해명할 것인가에 관심을 가진다.

"길"이란 말이 임의적인 상징 또는 달리 부를 수 없는 것에 대한 표상 또는 구체적으로 보이려고 하는 은유가 아니라, 오히려 세계 본질의 근거에 밀접히 연관되어 있고, 그것을 표현하며, 그 속에서 인간에 대해 결정적으로 중요한 것을 알게 하는 인간학적인 근본 정황성(Grundbefindlichkeit)이 드러나고 있음을 사람들이 비로소 파악하고 통찰한다면, 철학들(복수형)을 이해하게 될 것이다.

몇 명의 이름을 들어보자. 예를 들어 헤겔에서는, 그가 천명하듯이, "학"으로 고양되어야 하는 철학 — 거기에서 "학" 아래에서 이해되는 것은 통상적인 영역적인 학문의 학이 아니라 절

*대자의 학문*을 의미한다 — 이 문제가 되고 있다.11) 그 철학은 소위 절대 정신이 스스로 취하는 길을 제시하는(Dar-stellen)(절대적인 로고스의 길. der absolute via logos) 것이다. 그리고 절대 정신, 말 그대로, 개념적으로, 정확히 우리의 정신과는 비교될 수 없는 풀어내는(ab-solute) 정신이며, 어떤 것을 통해서 묶이고 고정되고 확정되며 막힐 수 없는 그런 정신이다. 정신은 그 말대로 풀려-떨어져(los-gelöst) 그의 *고유한* 길로 자신에게 원을 그리며 역사를 *통해서*, 분명히 *본래적인 것으로서*, 즉 자기 자신의 *고유한* 역사로서 길을 내는(be-wegt) 것이다.

사람들은 *마르크스*가 헤겔의 정신-철학 그리고 소위 그의 관념론을 뒤집어놓음으로 역사적 변증법적 유물론을 문제 삼았다고 알고 있다. 이는 사회적으로 "발 딛고 선" 인간의 역사, 어떤 절대적 정신의 역사가 아니라, 계급 관계와 계급 투쟁에서 구체적으로 살아 있고, 고난받는 인간의 역사를 지금까지 되돌리는 길을 기술하는 것이다. 마르크스에 따르면 왜 역사가 그렇게 되었는지, 역사가 어떻게 진행되었는지, 어떤 길을 역사가 취했는지를 인식하고, 그 역사가 취했던 그 길에 대한 법칙을 한 번 인식할 수 있다면, 그 역사가 어떤 길을 미래에 가게 될지를 예고할 수 있다는 것이다.

"길"이 *지시하는 것*만 아니라, *세계 존재의 근본 본질*을 드러내는 것임을 진지하게 받아들인다면, 절대 정신의 헤겔철학과 칼 마르크스가 말하는 것이 사회적으로 적용되는 것과 분명한

---

11) Hegel, 『정신현상학』, Hans-Friedrich Wessel와 Heinrich Clairmont의 새로운 편집. Wolfgang Bonsiepen의 서문 수록, (철학 문고 Philosophische Bibliothek, 414권), Hamburg 1988. "서문" : "철학이 학의 형태에 가깝게 가도록 하는 것이 — 앎을 위한 사랑이라는 그 이름을 종결짓고 현실적인 앎이도록 하는 목적에 — 내가 의도하는 것이다. "지금은 철학을 학으로 고양할 때다"(6).

차이에서 *키에르케고르*에게는 실존적인 길이 문제되고 있음을 사람들은 알게 된다. 그 길은 헤겔에게서 어떤 역할도 하지 않으며, 루드비히 포이에르바하에게서처럼 소위 유적인 인간의 본질도 아니며, 마르크스에게서처럼 사회적인 본질로서의 인간도 아닌, 그 누구도 대신할 수 없는 개별자를 직접 신에게로 가는 도상에 있게 하는 길이다.

결국 사람들은 왜 *하이데거*에게서 "길"이라는 말이 그가 말하듯이, "존재를 회상하는 사유"를 위한 근본말로 되었는지 알게 된다. 길, 그것이 헤겔의 변증법적-사변적 *사유*의 길이든, 마르크스의 유물론적 역사적-변증법적 *투쟁*의 길이든, 키에르케고르의 실존적 "도상에 있음"이든 간에, 지금까지의 사유의 "방법"을 위한 은유는 아니다. 사람들은 "길"과 "사유하는 도상에 있음"이 그러한 진행 방식과 운행 방식, 즉 길을 가는(경험하는. Er-fahren) 방식에서 생기지 *않는다*는 것을 통찰하고 인식한다.12)

---

12) 참조, 『마르틴 하이데거 ─ 사유의 도상에서(*Martin Heidegger ─ Unterwegs im Denken*)』, 서거 10주년 기념집. Richard Wisser 편집, Freiburg / München 1987. 나의 서문에서 인용해본다면, "사유하는 도상에서"란 "이 말은 우선 전기적으로 하이데거 생전에 있었던 사유의 변천, 발전 그리고 변화를 의도해서 지어진 것이 아니라, 주로 그의 형이상학을 넘어가려는, 나아가 '한 걸음 물러섬'으로서 형이상학을 두루 꿰뚫어보는 '형이상학의 본질로 감'을 특징짓는 말이다. '길'이란 근본말에는 ─ Friedrich-Wilhelm v. Herrmann의 간결한 소개의 글에서처럼 ─ 회상하는 사유의 '방법적인' 의미가 내포되어 있다. 그것은 근방(Gegend)과 길과의 관계에서 그 의미를 얻는다. 실제적인 현상학적인 길-이해를 받아들이는 것이 중요한 열쇠가 된다고 나는 생각한다. 이는 우리가 하이데거를 통해서 끝나는 것이 아니라, 통로로서 개척된 사유를 우리에게 독자적으로 전수받을 수 있는 가능성을 준다는 것이 그러한 회상하는 사유를 해명하는 열쇠다"(9). 이것과 관련해서 참조, Friedrich-Wilhelm v. Herrmann, 『길과 방법. 존재사적 사유의 해석학적 현상학으로(*Weg und Methode. Zur hermeneutischen Phänomenologie des seinsgeshcihtlichen Denkens*)』, Frankfurt am Main 1990, 특히, 근방의 길(Der Weg der

하이데거적인 "사유"의 근본말로서 "길"은 하이데거의 유명한 저서의 제목, 『사유의 경험에서(*Aus der Erfahrung des Denkens*)』[13]에서 볼 수 있는 의미를 얻는다. 그 사유는 분명히 하이데거의 논문 모음집의 제목이 말하는 "숲길들(Holzwegen)"의 도상에 있는 것이다.[14] 하이데거는 이중적인, 분명히 두 개로 나뉜, 그러므로 대립적인 "숲길"이란 말의 의미를 가지고 말놀이를 하는 것이 아니라, 오히려 그의 "사유"는 교통이 이렇게 저렇게 수행되는 통상적인 길(Bahn), 고속도로, 정보 사회에서의 "데이터 고속도로"와는 거리가 먼 것으로, 지금까지 *가지 않은* 것에, 그러므로 헤겔에 의해서도, 마르크스에 의해서도, 키에르케고르에 의해서도 가지 않았던 것으로의 "도상"에 있다는 것을 표현하려고 한다. 그러므로 사람들이 통상적으로 자주 틀린 길, 막다른 골목, 아무것으로 인도하지 않는 길로 나쁘게 여기는, 그래서 길로 여기지 않아서 오히려 길 아닌 길(Un-wege)로 여겨지는 그런 "도상"에 있다. 다시 말해서 그 길은 사람들이 잘못 인도하여 "숲길"로 가게 하는 그런 길을 제시한다. 그 대신에 다른, 긍정적인 "숲길"의 의미는 "숲(Holz)"으로 가는 도상에 있음을 나타낸다.

"숲"이라는 말에서, "숲"의 가장 깊숙한 곳으로 가는 길이 생각되고, "숲길들"이 가야만 할 길로 생각된다면, 거기에는 "숲"이 감추고 있는 풍부함을 나타낸다. "숲"이라는 말에도 길-개척(방법. Ver-fahren)의 의미가 보존되어 있다. 이는 전수된 단어의 의미에서 나온 것이 아니라, 하이데거의 다른 책 제목, 『언어로의 도상에서』처럼 길-냄(be-wegen)의 방법이다. 하이

Gegend), 27-32.
13) 참조, 하이데거 전집(=GA) 13, Frankfurt am Main 1983.
14) 참조, GA 5, Frankfurt am Main 1977.

데거는 "숲길들"에 '들어가는 말'에서 다음과 같이 정리한다. "Holz는 숲의 오래된 이름이다. 숲에는 길들이 있는데, 그 길들은 대부분 개간되지 않아서 갑자기 가지 않은 데로 끊어지는 그런 길들이다. 그것이 숲길들이다."15)

그러나 하이데거가 "숲길들"이란 제목으로 말하고자 하는 것에 주의를 하지 않고 지나가는 것이 있다. 이는 통상적인 의미에서 모든 사람들이 말하는 "숲길"이 아니다. 여기에는 숲으로난 길들, 그러한 길이 *많이* 있다는 것을 가르쳐주고 있다. "모두가 나뉘어져 길을 간다. 그것도 같은 숲에서. 간혹 이 길과 저 길이 같아보일 수 있다. 그렇지만 단지 그렇게 보일 뿐이다. 나무꾼과 숲지기는 그 길들을 알고 있다. 그들은 숲길에 있다는 것이 무엇을 뜻하는지 알고 있다."16) 즉, 철학자는 각자 "사유하는 자"다.

5. 철학의 근본 문제로서의 길

그래서 앞에서 이미 헤겔, 마르크스, 키에르케고르 그리고 하이데거에 대해 간단히 살펴본 것이다. 그때마다 "길"이라는 말은 근본적으로 중요한 의미를 가지고 있으면서도 적어도 차이나고, 뚜렷한 대립적인 진행-방식으로 드러났다. 이와 관련한 근본 정황성이라는 인간의 처해 있음의 철학의 근본 문제를 나는 다른 저서에서 다루었고, 그 저서에 자극적일 수 있는 책 제목 ─ 『철학의 길 안내 : 모델들과 전망들』17) ─ 을 붙이게 된 것

---

15) Martin Heidegger, 『숲길들(*Holzwege*)』, Frankfurt am Main 1950, 3.-GA 5, Friedrich-Wilhelm Herrmann 편집, Frankfurt am Main 1977.
16) Heidegger, 『숲길들』, 3.
17) Richard Wisser, 『철학의 길 안내』, Würzburg 1996. 참조, 크로아티어로

도 이러한 맥락에서다. 이 책에서 나는 — 몇 안 되는 — 문화사
적이고 — 아주 간단히 윤곽이 지어진 — 구조적인 고찰들을 통
해서 "길"이란 말의 의미를 그려보이고, 차이나는 "길의 측면
들"에 주목하려고 했다. 이는 본래적인 의도, 본래적인 지향점,
본래적인 추구로서 철학을 *철학적인 길 안내*로서 이해하고 묘
사하려는 나의 시도에 기여하는 것이다. 나는 철학의 길-냄의-
근거(Be-weg-grund)를 발견하는 것에 목적을 두고, 나아가 근
본적으로 처해 있음으로써 "도상에 처해 있는" 인간에게 길 안
내를 통해서 손으로 이끄는 것이 아니라, 오히려 그를 어느 정
도 자기 다리와 발로 가게 하도록 도우려는 것이다. 길과 길-냄
이 무엇인지 그리고 길-내었던 그의 삶의 본래적인 길-냄의-
근거들이 무엇인지에 대한 분명한 의식을 가진 자들은 *자신의*
길을 선택하고, 이를 통해서 자신의 인간 존재에 의미를 줄 뿐
아니라 그 말이 담고 있는 뜻을 경험(er-fährt)한다.

　도상에 있음을 의식하는 존재로서 인간 존재에는 *역사*를 문
제 삼는다. 이는 다양한 사건 발생(Geschehen)의 방식들, 가령
자연 사건, 소위 자연의 진행과 과정과는 다른 것이며, 용어에서
도 "사건 발생"과 "역사"는 구별되어야 한다. 이와 관련한 예로
칼 야스퍼스를 들 수 있다. 그는 자신의 "철학의 세계사"에 대한
"입문"에서 "살아 있는 어떤 것도 자신의 죽음을 알지 못한다.
인간만이 그가 죽어야 한다는 것을 안다"[18]고 집약적으로 강조

번역(Drazen Karaman) : Filozofski Putokazi, Zagreb 1992, 350. 두 권으로 된
일본어 번역 :『인간 존재와 물음. 비판과 위기의 인간학(*Menschsein und
Fragen. Kritisch-krisische Anthropologie*)』, Toru Nakajima 편집, Tokyo
1994, 2판. 1996, 전체 221쪽 ;『철학의 길 안내』. Toru Nakjima 편집, Tokyo
1977, 전체 267쪽.
18) Karl Jaspers,『철학의 세계사 입문(*Einleitung in die Weltgeschichte der
Philosophie*)』. 유고에서 Hans Saner 편집. München 1982. 야스퍼스에 관해
서 참조, Richard Wisser,「야스퍼스의 철학의 세계사의 기획과 전망 그리고

하고 있다. 여기에서도 인간 존재는 본래 도상에 있는 존재라는 사실을 진지하게 여기는 것이다. 그렇다면 *차이나고, 뚜렷이 대립되는 철학에서의 길 이해* "때문에(wegen)" — "wegen"이라는 말은 전치사로 사용되지만, "길"에 대해 말하며, 무엇 때문에(Worum willen)를 뜻한다 — 그리고 *철학자들마다 서로 다르며 반대되는 길 규정* "때문에" "모델들(Versionen)"과 아울러 방향 전환, 되돌림, 돌이킴, 전회가 다루어짐을 알 수 있게 된다 — 많이 논란되는 유명한 하이데거의 "사유의 전회"는 원칙적으로 이러한 성격을 가진 것이다. 나아가 차이나는 "관점들", 도주로들, 도주점들을 여기에서 볼 수 있게 된다.

동시에 비켜갈 수 없는 물음이 생긴다. 구체적으로 깊이 생각된 "길"이라는 말에서 이해되는 근본적으로 처해 있음으로서의 인간학적 도상에 있음이 어떻게 경향을 지닌 현사실적인 것이 되며, "지나-가는 것(das Vorüber-gehende)"과 "지나-간 것(das Ver-gängliche)"의 뜻을 어떻게 내포하게 되었는가 하는 것이다. 더 나아가 어떻게 "길"이 근원적으로 동사인 이동(Ziehen), 운전(Fahren)을 뜻하게 되었고, 따라서 벗어날 수 없이 움직여진 것(das un-ent-wegte Bewegte)으로 확정되었는가 하는 것이다. 그리고 어떻게 도상에 있음이 멈춤(Halt)으로, 정지(An-halt)로 기능을 바꾸어, 잠시의 멈추어 머묾(Auf-ent-halt)이 아니라, 소위 *절대적인 머묾으로서* 밝혀지는 그러한 멈춤이 될 수 있는가 하는 것이다. 다시 말해 여기에서 멈춤은 길 *위에서 멈추는 것이 아니라*, 길을 멈춤으로 만드는 그러한 "멈춤"이

"근본 구성틀"의 결과로서 세계철학(Projekt und Vision einer "Weltgeschichte der Philosophie" und "Weltphilosophie" als Folgen der "Grundverfassung" von Karl Jaspers)』 (123-135), in : Richard Wisser, 『칼 야스퍼스 : 검증중에 있는 철학. 강의들과 논고들(*Karl Jaspers : Philosophie in der Bewährung. Vorträge und Aufsätze*)』. 1판과 2판, Würzburg 1995.

다. 그것이 "되어가는"으로서 "있는" 모든 것의 배경에는 — 앞에서 헤라클레이토스를 언급한 것은 불필요하거나 근거 없는 것이 아니다 — 안정된, 어떤 경우에서도 안정된 관계(멈추게 함. Ver-hältnis)와 멈춤을 만드는 관계 방식을 만들어내려는 인간의 기본 요소적이며 억제할 수 없는 충동이 여기에 있는 것이다. 예를 들어 "국가들"의 고정 역학(Statik) 또는 "고정 관념" 또는 "기성화", 그리고 사람들이 특징적으로, 직관적으로 놓여 있는 것(Be-ständiges)을 자리로 데려오는(zu-stande-bringen) 오성(자리-정함. Ver-stand)이라고 부르는 것이 그런 것들이다.

이런 식의 거대한 설비, 선반(An-richte)은 하이데거가 "몰아-세움(Ge-stell)"19)이라고 특징짓는 것이다. 이는 임의적으로 고정시키는 틀, 고정된 책장이나 침대 구조 같은 것을 의미하는 것이 아니라, *기술의 본질*을 두루 관장하는 몰아-세움의 지배를 말한다. 여기서 문제가 되는 것은 놓여 있는 것(Be-stande)을 갖다 세울 수 있고 맞게 만들어내기 위해 무조건 언제나 불러낼 수 있는 *마음대로 처리함*(Verfügbarkeit)이다. 그래서 있는 모든 것은, 단추 한 번 누름으로 불러내어질 수 있기 위해, 예외 없이 언제나 세워놓을 수 있는 자리에 불려와서 있다. 동시에 몰아세움의 명령을 수행하기 위해 모든 것은 이 몰아세움에 편입되고 소속되어 있다. 결국 다양한 진리의 방식들도 그 몰아세움으로 귀착되어 있다. 여기에 진리의 본질과 길이 포기되고 있으며, 그로 인해 엄청난 위험이 야기되고

---

19) Martin Heidegger, 『동일성과 차이(*Identität und Differenz*)』, Pfullingen 1957, 27 이하. 참조, 텔레비전 인터뷰 : 리하르트 비서와의 대담중의 하이데거(Das Fernsehen-Interview : Martin Heidegger im Gespräch mit Richard Wisser), in :『답변. 대담중의 마르틴 하이데거(*Antwort. Martin Heidegger im Gespräch*)』. Günther Neske와 Emil Kettering 편집, Pfullingen 1988, 25 이하.

있다. 얼마 전 발터 비멜이 메쓰키르히에서 열린 하이데거-대회에서 이것에 대해 분명하게 표현한 것처럼, 이는 인간의 진리를 잘못 "방임(Verwahrlosung)"하게 되는 것이다. 나의 설명에 따르자면, 인간학적인 도상에 있음에 빗장을 질러놓은 셈이다. 그 빗장이 오래가지 않겠지만, 여전히 빳빳하게 거부를 하고 있다.

이렇게 눈에 띄는 결과와 그러한 붙잡아-세움(Fest-stellung)에 반대해서 통상적인 표현 방식으로 그의 "작품들"이 마감되고, 완성되어, 완결된 것으로 오해되는 것을 막기 위해서, 하이데거는 죽기 얼마 전 그 동안 출판되거나 또는 계획되어 약 102권에 달하는 그의 저작의 "전집"에 다음의 지침을 제시했다 : "길들 ― 작품들이 아님."[20] 이를 통해서 그는 자신의 길에 대한 이해를 "존재 가까이로의 방랑(Wanderschaft in die Nähe des Seins)"으로 표현했다. 이것은 다른 저서, "이정표들"의 제목을 의식해서 말한 것이다.[21]

6. 나의 『철학의 길 안내』에 대한 개관

나의 책 『철학의 길 안내』에 대해 여기에서 짧게 소개해본다면, 그 내용은 지금 여기 언급한 인간학적인 "도상에 있음"의 근본 정황성에서 출발하지 않고, 오히려 차이나는 길과의 직접적인 접촉으로 매우 중요한 인물과 관련된 길 의식을 전개하기 위해 철학사에 등장하면서 밝혀지고 비난받았던 길을 다루었

---

20) Frankfurt am Main의 Vittorio Klostermann 출판사의 하이데거 "전집을 위한" 입안(Prospekt), 3.
21) GA 9, Frankfurt am Main 1976.

다. 이렇게 사상-과정을 다루는 *제1부*에는 "역사적인 길들"이라는 제목을 붙였다.

*철학*의 역사 과정에서 서로 다른 시대에서 드러나는 그때마다의 특징적인 방식들이 여기에서 문제가 되어"간다". 먼저 *중세에서* 나는 — "독일의" — "위대한" 알베르트(알베르투스 마그누스)가 현실을 통한 길, 즉 "여행하는 나그네"로서, 도상에서 자신을 알게 되고, "경험적(empirisch)"이라는 말의 근원적인 의미에서 길을 *감으로써* 경험하는 것과 동시에 소위 창조에서 신의 발자취를 느끼며, 그것을 따르려고 하는 그의 시도를 다룬다.

*근대*에서 나는 위대한 이탈리아 사람인 비코(Giambattista Vico)를 든다. 그는 데카르트처럼, 모든 것을 소위 흔들림 없는 오성(갖다-세움. Ver-stand) 위에 정립하고 마찬가지로 흔들리지 않는 기초(fundamentum inconcussum)를 찾아내고 싶어했던 사람들과는 차이 나게, 역사와 역사성에 흔적이 될 뿐 아니라, 계속해서 그렇게 남으려는, 즉 계속되는 흔적이 되려고 준비하는 모든 사람들을 정당화한다.

시작되는 *하나의-세계-문제*에 대한 관점에서 나는 헤겔과 마르크스를 제시했다. 그들에게는 "자유 의식에서의 발전"과 인간의-무가치한-관계들(정지시킴. Ver-hältnisse)에 놓인 소외를 극복한다는 의미에서 관계들을 "혁명"으로 전-진(Fort-schritt)시키는 것이 문제된다.

사변과 이데올로기에 대한 각성의 시대로 니체의 길 이해가 예로 등장한다. 그는 "진화(Evolution)"의 길에서 인간을 보고 있다. 나아가 그가 동물과의 관계에서 "고등 동물(Übertier)"이라고 부르는 인간이 자신을 넘어 "초인"으로 *넘어가는* 시간에 직면하여 인간을 발전 가능한 도상의 본질로 여긴다.

제2부에서 나는 "갈림길들", 즉 "나뉨과 결단의 길"을 문제 삼는다. *갈림-길*(Weg-*scheide*)에 직면해서는 결-단(ent-scheiden)이 중요하다.[22] 나의 야스퍼스에 관한 책에서 나는 20세기말에 있었던 야스퍼스와 하이데거의 대립적 위치를 중요하게 다룬다. *한편에서* 길 끝에 도달한 철학 자체에 대한 하이데거의 거부가 문제된다. 그 이유로 하이데거는 "철학의 종말"과 거기에서 나온 "사유의 과제"에 대해 분명하게 말한다. 그 "사유"는 지금까지 철학의 사유와 방법, 플라톤에서 시작해서 니체에게서 완결될 수 있었던 것"보다 더 사유적"이어야 한다. *다른 한편* 야스퍼스는 "영원의 철학(philosophia perennis)"과 그의 거대한 "철학의 세계 역사" 그리고 "다가올 세계 철학"의 길에 대한 계획에 총력을 기울인다.[23] 야스퍼스의 실존철학은 하이데거의 주장에 맞설 뿐 아니라, 보다 본질적으로 철학의 현존에 대한 투쟁을 문제 삼는다. "철학이 물러서서는 안 된다. 적어도 오늘날에는"[24]이라는 그의 말 속에서 그의 의지를 엿볼 수 있다.

제3부에서 나는 비로소 인간학적인 반성으로 인간의 근본 구조로서 "도상에 있음"을 다룬다. 여기에 1997년에 펴낸 책에서 다

---

22) 피타고라스의 길-상징과 의미를 가진 철자 Y의 역사에 대해서, 그리고 길-나눔의 비유적인 묘사들에 대하여. 참조, Wolfgang Harms, 『비유에서의 도상의 인간. 길의 상징성에 대한 연구(*HOMOR VIATOR IN BIVIO. Studien zur Bildlichkeit des Weges*)』, München 1970.

23) Richard Wisser, 『야스퍼스 : 검증중에 있는 철학. 강의들과 논고들(*Karl Jaspers : Philosophie in der Bewährung. Vorträge und Aufsätze*)』, 1판과 2판, Würzburg 1995. Shinichiro Morinage와 Takaya Hayashi의 일본어 번역 : 『철학의 실존. 야스퍼스와 하이데거(*Die Existenz der Philosophie. Jaspers und Heidegger*)』, Matsudo시 1997.

24) 참조, Richard Wisser, 「초상. 칼 야스퍼스 : 철학은 물러서서는 안 된다 — 적어도 오늘날에는(Das Portrait. Karl Jaspers : Die Philosophie soll nicht abdanken — Am wenigsten heute)」, in : 『철학저널(*Journal für Philosophie*)』, 4권, Stuttgart 1996, 88~92.

루었던 나의 철학적 인간학을 끌어들였다.25) 나의 *인간학적-존재론적인* 방향에서 다룬 인간학은 나에 의해 언급된 인간의 *비판적-위기적* 근본 정황성(kritisch-krisische Grundbefindlichkeit)에서 출발한다. "어떤 인간도 한결같지 않다. 비판적-위기적 인간학의 스펙트럼과 관점들"이라고 붙인 나의 책 제목에 근거하고 있는 *"차이와 변화"*라는 공식이 들어맞게 된다. 이는 다음과 같이 묘사될 수 있다. 인간은 "비판적으로" 사태와 개인들, 나아가 자기 자신에게 대립한다. 이를 통해 "차이"를 확보하고, "위기적으로" 소위 "확보된" 차이에 머무를 수 없다는 것을 경험한다. "변화"는 그들을 서둘러 "비판적이 되도록" 만들기 때문이다.

이 비판적-위기적 근본 정황성에 대한 통찰은 나의 생각에 따르면 언제나 그리고 어디에서나 항상 진행되고 일어나고 있는 도상에 있음을 비로소 이해시킨다. 동시에 이 부분은 제1부 "역사적인 길"과 제2부 "갈림길들"에서 고동치는 맥박을 느끼도록 한다. 이 인간학을 통해서 본 인간의 사태와 존재는, 앞서 일상 표현을 인용하고 비판한 것처럼, "그 점으로 이끌어지지" 않는다. 오히려 그것을 통해 "도약점"이 주목된다. 여기에 덧붙여 *인간적인 것*은 어떤 것도 공간에 세워놓을 수 없이 지나간다.

제3부는 인간학적인 근본 구조의 증시를 통해 수수께끼를 해결해보려 했기 때문에, 나의 『철학의 길 안내』를 좋게 보아준 한 서평자는 독자에게 책을 잘 이해하기 위해서 뒤에서 앞으로 읽도록 충고하고 있다. 그렇지만 유의해야 할 것은 책의 내적인 논리에 따라야 한다는 것이다. 나는 독자를 긴장시키려고

---

25) Richard Wisser, 『어떤 인간도 동일하지 않다("비판적-위기적 인간학"의 스펙트럼과 전망들(*Kein Mensch ist einerlei. Spektrum und Perspektiven einer "kritisch-krisischen Anthropologie"*)』, Würzburg 1997.

하는 것이 아니라, 오히려 우선 차이나는 길을 서로 대조시키고, 그 다음으로 그들로 하여금 결단하도록 자극하고 결국에 가서는 비로소 그렇게 되도록 단안을 내리게 한 *길-냄의 근거* (Be-weggrund)를 내보이려고 했다.26)

일상에서 그리고 휴가 동안에만 길들을 문제 삼지 않고, 오히려 인간이 인간으로서 종교에서, 학문과 철학에서 길을 문제로 여기는 사람은 인간이 *도상의 인간*이라고 불리기 때문이 아니라, 인간은 도상의 인간으로 있고, 가고 있는 길들에 책임을 져야 하는 의식적으로 도상에 처한 본질임을 통찰해야 한다. 그러므로 "길 안내", 특히 중요한 "철학의 길 안내"가 본질적으로 요청된다. 이것에 대해 내가 할 수 있던 것을 나는 하려고 노력했다.

---

26) Dieter Stolte, 「거대한 갈림길에서. 리하르트 비서와의 철학적 도상에서 (An der großen Kreuzung. Philosophisch unterwegs mit Richard Wisser)」, in : 프랑크푸르트 알게마이네 신문 8권의 신간 서적 233호, 1996년 10월 7일, 15 : "이 책은 인간의 도중에 있음의 '비판적-위기적 근본 처함'의 분석과 서술, 그리고 인간학적인 근본 구조를 길에 대한 묘사로 결정적으로 제시를 한다. 여기에서 개별 철학자는 자신의 철학적 입장이 특징지어진다. 이는 논리적으로 볼 때, 철학을 '철학의 길 안내'로 해석할 수 있다는 것을 전제하는 것이다.

제 1 부
물으며 사유함 : 이정표들

철학-학문-사유

문제 연관들의 역사적이며 체계적인 연결점들 : 비코-헤겔-하이데거

봄(Sehen) "혹은" 인식의 관점성에 관하여 : 관점들의 지평으로서의 역사

사람들은 우리의 약한 시력을 조정 가능한 안경을 통해 어느 정도의 도수까지는 극복할 수 있다고 알고 있다. 일반적으로 알려진 것처럼, 뚜렷하고 똑똑히 볼 수 있기 위해서는 디옵터가 잘 맞아야 한다. 그리고 우리가 사태를 사태에 맞게 볼 수 있기 위해서는 본질적으로 관점이 필요하다는 것도 잘 알려져 있다. 때로는 우리의 시선은 그 각도들이 아주 좁고 제한되어 있어서, 시점들(Blickpunkt)로 축소될 수 있기 때문에, 편협되지 않고, 우리의 관심을 좁아진 시야에 고정시키지 않도록 노력을 크게 기울여야 한다.

그러나 개관할 수 있고, 사태에 맞게 들여다볼 수 있기 위해 눈을 크게 뜨고 시야를 넓혀야 한다고 아는 것과, 그것을 사실상 *수행하는 것* 그리고 개별적인 경우에 따라 그것에 *알맞게 한다*는 것은 서로 다르다. 여기에 덧붙여, "주어진 것", "사건"

또는 소위 "사실"을 눈으로 파악하는 것은 거기에서 벌어지고 있는 것을 알기에 충분하지 않으며, 실제 결정적인 것을 알기 위해서는 개관하고 그 범위를 인식하는 것만으로도 불충분하다. 왜냐 하면 올바른 봄에는 본 것에 대한 평가가 속하고 있기 때문이다. *현사실적인* 것에 편안히 머무르고, 그 *의미*에 주의를 기울이지 않는 사람은 통찰을 얻은 사람이 대할 수 있는 사태에 속하는 심층적인 차원을 축소시킨다. 그는 주어진 것을 가능한 한 사태의 외적인 지평에 제한시키고, 기호에 따라 평가해버린다.

일상에서 나올 수 있는 이러한 통찰을 배려하지 않거나 또는 반대하는 사람은 스스로 문제가 있음을 금방 느낄 수 있다. 그가 구석에 박혀 있어서는 개관할 수 있는 시야를 가질 수 없기 때문이다. 이는 우리 모두에게 잘 알려진 사실이다. 그렇지만 일상을 통해서 이미 배우고, 올바로 보게 되고, 그러한 실천에서 나온 봄을 보는 봄에 대해 학자로서 그리고 철학자로서 우리가 집중하고 있는 문제들과 관련해서 그때 그때마다 심각하게 받아들이는가? 학문적이고 철학적인 봄의 논의와 평가에서 일상적 경험들을 진지하게 여기는가? 우리가 일상에 대해 숭고함을 느끼고, "건전한 인간 오성"을 그 자체로 내버려둘 수 있다고 생각하면서도, 일상이 우리에게 어느 정도 강제적으로 가져다주는 것을 충분하고 끈질기게 고려하는가?

플라톤이 올*바*른 봄의 문제를 철학의 근본 문제로 삼아,[1] 그때부터 일반적으로 우리가 어떤 것을 보기 위해 무조건 요구되는 것을 특징짓기 위해 "이데엔", 즉 볼 것을 볼 수 있음 일반을

---

1) 참조, Martin Heidegger, 「플라톤의 진리론(Platons Lehre von der Wahrheit)」, in : 『이정표들(*Wegmarken*)』, (GA 9), Frankfurt am Main 1976, 230 이하.

비로소 가능하게 하는 것이 우리에게 주어지지 않으면 우리가 통상적으로 보는 것을 조금도 볼 수 없다는 가설을 그가 세운 이후로, 바라본다(ἰδεῖν), 본다(videre), 앎(wissen)의 연관이 드러나게 되었다. 그리고 그 이후 그 연관을 가볍게 여기는 사람은 *감각*-기만의 희생물이 될 뿐 아니라 감각에 속는 위험에 처해 있다는 것을 고백해야 한다. *원초적인 것*은 "이데아들"이며, 그것은 보여진 것, 볼 수 있음 일반을 비로소 가능하게 하고, 시점과 시각을 앞서가는 봄의 결집(Ge-Sicht)이다. 이데아들은 눈이 그 본성에 따라 그것을 볼 수 있도록 눈을 비로소 열어준다. 따라서 이데아-눈이 원초적이다. 그것은 우리 자신의 시각, 다시 말해 우리의 신체적인 눈을 열기도 하며, 그것들에게 사물 속에 있는 본질적인 것으로, 그것들의 존재 그리고 그 의미, 그 의미성 그리고 그것들의 — 사람들이 말할 수 있는 것처럼 — 존재함의성(Seinsamkeit), 그 의미로 방향을 제시한다.

그러므로 플라톤의 "동굴 비유"[2]가 까닭 없이 유명하게 된 것이 아니다. 플라톤은 여기에서 우리가 위에서 기술한 것처럼, 일상적인 봄에 대한 *다른* 상(像)을 특징짓는다. 그는 올바른 봄을 억견의 동굴, 일상의 선입견에서 벗어나고, 고루한 일상적인 봄의 좁은 시각으로 제한적으로 제한하는 관점들로부터 자유롭게 되려는 지속적이며, 굽히지 않는 투쟁으로서 기술했다. 이것을 플라톤은 사실적이고 사회-심리학적인 상황과 관련된 모습으로 그려내었다. 이 상황에 인간 대부분이 둘러싸여 있고 사로잡혀 있다. 그렇지만 인간은 그것을 알지도 못하고 지각하려고 하지도 않는다. 2000년 뒤, 그와 비슷하게 프란시스 베이

---

2) Platon, 『국가론(*Politeia*)』, VII, 514a-517a : "내가 말하고자 하는 것은 먼저 우리의 본성을 배움과 배우지 않음과의 관련에서 이어지는 상태와 비교해 보라는 것이다 ……."

컨이 자신의 방식으로 그 봄이 사로잡혀 있는 우상들, 상상, 기만적인 것에 대한 비판을 하게 된 것은 이유 없는 되풀이가 아니다.3) 여기에서 그는 거짓 봄에 대한 계몽을 의도한 것이다. 이때 그는 결코 일상의 인간만이 아니라 먼저 학자와 철학자를 공격한다. 이는 그가 봄과 인식의 비판에서 일반 인간의 문제가 첫 번째임을 보여주는 것이다.

플라톤은 초기 그리스 철학자들 중의 한 사람으로서 이 문제를 제기했고, 다음에 오는 것들을 확실하게 결정짓는 출발 문제로 여겼다. 플라톤은 모든 사람들에게 통용되는 민중의 말, 이데아, 본다라는 말을 선택해서, 드러나지 않고4) 통상적인 봄, *익숙해진 봄*(das gewohnte Sehen : 여기에서 Wohnen, 즉 거주는 "동굴"에서 편안하고 집처럼 느끼는 것으로 이해된다)에는 닫혀 있는 것, 나아가 봄에서 법칙상 넘어-보아야 하는 것으로 의미를 부여한 천재적인 용기를 가진 사람이다. 그의 가정에 따르면 이것 없이는 봄의 어떤 형식이 나올 수 없고, 이것 없이는 익숙해진 봄의 방식조차 생각할 수 없는 것을 이 이데아라는 말을 통해서 보여준다. 왜냐 하면 우리는 눈에 띄는 것에 의해 보는 것이 아니라, 눈을 열고, 그 눈을 계속 열어놓는 것을 통해서 보기 때문이다. 우리가 눈앞에 있는 것에서 그것 자체에 있는 것을 보도록 하는 것은 "이데아"들이다. 그것들은 어떤 *의미가 본래적*이며, 어떤 *의미를* 우리가 그것에 맞게 옳다고 인

---

3) Francis Bacon, *Novum Organum*, I, 38-62 : "이미 인간의 오성을 사로잡고, 그 속에 깊이 뿌리박고 있는 우상과 거짓 개념들은 접근하기 어려운 인간의 정신을 혼미하게 하고, 나아가 그 접근이 이루어졌을 때조차, 인간이 가능한 아주 그것들에 대해 주의하며 경계하지 않으면, 다시 만나게 되고, 학문을 하는데 좌절하도록 만든다."

4) Martin Heidegger, 『기술과 전회(*Die Technik und die Kehre*)』, Pfullingen 1962, 19 이하.

정해야 하는지를 통찰하게 해준다. 인위적인 개념(Kunstbegriff), 더 좋게 말해서 이렇게 철학적으로 잡아냄(Be-griff)을 통해 플라톤은 익숙해진 봄에 대한 관점들을 뒤바꿔놓았다. 바르게 말해서, 그는 그것들은 바르게 했으며 그것들을 구체화했다. 그는 봄에서 고정된 봄(또 눈으로 요기함)을 풀어내어, 봄의 봄을, 인식-"이론(Theorie)"(역주 : 관조하다)을 가르쳤다. 그것은 우리에게 참-되게-받아들이는 것(지각)을 가능하게 하는 참된 봄이다. 그 지각들에 확고한 진리가 원칙적으로 선행한다.

*인식의 문제*는 다음 시대에 아주 중요한 하나의 철학 분야, 소위 인식 이론으로 전개되었다 — 이때 염두에 두어야 할 것은 이론(테오리아)이라는 말도 바라봄을 의미하며, 나아가 그것을 통해 보여진 것이 보존된다. 따라서 인식 이론은 통상적이고 자명하게 시선에 잡힌 것으로부터 시선을 의식적으로 돌려서, 결국 시선 그 자체를 가능하게 하거나 또는 사태에 대한 통찰을 닫는 것으로 시선을 돌리게 한다. 다르게 말해서, 인식 비판은 우선 인식된 것에 대한 것이 아니라 *인식의 형식*들에 대한 것이다. 인식 비판은 인식 자체가 무엇인지 묻는다. 인식 비판은 *보여진 것에 대한 시선을 시선 자체*로 되돌리려고 노력한다. 이는 비판적인 시선과 시각의 전환을 결심하고 *시선을 시선 속에 두는 것*(die In-Blick-Nahme des Blickens)을 수행한다는 뜻이다.

플라톤의 "이데아"에 대한 가설 이후 절실하게 된 것은 더 이상 소박한 시선이 아니라, 오히려 우선적으로 시선 자체를 밝히는 것이 되었다. 아리스토텔레스는 인식의 본질과 길에 대해 다르게 파악했고, 그것이 칸트에게서 우리 시대에까지 이어져 왔다고 할지라도, 우선 문제는 바라본 것이 물어지는 것이 아니라 시선의 시선이 물어진다. "세계관" 또는 "학문 이론"이라는 말 또한 "세계상", "공상과학"과 같은 말에서는 눈의 우월함 그리고 눈에 비친 *과거, 현재* 그리고 *미래의 상(像)* 또는 허구로 주어진 모든 것의 우월함이 논의된다. 이러한 것들의 관점에는 진리의 인식 또는 소위 사실 인식과 관계없이 최종적으로 올바른 봄에 맞추어져 있다. 그러므로 봄의 방식을 발견하는 것이 관건이다. 그 봄의 방식을 통해 이것저것을 볼 수 있고, 그 봄의 방식을 통해 다른 것을 눈에서 놓치지 않고 보게 되며, 그 봄의 방식을 통해 넘어-보며, 들여다-보거나 또는 지나치며-볼 수 있기 때문이다.

관점들의 지평으로서 역사

올바른 봄에 대한, 즉 봄의 방식에 대한 물음보다는 존재 방식에 대한 물음이 *더 앞선다.* 이 물음은 단순히 시선에서 파악될 수 없고, 시선 각도 또는 단편적인 것에 대한 물음으로 소급될 수 없으며, 봄 일반의 특정한 형태를 통해서도 풀어낼 수 없는 것이다. 오히려 이 물음은 *자기 자신으로부터 자기 자신에서 내보이는* 특별한 성격을 지닌 것이다. 이런 점에서 인식 이론과 그 현대적 형태인 패러다임 이론보다 *현상학적 존재론*이 더 앞서 있다. 인식 이론은 철학에서 뿐만 아니라 학문들에 그때 그때마다 존재에 대한 물음에서 주어지는 차이나는 대답에 의존하고 있다. 나아가 그 대답들은 오히려 *존재 자체*의 "역운 (Geschick)"으로서 파악되어야 한다. 아마 사람들이 철학 그 자체의 물음 그리고 좁은 의미에서든 넓은 의미에서든 학문 자체의 문제에 바르게 접근하기 위해서 *전통적인 철학*을 조건의 흔적을 찾고, "존재 물음"을 묻는 사유의 노력을 기울여야 한다.

이는 통상적으로 실천적인 쓸모가 없다고 비난을 받지만, *학문*을 그 전면 근거에서 열어보이고, 배후 근거를 살피는 것과 관련한다. 물론 "세계의 수수께끼"를 해결하도록 하는 요구는 우리의 일상에서 더 이상 없다.

*세 가지 예*를 들어 그때마다 새로운 관점에서 철학, 학문 그리고 사유에 대한 문제 연관이 오늘날 여전히 철학이라고 불리는 것의 역사에서 진행한 과정을 보여주려고 한다.

먼저 근대 철학의 아버지라는 데카르트의 그늘 아래 오랫동안 부당하게 가려졌지만, 그를 극복하려고 했던 철학자 비코에게로 돌아가본다. 그는 이미 당시 분리되었고, 결과적으로 지금에는 골이 더 깊어진 자연과학과 정신과학이라는 학문 분리의 극복을 과제로 삼고 헌신한 철학자다. 그는 *지나온 철학* 대신에 *본래적 철학*으로서 역할을 하는 "신학문"에 관심을 가졌다.

이와 연관해서 그 자체로서 철학, 즉 "신학문"으로서 이해된 철학을 어떤 방식으로 헤겔이 극복하려고 했는지를 보여줄 것이다. 그는 철학이 "시간에서" 함께 이루어지고 있다는 발견, 즉 철학의 "현실적인 학문"으로의 고양을 통한 극복을 시도한다.

마지막으로 하이데거가 *"철학의 종말과 사유의 과제"*라고 정식화한 파악에 주목하려고 한다. 이것을 그가 말한 "학문은 사유하지 않는다"는 것에 들어 있는 그의 사유를 물어 밝혀낼 것이다.

이제 거쳐가야 할 *철학—학문—사유*의 길이 전경처럼 열려져 눈앞에 있는 것 같다. 여기에서 사람들은 앞에서 말한 세 가지 예들을 다시금 지금 거론한다고 생각할 수도 있다. 물론 처음 지적한 물음의 수준에 따른 소박한 방식일 수도 있지만, 적어도 어떤 관점에서 그때마다 이런 시도를 하고 있는지 통찰해야 할 것이다. 이러한 시도들이 시간적인 나열로 거론되며 구상되었다는 것으로 만족해서는 안 된다. 엄선된 앞의 *세 가지* 시도가 무엇 때문에 앞서 다루어져야 하는지 통찰되지 않으면, 다만 이 예들에 대한 만족은 사람들의 자의에 맡겨지게 된다. 이 때문에 *세 가지 진행 방식 모두가* 공통적인 것을 인식하게 하고, 임의의 다른 이름으로 대치될 수 없는 *한* 시점(視點)을 적어도 언급할 필요가 있다. 이런 시점에서 그것들을 살펴보는 것은 분망한 행동(Espakade)이나 또는 시대착오로 혼동되어서는 안 된다.

언급한 세 "철학자"는 서로 철저히 구별되며, 비교할 수 없을 정도로 뚜렷하게 지금까지 사유의 *역사*뿐만 아니라 철학과 학문에 대한 *사유의* 역사와 대화를 진행했다.

비코[5]는 *역사 자체의* 원리가 밝혀질 수 있고, 나아가 인간 자신에게서, 즉 역사를 만드는 본질에서 이해하려고 노력했던 첫 번째 사람이다. 그러나 역사에 대해 지금까지 모든 지식인

---

5) 참조, 비코에 대해서, Richard Wisser, 「비코의 "형이상학적 역사주의(Der "metaphysische Historismus" des Giambattista Vico)」, in : *Philosophia. Mischelanea en Homenage al Dr. D. Jose Igancio de Alcorta y Echevarria*, Barcelona 1971, 643-667. Richrad Wisser, 「통합적 사유의 초기 모델로서 기암바티스타 비코의 '학문'(Giambattista Vicos "Wissenschaft" als frühes Modell intergrativen Denkens)」, in : 문서 번호 16, 국제철학회의 (Wien 1968), 6권, Wien 1971, 572-584. Richard Wisser, 「비코」, in : 『역사와 현대에서의 종교(*Die Religion in Geschichte und Gegenwart*)』, 3판, Tübingen 1962, 6권, 스페인 번역 1391 이하. R. Wisser, 「진정한 비코의 발견. 인간의 역사적 위력과 역사에 대한 이해 가능성. 경향-실제-구조(Von der Entdeckung des "wahren" Vico : Geschichtsmächtigkeit des Menschen und Verstehbarkeit von Geschichte)」, in : 『종교사와 정신사를 위한 잡지 (*Zeitschrift für Religions- und Geistesgeschichte*)』, 41권, 4호, Köln 1989, 302-324. 스페인어, in : Folia Humanistica, Tomo XXV, Num. 299, Barcelona 1987, 731-740 ; Tomo XXVI, Num. 300 (1988), 1-11 ; Num 301, 73-78. 일본어, in : R. Wisser, 『인간 존재와 물음. 비판과 위기의 인간학 (*Menschsein und Fragen. Kritisch-krisische Anthropologie*)』, Tokyo 1994, 13-47.

들은 원리에 "결함"이 있다고 주장한다. 바로 데카르트는 그 원리들을 — 자주 무시하기도 하고 — 즉각적이며 줄기차게 자신을 의식하는 이성주의적 대상의 영역에서 배제해버렸다. 그러나 비코에게서 철학은 본질적으로 *역사의 철학*이다.

*헤겔*6)은 그에 앞서 지나간 *철학의 역사*를 단순한 생각들의 미술관으로 여기지 않은 첫 번째 사람이다. 철학의 역사는 여러 견해들 중에서 저마다 관심 있고 관심을 끄는 것을 절충적이고 우연적으로 골라낼 수 있는 그런 것이 아니다. 그가 말하듯이, 철학의 역사는 대립되는 학파의 전통들이 싸우는 "미라의 집합"7)으로 보아서도 안 된다. 헤겔은 철학의 역사를 오히려 *사유의 역사성*에 대한 증명으로 진지하게 받아들인 사람이다.

그리고 *하이데거*8)는 역사 자체는 물론 철학과 사유의 역사를

---

6) 참조, 헤겔에 대해, Richard Wisser, 원전 제목 : Humanismo "real" y logica "especulativa", o sea, Marx y Hegel, in : Folia Humanistica, VIII, Num. 94. Barcelona 1970, 795-812. R. Wisser, 「헤겔에서 마르크스로" 또는 "부정의 엄청난 힘"(von Hegel zu Marx", oder "Die ungeheure Macht des Negativen")」, in : 『Gerhard Funke의 독특함을 의식하며(*bewußt sein Gehard Funke zu eigen*)』, Alexius J. Bucherd, Hermann Drüe, Thomas M. Seebohm 편집, Bonn 1975, 168-199. R. Wisser, 헤겔에서 멀어진 19세기의 근본 방향들. 당시 "좌"와 "우"의 대립에 대한 비시대적인 시대적 고찰(Grundrichtungen des 19. Jahrhunderts in Abkehr zu Hegel. Eine unzeitgemäß zeitgemäße Betrachtung im Blick auf den derzeitigen Gegensatz von "links" und "rechts"), in : 『오랜 물음과 사유의 새로운 길(*Alte Fragen und neue Wege des Denkens*)』. Josef Stallmach의 기념 논문집, Nobert Fischer, Johannes Nosbüsch, Karl-Anton Sprengard, Wilhelm Teichner 편집, Bonn 1977, 216-239.

7) Hegel, 「피히테와 셸링의 철학 체계의 차이(Differenz des Fichteschen und Schellingschen Systems der Philosophie)」, in : Hegel, 전집. Hermann Glockner 편집, 1권, 2판, Stuttgart 1941, 40.

8) 참조, 하이데거에 대해서, Richard Wisser, 「하이데거의 관점에서 인문주의와 학문들(Humanismus und Wissenschaften in der Sicht Martin Heideggers)」. 「Karl Holzamer에게 헌정함」, in : 『통합. 변화와 인간의 현실

존재 해석의 "역운"에 관련된 관점으로 이끌었다. 그 존재 해석은 지금까지 건너 뛰어버린 진리를 밝히고 나아가 소위 "한 걸음 물러섬"[9]을 통해 지금까지 사유되지 않은 것, 즉— 하이데거 스스로 표현하듯이 — "아직 남아 있는 본질(Gewesen)에서 전승된 사유를 열어놓는 것"[10]이다.

이 세 명의 사유자는 그때마다 *역사* 속에서 나타나고 있는 것과 대결했다. 즉, ① 비코는 의식-철학을 "신학문"이라는 *본래적* 철학으로 확장하기 위해 역사와 대결했다. 신학문을 통해 *인간은* 창조자 *그리고* 역사의 피조물로서 *중심에* 놓이며, 선견 (Vorsehung)은 *그냥* 역사에 더 이상 파묻히는 것이 아니라 행

성(*Integritas. Geistige Wandlung und menschliche Wirklichkeit*)』. Karl Holzamer에게 헌정함, Dieter Stolte와 Richard Wisser 편집, Tübignen 1966, 141-159. R. Wisser, 「사유의 길로서 물음. 존재의 거기로서 인간에 대한 관점에서 기술, 학문 그리고 인문주의에 대한 하이데거의 응답(Das Fragen als Weg des Denkens. Martin Heidegggers Verantwortung von Technik, Wissenschaft und Humanismus im Hinblick auf den Menschen als Da des Seins)」, in : R. Wisser, 『시대의 변화 속에서의 책임(*Verantwort im Wandel der Zeit*)』, Mainz 1967, 273-323. R. Wisser, 「마르틴 하이데거와 현실적인 것의 현실성의 변화(Martin Heidegger und der Wandel der Wirklichkeit des Wirklichen)」, in : Areopag, 5권, München 1970, 79-90. R. Wisser, 「자기 것으로 함과 사이 나눔. 철학의 실존을 둘러싼 싸움에서의 실존철학(Aneignung und Unterscheidung. Existenzphilosophie im Kampf um die Existenz der Philosophie. Karl Japsers und Martin Heidegger)」, in : 『신학과 철학 (*Theologie und Philosophie*)』, 59권, Freiburg / Basel / Wien 1984, 481-498. R. Wisser, 「하이데거의 사중적 물음. '존재란 무엇인가'와 관련해서 선-행하는 것(Martin Heideggers vierfältiges Fragen. Vor-läufiges anhand von "Was ist Metaphysik?")」, in : 『마르틴 하이데거 — 사유의 도상에서(*Martin Heidegger — Unterwegs im Denken*)』. 서거 10주년 기념 심포지엄, R. Wisser 편집, Freiburg / München 1987, 15-49.
9) Heidegger, 『동일성과 차이(*Identität und Differenz*)』, Pfullingen 1957, 45 이하.
10) 앞의 책, 44.

*位*와 *조작*을 통해 역사에 영향력을 행사한다. ② 헤겔은 철학을 "현실적인 학문"으로 전체화하기 위해 역사와 대결했다. 현실적인 학문에서 자기 자신을 개념 파악하는 절대 정신, *세계 정신*이 다루어진다. 이 정신은 자기 자신에서 출발해서 인간을 등지고 자기 자신에게 돌아간다. 그 선견은 그러므로 절대자의 역사적 자기 전개다. 그리고 ③ 하이데거는 철학적 학문으로 발전된 철학을 "다른" 사유를 통해 극복과 견딤(Verwindung)으로 역사와 대결했다. 그의 사유 사태는 일면적으로 인간11) 또는 사유가 아니라 *인간과 존재*의 함께 속함이다. 이 둘은 함께 속하는 것으로서, 즉 속하는 것으로서 "존재 사건" 안에 내맡겨져 있다.12)

1. 비코의 "본래적 철학"으로서의 "신학문"

비코는 데카르트에 맞섰던 위대한 반대자였다. 데카르트가 cogito ergo sum의 명제에서 표현되는 의식의 현존 경험의 명증성에서 미래의 철학함과 학문적 활동을 위한 의심할 수 없는 기초를 발견하여 철학을 새롭게 정초했다고 말할 수 있지만, 사람들은 비코의 활동을 그와 단순한 대조적인 설정으로 부당

---

11) 참조, Richard Wisser, 「인간에 대한 물음(Die Frage nach dem Menschen)」, in : 학문과 세계상(Wissenschaft und Weltbild), 244권, 3호, Wien 1971, 176-193. R. Wisser, 「인간에 대한 물음이 지닌 문제점(Die Fraglichkeit der Frage nach dem Menschen)」, in : 『논쟁의 여지가 있는 니체(*Nietzsche-kontrovers*)』, 6권, Würzburg 1987, 89-113.
12) Heidegger, 『동일성과 차이』, 23 ("인간과 존재의 공속함"). 참조, 나의 제자 Emil Kettering의 책, 『가까움. 마르틴 하이데거의 사유(*NÄHE. Das Denken Martin Heideggers*)』, Pfullingen 1987, 69-87, 328 이하.

하게 일축해버렸다. 1721년부터 신학문13)을 세우려는 과제를 설정한 비코는 1725년에 "Scienza nuova"라는 제목의 "신학문"을 발표한다. 이 학문에서 그는 당시까지 처음 있었던 계획, 즉 "인간을 통해, 동시에 인간에 의해 규제되는 인간의 창조"14)를 인간 자체에 놓여 있는 원리에서 꿰뚫어보았다. 비코 자신은 데카르트가 역사를 학문의 중심 영역에서 배제하는 식으로 자연에 대한 학문을 역사에서 배제하지 않는다. 자연의 학문도 인간에 의해 만들어진 것이기 때문이다. 오히려 그는 "우리 자신의 인간적인 정신의 변양 속에서" 발견될 수 있는 원칙에 대한 *본래적 학문*이 있다는 것을 강조한다.15)

비코에 따르면 본래적 학문으로서 "신학문"은 지금까지의 학문 영역에서 발전시킨 것이 아니다. 또는 이제 다른 학문들과 나란히 새로운 대상 영역을 가진 새로운 "학문"으로서 정립된 어떤 "새로운" 학문도 아니다. "신학문"은 오히려 "그 본질에 따라" 새로운 것이다. '새로운'이라는 것은 어떤 의미에서 학문에 붙는 형용사가 아니라, 오히려 — 그러므로 비코 자신은 "질투를 불러일으키는 제목"16)이라고 말한다 — 포괄하는 *지평*의

---

13) Giambattista Vico, 원전 제목 : *L'Autobiografia, Il Carteggio e le Poesie varei, Seconda Edizione riveduta e aumentata a Cura di B. Croce e F. Nicolini*, Bari 1929 (Scrittor d'Italia, Vico. Opere V), 42.
14) Paul Hazard, 『유럽 정신의 위기(*Die Krise des europäischen Geistes. La Crise de la Conscience Europeene 1680-1715*)』, Hamburg 1939, 477.
15) Vico, 『제2의 신학문(*La Scienza Nuova seconda*)』. Giusta, 1744. A cura di Fausto Nicolini, 계간, Bari 1953, 117(=SN). 독일어 번역을 저자가 맡았다. Giambattista Vico, 『민족들의 공통적인 본성에 대한 신학문의 원칙들(*Grundzüge einer Neuen Wissenschaft über die gemeinschaftliche Natur der Völker*)』. Dr. Wilhelm Ernst Weber의 이탈리아어 번역, Leipzig 1822. Vittorio Hösle와 Christoph Jermann의 번역과 텍스트 참조 사항. 2부 중 제1부. "비코와 문화과학에 대한 이념(Vico und Idee der Kulturwissenschaft)"이란 훼슬레의 서문(철학문고 418a, 418b권). Hamburg 1990.

역사를 의미하는 것이다. 그 안에 모든 다른 것은 편입된다. 왜 냐 하면 그것은 "인간 관계의 경계"17)를 포괄하기 때문이다. 역 사는 일어나는 모든 것이며 사건의 총괄 개념이다. 나아가 인 간에 의해 벌어진 것을 말한다. 그러므로 학문은 그 말이 가진 엄밀한 의미에서 어떤 지식과 인식에 이르는 것을 학문이라 할 수 없고, 오히려 그것들 자체의 원리를 다룰 수 있을 때 학문이 된다. 이는 그가 인식하는 것을 그 스스로 산출하고, 동시에 산 출하는 자가 인식하는 자로 있을 때만 가능하다.

그 때문에 비코는 지금까지 "모든 철학자가 자연의 세계에 대한 학문에 도달하려고 노력했지만, 민족들의 세계 또는 시민 적 세계에 대한 연구에 별로 관심을 두지 않은 것"에 대해 의아 하게 여긴다. "인간이 그 세계를 세웠기 때문에, 인간은 그것으 로부터 학문에 도달할 수 있었다."18) 비코에 따르면 "결코 의심 할 수 없는"19) 진리가 있다면, 그것은 데카르트가 철학을 새롭 게 정초하려고 했던 의식에 극히 제한된 명증성이 아니다. 오 히려 *역사의 세계가 인간에 의해 건설되고,* 따라서 엄밀한 의 미에서 역사적으로 인간에 의해 만들어진 세계는 *학문적으로* 인식되지만, 신에 의해 창조된 자연의 세계는 인식될 수 없다 는 *포괄적인* 통찰이다. 역사적인 세계, 즉 인간의 현사실은 물 론 자연적인 세계, — 비코에게서 — 다시 말해 신의 창조물 (genitum)에는 *근본 명제가* 관계한다. 여기에 유일하고 참된 현실적인 학문이 수립될 수 있다. 그 명제는 다음과 같다. 참된 것과 창조된 것은 서로 수렴되며(konvertibel)20) 교환되고 바꿀

---

16) Vico, SN, 535.
17) Vico, SN, 131.
18) Vico, SN, 118.
19) Vico, SN, 117.
20) Giambattista Vico, 원전 제목 : *Liber metaphysicus (De antiquissima*

수 있다. 왜냐 하면 하나는 다른 하나를 위해 있기 때문이다. 창조된 것만이 인식될 수 있고, 인식될 수 있는 것은 창조된 것이다. 창조하는 자만이 그가 창조하는 것을 인식하고 인식하는 자만이 그가 인식하는 것을 창조한다.

비코에 따르면, 나는 인식하며 있다 내지 나는 인식하는 자라는 데카르트의 명제는 본래적 철학을 위해, 즉 신학문을 위해 충분하지 않다. 학문이 자신의 고유한 본질을 의식하고 그 한계를 직관해야 한다면, 데카르트의 명제는 보다 근본적인 명제, 즉 참된 것은 사실과 동일하다는 명제를 통해서 대체되어야 한다. 이는 신적인 *그리고* 인간적인 지식을 꿰뚫어보며, 동시에 신적인 그리고 인간적인 지식을 서로 *구별하기*에 적합한 근본 명제를 말한다. *자연*을 창조(er-schaffen)하는 신만이 그것을 알고 있다. 그러나 *역사*를 산출하고 (hervorbringen) 만드는 인간은 그러한 이유로 인식에서 그것을 지배한다.

오늘날 다양하게 아직도 비코-연구에서 주장되듯이, 무엇보다 중요한 것은 비코가 역사 학문과 자연 학문을 단순하게 대립시키지 않았다는 것이다. 비코는 오히려 — 그가 말하고 있듯이 — 자연과학은 그 지식의 형식 자체를 학문의 척도와 모범으로 만들려는 정당성을 결여하고 있다는 지적함으로써 "인간은 역사를 만든다"21)는 소위 "비코-공리"라고 부르는 "회의할 수 없는 근본 명제"를 강조한다. 이는 앞에서 언급한 — 오늘날 사람들이 말하는 것처럼 — 학문 이론적, 동시에 학문 실천적인 근본 명제에서 증명된다. 이때 자연과학의 한계와 그 본질이

Italorum sapientia liber primus) 1710. Risposte 1711, 1712. 라틴어와 이탈리어를 Stephan Otto와 Helmut Viechtbauer가 독일어로 번역. 전자의 서문 수록, München 1979, 34 / 35.

21) Ferdinand Fellmann, 『비코의 공리 : 인간은 역사를 만든다(*Das Vico-Axiom : Der Mensch macht die Geschichte)*』, Freiburg / München 1976.

밝혀지고, 그 영역 범위와 그것의 양식이 적합하게 통찰된다.

비코는 인간이 기하학적인 것을 만들어내어 그것을 증명하듯, 그리고 역사를 산출하기 때문에[참고 : 비코의 저서 『우리 시대의 이성에 대한 연구(*De nostri temporis studiorum ratione*)』] 그 역사를 인식하듯[참고 : 그의 저서 『신학문(*Schienza Nuova*)』], 우리 인간은 엄밀하게 그 말이 가진 의미에서 학문을 가질 수 있다고 이해한다. 이는 인간이 자연을 빈틈없이 그리고 그 근거에까지 인식하지 못한다는 의미도 포함되어 있다. 왜냐 하면 자연을 빈틈없이 인식할 수 있는 자는 그것을 창조한 신이기 때문이다. 그러므로 이는 다음의 명제도 마찬가지로 적용된다. 즉, 우리가 자연(physika)을 증명할 수 있다면 우리는 그것을 산출하게 될 것이다. 우리가 그것을 증명하는 한도에서 우리는 그것에 있는 어떤 것을 드러나게 한다. 다른 것도 마찬가지다. 우리가 신을 인식할 수 있다면 우리가 그를 창조한 자일 것이다.22) 그리고 우리가 우리로부터 그에게 말을 건네는 한 우리는 신들을 산출한다. 다르게 말해서, 그렇다고 할지라도 우리 시대의 기술이 이것에 대한 증명은 아니다.23) 바로 자연과학은 그것이 물리학적인 것을 산출함으로써 그것을 증명한다. 그렇다고 자연과학이 학문으로서 항상 이미 자신에 앞서 있는 것에서 제시되는 것을 넘어갈 수는 없다. 이는 자연과학이 구성하고 재구성하지만, 자연과학은 결국 항시 재생산적, 즉 재생산된 것의 틀에서만 생산적임을 뜻한다. 자연과학은 자연에서 나오지만(schöpfen) 그 자체는 본래적인 의미에서 창

---

22) Vico, 『정신적인 도야의 본질과 길에 대하여』, 원전 제목 : *De nostri temporis studiorum ratione*. Walter F. Otto의 번역, Carl Freidrich von Wiezsäcker의 후기 그리고 Fritz Schalk의 부록 해석, Godesberg 1947 ; 재판, Darmstadt 1963, 40 이하.

23) 앞의 책, Carl Freidrich von Weizsäcker, 160, 162.

조적(schöpflich)이 아니다.

사람들이 비코가 자연과학에 적대적이었다고 여긴다면, 이는 전적으로 오해다. 오히려 비코는 *원칙적이고 학문 이론적인 사유*의 의미에서 그리고 *학문적인 행위*의 의미에서 참된 것은 사실과 동일하다는 자신의 근본 명제로부터 ① 자연과학에 대한 한계를 규정하려고 했지만, 자연과학의 끝임 없는 발전을 부정하지는 않는다. 물론 그는 그 자연과학의 발전 범위(그리고 현사실적인 위협)를 전혀 꿈꾸지도 예감하지도 못했다. ② 비코는 *역사*를 본래적으로 인간적인 차원에서 끌어내려고 했다. 이러한 차원에서 엄밀하게 그 말 뜻대로 과학은 가능하다. 왜냐 하면 — 비코가 말하듯이 — "유일하게 사실들을 수행하는 자가 그 사실들을 해명하는 곳에서만큼 보다 확실한 역사는 있을 수 없기 때문이다."[24] ③ 그리고 비코는 역사의 과정을 — 비코는 그것을 코르시(corsi)라고 부른다 — 확정될 수 있는 법칙성에 따라 인류 역사적으로 원 모양처럼 다시 돌아가는 국면들(Phase), 즉 리코르시(ricorsi)로 드러내어 인간에게 가능한 것을 세밀하게 밝혀내려고 하였다. 이것을 후에 콩트는 전체 역사 과정에서 드러나는 세 단계 법칙으로[25] 정리했다. 그 마지막 단계가 콩트에게서는 실증적 학문의 단계다. 이는 역사적 생성과 산출이라는 독특한 관점인 끊임없는 진보에 대한 표상을 나타낸다.

사실화된 참(verum quia factum)은 초기 고대 그리고 중세

---

24) Vico, SN, 129.
25) 참조, Alexander Marcuse, 「기암바티스타 비코에서 3단계 법칙. 비코와 콩트 역사학의 비교 고찰(Das Dreistadiengesetz bei Giambattista Vico. Eine gleichende Betrachtung der vicchianischen und der Comteschen Geschichtslehre)」, in:『슈몰러의 법 연감. 독일제국 관리와 국민 경제 (*Schmollers Jahrbuch für Gesetzgebung, Verwaltung und Volkswirtschaft im Deutschen Reich*)』, 59권, 1935, 69-79.

의 "참된 것은 존재하는 것이다"라는 사유와 동일하다면, 이러한 사유의 길을 벗어난 "완전히 새로운 이념"을 통해 근대 사유의 혁명이 진행되었다. 그 혁명은 마르크스의 11번째 포이에르바하-테제, "철학자들은 세계를 다만 서로 다르게 *해석*했지만 문제는 그것을 *변화시키*는 것이다"에서 사실로서의 참인 것의 자리에 사실로 될 수 있는 것(faciendum)으로서의 참은 원리적인 행위 가능성에 대한 주장, 즉 실천적이고 실천화된 세계 변혁과 세계 형성이다.[26] 그리고 오늘날의 사이버네틱(Kybernetik)과 원리적으로 짧은 시간에 원하는 효과를 낼 수 있고, 처리 가능한 유전자-조작에 직면하여 일련의 연속적인 참인 것에서 사실로서 또는 사실로 될 수 있는 것, 사실로 된 것 또는 사실로 완료된 것을 정리하려는 경향에 대해서 사람들은 말할 수 있다.

그러나 비코는 바로 이러한 "연구에서의 무한성"을 말하지 않는다. 그것에 대해 야스퍼스는 "과학 스스로 터뜨리는 폭탄과 같다"[27]고 말한다. 여기에서 그는 자연과학의 연구가 인류 역사 전체에서 가지는 자연에 대한 특정한 학문의 형태를 간과했다고 말한다. 그는 지배적이지 않은 형태로 드러나는 자연과학과 학문의 역사가 속해 있는 인류 역사의 변천 가능성을 기술했다. 그는 결국 참과 사실은 동일하다는 근본 명제로부터 예견의 총괄 개념으로서 전체 요소들과 인간에 앞서 주어지는 자연, 즉 인간을 위한 본래적인 형이상학의 차원으로 시선을 바꾸었다. 이와 함께 그는 인간의 상황에 대한 전체 의식을 일

---

26) 참조, Joseph Ratzinger, 『기독교 입문. 사도신경에 관한 강의들 (*Einführung in das Christentum. Vorlesungen über das apostolische Glaubensbekenntnis*)』, München 1968, 35, 39, 44, 49.
27) Karl Jaspers, 『초월의 암호(*Chifferen der Transzendenz*)』, Hans Saner 편집, München 1970, 11.

깨우는 데 기여했다. 그로 인해 비코-공리가 잘못 사용되어 제시되는 그 "결과"에 대해 책임을 묻게 된다. 그 결과로서 호모 파브르로서 인간이 자연의 주인이라는 생각, 성과를 내는 지식의 철저한 지배, 사이버네틱과 실험 유전자 학문의 확대가 초래되었으며, 마지막으로 제작자를 그들 스스로 "만들어낸 것"으로 여기고 "그것에 맞추어"[28]지기 위해, 제작자의 변화가 필연적이 되었다는 사실이다.

2. 헤겔에게서 철학의 "현실적인 앎"으로 지양

나는 철학과 학문의 관계 문제에 대한 이어지는 연결로서 두 번째 예로서 헤겔을 제시한다. 비코가 편협한 데카르트적 학문 개념에 비판을 통해 "신학문"에 도달하고, 인류의 실재 역사를 그 가장 초기에까지 인간의 원리적인 역사적인 힘에서부터 본래적인 *인간적인 학문*을 이해시키려고 노력했던 반면, 헤겔은 철학의 전체 역사와 철학 자체와 대결하고, 인간 역사에서 이성을 드러낼 뿐만 아니라 존재하는 모든 것, 즉 자연과 역사가 그들 자신에서부터 자신으로 길을 가는 소위 *절대 정신*의 표명임을 깨우치도록 요구했다.

칸트는 "사유 방식의 혁명"이란 "사물들에 관하여 우리 자신이 그 사물 속에 투입한 것만을 선험적으로 인식한다"[29]는 것을 통찰할 때 일어난다고 이전부터 말해왔다. 칸트는 인간에

---

28) 참조, Karl Löwith, 「비코의 근본 명제 : 진리와 사실은 수렴한다. 그의 신학적 전제와 세속적 결과들(Vicos Grundsatz: verum et factum convertuntur. Seine theologische Prämisse und deren säkulare Konsequenzen)」, in : 전집 9권, Stuttgart 1986, 226, 416.
29) Immanuel Kant, 『순수이성비판』, B. XVIII, XIX.

게 학문적 인식은 그에게 접근 가능한 경험의 영역에서만 가능하고, 사물 자체를 인식하는 길은 그에게 원칙적으로 막혀 있다고 결론을 이끌어냈다.

그러나 이미 *피히테*는 그러한 철학을 문제 삼고, 철학에 사물 자체의 봄을 가르칠 것을 요구했다. 그는 철학 그 자체를 바로 세우려고 했다. 왜냐 하면 철학은 마지막과 처음의 앎을 가져다주어야 하는 과제를 너무도 빨리 포기하였고 그 "학문"의 개념을 전통적인 경험의 학문에 내맡겨버렸기 때문이다. 피히테는 그때부터 계속해서 "철학"이란 이름이 모든 것을 정립시키는 창조적인 활동으로서의 "나"의 활동을 표현하기에 적합치 않다고 주장한다. 그래서 그는 철학을 "학문 이론"으로 개칭할 뿐 아니라 이러한 특징지움에서 오히려 앎에 접근 가능하지 않은 사물 자체에 대한 본질적인 해명의 과제를 부여한다. 이때 "학문"이라는 용어는 통상적으로 자명하게 여기는 학문 개념이 아니다. 학문은 그 개념에서 구별되는 영역 학문들을 위한 총괄 개념이며, 학문적이라고 할 때는 그때마다 개별적으로 엄격히 규정된 대상이 아니라 전체에 향하며, 그것을 위한 방법으로 이해되는 앎에 대한 것이어야 한다.

헤겔은 피히테가 당시 철학의 형식, 철학의 이름을 소위 과거지사로서 증명하려는 "학문 이론"을 입안한 지 12년 후, 이를 그의 "정신현상학"의 서문(Vorrede)에서 구체화한다. "진리가 그 속에 현존하는 …… 참된 형태는 다만 동일한 학문적 체계일 수 있다." 나아가 그는 강조하기를, "그 때문에 모든 것은 철학이 학문의 형식에 가깝게 가도록, 앎에 대한 *사랑*이라는 이름을 벗고 *현실적인 앎*이 되도록 협조하는 것이다."30) 이것은 무

---

30) Hegel, 『정신현상학』, (Hermann Glockner 편집, 전집 2권), Stuttgart 1927, 14.

엇을 말하는가?

철학에서 진리는 지금까지 모든 세계의 존재를 넘어 있는 어떤 것이었다. 사람들은 그 진리를 어떻게 특징짓고, 진리가 어디에 있는지 알지 못하며, 그 모든 것에서 분리되어 어떤 것도 방해할 수 없는 휴식 속에 있는 것으로 여겼다. 그렇지만 헤겔은 지금까지의 진리 이해를 근본에서부터 뒤집어놓고, 진리의 현존 방식의 "참된 형태", 즉 더 이상 사람들이 만들어놓은 허구적인 표상이 아닌, 진리가 참되게 진리로서 드러나는 형식을 정신이 현상학적으로 현상하는 유일한 학적인 진리의 체계에서 보여준다. 정신이 현상하는 모든 방식은 연관 속에서 드러나며, 체계에서 그때마다 시간적인 장소를 잡아야 한다. 그러나 체계는 어떤 사람이 생각해서 만들어낸 도식 또는 주관적인 목적으로 짜여진 계획이 가진 경향에 따라 형태가 지어지고 다루기 편하고 또는 쓸모 있게 된 것이 아니라, 오히려 정신이 자기 자신을 드러내-보이는(dar-stellen) 진행이 문제될 때 비로소 *학문적인* 체계라고 불린다. 우리는 스스로 표상들을 만들어내기도 한다. 그러나 *정신*이 *자신*을 앞에-세우는(vor-stellen), 즉 자기 자신을 드러내-보이는 것을 인식하는 것이 문제다.

헤겔이 볼 때, 지금까지 철학은 자신의 과제를 절대적 진리와의 관련에 두지만, 결코 그 *자리*에 있을 수 없어서 항상 앎에 대한 사랑으로 머물러야 했던 철학이었다. 이러한 철학을 그는 모든 지금까지의 현상들, 다시 말해 자연과 역사 속에서 자신을 스스로 드러내-보이는 그것이 *절대 정신* 자신임을 통찰해 냄으로써 종결짓는다. 이는 철학이 더 이상 앎에 대한 사랑이 아니라 "현실적인 앎"이 될 때, 즉 "철학이 학문으로 고양될 때가 되었다"[31]는 것을 말한다.

---

31) Hegel, 같은 곳.

이러한 고찰은 *철학의 전체 역사*를 "세계 역사의 가장 내적인 것"[32]으로 이해시키며, 철학 그 자체를 사유의 사태로서 경험하게 한다. 사유는 단순한 우연적인 변화에 놓여 있지 않고 *그 자체에서 역사적*이다. 그러므로 철학의 역사는 다소 갑작스럽게 떠올라 주목을 받는 사상들을 모은 것이 아니다. 그렇다면 철학 자체가 하나의 정상을 벗어난 행동이 될 것이기 때문이다. 오히려 철학과 철학사는 자기 자신을 사유하는 사유의 운동이며 스스로를 개념 파악하는 개념, 사유의 사유, 앎의 앎이다. 다른 말로 표현해서 "참은 전체다", 참인 절대자는 자기 자신의 결과이고 자기 자신이 됨이며, 따라서 "참으로 있는 것은 비로소 그 *결국*에 있다"[33]는 것을 사변적으로 꿰뚫어보았을 때, *철학*은 *학*으로 고양되는 "그때에" 이른다.[34] 이는 이것저것을 안다는 것 또는 이런저런 학문을 연구함을 뜻하지 않고, "철학사에서 드러나는 동일한 사유의 발전이 철학 자체에서 (대논리학에서) 내보이며, 역사적인 외적인 것으로부터 벗어나 순수하게 그 사유의 요소에서 내보이는 것을 알게 된다는 뜻이다."[35]

이로써 철학의 역사에서 *사유된 것*의 공속성, 즉 계속해서 모든 것을 서로 함께 묶는 *변증법적인 과정*이 드러난다. 이 과정과 관련하여 헤겔은 데카르트철학의 출현에 대해 다음과 같이 말한다. "그와 함께 우리는 독자적인 철학으로 본래적으로 들어서게 되었다. 그 철학은 독자적으로 이성에서부터 자기 의식이 참된 것의 본질적인 계기임을 아는 철학이다. 여기에서 우

---

32) Hegel, 『철학사 강의(*Vorlesungen über die Geschichte der Philosophie*)』, 3권, (전집 19권), 2판, Stuttgart 1941, 685.
33) Hegel, (전집 2권), 24.
34) Hegel, (전집 2권), 14.
35) Hegel, 『철학의 체계(*System der Philosophie*)』. 1부. 논리학(전집 8권), 2판, Stuttgart 1940, 60(§14).

리는 말할 수 있고 우리는 머무를 수 있다. 이는 마치 거친 바다에서 오랜 항해 이후의 선원이 '육지'를 외칠 수 있게 된 것과 같다."36) 이전에 지나간 단계들을 계속적으로 지향하고, 계속해서 보다 높게 올려져, 지금까지의 것을 그때마다 넘어가는 발전과 체계로의 편입에서 이루는 이 과정은 헤겔로 하여금 데카르트를 넘어설 수 있게 했을 뿐 아니라, "철학의 역사가 맹목적인 떠오른 생각들의 모음이나 우연적인 진행"이 아니라 "철학은 단적이며 필연적으로 앞서가는 철학을 전제하며", 그 "필연적인 앞서 감을 이 학문의 발전의 필연적인 단계,37) 즉 절대정신의 자기 인식임을 통찰하게 하였다.

헤겔에게서 *새로운 학문*의 *개념*이 문제된다. 그 개념은 전승되었거나, 특정한 대상 영역을 가진 영역별 학문 연구에서 말하는 상호주관성과 검증의 요구의 방법을 통해 목적과 내용을 설정하는 오늘날 학문 개념과는 이름만 같을 뿐이다. 정신 자체는 있었고, 있고, 있게 될 모든 것의 총괄 개념이다. 이는 분명 "정신*의* 현상학"이라는 제목에서 해명해볼 수 있다. 이 제목은 그 소유격을 목적 소유격으로 오해해서, *우리가* — 헤겔과 — 정신에 대해 교훈적인 주장이나 구성을 하는 것이 아니라, 주격 소유의 의미에서 정신 자체가 스스로 자신을 현상으로 가져오는 것을 의미한다. 이처럼 "학문으로 고양된 철학"의 "현실적인 앎"에서 *우리가* — 헤겔과 — 알게 된다는 것이 아니라, *자기 자신을 알고 있는 정신*이 문제다. 통상적인 학문에서처럼 알게 된 어떤 것 또는 *지금까지의 철학*에서처럼 앎에 대한 순수한 사랑이 아니라 오히려 앎에 대한 앎이 문제가 된다. 여기에서 또 한 번 소유격에 주의를 해야 한다. 왜냐 하면 앎*의* 앎

---

36) Hegel, (전집 19권), 328.
37) Hegel, 같은 곳(전집 19권), 690.

은 우리가 — 헤겔과 — 앎이 무엇인지 아는 것을 의미하지 않고, 앎 그 자체가 자신을 아는 것을 의미한다.

학문으로 고양된 철학은 철학자들이 더 이상 절대자에 대해 음모를 꾸미도록 하지 않는다. 그리고 철학자들이 절대자가 그들에게 원칙적으로 폐쇄되어 있거나 또는 그들이 절대자를 파악하기 위해서는 엄청난 고생을 해야 한다고 수군거릴 필요가 없게 한다. 왜냐 하면 — 헤겔에 따르면 — 절대자는 자기 *자신*을 스스로 드러내보이는 고유한 양식을 가지고 있다. *철학자가 절대 정신의 학자로* 대체된 후, 철학자는 칸트처럼, 유한한 인식의 구성적인 성격으로 형이상학에 대한 진술이 불가능하다는 증명을 결론적으로 끌어내기 위해 *인식 이론적인* 물음으로 더 이상 고생할 필요가 없다. 왜냐 하면 헤겔에 의해 바꾸어진 근본을 뒤흔들어놓은 소유격의 파생적 관계의 변화, 즉 사람들이 헤겔의 전회라고 부를 수 있는 그런 것에 따르면 절대자 자신, 이성 자신, 정신 자신은 그 자체에서 즉자 대자적으로 우리에게 있고, 우리에게 있으려고 하는 것을 심각하게 여기기 때문이다.38) *자신을 자신에게서부터* 현상으로 가져오는 절대자의 의지는 철학이 학문으로 고양될 수 있으며, 사물들의 사정에 따라 "그때에" 이르게 되는 것을 보증해준다.

위에 언급한 것을 쉽게 예로 들어, 철학에서 철학자들이 이성에게 거처와 체류를 보장하기 위해 다소 큰 도구를 가지고 이성의 집 건축에 힘을 쏟아야 한다는 지금까지의 생각은 낡은 이야기다.

우리가 이성에 집을 지어주는 것이 아니라 이성 자신이 스스로 집을 짓는 자다. 우리가 이성을 거주하게 하는 것이 아니라 그것이 우리에게 거처할 집을 지어준다. 이러한 건축을 헤겔은

---

38) Hegel, (전집 2권), 68.

"철학의 역사"에 대한 그의 강의에서 역사적으로 또한 "대논리학"에서 체계를 통해 제시하려고 노력하였다. 이는 자신의 공로가 아니라 거기에서 집을 짓는 자를 돕는 일이다. 그러므로 "정신의 현상학"은, 통상적인 읽는 법과는 반대로, — 위에서 말한 것처럼 — 정신에 관한 그리고 그것의 현상 방식에 대한 것을 드러내는 것이 아니라, 자기 자신을 현상으로 가져오는 자신의 경험으로서의 로고스에 주목하는 것을 의미한다. 이처럼 "철학의 역사" 또한 헤겔에게서 전도된, 전도하는, 돌이키는 소유격, 전회의 소유격으로서, 물질 대상으로서의 철학에 대한 역사적 제시가 아니라, 역사에서 자신을 내보이는 철학을 드러내는 것을 의미한다.

헤겔에게서 전회의 소유격이 어떤 근본을 흔드는 의미를 가졌는지는 "논리학의 학"[대논리학]이란 제목에서 분명해진다. 이 제목은 통상적인 의미에서 논리학이 학문적인 탐구가 아니라, 반대로 지금까지의 노력들을 현상학적인 전회를 통해 확고히 하고, — 그리고 논리학은 어떤 단순한 지금까지의 철학 분과, 소위 논리학이 아니라 로고스를 의미한다 — 학문을 그 자체로서 비로소 드러나게 한다는 것을 말하려고 한다. 그리고 헤겔은 마지막으로 소위 "철학적 학문의 엔치클로페디"[철학백과전서]에서 — 또한 이 제목은 현상학적으로 자기 자신을 드러내보이는 절대자의 본질인 전회의 의미에서 반대로 읽혀야 한다 — 철학의 분과들을 단순히 모아놓은 색다른 도식을 가진 일반적인 백과사전의 관점 아래에서가 아니라 철학적 학문들, 즉 논리학, 자연철학 그리고 스스로 자신을 매개하는 *전체의 정신*으로서 정신 철학의 방식과 사실을 현상으로 가져오려는 것이다. 드러나지 않고 간직되는 소유격의 관련 방향 변화 그리고 그 유래와 의존 양식의 변화에서의 전회, 즉 철학에서 학문으로의 근본을 흔드는 변화가 수행된다. 이때 "학문"은 이제 통상적인 학문들 중의 하나가 아니라 *질적으로 새로운 것*이다. 스스로 자신을 매개하는 세계 정신은 스스로 *자신*을 그리고 자신을 스스로 놀이에 참여시킨다.

다르게 말해서, 절대자로부터 헤겔은 사변적으로 지금까지의 모든 것을 변증법적 발전에서 펼쳐보인다. 이때 이 사변성이란 "학문"이란 이름으로 인간적인 앎의 한계를 비학문적으로 넘어서는 것도 아니며, 변증법에 대립된 것을 사물들의 외부에서 강제적으로 서로 굴복시키는 방법이 아니라 합-사변성 (Kon-spekulation), 즉 절대 정신의 자기 전개의 길을 함께-봄, 그 자신의 전회, 그의 자신에게로의 도상에-있음을 문제 삼는 것이다.

헤겔에게서 비로소 "정신 자체는 현실적이며", 이는 "정신이 자기 자신을 절대 정신으로 알게 됨으로써"39) 그렇게 된다는 것이 인식될 수 있었다. 또한 헤겔에게서 처음으로 그에 의해 이해된 "학이 안다(Wisenschaft weiß)"의 의미가 통찰됨으로써, 철학의 역사에서 지금까지 사유된 모든 것은 "정신의 본성으로밖에 표현할 수 없는 단적으로 필연적인 발전"40)임은 물론, 나아가 "한 시대의 마지막 철학은 그 발전의 결과며, 진리는 정신의 자기 의식이 자신에 대해 스스로 내어주는 최고의 형태 속에 있다"는 것을 의심하지 못하게 했다. 그러므로 "철학의 학문으로의 고양"은 "마지막 철학이 그 앞서간 철학들을 포함하고" "모든 단계를 자신 안에서 포착하며", 그래서 "철학이 모든 앞서 지나간 것의 산물이며 결과"임을 의미할 뿐 아니라, "정신은 학에서 자신을 절대 정신으로 자신을 알고 있다"41)는

---

39) Hegel, (전집 19권), 690.
40) Hegel, 같은 곳, (전집 19권), 691.
41) Hegel, 같은 곳, (전집 19권), 690.

것을 의미한다. 다르게 말해서, 우리가 철학을 학문으로 고양하는 것이 아니라, 철학이 모든 지양 과정들에서 가장 근본적인 지양의 의미에서 스스로 학문으로 고양한다.

정신의 학문이 그렇게 근본적이고 전체적이며, 정신의 학문이 참된 연관 관계와 의존 관계, 전회를 표현하는 주격 소유의 의미에 따라 소위 자연과학과 구별되는 정신과학이 아니라 *자신을 아는 정신*을 의미한다면, 비코가 그의 "신학문"에서 제시한 것처럼, 학문 개념도 단계적으로 사변적-변증법적으로 지양된다. 왜냐 하면 여전히 신과 자연은 자신에게 기인하지 않은 채 있고, 정신 이외에는 아무것도 없기 때문이다. 정신은 자신 이외에는 아무것도 허락하지 않고, 오히려 스스로를 현상으로 가져오며, 현상하는 모든 것에 자기 자신을 두고 있다. 정신은 하나이자 모든 것이며, "스스로를 아는 진리며" "모든 진리"다.[42] 정신 뒤로 되돌아갈 수도 없고 그것을 넘어설 수도 없다. 전회는 절대적이고 절대자의 변화 양식이며, 그의 생성이고 존재다. 정신에서 모든 것은 결정되고 그것을 통해 모든 것은 개시된다. 그것 이외에는 아무것도 없다. 왜냐 하면 있는 것은 스스로 내어주는 정신이기 때문이다. *존재는 정신이며* 사유의 절대적인 자기 사유다. *진리는* 알 수 있는 것 자체가 그 자신에서 확실하게 알려지는 것, 곧 *앎의 앎*이다. 학문은 스스로를 아는 정신이다. "참이 체계로서만 현실적이라는 사실은 절대자가 정신으로서 발언한다 …… 는 생각에서 표현된다. 정신적인 것이 유일하게 *현실적*이다 …… 정신으로 발전되는 것으로 자신을 아는 정신이 *학문*이다. 학문은 그의 [정신의] 현실성이며, 그가

---

42) Hegel, 『대논리학(*Wissenschaft der Logik*)』, 2부. 주관적 논리학 또는 개념론(전집 5. Bd.), 2판. Stuttgart 1936, 328. 참조, Heidegger, 『동일성과 차이(*Identität und Differenz*)』, 38 이하.

자신의 고유한 요소에서 스스로 세운 영역이다."43) 사람들은 헤겔의 "학문"을 다음과 같이 정식화할 수 있다. "정신이 스스로 내어준다(Der Geist gibt sich)". 이와 관련해서 하이데거의 존재를 회상하는 사유에 대한 공식화는 "존재가 자신을 증여한다(Es gibt)"이다. 여기에서 주어는 어떤 것으로서 물어져서는 안 된다. 즉, 그것 (Es)이 스스로 내어주는 어떤 것이라고 해도, 주어처럼 나, 너, 그 남자, 그 여자, 그것으로 물어져서도 안 된다. 오히려 "존재가 자신을 증여한다"는 공식은 존재의 사실(daß)과 방식(wie)에 대한 표현이다.

3. 하이데거의 "묻는 사유"

이로써 세 번째 연결점으로 넘어가게 된다. 한편으로, 하이데거철학의 뛰어난 점은 근본적이고 전체적인 헤겔의 현상학적 전회에서의 학문 개념에 직면해서 다음과 같이 물을 때 분명해진다. 모든 *사유된* 것이 앞에서 이해된 학문에서 지양된다면 *사유되지 않는 것*, 즉 사유된 것에서 드러나지 않고, 개념 파악되지도 않는 것이 아직도 남아 있을 수 있는가? 다른 한편으로, 사람들이 이 백과사전적이고 보편적인, 따라서 모든 것을 포괄하는 전회의 개념에 직면해서 다음과 같이 물을 때, 통찰될 수 있다. 정신 = 자기 자신을 앎 = 작용하는(wirk-lich. 현실적인) 학문이라는 이 *완성 짓는 전회의 사유*를 넘어 극복하거나 또는 그것 뒤로 물러섬이 가능한가? 아직 다른 전회가 있는가?

하이데거는 첫째로 엄청나게 거대하며, 동시에 둘째로 가장 단순한 과제에 봉사하려고 작정한다. 이는 "거기에서부터 사유

---

43) Hegel, (전집 2권), 27 이하.

된 것이 자신의 본질 공간을 얻는 사유되지 않은 것"44)을 되묻는 것이고, 헤겔의 의미에서 사유된 사유의 역사를 통해서 "도처에 물어지지 않은 것"45)을 탐지해내는 것이다. 이 과제는 첫째로 거대한 것이다. 왜냐 하면 그 과제는 헤겔에게서 완성되었고, 마르크스와 니체를 그 후계자로 배출한 지금까지의 철학 역사를 *벗어나기*를 요구한다. 그리고 그 과제는 이성의 건축에 종사한 철학자 또는 자신의 건축을 스스로 이루어가는 이성 자체를 말하는 자들의 모든 주장에 대한 *해체*(Abbau. De-struktion)46)를 요구하기 때문이다. 하이데거의 표현을 따르면, "형이상학의 근거로 돌아감"47)을 수행하는 것이 중요하다. 동시에 그 과제는 두 번째로 가장 단순하다. 왜냐 하면 존재를 이해하는 현존재로서 인간은 항상 이미 그 빛 속에 들어서 있기 때문이다. 존재는 존재자에서 밝혀지지 않는다. 따라서 존재와 존재자의 "존재론적 차이"는 근원적이어서 존재의 *해석*들은 그 지평을 전체적으로 닫고 있다. 그 해석은 이데아로서의 플라톤의 존재 해석에서 데카르트의 이성 그리고 헤겔의 정신 개념을 거쳐 내려와 마지막으로 "권력에의 의지"에 대한 니체의 주장에 이른다. 그러나 이 해석들이 철학사적이 아닌 존재 역사적으로 해석될 때, 존재를 그것이 있는 바 그대로 *존재하게* 하는 가능성이 배제되지 않는다.

　　이런 점에서 하이데거의 싸움은 존재를 둘러싼 싸움(Πόλεμος)

---

44) Heidegger, 『동일성과 차이(*Identität und Differenz*)』, 44 (=ID).
45) Heidegger, ID, 46.
46) Heidegger, 『존재와 시간(*Sein und Zeit*)』 (전집=GA 2), Frankfurt am Main 1977, 30 이하 ; Heidegger, 『네 개의 세미나(*Vier Seminare*)』 (Le Thor 1966, 1968, 1969, Zähringen 1973), in : 세미나(Seminare) (GA 15), Frankfurt am Main 1986, 337, 339, 395.
47) Heidegger, 「'형이상학이란 무엇인가?'의 도입(Einleitung zu : "Was ist Metaphysik?"). in : *Wegmarken* (GA 9), 365.

일 뿐만 아니라, "올바른" 봄(das richtige Sehen) = 사유를 둘러싼 플라톤적인 길의 계속적 진행이 아니며, "참"인 사유, 자신을-보는 로고스의 사변성을 둘러싼 싸움으로서 헤겔의 길, 즉 *사유*를 사유의 사태로서 주제화하는 시도를 계속하지 않고, 오히려 사유를 위한 싸움에서 *존재*가 사유의 사태로서 주목된다. 사유의 *존재*를 경험(er-fahren)하려는 헤겔적인 전회 대신에 하이데거의 전회에서는 사유가 *사유한다*는 것을 의미하는 존재의 경험(Er-fahrung)이 문제된다. 그 때문에 의도적으로 하이데거가 후기에 다루는 "*다른 사유*(anderes Denken)"는 근원적으로 존재 의미에 대해 물음으로써 길을 놓아, 존재의 진리에 대한 물음에서 존재 사건의 물음으로 이끌고, 지금까지 사유되지 않은 존재와 존재자의 존재론적인 차이에 대한 망각을 사유되어야 할 것(das zu-Denkende)으로서 경험하고[48] 사유에 대한 물음처럼 존재에 대한 물음에 대한 지금까지의 대답들을 다시 의문시하는 소위 "존재 물음"을 시작한다. 여기에서는 지금까지 인간에 의해 "만들어진" 비코가 의미하는 인간 역사에서 벗어날 뿐 아니라, 헤겔의 "철학의 역사"와 "학문"으로 유형화된 정신철학에서 *빠져*나가는 것이 추구된다. 하이데거는 이러한 방식을 "한 걸음 물러섬"이라고 부른다. 이를 통해 그의 철학은 "완전히 전개된 자기 자신을 아는 앎의 확실성의 의미에서 절대적으로 정립된 진리"에서 『대논리학』[49]으로의 발전과는 대조적으로 특징지어진다. "한 걸음 물러섬", 이는 대립적이고 반-동적인 발전을 위해, 전-진을 위해, 철학사에서 그리고 철학 그 자체에서 수행되는 앞으로-향함을 위해 뒤-로 돌려 관계 맺는 어떤 운동 방향이 아니다. 그리고 한 걸음 물러섬은

---

48) Heidegger, ID, 46.
49) Heidegger, ID, 45.

진행(corsi)과 순환(recorsi)에서, 자신 안에서 반복하는 순환 속에서 역사가 움직인다는 비코의 파악과 부합되지 않고, 오히려 "지금까지 뛰어넘은 영역"50)으로 다시 진입하려는 시도다. 그리고 헤겔이 스스로 사유하는 *사유*에서 자신 안에서 원을 그리며, 스스로 되돌아가는 존재로서 수립하는 대신에,51) 존재의 전회에서 사유가 나아가야 할 것(das Zu-Denkende)으로서, 사유되어야 할 것(das zu-Denkende), 즉 포기된 것(Aufgegebenes)으로서, 과제로서 존재를 경험하려는 시도다.

이것에 상응해서 하이데거의 "사유"는 지금까지처럼 대답하는 사유가 아니라 묻는 사유다. 그 사유는 소위 칸트에게서처럼 구조지워지고 구성된 오성의 대상을 또한 헤겔에게서처럼 자기 자신을 개념 파악하는 이성, 즉 앎의 앎을 추구하지도 않고 오히려 사유가 항상 이미 머무르는 그것, 즉 *존재에 가까움* (Nähe zum Sein), 다시 말해 존재가 자신을 증여하는 것(Es gibt)을 추구하는 사유다. 하이데거에 따르면, 사유는 지금까지의 철학적인 존재 규정들, 다시 말해 퓌시스, 로고스, 일자, 이데아, 에네르게이아, 실체성, 객관성, 주관성, 의지, 권력으로의 의지, 의지로의 의지로 드러나지 않고, 철학의 역사에서 "사과, 배, 복숭아들처럼" "역사적인 표상의 상점 진열대"52)에 줄지어 있는 것에서 그때마다 마음내키는 대로 어떤 것을 고르는 것이 아니라, 존재를 회상하는 사유로서 존재를 *존재*하게 하는 사유, 나아가 "존재가 자신을 증여함"에 감사(Danken)할 때, 그때 비로소 "더 사유적"이 된다.

"존재 망각"은 철학의 역사 그리고 철학 자체에서 진행되고

---

50) Heidegger, ID, 45.
51) Heidegger, ID, 50.
52) Heidegger, ID, 64.

있다.53) 그 때문에 하이데거는 "*사유를 요구하고 있는 우리 시*
대에서 가장 의구심을 불러일으키는 것은 우리가 아직도 사유
하지 않고 있는 것이다"54)라고 말한다. 우리는 아직 존재를 회
상하고 있지 않는 자들이다. "인간은 존재의 목동이다"라는 것
을 인식하는 대신에, 우리는 인간을 우리가 법칙을 제정해준
존재의 주인으로 여긴다. 또한 "인간은 존재의 이웃"55)임을 경
험하는 대신에, 우리를 통해서 자신의 본래의 길을 내고 스스
로를 내어주는 정신이 있다고 생각하고, 인간을 그 발전의 단
순한 계기로 만들어버린다. 인간은 지나가는 간이역이 아니라
"자신을 증여"하는 "존재에 이웃하는 나그네"56)다.

　하이데거가 사유를 "더 사유적"57)이게 하려는 것을 목적한
다면, 그는 다음의 강력한 오해에 대비해야 한다. 즉, 그가 사유
의 사태로서 더 이상 *사유*가 아니라 *존재*를 문제시할 때, 사유
를 단념한다고 사유하면서, 다만 여전히 존재에 대해 "속삭인
다(raunen)"는 것이다. 이런 인상은 하이데거가 1927년에 제기
한 "존재 물음"을 상당히 시간이 지난 후, 1951 / 1952년 "사유
물음(Denkfrage)"과의 연관에서 뚜렷하게 주제화한 것을 간과
하고 고려하지 않을 때 생길 수 있다. 존재가 사유의 사태라
면, 존재의 사유는 *사유*의 본질적인 변천과 시선 변경이 없이
진행될 수 없다는 사실이다. 이는 사유가 지금까지 있었던 그
러한 것으로 머물러 있고, 약간의 다른 관련으로 전환해서 *자*

---

53) Heidegger, 「'형이상학이란 무엇인가?'의 도입(Einleitung zu : "Was ist
Metaphysik?")」, in : GA 9, 371.
54) Heidegger, 『사유란 무슨 뜻인가?(*Was heißt Denken?*)』, 2판, Tübingen
1961, 3.
55) Heidegger, 「'인문주의' 서한(Brief über den "Humanismus")」, in : 『이정
표들(*Wegmarken*)』 (GA 9), 342.
56) Heidegger, 같은 곳, (GA 9), 344.
57) Heidegger, 「'형이상학이란 무엇인가?'의 도입」, in : GA 9, 371.

신에게 그리고 *사유의* 존재로 향해서는 안 되며, 사유되어야 할 존재로 전환해야 한다. 전회는 단순한 시선 변경이 아니라, 전회된 것으로서 본질적으로 "다른 사유", 존재 사유, *사유를* 사유하지 않는 사유로서 사유의 전회다. 하이데거가 "사유란 무슨 뜻인가?"라고 물을 때, 그는 지금까지 앞서 지나간 모든 사유의 형식에 대한 철학사적 또는 철학 체계적, 나아가 백과사전적인 조망을 하거나, 시대의 흐름에서 또는 규정된 사유 체계의 관점에서 사유로서 특징지어진 모든 것을 평가하려는 것이 아니다.

하이데거는 "사유란 무슨 뜻인가?"라는 물음으로 *사유가* 뜻하는 것을 묻는 것이 아니라, 사유를 *사유한다는 것이 뜻하는* 그것, 사유가 사유하도록 요구하는 그것, 사유를 사유해야 하는 그것이 무엇인지를 묻는다. 하이데거는 존재 물음을 사유 물음 *으로서* 묻는다.

이런 연관에서 1951 / 1952년에 하이데거가 말한 것은, 18년 뒤에 그가 나와의 대화에서 아주 강조했던 것처럼, 공개적으로 의식되어 "많은 주목을 끌었다". 왜냐 하면 그는 당시 "과학은 사유하지 않는다"는 충격적인 명제를 던졌기 때문이다.58) 이 명제는, 하이데거가 나중에 확고히 하듯이, 어떤 비난을 포함하는 것이 아니라 다만 과학의 내적인 구조를 확정하는 표현이다. 이는 당시 엄청난 파문을 일으켰고, 그 파장은 많은 과학자들에게 영향을 주었다. 그렇지만 주목할 만한 아주 다른 것을 나는 여기에서 생각한다. 즉, *본래적으로* 의도했던 방향이 오해되고 있다. 오늘날까지 여러 곳에서 바로 이 명제는 철학자들 사이에서 자연과학자들에게만 해당된다고 생각된다.

---

58)『대담중의 마르틴 하이데거(*Martin Heidegger im Gespräch*)』, Richard Wisser 편집, Freiburg / München 1970, 71.

그러나 여기에서 간과되고 있는 것은 그 당시로 볼 때, 이전이나 이후에나 *철학이 사유하지 않는다*는 지적이다. 어쨌든 중요한 것은 이 명제가 하이데거가 말하는 본질적인 사유 방식으로 사유하지 않는 것에 대한 아주 도발적인 증시임을 깨닫는 것이다.

하이데거에게서는 더 이상 형이상학적으로 사유하지 않는 사유가 중요하다. 그가 사유를 포기한 것이 아니라, 마땅히 "숙고"되어야 할 것, 즉 "현존하는 것의 현존, 존재자의 존재"가 아닌, 이런 저런 철학자가 사유라고 하는 그런 것에서 사유의 본질을 규정하는 그런 사유를 포기하는 것이다. "사유는 그것이 현존(eon)을 회상(an-denken)할 때 비로소 사유다." 그리고 알려진 대로 여기 에온(ἐόν)은 파르메니데스의 근본말 중의 하나로 여겨진다. 그것을 통해 "철학" *이전* 오랫동안 사유에 방향이 제시되었다. 하이데거에 따르면, 그 말은 "존재자와 존재의 이중성(Zwiefalt)"을 일컫는다. "그 이중성이 본래적으로 사유하도록 하는 그것이다."[59] 사유가 사유하도록 하는 것이 아니라 "자신을 증여하는 것(Es gibt)"이 사유하도록 한다. 이로써 헤겔의 전회 대신에 하이데거의 전회가 들어선다. 다르게 말해서, 하이데거의 사유의 전회에서 사유는 존재론적 차이에 뿌리를 박고 있는 한에서만 *본래적인* 사유다.

여기에서 하이데거는 주어지거나 또는 앞서 주어진 존재자를 제시하는 통상적으로 "학문"이라고 불리는 방식을 "사유"라고 부르지 않고 또한 "사유"라는 용어를, 본래적으로 숙고해서 "철학"의 진행 방식으로 인정하지도 않는다는 것을 쉽게 알 수 있다. 여기서 말하는 철학의 방식은 비코에서처럼, 총괄적으로 철학을 역사철학으로서 "참된 것과 사실은 같다(verum idem

---

59) Heidegger, 『사유란 무슨 뜻인가?』, 149.

factum)"는 명제로 근거지우고, 사유를 행위에 그리고 행위를 사유에 근거지우거나 또는 어떤 방식에서는 칸트의 인식 이론에 있는 명제를 계속 진행시켜 학문적인 인식을 "경험 대상으로서의 존재자"에 대한 인식으로 정의하고, "'존재'"를 "대상의 대상성"[60]으로 표상하기도 하며 또는 "존재는 사유다",[61] "발전하는 정신으로 스스로를 아는 정신이 학문이다"[62]와 같은 헤겔의 명제들에서 정신의 행위가 스스로-앎으로서 스스로-드러내보임이라고 주장하는 것이다.

하이데거의 물음, "사유란 무슨 뜻인가?"의 본래적인 의미는 "과학은 사유하지 않는다"[63]는 여러 면에서 힐책하는 명제에서가 아니라, 오히려 *철학이 사유하지 않는다*"는 점을 하이데거가 증시하려는 목적에서 찾을 수 있다. 철학은 사유하지 않는다. 왜냐 하면 철학은 "존재 물음"을 제기하는 대신에, 철학으로서의 시작에서부터 존재자에서 낚아진 존재의 대답들을 식탁에 올려놓고 자신의 의무를 주장하고, 나아가 "존재 망각" 조차 망각했기 때문이다. 이 망각은 바로 존재 역사적으로 사유될 수 있으며, 자신을-잘못 봄을 존재 역사적으로 사유되어야 할 앞서-봄과 연관 속에서 보는 것이다. 우리에게 사유의 본질 *안*으로 들어가도록 명령하는 것이 *존재*의 분부(Geheiße)로서 경험되지 않는 한, 마찬가지로 그 본질은 사유에 속하지만, 모든 것은 옛날의 것, 사유되어야 할 것에 맞게 향하지 못하는, 즉 전회를 수행하지 못하는 "철학"에 머물러 있다. "그렇지만 모든 것에 앞서 '있는' 그것이 존재"라면, 그리고 분명히 "사유가 존재와 맺는 인간 본질과의 관련을 수행하고" 그 사유가 이

---

60) Heidegger, 같은 곳, 148.
61) Heidegger, 같은 곳, 149.
62) Hegel, (전집 2권), 28.
63) Heidegger, 『사유란 무슨 뜻인가?』, 4.

관련을 만들지도 않고, 생기게 하지도 않고, "다만 사유가 그것을 존재로부터 그 자신에게 부여된 것, 즉 존재가 선사하는 그 것으로서" 수행하려면, 그 "철학"에 *머물러 있는 것*은 도움이 되지 않는다.64) 오히려 언제부터 *사유*가 "철학"과 "학문"으로 *되었는지*를 경험하고, 그에 상응해서 그런 식으로 "철학"으로 된 사유의 *해체*를 기도하는 것이 중요하다. 하이데거에게 "헤라클레이토스와 파르메니데스는 아직 '철학자'"가 아니었다. 왜냐 하면 분명히 그들은 "사유의 다른 차원"65)을 제시한 "보다 큰 사유자"였기 때문이다.

내어다 봄

그러므로 하이데거에게는 사유를 "보다 사유적으로", 즉 보다 물음으로 만들기 위해, ─ 이렇게 나는 결론을 맺는다 ─ "철학의 종말"에서, 헤겔식으로 "학문"으로의 지양에 직면하여, 또한 좁은 의미에서 학문 앞에서 철학이 항복하는 상황에 직면해서, "사유의 과제"66)를 새롭게 규정하는 것이 중요하다.

*비코*는 존재하는 모든 것의 원리, 즉 참된 것과 사실은 서로 수렴될 수 있다는 원리를 만들어냈고, "신학문"을 통해 특정한 *인간적 철학*을 표현해냈다고 믿었다. 그리고 그는 이 "신학문"에 접한 사람들에게 "신적인 환희"67)를 보장한다. 왜냐

---

64) Heidegger, 「'인문주의' 서한」, in : GA 9, 313.

65) Heidegger, 『철학이란 무엇인가?(*Was ist das - die Philosophie?*)』, Pfullingen 1956, 24.

66) Heidegger, 「철학의 종말과 사유의 과제(Das Ende der Philosophie und die Aufgabe des Denkens)」, in : 『사유의 사태로(*Zur Sache des Denkens*)』, Tübingen 1969, 61 이하.

하면 그 사람은 그가 산출하고 창조한 것이 무엇인지 알기 때문이며, 무작정으로 행한 것이 아니고, 알면서 창조한 것이기 때문이다.

*헤겔*은 "정신적인 것만이 현실적이다"[68]라고 생각했다. 즉, "*정신은 학문*"이며 따라서 존재는 사유된 것에서 드러난다. 그래서 그는 "대논리학"에서 신의 사유, 나아가 "신이 그의 영원한 본질에서 자연과 유한한 정신의 창조 이전에 어떠했는지",[69] 신의 묘사를 사유하려고 했고 신의 창조에서 그의 존재를, 그의 섭리에서 생성을 경험하려고 했다고 강조했다.

하이데거에 따르면 역사에 대한 인간적–현사실적 철학, 인간적 철학의 "신학문"은 물론, 절대 정신의 로고스–중심적, 로고스 논리적 학문, "학문"으로 고양된 철학, 즉 헤겔을 뒤로 하는 미래의 사유는 단순한 것의 가장 단순한 것을 경험한다. 즉, 존재는 인간의 역사적인 활동에서도, 사유의 절대적 자기 사유에서도 드러나지 않는다. 오히려 "그것은 그것 자체'다'(Es ist Es selbst)"는 것이 중요하며, 다만 인간에게 존재가 "가장 가까운 것"[70]이라고 말하는 것을 배워야 한다. 분명히 현대적인 오늘날의 의미에서 학문은 인간이 그에게 앞서 제시되고 주어진 존재자에 머물고 있을 때며 그러한 근거에서 있게 된다. 그리고 철학이 있다는 것은 인간이 최고의 존재자를 인식하려고 노력하고 있을 때며 그 이유에서다. 사람들은 이것이 진행되는 방식들을 그들이 원하는 대로 부르고 싶어한다. 그렇지만 하이데거는 "사유란 무슨 뜻인가?"란 물음을 통해 드러나지 않고 단순하며 동시에 "유일한 사태 연관"[71]으로 시선을 바꾸

---

67) Vico, SN, 129.
68) Hegel, (전집 2권), 27.
69) Hegel, 『대논리학』(전집 4권), 46.
70) Heidegger, 「'인문주의' 서한」, in : GA 9, 331.

도록 했다. 즉, "가장 가까운 것, 존재자보다 더 가깝고, 동시에 익숙한 사유에서 볼 때 가장 먼 것보다 더 먼 가까움 (Nähe) 자체가 있다. 그것은 바로 존재의 진리며"[72] "자신을 증여"하는 그것이다.

---

71) Heidegger, ID, 63f.
72) Heidegger, 「'인문주의' 서한」, in : GA 9, 332.

헤겔과 하이데거 또는
사유의 사유에서 존재 사유로의 전환

I. 사유 양식들과 사유 태도들

하이데거에게는, 그 자신이 고백하고 있듯이, 본질적으로 "전수되고, 이미 제기된 문제가 아니라, 사유 역사에 걸쳐 어디에서도 물어지지 않은 것"[1]이 중요하다. 그 때문에 하이데거가 벌리는 헤겔과의 대결은 예사로운 것이 아니며, 나아가 근본적인 성격을 띠고 있다. 이 대결을 통해 전체적인 "앞서 지나간 사유 역사"와의 "대화"가 처음으로 이루어지게 된다.[2] 두 가지 예를 통해 두 사유자의 *차이*를 몇 가지 살펴보고자 한다. 이를 위해 먼저 하이데거가 어떤 유명한 사상가보다도 더 밀접하게 자신과 연관짓는 헤겔에 관해 충분한 논의를 해야 할 것 같다. 하이데거는 헤겔을 통해서 비로소 *철학의 역사 자체와의 대화*

---

1) Heidegger, 『동일성과 차이(*Identität und Differenz*)』, Pfullingen 1957, 46 (=ID).
2) Heidegger, ID, 39, 참조, 45.

가 가능할 수 있게 되었다고 말한다.

　헤겔 이후 사유자를 어떤 독자성을 제시해서 성격짓는 일은 더 이상 의미가 없게 되었다. 오히려 사유자의 차이는 공통적인 사유의 사태와 관련된 그 사태에 대한 차이나는 규정을 통해 보여주어야 한다. 첫 번째 예는 차이나는 사유 양식의 관점에서 해명하는 것이며, 두 번째 예는 다른 본질적인 사유 태도의 차이에 주목하는 것이다. 헤겔과 하이데거는 그들에 의해 차이나게 규정된 사유의 사태에 직면하여 철저하게 차이나는 사유 태도를 통해 인식될 수 있다.

사유 사태의 상이성

1. 헤겔 : 자기 자신을 사유하는 사유
　하이데거 : 존재를 회상하는 사유

　독자적인 철학을 형성하고, 철학적인 문제들에서 모든 세계에 공통적으로 자명한 것을 드러내려고 시도하는 사람은 *헤겔* 이후 "철학의 본질에는 독자성(Eigentümlichkeit)을 위한 바탕이 없다"는 말을 지나칠 수 없다. 그 독자성을 철학 속에 침몰시키는, 비유적으로 몸체를 모든 속성의 총합으로 여긴다면, 철학에 도달하기 위해서 "스스로 몸을 버려 안으로 뛰어드는"3) 일이 필요하다. 두 가지 예가 일상에서 받아들여진다. 하나는

---

3) Hegel, 「피히테와 셸링의 철학 체계의 차이(Differenz des Fichte'schen und Schelling'schen Systems der Philosophie)」, in : 『예나 글 모음집』 전집 2권, (Theorie Werkausgabe Suhrkamp, Karl Markus Michel과 Eva Moldenhauer 편집), Frankfurt am Main 1970, 19 (=DFSSP).

— 어쨌든 그 당시에 — 바닥 없는 용기(容器)를 생각할 수 있고, 또 한 가지는 이것 저것에 더 이상 주저하며 머무르지 않고 지주대도, 어떤 발판도 없는 원소(Element) 안으로 빠지거나 또는 — 수영이라도 하기 위해서는 — 물 속으로 거꾸로 뛰어들어야 하는 태도다. 이때 원소 자체에 몸을 싣고, 그것으로 본질적인 발판을 삼는 일이 중요하다. 그러나 어떤 원소가 이러한 일을 수행한다고 말할 수 있는가? 그리고 어떤 요소가 그러한 신뢰를 주는가?

헤겔은 이미 1801년에 자신의 처녀작인 "피히테와 쉘링의 철학 체계의 차이"에서 이러한 예를 들고 있다. 그는 철학사라고 불리는 것에서 철학자들이 취한 "독자적인 관점"4)을 통상적인 특징 묘사를 통해서 그 "새로운 독자적인 관점"의 두드러진 특징을 제시할 수 있다는 잘못된 방식의 불충분성을 제시해보이려고 한다. 구체적으로 말해서, 그는 서로 통용되는 개념들과 견해들에 이름을 붙여 "철학적 체계의 역사적인 관점"을 만들어내고, "역사적인 연관"5)을 이끌어내는 일에 봉사하겠다는 것이다.

헤겔은 여기에서 철학의 역사가 단순한 지식의 외양 속에 짜여 있고, 그것의 *사건 나열*(Historie)이라면, 그 지식은 *철학*이 아니라는 것을 의심하지 않는다. "독자적인 것이 현실적으로 철학의 본질을 형성한다면, 이는 철학일 수 없다." 따라서 일반적으로 독자성에 대해 언급할 경우에 그것은 다만 "체계의 형식"에는 관련될 수 있지만, "철학의 본질에 속하지"6) 못한다. 그리고 헤겔은 무엇 때문에 이렇게 되었고, 무엇 때문에 철학을 독

---

4) Hegel, DFSSP, 16.
5) Hegel, DFSSP, 16.
6) Hegel, DFSSP, 27.

자성의 꼭두각시로 만드는 것을 선호하는 방식이 계속해서 존속하게 되는지 그 이유를 밝힌다. 헤겔은 이러한 작태를 아주 노골적으로 표현하고, 그런 식으로 발생된 것을 "미라"의 수집극, "우연성들의 더미"7)라고 말한다. "특수성(Besondereheit)에 사로잡혀 있는 의식을 자각한 이성만이 스스로 자기 자신에게로 고양되고, 자기 자신에게 그리고 그것의 대상이 되는 절대자에게 자신을 내맡김으로써 철학적 사변성이 된다."8) 여기에서는 철학자들과 철학들의 독자성에 발판을 만들어주고 받아들이려는 것이 문제가 아니다. 오히려 중요한 것은 사변성을 통해 이성으로의 입구를 찾는 것이다. 이성은 자신을 특수성의 재량에 맡기는 대신에, 스스로에게로 찾아간다. 그리고 이성은 자기 자신에게로, 즉 절대자에게로, 다시 말해 모든 특수성에서 벗어나고 풀려 떨어져나가는 것(Los- und Abgelöste)으로 들어가고 떠나간다.

헤겔 이후, 어쨌든 헤겔이 이것을 의도했듯이, 더 이상 철학자는 서로 대립해서 반목 질시하지 않는다. 그리고 다만 특수성과 독자성만을 가지고 서로간을 차별하지 않는다. 오히려 철학자들에게는 이성이 대립한다. 풀려 떨어져나가는 것(절대자. Ab-solute)이 자신의 대상이 됨으로써, 이성은 지금까지 본질적으로 여겨졌고 철학의 사건 나열과 학파의 방향들이 추구했던 그런 모든 형태의 독자성과 특수성으로부터 바로 벗어-나는(los-lösen) 것에 자신을 헌신한다. 이성은 자기 자신인 그 원소를 믿는다. 그것을 통해 "독자성"의 확립과 제시를 통해 두드러지는 개별성과 한정된 특수성을 서로 양립시키고 대립시켜, 사람들이 철학의 역사라고 일컫는 지금까지의 장면을 상연하

---

7) Hegel, DFSSP, 16.
8) Hegel, DFSSP, 19.

듯이, 철학자들을 시사적인 무대로 올려보려는 모든 노력은 아무 소용이 없게 된다. 이러한 고찰 방식은 철학의 본질에 어떤 자리도 허락하지 않기 때문에 사람들은 바깥에 대기하고 있어야 한다. 독자성에서 출발하려는 사람은 스스로 그 속에 갇히게 되어, "독자성 이외에 다른 것을 보지 못한다"9)는 것은 이상한 것이 아니다.

이제 사람들은 물론 소위 이데올로기 비판의 오해에 머물러 있어서도 안 되겠지만, 방금 위에서 말한 "사변성"을 근거 없는 주관성으로 비난해서도 안 된다. 사변성은 오히려 그 자체에서부터 떨어져-보도록 하는 것이고, 그것을 통해 "제한성 그리고 독자성의 무근거성"10)을 극복하는 것이다. 사변성은 의식에서 절대자의 구성이 됨으로써, 유일하게 모든 "참인 철학"11)에서 사변적 이성은 관건이 되는 "자신의 정신 중의 정신이며, 자신의 육체 중의 육체"12)를 발견한다. 시각적으로 외관에만 치우쳐 거꾸로 서 있던 철학의 역사에 대한 비판과 관련해서 지금까지의 관계들이 확고히 되어야 하고 그 흐름을 배워야 한다. 이제는 더 이상 지금까지 있어왔던 소위 선구자도 후계자도 없다. "자기 자신을 인식하는 이성이 철학에서 단지 자기 자신과 관계하고 있으며",13) 나아가 "사변성이 하나면서 일반적인 이성의 자기 자신으로의 활동"14)이라면, "철학의 내적인 본질에 대한" 성찰에서는 "앞선 자도 뒤떨어진 자도 있을 수 없다."15) 그 대신 모든 철학은 "자신 안에 완성되고, 마치 진품처럼 자신

---

9) Hegel, DFSSP, 17.
10) Hegel, DFSSP, 19.
11) Hegel, DFSSP, 17.
12) Hegel, DFSSP, 19.
13) Hegel, DFSSP, 17.
14) Hegel, DFSSP, 19.
15) Hegel, DFSSP, 17.

안에 전체성을 가지고 있다"는 것을 예시한다.16) 철학을 그것의 단초와 연관시킴으로써, 헤겔은 철학을 똑바로 가도록 가르쳤을 뿐 아니라, 몸을 던진다는 앞서의 예에 머물러, 그 원소에서 수영하며 가는 법을 가르쳤다.

독자성을 통상적으로 끌어내는 일은 외면적이다. 그리고 통상적으로 요구되고, 장사하는 것처럼 철학사에서 수행되고 "통용되는 개념과 생각들"의 표식은 바랄 만한 것일 수도 있지만, 철학이 아닌 것만은 분명하다. 그것과의 차이에서 "철학 속에 거주하는 살아 있는 정신은, 스스로를 밝혀내기 위해, 친근한 정신을 통해 태어나기를 요구한다"17)고 말할 수 있다. 여기에는 낭만적인 정신의 친근함 또는 주관적 감상은 관련되지 않는다. 오히려 "참인 철학"은 수행과 뒤에 오는 이행에서 이루어지는 정신에서 나온 철학의 탄생이다. 그리고 이번에는 철학의 본질에서 사유된 차이나는 철학들의 독자성을 보여주기 위해 헤겔은 다시 한 가지 *보기*를 든다. "아펠레와 소포클레스의 작품을 라파엘로와 셰익스피어가 알아보았더라면, 이들에게 그 작품들이 그렇게 단순한 연습작으로 보이지는 않았을 것이다. — 오히려 정신의 친근한 힘으로 드러났을 것이다 — 자신의 이전의 형태에서 이성은 자신을 위한 쓸모 있는 예비 연습만을 볼 수는 없다."18) 이성은 대가다. 이성은 이렇게 저렇게 시험을 해보지 않는다. 그 작품이 선생과 제자의 합작품과 혼동되어서는 안 된다.

헤겔이 여기에서 "참인 철학"의 통찰을 돕기 위해 예술을 비유로 끌어들인 것은 철학들과 예술 작품들을 연관 없이 하나의

---

16) Hegel, DFSSP, 19.
17) Hegel, DFSSP, 16.
18) Hegel, DFSSP, 19.

예술적 상상력(musee imaginaire)으로 끌어들이는 것이 아니라 다음의 세 가지를 분명히 하기 위함이다. 첫째, "자기 자신에 향하고, 자신을 인식하는 모든 이성은 참인 철학을 생산했다." 자기 자신을 인식하는 이성은 다만 자신과 관련한다. 사람들이 그것을 통해 작품이 만들어진다고 생각하는 손 조작과 철학적 학문을 하나의 "낯선 역사성의 죽은 작품"[19]으로 만들어내는 단순한 발명은 기술의 영역에서는 통할 수 있다. 거기에서는 항상적이고 계속적인 개선이 있지만, 철학에는 아무 소용이 없는 것이다. 둘째, "한 철학이 갖는 참된 독자성은 이성이 그 속에서 하나의 특별한 시대의 건축 도구로 한 형태를 조직해낸 흥미로운 개별성(Individualität)이다."[20] 철학에서는 어떤 하나의 독자적인 철학자의 시각이 문제되지 않으며, 주관적으로 조건지어진 부분성(Partikularität)이나 "분석과 방법 그리고 설명"도 아니다. 또한 다른 철학자들의 발걸음을 "예행 연습 또는 정신착란"[21]으로 지적하는 "근거하고 근거주는 경향"도 아니라, 오히려 "하나*면서* 동일한 것으로서, 그리고 다른 살아 있는 본질로서의"[22] 정신에서 자기 자신을 보는 사변적 이성이 관건이 된다. 셋째로, 한 철학의 살아 있는 정신은 다만 "친근한 정신을 통해"[23] "정신의 친근한 힘으로서"[24] 경험될 수 있다. 철학들을 예행 연습의 수준으로 떨어뜨리는 사람은 그것을 다만 모방하는 연습에 이끌린 것이다. 모방한 것(Epigonales)은 그 결과다. 달리 말해서, 철학의 사태는 절대자다. 즉, 모든 독

---

19) Hegel, DFSSP, 17.
20) Hegel, DFSSP, 19.
21) Hegel, DFSSP, 18.
22) Hegel, DFSSP, 19, (저자 강조).
23) Hegel, DFSSP, 16.
24) Hegel, DFSSP, 19.

자성으로부터 떨어져-벗어난 것이고 유일하게 사태에 맞게 방향을 전환한 양식은 의식 속에서 절대자를 자신과 관련된 것으로서 *변증법적으로* 구성하는 *사변적인* 양식이다. 이성은 시간의 경과에서 대가로 성숙하기 위해 연습을 하지 않는다. 그것은 자신 안에 운동된 전체성을 가지고 있다.

이 모든 것이 *하이데거*와 어떤 관계를 가지는가? 그를 보는 관점에서도 역시 통상적이고 외적인 독자성 그리고 특별한 관점을 통해서 본질적인 것을 말했고 차이를 파악했다고 판단을 내리는 것은 배제된다. 동시에 여기에서 무엇 때문에 하이데거가 *헤겔*과의 서로-갈라-짐(대결. Aus-einander-setzung)을 집중적으로 부득이 수행해야 했는지가 분명해진다. 이때 서로-갈라-짐은 간단히 비판적인 입장 제시로서 단순한 대립 또는 특정한 특수성일 수 없다. 그것은 아주 빠르게 사유의 역사적인 판테온에서 그 자리를 발견하게 된다. 여기에서 통상적인 "이의 제기"가 제시되는 것도 아니며, 배척과 동의의 문제가 아닌 "헤겔과의 대화"[25]가 문제될 수 있다. 오히려 헤겔과 *함께* 그가 사유의 사태로 직시한 것과 그에 상응하여 그가 지난 철학사의 사유자들을 어떻게 대화로 이끄는지가 철저히 논의된다. 이 "대화" 방식은 아주 많은 교훈을 주며, 사태에 맞는 하이데거 사유와의 접촉을 위해 또는 사태에서 하이데거에 대한 다양한 논의를 위한 척도를 제시한다.

*대화*는 물론 오늘날 통상적으로 되어버린 유화적인 서로간의 담화에 대한 표현이 아니며 또한 잡담으로 흐르는 단순한 생각의 교환도 아니다. 그리고 헤겔이라는 임의의 철학자를 끌어내는 것이 아니라, 그는 처음이자 유일하게 우리에게 철학의 전체 역사를 말하는 사람, 나아가 "그때마다 사유자들의 힘이

---

25) Heidegger, ID, 37 참조, 41 이하.

······ 그들에 의해 사유된 것에" 기인하며, 이를 통해 "그때마다의 단계로서 절대 사유에로 지양될 수 있는" 그런 방식에서 말하는 사람이다. 이런 점에서 헤겔과 비견될 만한 사람은 없다. 그는 "이전에 사유된 것을 보다 높고 그것을 넘어서는 발전과 체계학(Systematik)으로의 내적 연관"[26]을 드러낸 사람이다.

*헤겔과의 대화*는 그러므로, 헤겔 자신이 그것이 불가능하다고 한 것처럼, 더 이상 통상적으로 우연적인 것을 상호 경계지음으로 끝나서는 안 된다. 그 우연성은 독자성을 끄집어내어, 인상 착의를 그린 그림으로 그 차이를 보이면서, 구별하는 조작적인 공식을 고정시킨다. 물론 하이데거는 헤겔과 그 자신이 *같은 사태*(gleiche Sache)가 아니라 *동일한 사태*(selbe Sache)를 말하고 있음을 보여주려고 시도함으로써, 외적이고 우연적으로 머물러 있는 방식과는 아주 다른 방식으로 *상이성*을 드러나게 한다.

*헤겔*에게서 사유의 사태는 "사유 그 자체"[27]다. 따라서 일반적으로 존재가 언급될 때, 존재는 "사유의 절대적인 자기 사유"[28] 이외에 다른 것이 아니다. *헤겔*의 지나간 사유자들과의 대화 형식은 따라서 반드시 사변적이다. 이는 상상적이라는 것이 아니라, 자기 자신을 사유하는 사유로서 사유의 사태에 향하고 있다는 것을 뜻한다. 그에 상응하여 변증법에서 밝혀지는 존재의 과정에 대한 특징이 관련된다.

*하이데거*에게서 사유는 이제 물론 사유를 자신의 사태로 하고, 그것을 그렇게 자기 자신으로 이끄는 방식으로 *사유에 의해* 압박되지 않는다. 하이데거에게서 사유의 사태, 즉 *사유를*

---

26) Heidegger, ID, 44.
27) Heidegger, ID, 37.
28) Heidegger, ID, 39 참조, 40.

사유하도록 *압박하는* 그것은 오히려 *존재*다. 나아가 그 존재는 사유의 절대적 자기 사유에서 생기는 것이 아니라, 오히려 "존재와 존재자 사이의 차이"[29]로서 "더 사유적"으로 된 사유를 위한 사유의 사태다.[30] 이 "다른" 사유에서는 더 이상 헤겔에 의해 구성된 사유의 역사에서 *사유된 것*이 문제되지 않고, 그 역사 속에서 바로 "도처에서 물어지지 않은 것"[31]이 문제가 된다. 이제 자신과 자신에게 놓인 지금까지의 자기 속박들을 결말짓는 사유만이 그것을 묻는다. 이것이 "차이로서의 존재"[32]다. 그러나 그것은 "*사유*되어야 할 것"으로서 사유를 사유함을 뜻하고 "우리를 사유로 명하는 것"[33]이며, 차이 사이에서 압박되는 그것의 "거리-줍힘(Ent-fernung)"을 통해서 "가까움(Nähe)"을 드러나게 하고[34] "인간과 존재의 함께 속함(Zusamme*gehören*)을 존재 사건의 본질적인 빛"[35]으로 이르게 하는 기회를 열어놓는 것이다.

다르게 말해서, 하이데거에서 사유는 *자기 자신에서부터 존재로 되돌아가는* 것이다. 이는 [헤겔처럼] 사유가 스스로 사유함으로써, 절대적인 앎과의 가까움으로서 그때마다 자신의 자리를 더 이상 규정하지 않는다. 존재를 회상하는 *사유*는 오히려 *존재를 가까움*으로서, 인간을 "탈-자적인 존재의 가까움에 거주함"으로서 "이웃"[36]으로 경험한다. 거기에서 전반적으로 인

---

29) Heidegger, ID, 46.

30) Heidegger, 「형이상학이란 무엇인가」의 도입 (1949), in : 『이정표들』, GA 9, Frankfurt am Main 1976, 371 (=WiME).

31) Heidegger, ID, 46.

32) Heidegger, ID, 62.

33) Heidegger, 『사유란 무엇인가?』, Tübingen 1971, 139, 참조, 162, 173 (=WhD).

34) Heidegger, ID, 62.

35) Heidegger, ID, 32.

36) Heidegger, 「'인문주의' 서한」(1946), in : 『이정표들』, GA 9, 343 이하 (=Hum) 참조, 저자의 제자 Emil Kettering의 종합적인 연구, 『가까움. 마르틴

간 존재에 전가된 존재의 빛이라는 *존재 사건*, 존재의 "보냄"[37]
그리고 존재의 역사와 같은 것이 경험될 수 있다. 분명한 것은
하이데거에게서 *네 개의 물음* 또는 내가 오해를 막기 위해 만들
어낸 *사-중적 물음*(vier-fältiges Fragen), 즉 절대 정신의 이론
을 통해 전체적으로 대답된 것을 의문시하는 것은 물론, "존재
물음"을 통해, *사유 물음*을 통해, *거주-물음*(Wohn-Frage)을 통
해 그리고 *존재 사건-물음*을 통해 지금까지 "물어지지 않은
것"을 되물어가는 물음이 다루어진다.[38]

이것에 아직 또 덧붙여질 것은 사유 사태의 상이성을 통해
헤겔과 하이데거에서 철학의 역사가 측량되는 척도와 그것이
판단되는 방식의 상이성을 드러내는 것이다. 헤겔이 자신 안에
단계지어진 변증법적-사변적 과정의 현상으로서 앞서 사유된
것을 자기 자신의 사유인 절대적인 사유로 지양한다면, 그 대
신 하이데거에게는 전승된 사유가 자신을 앞지르면서, 바로 이
를 통해 항상 자기 자신에게 돌아오는 것을 드러내보이고 또는
따라 특징짓는 것이 아니라 사유를 "보다 사유적인" 사유로서,

하이데거의 사유(*NÄHE. Das Denken Martin Heidegger*)』, Pfullingen
1987. 저자의 서문이 수록된 일본어 번역, Tokyo 1989, III-VIII.
37) Heidegger, Hum, 336.
38) Richard Wisser, 「마르틴 하이데거의 사중적 물음. '존재란 무엇인가'와
관련해서 선-행하는 것(Martin Heideggers vierfältiges Fragen. Vor-
läufiges anhand von "Was ist Metaphysik?")」, in : 『마르틴 하이데거 — 사
유의 도상에서(*Martin Heidegger — Unterwegs im Denken*)』. 서거 10주년
기념 심포지엄, R. Wisser 편집, Freiburg / München 1987, 15-49. 크로아티
아어 번역, 원전 제목 : Heideggerovo cetverostruko pitanje. Oprethonom i
primenom uz predavanje "Sto je metafizika?", in : Filozofska Istrazivanja,
17, Zagreb 1986, 445-462. 터키어와 독일어 대조본, in : Metafizik nedir?
Martin Heidegger : Was ist Metaphysik, Ankara 1991, 2판, 1994, 53-87. 일
본어 번역 : R. Wisser, in : 『인간 존재와 물음. 비판과 위기의 인간학
(*Menschsein und Fragen. Kritisch-krische Anthropologie*)』, Tokyo 1994,
81-112.

즉 존재를 사유하는 사유로서, "그가 아직 아껴놓은 이미 현성했던 본질(sein noch aufgespartes Gewesenes)"[39]로 자유롭게 내어놓는 시도가 대두된다.

이로써 이제 앞서 지난 철학의 역사와의 대화 성격이 달라진다. 앞선 사유자의 힘이 어느 정도까지 변증법적-사변적 과정을 드러냈고, 그것에 의해 사유된 것에서 사유의 사유가 촉진되며 전진했는지에 대해 측정하고 평가하는 것 대신에, 다르게 표현해서, 매개된 개념 파악에서 자기 자신을 아는 앎의 절대적인 근거지음을 파악하는 헤겔의 지양 대신에, 하이데거는 소위 "한 걸음 물러섬"에서 "지금까지 건너뛰어온 영역"[40]으로 방향을 돌리려고 노력한다. 이는 사유자들의 힘을 어느 정도까지 사유되지 않은 것에 매진하며, 그것을 부지중에라도 그르치지 않는가에 따라 평가한다는 뜻이다. 사유는 더 이상 사유된 것에 관련되지 않고 *존재와 존재자의 차이*에 관련함으로써, "지금까지 어떤 방식으로든 철학에서 사유된 것에서 벗어나와" 존재에 의해 요구되고, "분부되어", 사유된 것을 맞은편(Gegenüber)으로 데려오기 때문에, "이 역사의 전체"[41]를 통찰할 수 있게 된다.

첫 번째 예는 *헤겔의 사유 구조*가 지금까지의 사유 역사 전체를 과정으로서 파악하고, 그것을 통해서 사유가 스스로 *자신*이 무엇인지 자신에게 *대답*되는 것을 보여주어야 했던 반면, *하이데거의 사유*는 물음을 제기하며 물음을 던지는 사유로서 증명하였다. 다음 두 번째 단초에서, 또 한 번 헤겔로부터 출발하는 *사유 태도*에서 본질적인 차이가 주목될 것이다.

---

39) Heidegger, ID, 44.
40) Heidegger, ID, 40.
41) Heidegger, ID, 46.

2. 헤겔 : 자신의 발전을 통해 스스로 완성하는 본질의 개념 파악
하이데거 : 존재를 존재하게 함

헤겔은 1806년에 그 유명한 "학문의 체계"를 위한 "서문 (Vorrede)"에서 "진리가 그 속에 현존하는 참된 형태는 학문적 체계만이 그것이 될 수 있다"고 표현함으로써, "학문적 인식에 관하여"[42]라는 금방 말한 "서문"의 제목과 일치하는 중심적인 문제를 삼았다. 그러나 대부분 사람들은 그 서문을 『정신현상학』의 서문이라고 틀리게 말한다. 헤겔은 그가 설정한 목적이 "철학은 학문의 형태에 가까워지고 ……, *앎에 대한 사랑*이라는 이름으로부터 분리되어 *현실적인 앎*이 되는 것"에 "협력하는 것" 외에는 다른 것이 없다는 것을 의심하지 않았다.[43]

그는 말년에 지금까지 필적할 만한 것이 없는 『엔치클로페디의 체계』를 되돌아볼 수 있게 되었다. 그가 1827년의 『엔치클로페디』의 2판 "서문"에서 "철학의 역사는 자신의 대상인 절대자에 대한 사상(Gedanke)들의 발전 역사다"[44]라고 쓸 때, 그는 위에서 인용한 "차이"-저서에서 나오는 근본 명제와 연결을 하고, 1830년의 3판 "서문"에서 다음과 같이 요약함으로써 반복한다. "이 학문에 종사하는 것은 …… 다만 사태와 진리에 대한 관

---

42) Hegel, 『정신현상학』 전집 3권, Frankfurt am Main 1970, 5 (=Phän.). 참조, Heidegger, 『헤겔의 정신현상학(*Hegels Phänomenologie des Geistes*)』, GA 32, Frankfurt am Main 1980, 1 이하 ; 『사유의 사태로(*Zur Sache des Denkens*)』, Tübingen 1969, 67 이하 (= SD).
43) Hegel, Phän., 14.
44) Hegel, 『근본 개요에서의 철학적 학문의 엔치클로페디 1권(*Enzykopädie der philosphischen Wissenschaften im Grundrisse I*)』 전집 8권, Frankfurt am Main 1970, 8, 22 (= Enz. I).

심에 있는 것이며 …… 그러나 자신 안에서 위대하게 완성한 발전의 길고 어려운 작업을 통해서만 충족되는 사태의 심각성은 오랫동안 이 사태에 대한 적막한 작업 속에 몰두하게 한다."45)

사실상 "학문의 체계"에 대한 서문을 제시하는 위에서 말한 『정신현상학』의 "서문"에서 헤겔은 1806년의 동시대인들에게 자신의 새로운 사유 *태도*의 특징을 통해서 새로운 사유 양식을 위한 이해를 쉽게 하고, 자신의 사유 *양식*에 대한 비판의 입을 막기 위한 설득력 있는 말을 찾았다. 그는 왜 많은 사람들이 어려움을 겪고 있는지를 구체적이면서도 직접적으로 알려주려고 했다. "완성된 현실은 방금 태어난 아이와는 다른 이러한 새로움을 가지고 있다. 그러므로 이것에는 본질적으로 주의를 기울여야 한다."46) 헤겔은 지금까지의 많은 규정들과 그것들이 가진 외적인 모든 면과 우연성을 보여주면서 그 자신의 것 또는 보증된 내용들을 다시 반복할 것이 아니라, "새로운 것"에 대한 필요성을 제시하는 사람들에 대한 이해를 구한다. 헤겔은 시대가 자신에 의해 제시된 사유 양식으로 움직이고 있다는 것, "말하자면 우리의 시대는 탄생과 새로운 시기로의 과도기임"을 의심하지 않았다. 그는 눈앞에 있는 모든 것이 그 시기를 위해 활동하고 있다는 것을 지적한다. 모든 곳에서 모든 사람들에게 "정신은 지금까지의 세계가 가진 현존과 표상을 깨뜨리고, 그것을 과거로 침몰시키려고 하는" 느낌을 제시하는 것이 헤겔에게는 어렵지 않았다. 정신은 "자신의 변형의 작업을 …… 정지에서가 아니라 계속 전진하는 운동 속에서 파악하고"47) 있기 때문이다.

헤겔은 탄생과 아이의 예를 잠시 보여주는 것으로 끝나지 않

---

45) Hegel, Enz. I, 38.
46) Hegel, Phän., 19.
47) Hegel, Phän., 18.

고, 그 예를 긴 성숙과 아울러 새로운 형태가 현상으로 나타나는 갑작스러움을 보여주기 위해 사용한다. "길고 조용한 영양 공급 후에 그 첫 번째 호흡은 계속되는 가속의 점차성을 깨고 ─ 질적인 도약 ─ 지금 태어난 아이에게서처럼, 그렇게 스스로 형성하는 정신은 천천히 그리고 조용히 새로운 형태를 맞이하며, 그 이전 *세계* 건물의 작은 조각을 다른 건물에 따라 해체한다. 그 세계의 동요는 다만 몇 개의 징후들로만 해명될 뿐이다. …… 전체의 골조를 변화시키지 않고 있던 이 점차적인 부서짐은 번개처럼 한 번의 새로운 세계의 구조를 설립하는 상승을 통해 와해된다."48) 요람 속의 아이에게서 누가 모든 것을 요구하는가? 그 시초에 그것의 끝이 형성되지 않았다고, 누가 새로운 시기로 나아가는 "탄생의 시대"를 비난하겠는가? 아이가 기저귀를 벗어던지고(ent-wickeln), 결국 통찰력 있고 훈련된 눈만이 예견할 수 있었던 것을 이제 모든 사람들이 공개적으로 보게 되는 그런 형태로 눈앞에 서리라는 것을 누가 의심하겠는가?

간단히 말해서, "그 첫 번째 나타남이 비로소 자신의 무매개성이고 자신의 개념"이라는 것을 주의해야 한다. 그러나 모든 사람들은 "기초가 놓여졌다고 건물이 완성되는 것이 아닌 것처럼, 도달된 전체의 개념이 전체 그 자체는 아니다"49)는 것을 명심하거나, 모른다면 알아야 한다. 이 전체 자체와 그것의 제시 방식, 발전은 물어지지 않고 있다. 승리는 앞서 계획되어 있다. 그리고 이 전진에서 함께 가지 않는 사람을 그 전진은 휩쓸어 가버린다.

헤겔은 유기체적인 고찰과 그것이 가진 설득력으로 아이에게서 뿐만 아니라 일반적으로 자연에서 개시되는 *계속되는 예*

---

48) Hegel, Phän., 18 이하.
49) Hegel, Phän., 19.

를 발견하여 사람들로부터 신뢰를 얻고자 했다. 왜냐 하면 사람들은 "단순성에 감추어진 전체"에 직면하여 "새로 현상하는 형태"에서 "그 내용의 확대와 특이함" 그리고 "그것을 통해 차이들이 확실하게 규정되고, 그것의 고정된 관계로 질서지어지는 형식의 형성"을 갈망하기 때문이다. 특히 그들에게는 "지나간 현존재의 풍부함이 여전히 기억 속에서 현전하고" 그래서 그와 같은 단순함을 가지고는 아무것도 시작할 수 없다고 생각하기 때문이다. 그들이 가진 "일반적인 이해"의 결핍은 "연속과 연장으로 자신 안으로 되돌아가는 전체"에 대한 반론으로, 전체적으로 "생성된 *단순한 개념*"에 대한 반론으로, 그리고 개방되어 있지만 모든 사람에게 보일 수 없는 "이 단순한 전체의 현실성"에 대한 반론으로 연결된다. 헤겔은 "함께 보조를 맞추어 가며" 쓰고 있다. "줄기가 힘차고, 그 가지가 쭉쭉 뻗어 잎이 무성한 떡갈나무를 우리가 보고 싶어하는 그때, 그 대신 작은 떡갈나무가 우리에게 보이면, 우리는 만족할 수 없다."[50]

이 *예*에 깊이 들어가서 내적인 법칙성과 근원적인 힘을 가지고 그 작은 떡갈나무 속에 들어 있는 모든 것을 일관하고 우선 안으로 접혀져 있지만, 그 마지막에 그 전체가 펼쳐진 것을 내다볼 수 있는 앞서 아는 사람, 나아가 대립적인 상황이 스스로 전개되는 것을 외부로부터 막아서 성장을 방해한다고 해도, 작은 떡갈나무가 큰 떡갈나무로 발전*하리라*는 것을 아는 사람, 그리하여 마음에 기쁨을 주고, 기분을 좋게 할 거대한 떡갈나무에 *이르지* 못한 것을 비방할 근거를 가진 사람, 따라서 있는 바 그대로 모든 것을 발전으로서 통찰하는 사람은 새로운 것에 기회를 주고, 유일하게 발전의 법칙성의 길을 상정하고 있기 때문에 그냥 맹목적으로가 아닌, 보는, 즉 사변적인 눈을 믿는

---

50) Hegel, Phän., 19.

다. 물론 헤겔의 사유를 이해시키려는 그 예가 가진 그럴 듯함 (Plausibilität)이 "개념의 긴장성"을 대신할 수 있는지는 의문이다. 그러나 헤겔은 그러한 것을 생각한 마지막 사람이다. 특히 "참인 것이 전체다. 전체는 그러나 자신의 발전을 통해서 완성되는 본질일 뿐이다"는 것을 그는 확신하고 또한 이것에서 그 예를 설득하려고 했다.51)

이 예와 관련하여, 이 모든 것이 *하이데거*와 어떤 관계가 있는지 묻게 된다. 앞서 말한 대로, 지금 차이나는 *사유 태도*를 살펴보아야 한다. 거기에는 앞서 말한 배경에서 우선 새롭게 차이나는 사유 양식이 고려되어야 한다는 전제가 있다. 하이데거는 "학문적 인식"에 "참인 형태"와 그 속에 "진리가 현존하기" 때문에 가능한 자리를 정하고, "학문적 체계"를 획기적으로 제시하는 것이 문제되지 않는다. 그리고 하이데거는 분명 철학을 현실적인 앎의 학문을 통해 극복하는 것에 협조하려고 하지도 않는다.52) 모든 것은 하이데거에서 오히려 존재자로서의 존재자는 무엇인가(τὶ τό ὄν ᾗ ὄν)라는 형식에서 시작하는, 즉 존재자로서 시야에 들어오는 그 무엇을 묻는 서양철학의 "주도적 물음"의 발견을 통해서, 바로 이 물음에서, 바로 이 물음의 양식에서, 즉 그 물음을 묻는-양식에서, "서양철학은 그 시초에서부터 본질적인 결국"53)에 도달했음을 제시하는 것에 향하고 있다.

존재자가 무엇인가라는 물음은 사람들이 아직 그 물음을 실마리로 인정하지 않는 한, 많은 것을 제시하지 않는다. 이 물음

---

51) Hegel, Phän., 24.
52) Hegel, Phän., 14.
53) Heidegger, 『니체 1권(*Nietzsche, I*)』, Pfullingen 1961, 452 (= N I) 참조, Heidegger, 『서양의 사유에서 니체의 형이상학적 근본 태도(*Neitzsches metaphysische Grundstellung im abendländischen Denken*)』, GA 44, Frankfurt am Main 1986, 205 이하.

을 실마리로 할 때, 이 물음의 역사적인 지배 과정에서 자유롭게 그 물음에 주어진 "대답들"의 전체가 한 가닥 실로 엮여지게 된다. 이것이 철학사의 진주 목걸이다. 존재자에 대해 *자체로서* 그리고 *전체에서* 묻는 물음이 제기됨으로써, 물음은 물음으로써 확실해졌다. 그 이후 물음의 주어를 위해 먼저 "무엇"의 관점에서 "이러" "저러"한 것으로서 규정하는 식의 대답이 확정된다. 또한 이 확정된 물음-대답-관련을 통해 주목을 끄는 것은 그렇게 만들어진 물음 자체를 물음으로 *제기하는 것*이다.54) 그를 통해 근본적으로 중요한 것, 그렇지만 따라가기가 힘든 것에 이르게 된다. 이 물음에서 그리고 이 물음의 형식에서 철학 자체와 전체가 구성된다. 더 이상 이 물음 앞에서 회피할 수 없으며, 이 물음에서 비켜갈 수 없다.55)

이 물음과 이 물음-양식의 수행 과정에서 차이나며, 뚜렷하게 대립하는 대답들이 철학사의 흐름에서 주어진다. 이 대답들은 물론 결코 주도적인 물음 자체를 물음으로 제기하지 않고, 오히려 다만 그 물음을 그런 물음이 위에서 말한 물음에 어떻게 부속하고 종속하는지의 형식에서 제출한다. 다른 말로 한다면, 하나의 관점 *아래* 그리고 관점을 *매개로* 물어지게(gefragt)

54) 참조, Richard Wisser, 크로아디아어 원전 제목 : "Upitnost pitanja o covjeku", in : *Filozofska Istrazivanja*, 11, Zagreb 1984, 536-549 ; 「인간에 대한 물음이 지닌 문제점(Die Fraglichkeit der Frage nach dem Mensche)」, in : 『논쟁의 여지가 있는 니체(*Nietzsche-kontrovers*)』 6권. Rudolph Berlinger 와 Wiebke Schader 편집, 6권, Würzburg 1987, 87-113. 일본어, in : R. Wisser, 『인간 존재와 물음. 비판과 위기의 인간학(*Menschsein und Fragen. Kritisch-krisische Anthoropologie*)』, Tokyo 1994, 113-143.
55) 참조, Richard Wisser, 「사유의 길로서 물음(Das Fragen als Weg des Denkens)」, in : 『저자, 시대의 변화 속에서의 책임(*Verantwortung im Wandel der Zeit*)』, Mainz 1967, 273f 이하(스페인어, Buenos Aires 1970, 327 이하).

된다. 그러나 그 *관점* 자체는 더 이상 캐물어지지(befragt) 않는다. 하이데거는 말하기를, "이 물음이 점점 더 주도적인 물음으로 되고 그렇게 머물러 있으면, 더욱더 이 물음 자체에 대해서는 묻지 못한다."[56] 그 시작에서 이미 결국에 도달한 철학, 엄밀히 말해서 그 시초에 단지 그 끝만을 겨냥한 철학 안에서 모든 것은 *이 물음*에 상응하고 *이 물음*의 틀에서 분절되는 *대답*에 달려 있다. 그 물음은 확고하며, 그것은 확실히 제기되어 있다. 이렇게 확실히 제기된 물음으로서 그 제기된 물음은 물음 자체에 들어 있는 물음과는 완전히 다른 것이다. 그 물음은 물음들을 제기하는 것이며, 그 양식은 물음을 통해 대답들이 확정되어 있다는 사실을 수반하고 있다.

하이데거가 "이 물음을 새롭게된 물음으로" "그 물음을 보다 본질적으로 물으려고"[57] 애씀은, 즉 형이상학적 물음으로서 본래적으로 논의된 바 없는 이 물음의 근본 설정을 되물음은 지금까지 그냥 적용되었던 것처럼 그 물음을 통해 상응하는 대답을 끄집어내기 위해서 물음을 묻는 것이 아니다. 그는 그 물음을 오히려 "해석"함으로써, 이 물음-양식과 연결된 모든 지식과 그 물음을 통해서 일어나게 된 모든 인식이 "앞서 이미 이 주도적인 물음의 지배 아래"[58] 있다는 것을 나타내보려는 것이다. 이 물음을 물음으로 만들고 그것을 통해 이끌어져 나온 대답의 조건을 따져서 하이데거는 다른 물음을 위한 길을 준비한다. 그 물음이 "존재 물음"이며 다른 사유 태도를 위한 것, 즉 존재를 존재하게 하는 것이다.

"*존재 물음*", 존재와 존재자의 존재론적 차이를 묻는 것은 그

---

56) Heidegger, N I, 455.
57) Heidegger, N I, 457.
58) Heidegger, N I, 456.

러나, 이것은 여하튼 나의 주장이지만, 앞서부터 *"사유"*를 묻지 않고는, 즉 사유 자신이 그 안에 머물고 있는 *그것*, 즉 *존재에 가까움*을 묻지 않고는, 그리고 존재와 사유가 그들의 *전가되어 있음*(Übereignetsein)에서 함께 속함이 없이는 시작될 수 없는 것이다. 그 존재 물음은 사-중적 물음으로서 작동된다. 다른 말로 표현해서, 하이데거는 *철학*을 발전시키지 않는다. 그는 헤겔처럼 철학을 "현실적인 앎" 속에서, 즉 헤겔의 표현으로 학문에서, 철학의 완성으로 이끌고 있지 않다. 하이데거는 오히려 이미 철학의 *시초 안에서 그리고 그것에서 그것의* 끝을 발견한다. 그리고 그는 어떤 방식에서 잘못 주도된-물음(Verleit-frage)이 되어 다시 물어지는 그 "주도적 물음"으로부터 분리됨으로써, 그리고 그 주도적 물음과의 차이에서 던져진 "존재 물음"으로 전환함으로써 *사유*는 물론 "사유의 *과제*"를 새롭게 규정하려고 노력한다. 그것은 *가까움을 존재하게 함*이고 *존재 사건*을 되묻는 것을 의미한다.

　"참인 것"은 "전체"며 "그것은 자신의 발전을 통해서 완성된 본질이다"59)는 헤겔의 주장은 역사적 발전 과정에 있는 철학의 모든 외화를 *변증법적인* 입장으로서 사변적으로 개념 파악하려는 시도에 상응한다. 즉, 진행(Zug)과 역행(Gegenzug)은 그때마다 한 걸음씩, 한 단계씩 절대적 앎이 자기 자신에게로 나아가는 전체 진행(Gesamtzug)이다. 헤겔이 "철학은 사건 나열의 작업이 아니다"는 것을 제시하고, ― 하이데거가 말한 대로 ― "지금까지 유일한 역사로 머물러 있고 그렇게 머물게 될" "철학의 첫 번째 철학적 역사"60)를 제시한 후에, 단순히 선택적이며 절충적인 모든 접근과 우연적이고 임의적인 파악은 배제

---

59) Hegel, Phän., 24.
60) Heidegger, N I, 450.

된다. 왜냐 하면 여기에서는 연관이 근본적이기 때문이다. 연관으로서, 진행-강제로서, 분명 진행강제-연관으로서 폭로되는 이러한 진행에서 벗어나는 것은 불가능하다. 왜냐 하면 사람들은 위에서 말한 "주도적 물음"의 의미 안에서 그리고 그 물음을 통해서 열려진 노선에서만 바뀐 징조만을 *계속* 묻기 때문이다. 즉, 본래적으로 전혀 *묻지* 않고, 오히려 그때마다 본질적으로 여겨지는 존재자의 방식을 강조하면서 *대답하기* 때문이다. 그와 반대로 하이데거의 "존재 물음"은, 내가 한 번 그렇게 불러보는 것이지만, 하차하는 사람의 물음으로 예시된다. 이 물음은 존재자로서의 존재자가 무엇인가에 대해 본래적으로 묻지-않고 철학에 대해 묻는다. 이 철학은 헤겔 이후 "학문"으로 번영했다. 이 철학과 *차별화되어* 존재 물음은 존재의 의미에 대해, 알레테이아로서의 진리에 대해, 가까움에 대해 그리고 존재 사건에 대해 묻는다.

이 물음에 직면해서, "갓 태어난 아이" 또는 작은 떡갈나무와 같은 *유기체에 대한 예*는 거부되고 그것들을 통해 눈앞에 가져다 놓으려고 했던 것은 그 설득력을 잃어버린다. 그리고 이 사유에서 헤겔에 의해 적절하게 사용된 *"건물"의 예*조차 그럴 듯한 것인지 의문시된다. 그 건물은 비로소 그 근거가 놓여졌다고 할지라도, 보기에 아직 완성되지 않는 것이다. 그 근거는 자신의 기초를 의미하지만, 그 기초는 그것에 기인하는 것이 아니다. 오히려 그 예를 계속 사용하려 한다면, 중요한 것은 반대의 운동이다. *"존재 물음의 실마리에서"* *"존재 역사"*의 *"해체 (Destruktion)"*를 수행해야 한다.[61] 자명한 것은 여기 존재론은

───────────────

61) Heidegger, 『존재와 시간』, GA 2. Frankfurt am Main 1977, §6, 30, 26 (= SuZ) 참조, Richard Wisser, 「자기 것으로 함과 사이 나눔. 철학의 실존을 둘러싼 싸움에서의 실존철학(Aneignung und Unterscheidung. Existenz-philosophie im Kampf um die Existenz der Philosophie : Karl Jaspers und

철학의 다른 분과처럼 고전적 철학의 분과들 중에 하나를 의미하지 않고, 존재자는 무엇인가라는 주도적 물음에 뿌리를 박고 있는 철학 자체를 겨냥하는 존재론이다. 여기에서 "형이상학이란 무엇인가?"란 물음은 따라서 형이상학의 "근거"로 진입한다. 형이상학 자체는 그것에 대해 묻지 않는다. 형이상학 자체는 자기 자체에 의해 간과된 "근거"62)에 관련되어 물어져야 한다.

이와 같은 "해-체(Ab-bau)"의 방식, 즉 헤겔의 구-성(Kon-struktion)에 반대하는 해-체(De-struktion)가 수행됨으로써, "사유"는 지금까지의 개념과의 차이에서 더 이상 자기 자신을 개념 파악하는 총괄 개념으로서가 아니라, "존재"의 "회상"으로서 제시된다. 그러므로 "존재 물음"은 사유-물음을 던진다. 그 자신은 "존재의 가까움"의 이면인 "무의 가까움"에 대한 경험과 "무의 가까움"없이 경험될 수 없는 "존재의 가까움"을 준비하는 것으로 넘어가게 된다. 물론 "가까움"으로서의 "존재"에는 처음으로 헤겔에 의해 "철학적"이 된 철학사에서 발생하지 않은 물음이 연결된다. 철학사에서 또한 헤겔의 철학사에서도 물어지지 않은 이 물음은 바로 "존재 역사'에 대한 물음이며, 역사에서 임의적으로 출현한 것이 아니라, 비로소 존재 사건으로서 역사를 각인하는 것에 대한 물음이다.

Martin Heidegger)」, in :『신학과 철학(*Theologie und Philosophie*)』, 59권, 1984, 481-498. 특히 495 이하 ; 영어판, Jaspers, Heidegger, and the Struggle for the Existence of Philosophy, in : *International Philosphical Quaterly, XXIV*, 2, New York 1984, 141-155 ; 프랑스어판, Apporpriation et discernement. Le combat de la philosophie de l'existence et l'existence de la philosphie (Karl Jaspers et Martin Heidegger), in : *Revue de Metaphysique et de Morale*, 91e annee, 1, Paris 1986, 3-23. 일본어판 in :『철학의 근원. 실존적 사유를 위한 논문집(*Ursprung der Philosophie. Gesammelte Aufsätze zum existenzialen Gedanken)*』. 20. September 1986, Tokyo 1986, 133-166.
62) 참조, 앞의 주석 38.

"존재와 시간"에서는 계획적인 "해체"가 요구되었다. 사람들은 상당한 부분을 차지하는 하이데거의 후기 작품을 바로 이 과제 설정의 해결 과정으로서 설명한다. 하이데거의 취임 강의인 "형이상학이란 무엇인가?"의 과정에는 "형이상학의 근거로 돌아감"[63]이 전제로 기술되어 있다. 하이데거에게 이 근거는 말할 것도 없이 기초로서 표상되는 것이 아님을 물론, 헤겔이 말하는 기초가 아님을 드러낸다. 이 "근거"는 오히려 "철학의 뿌리"로서 제시되는 형이상학이 그 안에 머물러 있고 영양분을 받는 그것이며, 그것 없이 철학은 "동일한 것"[64]으로서 "존재와 근거"에 집중할 수 없는 것이다.

이 연관에서 하이데거도 한 예를 들고 있다. 그것은 데카르트가 철학 그 자체를 나무에 비유할 때 하던 그 예로서, 나무의 뿌리는 형이상학을 형성하고, 반면 줄기는 다른 학문들이 그것에서 가지로 뻗어나가는 물리학을 나타낸다.[65] 그러나 하이데거는 이 예를 나름대로 해체하려고 한다. 왜냐 하면 그는 이 예를 가지고 헤겔이 작은 떡갈나무의 비유에서 한 것처럼 시간의 경과 속에 내적으로 담겨 있는 전체로서의 발-전을 보여주려는 것이 아니기 때문이다. 또한 — 헤겔처럼 — 철학이 살아 있는 정신에 분명하고 확실하게 되기 위해, 철학이 잃어버린 몸으로(à corps perdu) 그것 안으로 함몰해 들어가야 한다는 것이 그에게는 중요하지 않다. 하이데거는 오히려 "근거와 기초 속에 감추어져" 형이상학의 뿌리를 통해 비로소 그 나무에 "영양을 공급하는 수액과 힘"[66]을 보내는 것에 주목한다. 이는 본래

---

63) Heidegger, WiME, 363.
64) Heidegger, WiMe, 367.
65) Heidegger, WiMe, (데카르트가 Picot에게 보낸 편지가 인용됨, Opp. ed. AD. et Ta IX, 14), 365.
66) Heidegger, WiME, 365.

주의 깊게 여겨지지 않았던 것이다. 하이데거는 대립되어 보이는 이 예를 통해서 형이상학이 철학이라는 나무의 뿌리로서 "그 기초로 돌아가지"[67] 않고, 또한 존재 그 자체를 사유하지도 않는다는 것을 보여준다. 나아가 형이상학은 존재 없이 있을 수 없음에도 불구하고 그것에 대립하며, 전-진과 상-승이라는 것을 통해 존재에 등을 돌리고 있기 때문에, 하이데거는 그러한 구-성이 해-체되어야 한다는 것을 제시하고자 한다.

하이데거의 "전회"[68]와 그것을 통해 요구된 "한 걸음 물러섬"은 따라서 자신의 "근거"를 망각한 형이상학으로부터 떨어져-돌아섬(Ab-kehr)이며, 형이상학의 주도적 물음이 저버리고 있는 그 의미로 향하는 것이며, 자칭 상응하는 대답 그리고 강제적 연관을 통해서 조합해놓은 대답을 통해서 멀어지고, 낯설게 되어버린 그 의미로 방향을 돌린다는 뜻이다. 거기에서 존재의 "가까움"은 소위 가까이 있다는 뜻으로 그때마다 다른 존재자일 수 있는 옆에 있는 것(das Nächste)에 희생되고, "존재 사건(Ereignis)"은 탈-생기(Ent-eignen)의 다양한 방식으로 시야에서 사라져버린다.

하이데거가 설정한 *거대한 과제*는 "존재 물음"의 단서에서 "보다 사유적"으로 된 *사유*를 통해 철학의 전 역사를 그 전체 범위와 연장에서 꼭대기부터 뿌리까지 해-체하는 것이며, 자신의 편에서 가까움을 위해 동떨어짐(die Ferne)을 거리-좁혀(ent-fernen), 가까움을 존재하게 하는 것을 말하고, 철학의 건설에서 광범하고 오래가는 것을 만들어내는 것 대신에, 이제는 하이데거가 존재 사건(Er-eignis)이라고 부르는 "자신 속에서 진동하는 영역의 건설"에 보다 가깝게 짓는 것을 말한다. 그 존재

---

67) Heidegger, WiME, 367.
68) Heidegger, WiME, 365.

사건을 통해 "인간과 존재는 서로 그들의 본질에 도달한다."[69] 거대한, 그 *단순성*에서 거대한 이 과제는 하이데거가, 헤겔처럼 자신의 생의 마지막까지 발전 속에 빠져 있는 사유와 학문이 지배하는 엄청난 체계에 연연하지 않을 수 있었다는 것을 *이해시킨다.* 하이데거는 다른 사유 *태도*를 가지고 있다. 그것은 하이데거가 1969년 나와 진행한 "대담"의 마지막 말에서 표현되고 있다. "내가 *준비하려는* 이 사유를 아마 실제로 전수할 과제로 여기는 다가올 사유자는 한때 클라이스(Heinrich von Kleis)가 쓴 말에 순응해야 할 것입니다. 그것은 다음과 같습니다. '나는 아직 거기 있지 않은 한 사람 앞에서 물러나, 한 세기를 앞서 그 정신 앞에 굴복한다.'"[70]

---

69) Hediegger, ID, 30. - 하이데거의 "가까움"에 대한 물음은 나의 제자 Emil Kettering이 그의 책에서 잘 정리해주고 있다. 『가까움. 마르틴 하이데거의 사유(*NÄHE. Das Denken Martin Heideggers*)』, Pfullingen 1987.

70) 『대담중의 마르틴 하이데거(*Martin Heidegger im Gespräch*)』, Richard Wisser 편집, Freiburg/München 1970, 77 (스페인어, Madrid 1971 ; 이탈리아어, Rom 1972 ; 스웨덴어, Stockholm 1973 ; 일본어, Tokyo 1973 ; 영어, New Dehli 1977 ; 세르비아어, Beograd 1989). 참조, Richard Wisser, 텔레비전-인터뷰, in : 『마르틴 하이데거에 대한 기억(*Erinnerung an Martin Heidegger*)』, Güntehr Neske 편집, Pfullingen 1977, 257-287. in : 『답변. 대담중의 마르틴 하이데거(*Antwort. Martin Heidegger im Gespräch*)』, Günther Neske와 Emil Kettering, Pfullingen 1988, 21-28 ; 영어, New York 1990, 79-88 ; 이탈리아어, Neapel 1992, 49-60.

II. 하이데거의 묻는 사유

사유 — "안에 머묾"[내용들. Inhalte]

하이데거의 사-중적 물음의 관련성

사유 *내용*은 어디에서 생기는가?라고 사람들은 묻는다. 간단히 말해서 존재, 사유, 가까움과 존재 사건의 겹침에서 나온다. 달리 말해서 사-중적 물음에서 나온다.

1. "존재 물음"의 뒷면으로 "사유란 무슨 뜻인가?"라는 하이데거의 물음

하이데거의 사유의 난해함과 불가해함은 항상 반복해서 그에 반대하는 논쟁거리로 등장하며, 그와 함께 — 오해되어 — 사유-"*안에 머묾*"[내용]이라고 불린 것이 그 표적이 된다. 하이데거 자신도 그 표본으로 소위 헤라클레이토스 사유의 애매함을 들고 있는 것은 이상한 일이 아니다. "사유자 헤라클레이토스가 '애매한 사람'이라고 부르는 것에서 우리는 특별한 것을 찾을 수 없다. 왜냐 하면 참으로 사유자인 모든 사유자는 흔히 '불명료함'이나 '애매함'으로 쉽게 비난받기 때문이다."71) 그러나 "불명료함"과 "애매함"을 보는 것은 인간의 건전한 오성, 사유된 것의 척도로서 자명함을 자랑하는 오성만이 아니다. 철학자

---

71) Heidegger, 『헤라클리트(*Heraklit*)』, GA 55, Frankfurt am Main 1979, 19 이하.

들도 자신들의 전제에서 볼 때 범주에 맞지 않는 것, 정당성에 어긋나게 되는 것을 어렵게 여긴다.

예를 들어 키케로는 헤라클레이토스가, 고대로부터 주장되어 온 것처럼, *의도적으로* 그렇게 애매하게 글을 썼다고 주장한다. 이때 키케로는 헤라클레이토스가 철저히 그가 말하려고 했고, 이해가 가도록 표현할 수 있었던 것을 사유 자체와는 관계가 없다는 이유에서 모든 것을 어둠 속에 덮어두는 것을 원했다고 비난한다. 사람들은 키케로가 *비판의 한 전형*을 대표한다고 말할 수 있다. 이는 사유의 배후에 놓인 심리적, 사회적 또는 정치적 의도를 원리적으로 감지해내려고 애쓴다. 그 의도를 들추어내어 철학적 로고스가 이데올로기화되었음을 증명하는 것이다.

그러나 헤겔은 철학자로서 가장 전형적인 그러한 말에 직면해서도 자유롭게 키케로의 "평범함"[72]에 대해 언급한다. 헤겔도 다른 이유에서이지만, 결코 헤라클레이토스의 사태에 맞추려고 노력하지 않았다. 그는 오히려 비방을 받는 헤레클레이토스의 애매함을 *자기에게 고유한 사유의 우월함을* 나타내는 기회로 삼았다. 사람들은 헤겔을 헤라클레이토스 사유에 대한 다른 비판의 전형을 대표한다고 말할 수 있을 것이다. 그 비판은 한 사유자를 그 자신이 이해했던 것보다 더 잘 이해하도록 하는 책임을 질 뿐 아니라, 그 사유자에게 부족한 것과 그의 한계가 어디 있는지, 즉 사람들이 생각하는 것처럼 철학의 발전, 그 자신을 넘어가는 한계를 알도록 납득시키는 그러한 철학적 비판을 말한다.

키케로도 헤겔도 그들 *자신의* 그림자를 넘어설 수는 없었다. 그들은 그들에게 달리 이해될 수 없는 것을 예와 비유로 해명

---

72) Hegel, 『철학사 강의 1권(*Vorlesungen über die Geschichte der Philosophie I*)』, 전집 18권, Frankfurt am Main 1971, 322.

했다. 한 사람은 정치적이고 심리적으로, 다른 사람은 발전적-변증법적으로. 이러한 경향에서 맺는 결론은 사유를 목적을 *위한 수단으로 사용해서도 안 되며, 자기 자신 안에서 자신의 척도를 보려고 해서도 안 된*다는 것이다. 오히려 사회학은 물론, 철학*마저* 도외시하며 — 하이데거가 말하듯이 — 사유를 "보다 사유적"으로 만드는 것이 중요하다. 즉, 자기 자신을 넘어서 "사유의 사태"를 찾는 것이 중요하다. 오히려 본래적인 사유의 과제는 그러므로 존재자의 뒷조사를 하는 것도 아니며, 거기에서 *사유*에 단서를 찾아주는 것도 아니다. 이는 사유의 과제가 존재자에 *대한* 인식에서도 *사유의 사유*에서도 아닌, 존*재*의 사유, 즉 사유와 존재의 말대구의 경험에 있다는 것을 의미한다.

그렇다면 내가 위에서 제시한 하이데거의 물음, *사유란 무슨 뜻인가?*는 사람들이 무턱대고 그 물음에 연결시켜 당연한 것으로 연상하는 것처럼, 지금까지 철학 그리고 정신의 역사에서 나온 것에 대한 정보를 얻고자 애쓰는 물음이 아니다. 사람들은 여기에서 백과사전적 전시장의 판매대에서 그 대답이 제공되거나, 철학사의 오솔길에서 지금까지 출현한 사유의 형태들을 검열하는 것을 기대해서는 안 된다. 그러므로 "사유란 무슨 뜻인가?"의 물음은 *우리* 또는 *다른 사람*들이 사유로서 특징짓는 것을 묻는 것이 아니라 반대로, 그 물음이 우리에게 사유하도록 *명하는* 그것, 즉 사유가 사유하도록 압박하는 것에서 나온다. 그리고 사유가 사유 안으로 명한 것, 지금까지의 사유의 양식을 묻는 것이다. 하이데거의 물음, "사유란 무슨 뜻인가?"는 사유된 것 또는 사유에 대해서가 아니*라 사유*되어야 할 것으로서 사유가 요구하는 것, 즉 존재에 대한 물음이다. 그러므로 이 물음은 대답하면 조용해지는 것이 아니라 지금까지의 그런 대답으로부터 오히려 자유로운 것이다.

사유의 도구적인 규정도, 그 자신의 원리로의 절대화도, 사유 그 자체에 간직되어 있는 것에 합당하지 않다. 그 하나는 *사유*를 시야에서 놓쳐버리고 다른 하나는 *존재*를 잃어버린다. 하이데거의 물음, "사유란 무슨 뜻인가?"는 통상적인 대답을 통해 대답될 수 없는 물음이다. 이 물음을 던짐으로써, 물음은 사유가 맺는 사유 사태와의 관련성을 다시금 드러낸다. *사유된 것*을 단순히 사유함을 통해 또는 *사유*를 사유함을 통해 대답될 수 있는 "사유란 무슨 뜻인가?"에 대한 물음은 그 말의 참된 의미에서 "*존재 물음*"의 뒷면으로서 탈바꿈한다. 비로소 사유가 의문시되는 방식에 직면해서 사유에 대한 선입견 ─ 사유된 것으로서의 자기-*이해* ─ 그리고 자기 자신에 대한 사유 ─ *자기-이해*로서의 사유의 사유 ─ 그리고 너무도 쉽게 판단을 내리고 불충분한 판결에 빠져서 헤라클레이토스를 "애매한 사람"으로 말하게 되었던 앞선-판단의 진상을 밝힐 가능성이 열린다.

　　첫 번째 결과로서 우리는 하이데거 자체에 대한 관심에서 하이데거의 *유일무이*한 물음으로 여겨지는 "*존재 물음*"이 아주 밀접하게 두 *번째* 물음, 분명히 올바로 이해된 물음, "사유란 무슨 뜻인가?"에 함께 속하고 있다는 것을 이끌어냈다. 많이 언급된 존재와 존재자의 "존재론적 차이"에서 하이데거는 지금까지의 사유가 그 차이를 고려하지 않았다고 말한다. 그 때문에 "다른 사유"를 필요로 한다. 이는 사람들이 사유 할 것으로 *사유*되어야 할 것과 수단 또는 자기 목적으로서의 사유 사이의 *논리적 차이*라고 일컬을 수 있는 것에 일치한다. 사유가 존재로부터 말이 시작되면, 사유는 "존재 물음"의 사역을 하게 된다. "존재 물음"이 제기되면, 사유는 "사유의 사태"에 대구하려고 애쓴다. 사유*와* 존재가 논리적 차이에 따르는 것처럼, "존재론적 차이"의 관점에서 함께 속한다. 그와 동시에 존재자*와* 인식이 서로 함께 관련되어 있다는 것이 경험되고 있음이 틀림없다. 여기에서 자명한 것으로 여겨지는 인식의 존재자와의 관련에서 이해되지 못해서 "이해될 수 없는 것"으로 비난되는 일련의 물음들이 제시된다. 이 물음들은 다음의 상당히 충격을 불러일으킬 수 있는 물음들이다. 우선하는 물음은 통상적으로 "사유"라고 불리는 사유가 그 이름을 여전히 정당하게 달 수 있는가 하는 것이며, 다음으로는 학문적 "인식"을 사유라고 부르는 것이 허락될 수 있는가 하는 물음이며, 마지막은 철학이 "사유"임을 주장할 수 있는가 하는 물음이다.

우리가 시작하면서 든 예, 즉 헤라클레이토스로 돌아가보자. 하이데거가 헤라클레이토스를 적용한 것은 그의 사유를 불충분한 수단으로 비난하려는 시도들이 가진 불충분함을 한 표본으로 보여주기 위해서만이 아니라, 사람들이 후에 "철학"이라고 부르게 된 것 *이전*에 익숙하지 않기 때문에 자기-이해되지 않는 방식으로 있는 사유되지 않은 것을 사유로 주목시키기 위함이었다. 철학은 소위 철학의 역사로서 수립된 *"이후"의* 운동을 개괄하는 것이다. 연속된 "이후"를 통해 그것의 가능성이 충분히 논구되기는커녕, 극복되지도 못한 최고로 주목할 만한 그 "이전"에서부터, 충분히 숙고되지도 못한 "후기(post)"라는 내용 없는 말을 통해, 오늘날 즐겨 지금까지 진행된 것과 구분하려고 노력하는 "이후"의 운동 방향은 이후의 영원한 이후로서 그 "이후"로부터 원칙적으로 벗어나지 못해서, 결국 어떤 의미에서, 그것이 어떤 "새로운 것"을 창출하기도 전에, 이미 낡아버린 그런 형태로서 증명된다.

심지어 같은 근본 입장에서 계속 반복된다고 생각하는 사람들의 눈에는 하이데거가 예를 들어 헤겔 "이후"에 온다는 사실 때문에 하이데거를 하나의 후기-헤겔주의자로 보고, 본질적인

"이전"의 관점에서는 어떤 논의도 하지 않는다. 이는 헤겔이 자신에 의해 드러내-보여진, 즉 사변적으로 제시된, 완전히-끝냄[완성]의 길을 넘어 어떤 계속되는 넘어섬도 더 이상 불가능하다고 생각한 것처럼, 하이데거 자신도 헤겔에 의해 이미 찍혀진 i라는 철자 점 위에 윗-점, 즉 후기에 후기를 덧붙였다는 의미가 아니다. 하이데거의 "이후"는 계승하는 "후기"도 아니며, 마찬가지로 그의 "물러섬(Zurück)"은 어떤 반동적인 되돌아감도 아니다.

그 때문에 사람들이 하이데거의 "한 걸음 물러섬"[73]을 아주 당연하게 "후진"이라고 여기게 되면, 이해가 부족하다는 것을 증명한다. 하이데거의 "한 걸음 물러섬"은 철학의 역사에서 흐르고 있는 것의 전-진, 진-행, 앞-쪽 방향에 대해 거슬러 반-동적으로 자신의 편에서 뒤-쪽으로 향해서 태도를 취하는 어떤 운동 방향이 아니다. "한 걸음 물러섬"에서 볼 때, 오히려 그러한 전진은 어제, 오늘 그리고 내일의 밧줄을 따라가는 시간의 표상 속에 그때마다 반-동적으로 갇혀 있음을 보여준다. 하이데거의 "한 걸음 물러섬"은 여기에서 뒤로 향한 방향의 경향으로서 영원한 후기(Post)를 통해 구조지어진(strukturiert) 연속하는 운동 속에서 수행되지 않는다. "한 걸음 물러섬"은 특정하게 각인된 과정의 형태로서 자신을 비로소 직시하기 위해, 오히려 철학 자체의 역사와 전체에서의 철학 앞에서 물러나는 것이다.

앞에서 말한 것처럼, 전-진과의 차이에서 후퇴가 아니라, 전-진으로부터 그리고 후-진으로부터 계속해서 간다는 것을 뜻하는 "한 걸음 물러섬"은 동시에 전진이 뒤에 남겨두지 못하거나 또는 후진이 되돌아가지 못하는 그 영역 뒤로, 즉 앞으로 감

---

73) Heidegger, ID, 45 이하.

이다. 오히려 전진은 물론, 그의 적대적인 형제인 후진, 둘 다 반성 없이 그 영역을 건너뛰거나 무시해버린다. 그러나 그 영역 자체는 전진과 후진이 그것을 배려하지 않아도 결코 없어지지 않는다. 거기에는 앞-쪽과 뒤-쪽으로의 분주함과 쉴 새 없음이 그것에 대구할 수 없는 *가까움* 그리고 전진과 후진의 정착하지 못함과 고향 상실로 인한 노정에 있는 고향이 문제된다.

"한 걸음 물러섬"의 목적은 역사적 연결이 아니다. 이는 그것 없이는 불가능한 역사 뒤집기가 아니라, 앞서 놓여 있는 노선에서 역사를 존재와 사유의 함께 속함의 *존재 사건*으로 끌어내어-돌림을 의도하는 것이다. 이것에 대해서는 앞선 첫 번째와 두 번째 물음으로 논의가 되었다. 이어 *계속될 두 가지 물음*이 제시된다. *가까움에 대한 물음과 존재 사건에 대한 물음.* "철학" 자체로 인도했던 발걸음을 극복하도록 하는 것이 우선 중요하다. 하이데거가 그렇게 불렀듯이, "다른 사유"를 통해 다른, 사유와 존재의 *넘어 도약하는*(übersprüngen) 차원에 대한 경험으로 길을 개척하는 것이 문제된다.

2. "존재 사건"에 대한 물음의 앞면으로서 "존재와 이웃함"에 대한 하이데거의 물음

하이데거는 철학의 역사를 통해서 다만 연결되어 기억되는 역사적으로 아득한 철학자들, *헤라클레이토스와 파르메니데스*를 다루는 것이 아니라, 전혀 "철학자"가 아니었던 두 사람이 *존재에서 존재자로서의 로고스*[74] 그리고 *존재와 사유의 함께*

---

74) Heidegger, 「네 개의 세미나(Vier Seminare)」, in: 『세미나들(*Seminare*)』 (1951-1973), GA 15, Frankfurt am Main 1986, 273 (= VS) 참조, 『철학이란

속함,75) 간단히 말해서 두 사유자에 의해 주목받은 logos와 eon의 동일성76)에 대구하고자 했던 그러한 *가까움*을 감지해내려고 했다. 철학 그리고 그와 역사로서 얽힌 모든 것으로 이끄는 발걸음과 함께 — 그러면서 세계 역사로 확장된 역사와 함께 — 존재로부터 이-탈로서, *사유*에서 갈라짐으로서, 존재하는 모든 것에 거주함과 주거지, 그것의 체류, 고향을 보존해주는 *가까움*의 소외로서 이해될 것이 개입하고 있음을 보여줌으로써, "존재 물음", 다른 관점에서 사유-물음은 *거주에 대한* 물음, 즉 존재와 이웃함에 대한 물음으로서 제시된다.

이때 인간은 탈존하는 자로서, 현-존재로서 "가까움에, '현' [거기]의 비춤에 거주한다는 사실"77)이 비로소 드러난다. 그리고 인간이 세계의 주인도 자연의 노예도, 그리고 하늘의 종도 땅의 입법자도 아니라, "존재의 이웃"78)이라는 것이 밝혀진다. *세 번째 물음*, 내가 일컫는 바에 따르면, *주거 물음*(Wohnfrage) 그리고 *가까움에 대한* 물음에는 동떨어짐의 거리-좁힘(Ent-fernung der Ferne)을 착수하고, 그것을 통해서 소위 존재자로서, 사유의 사유로서, 가장 가까이 있는 것으로서 주제넘게 굴며 환심을 사려는 모든 것을 극복하도록 촉진하는 것이 맡겨진다. 따라서 "존재론적 차이" 그리고 논리적 차이뿐만 아니라, — 내가 그것을 그렇게 부르고 싶은 — 가까움 그리고 우리에게 소위 가깝다는 것, 우리 옆에 있다는 것 사이의 *위상학적 차이*(topologische Differenz)에 주의하는 것이 중요하다.

주거 물음, 사유와 존재가 어떻게 *함께* 속하며 사유와 존재가

무엇인가?(*Was ist das - die Philosophie?*)』, Pfullingen 1956, 24.

75) Heidegger, ID, 19.
76) Heidegger, VS, 273.
77) Heidegger, Hum, 337.
78) Heidegger, Hum, 342.

어디 안으로 함께 속하는지에 대한 물음은 하이데거에 따르면 물론 서양철학의 전체 역사가 등을 돌렸던 한 차원을 여는 것이다. 철학은 더 이상 사유와 존재의 동일성에 대해 묻지 않고, 존재자로서의 존재자는 무엇인가, 즉 존재자가 존재자로서 시야 속에 파악되는 한, 존재자로 있는 그것에 대해 묻는다. 그 물음의 형식은 *인식*으로서의 사유에 줄기차게 존재자를 *아는* 역할을 분담하는 것이다. "존재 물음" 대신에 존재자 *자체*와 *전체*에 대한 물음이 제기됨으로써, 계속되는 모든 철학적인 노력을 위한 공식이 발견된다. 이제 그에 상응하는 인식을 통해 "이렇게 제기되고 확실시된 물음을 위한" 대답을 발견하는 것이 중요하게 된다. 더 이상 가까움이 아니라, 가까운 것으로서 무엇- 인식의 마주-*세움*(Gegen-stände. 대상)으로 되는 둘러-*세움*(Um-stände. 상황)과 닦아-*세움*(Be-stände. 상태)을 고찰하는 것이 중요하다. 그것들은 그러므로 스스로-*설-수-있음*(Selbst- *verständ*-lichkeiten. 자명한 것)으로 된 것이다. 존재자란 무엇인가의 물음이 다르게 제기되지 않음으로써, 그 물음은 - 위에서 본 것처럼 ― 확고해져서, 더 이상 *물음 속에 놓일 수 없게* 된다. 철학 자체는 그것으로 구조지어지고, 말한 것처럼, 서양철학은 이미 그런 방식으로 "그 시초에서 본질적인 종국"[79])에 이른 것이다. 이 물음과 함께 그 끝에 도달하지 못했다고 할지라도 그 끝의 처음은 마련되어 있다.

또한 철학사의 추이와 흐름에서 철저히 차이나며, 분명히 대립되는 대답들이 있었지만, 이 대답들 모두는 존재자란 무엇인가?라는 앞에서 언급한 "주도적 물음"에 편입되며 그 아래에서 질서지어진다. 나아가 모든 것은 매번 이 관점 *아래에서* 물어지지만, 그 관점 *자체*는 ― 위에서 말한 대로 ― 더 이상 물음에

---

79) Heidegger, N I, 452.

놓이지 않는다. 하이데거의 "다른 사유"의 비범한 점은 — 지금 "존재 물음"의 표현이 동시에 올바로 이해된 *사유란 무슨 뜻인가?*의 물음 그리고 또한 사유와 존재의 함께 속함으로써 *가까움에 대한 물음*의 표현이라는 것이 밝혀질 수 있었다 — 따라서 하이데거가 서양철학의 주도적 물음을 통한 질서에, 그리고 나아가 그 전체 역사적인 발전과 그것의 모든 영역에서의 영향력에서 산출된(her-stellen) 질서에 접목되는 것에 승복하지 않고, 오히려 "존재 물음", *사유—물음* 그리고 *주거 물음*을 통해서 자기 자신과 자신의 사유를 이러한 전통적인 물음-질서에서 스스로 떨어져 나오게 하려고 노력했다는 것에 있다.

무엇을-묻는 물음은 그 자체를 통해서 정립된 한계를 넘어가기에 불충분한 것으로 드러나고, 인간이란 무엇인가? 또는 "철학 — 그것은 무엇인가?"와 같은 물음도 항상 물음 제기의 틀에 매어 있거나, 연속적으로 다음으로-이어지는 후기에서 항상 계속되는 "후기"-대답을 만들어내기 때문에, 비록 이 물음이 익숙해지고 숙달되어 자명하게 된 물음에서 볼 때는 아주 "애매"하고 "불명료"해보일지라도, 그 내적인 서양의 주도적 물음의 구조를 통찰, 즉 "풀어내"[해석]야 하며, *보다 근원적인 물음*을 통해 대체(er-setzt)될 것이 아니라 뒤엎어져야(ent-setzt) 한다.

존재 망각과 그에 따라 존재자에 몰두하여 빠지고, 거주할 곳이 없고 고향을 잃어버린 상황에 직면할 때, "주도적 물음"을 물어 근원적인, 즉 근원을 여는 "존재 물음"으로 넘어가게 된다. 이는, 주의 깊게 본다면 *"사유란 무슨 뜻인가?"*의 물음을 제기하는 것과 같으며, 또다시 그렇게 물으면서 "존재의 가까움"의 뒷-면인 "무의 가까움"의 경험을 준비하는 것이다. 이는 "무의 가까움" 없이 "존재의 가까움"이 경험될 수 없는 것과 같다.80) 이를 통해서 우리에게 가까운 것, 우리 주변 가까이 놓여 있는 것 또는 대-상(Gegen-stand)으로서 정지-상태(Still-stand)로 된 가까이 있는 존재자 또는 우리에 의해 만들어지고 우리에 의해 가져다놓인 것 또는 앞쪽 뒤쪽의 시간에 맞추어지는 것이 우리 가까이 있는 것이 아니라 소위 가장 먼 것, 존재와 무가 우리 가까이 있다는 것이 드러난다.

　하이데거가 그의 전 저작의 여러 곳에서 *가까움*을 주제화했음에도 불구하고, 하이데거의 사유에서 가까움의 의미는 수용 사적으로 비로소 늦게 쓴 저술에서 특별한 연구처럼 다루어지고, 이제야 제대로 하이데거의 사유 이해를 위한 열쇠로서 특징지어지게 되었다는 것이 이상한 정도다.81) 나는 물음의 삼-중성이 등장하는 인문주의-서한에서 나오는 몇 군데를 인용하려고 한다. 존재 물음, 사유 물음, 가까움에 대한 물음. "존재 — *존재란 무엇인가? 그것은 그것 자신이다*(Es ist es selbst). *미래의 사유*는 이것을 경험하고 말하는 것을 배워야 한다. '존재' — 그것은 신도 아니고 세계 근거도 아니다. 존재는 나아가 모든 존재자에 해당하지만, 그것이 바위건 동물이건 예술 작품이건 기계건 천사 또는 신이건 간에, 모든 존재자보다 인간에게 *더 가깝다.* 그렇지만 그 *가까움*은 인간에게 가장 멀리 있다. 인간은 *먼저*(Zunächst) 항상 이미 그리고 다만 존재자에 머물러 있다. 그러나 사유가 존재자를 존재자로서 표상할 때도, 사유는 그래도 *존재와* 관련을 맺고 있다. 그렇지만 그 사유는 실제로 항상 다만 존재자를 자체로서만 사유하고 한 번도 *존재를 그 자체로서 사유하지* 않는다. 인간은 *먼저*(Zunächst) *가장 가까운 것*(das Nächste)을 잘못 알고 *다음으로 가까운 것*(das Übernächste)에 머무른다. 심

---

80) Heidegger, N I, 460.
81) Emil Kettering, 『가까움. 마르틴 하이데거의 사유(*NÄHE. Das Denken Martin Heideggers*)』, Pfullingen 1987.

지어 그는 이것이 *가장 가까운 것*이라고 생각한다. 그러나 *가장 가까운 것*보다 더 가깝고 동시에 익숙한 사유에서 볼 때 가장 먼 것보다 더 먼 것이 *가까움 자체*, 즉 존재의 진리다."[82]

다른 말로 해서 철학에 몰두한 *인간*이 아니라, 오히려 "존재의 이웃으로 여행하는 나그네"[83]인 *인간*에게 자신의 그림자를 뛰어넘는 것이 문제가 되며, 나아가 우리의 통속적이고 자명하게 여기는 물음과 대답을 통해 이 그림자를 드리우고 있는 것이 우리 자신임을 명심하는 것이다. 이것이 하이데거의 네 번째 근본 물음에 속한다. 이 물음은 하이데거가 "존재와 시간" 이후부터 "존재 물음은 이것을 통해서 비로소 그의 참된 구체성을 얻게 된다"는 "존재론의 전승에 대한 해체의 수행"이라고 부른 것[84]으로 나아간다.

여러 해를 지나면서 하이데거에 의해 완성되기도 하고, 대부분 그 유고에서 비로소 출판된 강의들을 사람들은 큰 문제로 여기며, 동시대인들도 하려고 했던 철학 전체 역사와의 대결 (Aus-einander-setzung)의 시도였다고 해명할 수 있게 되었다. 그리고 사람들은 마지막으로 그 자신에 의해 출판된 저서의 제목에서 그의 필생의 작업 완수를 나타내는 공식을 찾아낼 수 있게 되었다. 그것은 "철학의 종말"을 고하며, 거기에서 존재를 존재-하게 하는 것과 그렇게 존재를 회상하면서 존재의 가까움에 응답하는 "사유의 과제"[85]를 보는 것이다. 하이데거를 통해 전승은 대부분 통상적으로 하듯이, 단순히 받아들여지거나 절충해서 그

---

82) Heidegger, Hum, 331 이하. (저자 강조).

83) Heidegger, Hum, 344.

84) Heidegger, SuZ, 35.

85) Heidegger, SD, 61 이하. 참조, Richard Wisser, 「마르틴 하이데거와 끝없는 사유(Martin Heidegger, und kein Ende des Denkens)」. 80회 생일 기념 출판, in : 『책들의 세상(Die Welt der Bücher)』. Herder의 서신 부록, 4.권, 3호, Freiburg 1970, (116-121), 118 이하.

낭 선택적이고 비판적으로 파악되거나 또는 변증법적으로 종합해서 꼭대기로 조금씩 높아져가는 방식으로 받아들여지지 않는다. 하이데거는 오히려 그 전승을 결과적으로 해-체, 즉 건축물의 돌 하나 하나를 와해시킨다. 이를 통해서 피할 수 없게 된 "존재 물음"의 효력이 제시되고 "더 사유적"이어야 한다고 하이데거가 말한 *사유*의 제어가능성(Kontrollierbarkeit)이 주목을 끈다.

상당히 잘못 해석된 "과학은 사유하지 않는다"[86)]는 하이데거의 명제는 충격을 주려는 것이 아니다. 오히려 본래적인 하이데거의 물음 "*사유란 무슨 뜻인가?*"의 목적이 *철학*이 사유하지 않고, 여하튼 *존재에 가까움*으로 회귀하는 "존재 물음"에 직면해서 필연적으로 된 "더 사유적"인 사유의 방식에 있지 못한 것을 증명하는 것이다. 소위 기초적인 것의 해체는 "존재에 속함"을 경험하고 근거를 캐고(ergründen) 근거를 주는(begründen) 근거[87)]로서의 *사유*에 대한 표상과 그러한 근거를 고려하려고 애쓰는 *철학*에 대한 표상을 포기하는 전제 조건이 된다. 하이데거는 후에 오히려 해체라는 말보다는 철학자들과 "사유하는 대화"에로 들어간다거나 "사유 사태의 상이성과 함께 동시에 역사적인 것의 상이함을 철학의 역사와의 대화에서 들추어낸다"[88)]고 말한다.

지금 내가 중요하게 여기는 것은 하이데거가 "존재와 시간" (§6)에서 요구하였고 나아가 전생애에 노력을 기울인 "해체"에 대한 오해를 막아야 한다는 것이다. 하이데거에게는 "흔하며, 공허하게 된 표상들을 해체해서 형이상학의 근원적인 존재 경험을 되돌려 얻는 것"만이 문제가 아니다. 즉, "어떤 사람이 나

---

86) Heidegger, WhD, 4.
87) Heidegger, ID, 24, 54.
88) Heidegger, ID, 41 이하.

무에서 떨어진 사과를 줍듯이" "전승된 것"을 주워 모으는 "형이상학의 단순한 회복"을 문제 삼는 것이 아니라, "형이상학의 근거"로 되돌아가 물음으로써 형이상학의 "극복(Verwindung)"을 염두에 둔다.[89] "존재의 원초적 의미를 캐내기" 위한 계획에는 동시에 "'존재론적 해체'의 원초적인 소박함"[90]을 극복하는 것이 중요하다. 그것에는 *철학의 역사*가 오로지 유일하게 인간에게 소급되는 것이라는 생각이 들어 있다. 하이데거가 자기 자신의 원초적 무경험으로 인해 결국 "존재의 역사에 대한 진정한 인식"[91]을 열게 되었다고 말하고 있듯이, 그는 존재에 결부된 인간 *그리고* 인간과 결부된 존재의 *역운*(Geschick)에 대해 물어야만 했다.

사유의 사유에서 스스로를 넘어서는 헤겔의 사유에 이르기까지 사유의 역사에서 진행된 비범한 노력에도 불구하고 *사유*는 자신의 본래적인 요소, 즉 존재로부터 떨어져-멀어지고 낯설게 되었기 때문에, "이미 오래, 너무도 오래 …… 메말라"[92] 있을 뿐만 아니라, "철학의 역사가 내보이는" 변화의 과정에서 "*존재로서* 자신을 내보내는"[93] 그것, 결국 *존재의 역사* 그리고 *역운*을 등한시하게 된다. 이로써 사람들이 *역사론적 차이*(historiologische Differenz)라고 부를 수 있는 *네 번째* 차이가 나타난다. 이것은 인간과 사유가 그 안에 속하는 "존재 역사" *그리고* 역사 속에서 일어난 과정을 사건 나열로 보고하는 역사의-역사(Geschichts-Geschichte) 사이의 차이다. 하이데거는 그에 의해 수행된 존재

---

89) Heidegger,「존재 물음으로(Zur Seinsfrage)」(1955), in :『이정표들』, GA 9, 416.
90) Heidegger, VS, 395, 참조, 337.
91) Heidegger, VS, 395.
92) Heidegger, Hum, 315.
93) Heidegger, VS, 395.

론의 역사에 대한 "해체"의 과정에서 *네 번째* 물음에 부딪친다. 보다 정확하게 오해를 피하기 위해서 말한다면, 이것은 숫자가 아니라 네 개의 물음이 함께 속하는 것이기 때문에, 질적으로 말하자면, *사-중적인* 물음에서 네 번째 관련, 즉 "*존재 사건* (Ereignis)"에 부딪친다.

하이데거는 "'존재 사건'은 1936년 이후" 자신의 사유의 "주도적인 말"94)이라고 표명했다. 그것은 사유가 존재에 의해 "생기"하고, 존재가 사유에 "속한다"95)는 뜻이다. 또한 그것은 "한때 자신을 숨기는 것", 그래서 은닉(Entzug)이 존재 사건으로 벌어지는 "은닉의 존재 사건"96)에 대한 물음을 뜻하기도 한다. 인간과 존재가 서로 전가되어 있고 그래서 그들이 아주 규정된 방식에서 *함께* 속하고 함께 존재 사건에 *속한다*는 것은 받아들이는 것이 결국 경험되어야 한다.

하이데거가 "존재 사건"에 대해 묻는다면, 그것은 사건 나열식의 역사 속에서 벌어진 사건과 출현을 묻는 것이 아니라, *존재와 인간의 형세*(Konstellation)로서 우리의 *시대*를 두루 지배하는 것을 묻는 것이다. 이 형세를 하이데거는 "몰아세움(Gestell)"이라고 부른다. 그것은 인간과 존재를 "그와 관계하는" 모든 "존재자를 자신의 계획과 계산의 요소로서 확실하게 세우고 이렇게 내다세움(Bestellen)을 전망할 수 없는 것에로 내몰도록" 도발하는 것이다.97)

존재 사건은 "사유하도록 하는 주도적인 말"98)로써 그것에 대한 "예행 연습", "처음 밀어닥치는 번쩍임"99)의 뜻으로 "몰아

---

94) Heidegger, Hum, 316 (註).
95) Heidegger, Hum, 316.
96) Heidegger, WhD, 5.
97) Heidegger, ID, 29.
98) Heidegger, ID, 29.

-세움"으로 불리며, 인간 *그리고* 존재가 "그들의 본래적인 것에서 물러나는(enteignet)"[100] 가능성을 말하며, "우리가 이미 그곳에 머무르고 있는 …… 그러한 근처의 가까운 것"[101]을 말한다. 인간 *그리고* 존재를 "서로 상합하게(einander eignet)[102]하고, 인간을 존재에게 "화합(vereignet)"시키며 *그리고* 존재를 인간에게 "내맡기는(zueignet)" 것으로서 "존재 사건"은 하이데거에게 기술적 세계가 인간과 존재 위에 군림할 수 없다는 유일하면서도 특별한 보장이 된다. *"존재 사건"에 대한 물음은* 개인적이거나 업무적으로 여겨지는 그런 가까운 것에 대한 물음이 아니다. 왜냐 하면 그것은 "우리가 속하는 그것에 우리를 접근시키는 것"이며 "우리가 속하고 있는 자로 있는 그곳"이다. 이러한 "존재 사건"[103]보다 우리에게 더 가까운 것은 없다.

하이데거는 역사와 그 속에서 절박했던 사건들에 대한 관점에 익숙해진 자명함에 동의하지 않는다. 또한 그는 아주 좋게 들리지만 어떤 것에도 인도하지 못하는 구호들, 예를 들어 기술을 개발한 인간은 기술의 주인으로서 그것을 자유로이 다룰 수 있다든지 또는 실현될 수 있기 때문에 자유를 갈구해야 한다든지, 머리만 굴릴 것이 아니라 손을 대는 것이 더 중요하다든지 하는 구호를 외치지 않는다. 그 때문에 사람들은 하이데거의 사유가 "불명료"하며 "애매"하고, 게다가 내용을 결하고 있다고 주장한다. 이것은 큰 오해다. 하이데거의 사유가 *"존재 물음"을 열고, 동시에 ― 현재의 "존재론적 차이"에 상응해서 ― 존재자로부터 시선을 돌리는 것을 가르쳐줌으로써*, 그의 사

---

99) Heidegger, ID, 31.
100) Heidegger, ID, 33.
101) Heidegger, ID, 30.
102) Heidegger, ID, 32.
103) Heidegger, ID, 30.

유가 사람들이 지금까지 사유 아래에서 이해했던 것들을 묻지 않고, 오히려 — 현재의 논리적 차이에 상응해서 — 사유를 사유하도록 명하는 그것이 무엇인지를 물음으로써, 그 사유가 가까이 놓여 있는 것을 묻지 않고, 오히려 — 위상학적인 차이에 상응해서 — *존재에 가까움*에 대해 물음으로써, 그리고 그 사유가 결국 "몰아-세움"에 의해 근무를 하고, 자리를 얻고, 몰두하여, 다만 자리에 놓이는 대신에, — 역사론적 차이에 상응해서 — *존재 사건 속에 거주하는 것*을 애씀으로써,[104] 하이데거의 사유는 그에게 역사적 진열로부터의 *해방*을 위한 *준비*, 존재로부터의 낯설음으로부터의 *거리-좁힘*, 가까움의 *경험*과 존재 사건으로의 *회귀*가 이루어질 것인지 그리고 어떻게 이루어질 것인지 그 정도에 따라 예시된다.

---

104) Heidegger, ID, 30.

하이데거의 사중적 물음
"형이상학이란 무엇인가?"와 관련해서
선-행하는 것

일러두기
사유된 것에서 사유되지 않은 것이 문제다

헤겔에서 다음과 같은 말이 유래된다. "줄기가 힘차고, 그 가지가 쭉쭉 뻗어 잎이 무성한 떡갈나무를 우리가 보고 싶어하는 그때, 그 대신 작은 떡갈나무가 우리에게 보이면, 우리는 만족할 수 없다."[1] 하이데거 사유의 전성기와 후기의 형식에 비껴가지 않으면서, 1929년에 하이데거의 물음 "형이상학이란 무엇인가?"에서 오히려 선-행하는 것을 인식하려고 하는 사람들은 그의 논의가 독자에게 만족을 주지 못한다는 것을 배제할 수 없다.

---

1) G. W. F. Hegel, 「정신현상학 서문(Phänomenologie des Geistes. Vorrede)」, in : *Theorie-Werkausgabe*, (Karl Markus Michel와 Eva Moldenhauer 편집), 3권, Frankfurt am Main 1970, 19.

게다가 "형이상학이란 무엇인가?"의 물음이 본질적인 의미에서 *양의적*이라는 것이라도 혹시 드러나게 되면, 불만은 가중될 것이다. 왜냐 하면 뿌리는커녕 작은 떡갈나무도 더 이상 볼 수 없기 때문이다. 이 물음은 데카르트가 철학 자체를 나무에 비교하면서 뿌리 역할을 한다고 했던 *형이상학*[2])에 대해 물을 뿐만 아니라, 형이상학 자체가 모든 것에 근거를 놓고, 제시함에도 불구하고 신중하게 여기지 않은 "*형이상학의 근거*"에 대해서 묻고 있다. 그렇지만 그런 관점에서도 "형이상학이란 무엇인가?"의 물음은 '무엇이 형이상학이 아닌가?'의 물음을 넘어서 묻고 있을 뿐 아니라, 그것 없이는 어떤 형이상학도 없으며, 형이상학 자체가 바로-돌아(zu-kehren)가지 못하고, 오히려 그것으로부터 이-탈(ab-kehren)하는 "이다"(ist)에 대해 묻고 있는 것이다. 무엇에 만족을 기대해야 하는가?

작은 떡갈나무의 비유에서 본 대로, 40대의 하이데거의 물음, "형이상학이란 무엇인가?"에 이미 불만족스러웠던 사람은 60대의 하이데거가 1949년에 1929년 *취임 강의* 5판에 덧붙인 "도입(Einleitung)"의 물음 제기에서 보여주는 방향 전환에도 만족할 수 없을 것이다. 여기에서 그는 그 물음을 "형이상학의 근거로 돌아감"(GA 9, 365)으로서, 즉 무근거적이며 무기초적인 형이상학의 근거로의 돌아감으로서 해석하고 특징짓고 있다. 아마 이런 돌아감과 방향 전환에서는 물론 형이상학이 그것에서부터 이탈한(ab-kehrt) 그것으로 되돌아감(Zu-kehren)이 문제되고, 형이상학이 그것에 항상 이미 "거주하지만"(122) 돌아가지(kehrt) 못한 그것으로 회귀(Ein-kehr)가 문제된다. 그러므로

---

2) Picot에게 보낸 데카르트의 편지, Opp. ed. Ad. et Ta., IX, 14 ; 마르틴 하이데거에 따라 인용됨, GA 9 : 『이정표들』, Freidrich-Wilhelm von Herrmann 편집, Frankfurt am Main 1976, 365 (= GA 9) 본문에서의 쪽 번호는 이 판에 근거함.

모든 것은 헤겔에 의해 "전도된 세계(verkehrte Welt)"(103, 하이데거의 인용)로서 특징지어진 바 있던 철학으로부터의 이-탈(Ab-kehr), 즉 "전도된 세계"의 모든 것을 결정짓는 전-환(Um-kehr)을 말한다. 그렇지만 이것은 소위 비철학적인 의식을 매개로 한 방향 설정을 통해서가 아니라, 표상적 사유에 개시되지 않는 그것으로 "퇴로 없는 회귀(brückenlose Einkehr)[3]를 통해서 이루어진다. 그러나 많이 사유된 것, 일반적으로 사유된 것이 아니라 사유되지 않은 것이 문제가 된다. 지금까지의 방식으로 사유할 것이 아니라 "더 사유적"(371 이하)이 될 것을 요구한다면, 철학은 무엇을 제시할 수 있는가? 이런 식으로 우리에게 *철학의 끝*을 보여줄 때 우리는 만족하는가?

아마 우리는 그 불만족을 피할 수 없는 것으로 감수해야만 하고, 나아가 그 불만족도를 "존재가 인간 본질과 맺는 원초적인 관련"(370)에 대한 본래적인 관심으로 전환과 "본래적 실존이 현존재 전체의 근본 가능성으로의 뛰어듦"(122)이 수행되는 정도로까지 승화시켜갈 수 있도록 해야 한다. 인간이 이러저러한 입각점에 연관될 수 있다고 여기거나 또는 잠시 동안 제공된 체류지에 머무르면서 어떤 정착지를 찾았다고 착각할 때, 이러한 것은 이루어질 수 없다. 존재자 전체에게 공간이 주어지고 주제넘게 구는 개별자와 개별화된 것에 매인 것이 풀어질 때, 그리고 비로소 "실존하는" 인간이 무로 풀어질 수 있을 때, 즉 "모든 사람이 가지고 있고, 슬그머니 그것으로 달아나곤 하는 우상으로부터" 해방될 때, 그리고 유일하게 실존이 "이 진동함의 휘몰아치는 흔들림 속에서 그것을 (순수 현-존재) 어떤 것에도 머물지 못하게 할 때"(112), 즉 본질적인 불안을 일게

---

3) Martin Heidegger, 『동일성과 차이(*Identität und Differenz*)』, Pfullingen 1957, 24 (= ID).

하는 "진동"(122) 속으로 빠트릴 때, 다음의 형이상학의 근본 물음이 고양된다. "왜 도대체 존재자는 있고 오히려 무는 없는 가?"(122) 하이데거가 1929년에 말한 것처럼, 철학이 자신의 과제를 경험하는 과정으로서의 철학함이 비로소 일어난다.

여기 일러두기에서 두 *번째*로 제시할 것은 다음과 같다. 하이데거-연구와 하이데거-탐구와 관련해서 유고를 통해 본질적으로 계속 나올 하이데거 작품에서 어떤 저작에서 출발해야 가장 이전에 있던 것으로 돌아갈 수 있는지에 대한 문제가 논의되고 앞으로 논의되는 한, 보다 더 앞선 사유의 시작이 가장 눈에 띌 뿐만 아니라, 가장 근원적으로 드러나는 곳이 논의될 것이다. 이것은 별로 유익한 일은 아니다. 그 시작을 가장 좋은 출발로 여기는 단순한 원칙은 유감스럽게도 그 시작이 무엇이며, 어디에서 그 시작이 진행되는지에 대한 가장 결정적인 것에 대해 말해주지 않는다. 그 원칙은 연속성과 계속적인 진행만을 생각하는 열쇠, 만능 열쇠처럼 여겨져, 가능한 단절과 도약을 고려하지 않고, 그 좌절과 우회한 길을 등한시한다. 예를 들어 칸트에서 전 비판의 시기가 비판의 시기와 구별되는 것처럼, 하이데거에게서도 "존재와 시간" *이전의* 시기를 "존재와 시간" 이후의 시기로부터 구별한다. 이 두 철학자에게서 새로운 것이 드러나고 말로 되는 배경과 상황을 제시하는 것이 가능할 수 있다. 그러나 벼락은 없어도 천둥소리는 어김없이 늦게 들이닥친다. 하이데거에게서 "존재와 시간"에서 "시간과 존재"로의 전회에 어떤 의미가 붙여지는가 하는 물음이 논의되어야만 문제는 더 첨예화된다.

전개된 것과 도달한 것에서 작은 떡갈나무는 눈에 띄게 효력을 나타내지 않는다. 그 떡갈나무는 순수하게 *선행하는 것*으로서 한 번도 진지하게 여겨지기는커녕, 아마 한 번도 가치 있는 것으로 발견되거나 인식되지 못했다. 그리고 헤겔이 말하는 발전과는 완전히 다른 돌이킴의 전회가 문제될 때, 선-행하는 것은 드러나지 않고, 오히려 뚜렷해진 "한 걸음 물러남"(참조. ID 42 이하)도 쉽게 간과될 것이다.

그렇지만 하이데거가 자기 의식이란 말의 통상적인 의미에서 자신의 기치를 분명히 드러내고, 사유자로서의 면모를 보이는 글이 있다. 이 사유자에게서 *사유는 물음 속에서 다시 자기 자신에게로* 오며 모든 사유 자체가 항상 이미 "앞서 보는"(116) 그것, "사유되어야 할 것"(368, 373, 377)[4]으로 된다. 이것을 나타내고자 했던 것이 1929년의 하이데거의 프라이부르그 "공개 취임 강연"(GA 9, 482)이다. 하이데거가 서두와 극적인 등장의 특별한 효과를 그냥 지나쳐 흘려버리고, 이 강의의 상황과 기회를 효과 있게 사용하지 않는 사람이라면, 그는 일상적이 되어버려 주의 없이 사용하는 의미가 죽어버린 *말들에서* 그 본래적인 것을 조심스럽게 살피는 사람일 수도 없을 것이다.

그 때문에 우리는 완성되지 못하고 미완성으로 남은 하이데거의 저작, "존재와 시간"으로 되돌아가는 것 대신에 그 "취임강의"로 방향을 돌려야 한다. 하이데거 자신은 그 강의를 1949년의 출간에서 세 부분의 구성으로 1949년의 "도입(Einführung)"과 1943년의 "후기" *사이에* 두고 "그 강의"라고 부르고 있다. 나아가

---

4) 앞에 "도입(Einleitung)" (Frankfurt am Main 1949 ; = WiM)을 붙인 취임 강의 제5판에서 하이데거는 "Zu-denkende"로 쓰고 있다. 하이데거 자신은 이미 1943년의 "후기(Nachwort)"에서 개정된 표현 "das zu Denkende"을 사용하고 그것을 통해 "das Zu-denkende"의 의미가 분명히 됨에도 불구하고, "이정표들"의 재판(Frankfurt am Main 1967 ; = WM)은 이 표기 방식을 따르고 있다 (단행본, 『형이상학이란 무엇인가?』, 1949, 43 ; 『이정표들』 1967, 103 ; GA 9 1976, 308). 여기에서의 다른 강조점은 존재의 사유와의 연관에서 수행되는 사유가 "그를 따라 사유된 것에 대한 사유에" 있다는 형식을 나타낸다 (WiM 1949, 12 ; WM 1967, 201 ; GA 9 1976, 372).

바로 여기에서 강의 앞뒤로 두 *개의 자리매김*을 위한 하이데거 자신의 세심한 의도를 엿볼 수 있다. 이와 관련하여 하이데거가 1967년 자기 자신에 의해 모아진 책 "이정표들(Wegmarken)"에 서두를 둔 것은 이상한 일이 아니다. 거기에서 그는 *"존재의 사태의 규정으로의 길"*을 주목하게 했고, 나아가 머무름에 대해 사유하도록 하고, 동시에 자신에 대해 "적어도 규정하는 사태로서 그를 — 마찬가지로 뒤로부터 그를 넘어가는 — 그 사태로 움직이는 그것에 대해 알고 있는" 그런 사람임을 말해준다(GA 9, IX).

표현 방식으로 주의한 것은 가능한 한 하이데거를 드러내고, 그 자신으로 하여금 그의 것을 말하도록 시도하는 것이다. 그 자신은 *"후기"*와 나중에 *"도입(Einleitung)"*에서 그의 것 자체를 그가 이전에 말했던 것보다 더 잘 말하려고 노력하지만, 그 자신이 할 수 있었던 것보다 그 자신의 것을 더 잘 말하도록 요구하지 않는다는 점이다.

1. "강의", "형이상학이란 무엇인가?"

"형이상학이란 무엇인가?"의 물음에 대해서 물을 만한 것과 무(Nichts)와의 만남

하이데거가 그의 프라이부르그 취임 강의를 기회로 1929년에 던지는 물음의 도발적인 성격을 파악하기 위해 하이데거가 대학의 형편과 관련해서 말하는 다음의 것을 주의 깊게 살펴보아야 한다. 대학의 형편상 "학과의 세분화는 …… 단지 대학의 기술적인 조직을 통해서 집결되고" "학문들은 그 본질 근거에 뿌리박지 못하고 있다." 그리고 하이데거는 자연과학자, 정신

과학자들 앞에서, 철학자와 신학자 앞에서, 심리학자와 논리학자 앞에서 말하면서, 그들로 인한 상황 때문에 묻는다. 즉, "형이상학이란 무엇인가?" 형이상학에 대한 물음은 형이상학의 분과가 이 시대에 물을 가치가 있고, 물음 제기로서 의미가 있기 때문에 나온 것이 아니다. 오히려 하이데거의 눈에는 형이상학에 대한 물음이 엄청나게 중요한 것이기 때문이다 — 1920년에 부스터(Peter Wust)에 의해 확정되고 선포된 "형이상학의 부활"[5]은 하이데거에게 어떤 역할도 하지 못했다. 왜냐 하면 "형이상학이란 무엇인가?"의 물음은 어떤 하나의 물음이 아니라 그 대답에 형이상학만이 아니라 모든 것이 달려 있는 바로 그 물음이기 때문이다. 그러므로 이 물음은 대답으로 쉽게 잡아낼 수 없지만 물을 만한 것이기에 *묻는 것 자체*를 다시 비로소 개시하도록 하는 그런 물음이다.

하이데거가 뚜렷하게 거부하는 것처럼 통상적으로 전해내려오는 이해에서 전제된 형이상학에 대한 것도 아니고, 앞서 주

---

5) Peter Wust, 「형이상학의 부활(Die Auferstehung der Metaphysik)」, In : 전집 1권, Münster 1963. 프릿츠 하이네만(Fritz Heinemann)은 그의 "현대철학 입문"에서 "철학의 새로운 길. 정신 / 삶 / 실존"이란 제목 아래 "사실적으로 현존하는 방향을 보게 했고 현대의 의식을 고양시킨" 부스트의 "공로"를 인정했지만, "유익했던 것보다는 오히려 더 파괴적이었다. 왜냐 하면 독일에서 공식적으로 또는 비공식적으로 철학에 연관된 모든 것이 형이상학으로 돌려졌기 때문이다. 이는 형이상학의 모든 가능성으로부터 하늘과 땅 차이나는 실증주의자들과 인식 이론가들이 마치 형이상학을 수행하는 것처럼 우습게 보이도록 했다"고 강조한다. 그리고 페터 부스터의 "하이데거 결핍"은 "어떻게 된 것인가!" 참조. Fritz Heinemann, 『실존철학 — 죽었는가 살았는가? (*Existenzphilosophie — lebendig oder tot?*)』 Stuttgart 1954, 88 이하 참조. Richard Wisser, 「프릿츠 하이네만 — 죽었는가 살았는가? '삶의 근본 학문'. 그의 '철학의 새로운 길'의 계속(Fritz Heinemann — lebendig oder tot? "Lebensgrundwissenschaft". Fortsetzung seiner "Neuen Wege der Philosophie")」, in : 『종교와 정신과학을 위한 잡지(*Zeitschrift für Religions- und Geistesgeschichte*)』, 37권, 2호, Köln 1985, 143-157.

어진 사실로서의 형이상학에 의해 우리가 납득되어서도 안 된다면, 어떻게 제기된 물음에 대답해야 하는가? 형이상학이 정립되지도 주어지지도 않은 것이라면, 형이상학은 "스스로 자신을 소개하는"(103) 것이어야 한다. 여기에는 물론 우선 ① *하나의 형이상학적인 물음이 전개되고*(103), ② 바로 이 형이상학적 물음이 완료되고(106) 그것을 통해서 물음의 대답이 시작된다(113). 이로써 "그 강의"의 구성은 엿볼 수 있지만, 그 본래적인 중요점은 언급되지 않고 있다. 왜냐 하면 형이상학적 물음이 보통 숙련된 물음의 형태가 *아님*이 증시될 때, 그리고 형이상학적 물음에서 묻는 것이 익숙해진 물음으로 *물어지지 않고 있다*는 것이 증명될 때만이, *물음으로서 물을 만한 물음*이 묻는 그것에 상응하는 대답이 나올 수 있다.

형이상학이 그것이 관련하는 다른 전공들처럼 단순히 강단 철학의 한 학과로서 여겨지지 않고, 단순히 상상적 산물의 집합소로서 여겨지지 않는 한, *형이상학의 자기 소개*는 그 본질적인 의미에 따라 *우리가* 형이상학에 대해, 즉 *누군가* 형이상학에 대한 *그러한 소개를 위한* ─ 그것이 역사적이든 체계적인 형태든 ─ *어떤 입증이 아니며,* 우리가 그 아래 놓여 있기를 요구하는 형이상학적 소개, 즉 주어진 소개의 *어떤 제시도 아니다.* 형이상학의 자기 자신의 소개는 그 자체 어떤 표상이 아니라, 그것 없이는 아무도, ─ 그가 형이상학을 정립하건, 주어진 것으로 여기든 ─ 비록 이 사건을 본래적으로 아는 것은 드물지만, 살아갈 수 없는 그런 것이 드러나는 진행 과정을 진지하게 받아들이는 것이다.

그러므로 두 가지가 주목되어야 한다. 이 "취임 강의"에 접하는 과학자들의 인간 실존에 대한 관점에서 비로소 증명되어야 할 것은 형이상학이 "현존재에서의 근본 사건"이며, 나아가 그것은 "현존재 자체"(122)라는 것이다. 그리고 앞서 말한 형편에서 볼 때— 하이데거는, 위에서 말한 것처럼, 학문을 통해 규정되는 연구자, 선생, 학생의 대학-공동체에 방향을 돌린다(103) — 무엇 때문에 철학이 "학문 이념의 기준에 맞을 수 없는지"(122)가 증시되어야 한다. 이 모든 것이 수행될 때 형이상학의 역할과 위상이 그 자신에서부터 윤곽을 드러낸다.

어떤 방식으로 내가 "형이상학의 현상학"이라고 말하고 싶은 이러한 작업이 수행되는가? '형이상학의 현상학'이란 표현에서 나오는 이중적인 소유격에 상응해서, 형이상학이라고 불리는 것의 자기 소개와 아울러 형이상학이라고 불리는 것이 그것을 통해 경험되는 방법에 주의한다면, 방금 언급한 것을 진지하게 받아들이게 된다. 우리는 형이상학이 현존재의 근본 사건으로서 경험되고, 동시에 비교할 수도 없고 학문을 통해서 결코 개척될 수 없는 길로서 진행된다는 것을 주의해야 한다. 그러므로 서로 분리될 수 없이 연관된 두 가지를 주의해야 한다.

아직도 언급해두어야 할 것은 형이상학이 이 연관에서 골동품처럼 강단 철학으로 여겨진 것에 대한 통상적인 이름 또는 현대 학문을 통해 무시된 것에 대한 이름이 아니라, 어떤 주어진 또는 정립된 '무엇'에 대해 묻고 '그것'이라는 대답에 연관된 통상적인 물음과의 차이에서 그러한 대상들과 그것의 정립으로부터 분리된 다른 형태의 물음이다. 그 대신 하이데거가 의도하는 형이상학적으로 묻는다는 것은 "전체에서"(103, 118) 제기하는 것이다. 그것은 학문적으로 묻는 것처럼 어떤 존재자에 대한 탐구와 근거짓는 규정이 아니다. 이는 존재자 전체로 침투하지 않고 이 어떤 것을 어떤 것으로서 강제로 여는 것을 의미할 뿐이다(106). 형이상학적으로 물음은 오히려 "묻는 현존재의 본질적인 상황에서" 제기된다(103). 이는 "묻는 현존재는 함께 물음 속에 투입되며"(119), "묻는 자가 — 그 자체로서 — 물음 안에 함께 현존재하며, 즉 물음 속에 놓인다"(103)는 것을 말하고 있다. 묻는 자의 "현"존재는 그르므로 본질적으로 묻는 현존재이기 때문에, 학문적으로 묻고 그것에서 나오는 대답에서 드러나지 않는다. 그러나 하이데거에 의해 본질적으로 물음으로서 실존하는 현존재와의 차이에서 일컬어지는 "학문적 현존재"를 운영하는 학문적인 물음은 그 이념에 따라 "모든 사물의 본질적인 것에 가까이-가려고-함"을 목적으로 하지만(104), 바로 그 근거에서 그 *가까움 자체*를 경험할 수 없기 때문에, 이렇게 학문적으로 묻는 것에는 유일하게 존재자만이 문제가 되고, 그 밖에는 아무것도 없다.6)

주의해야 할 것은 하이데거가 학문적 실존을 뚜렷하게 그의 "취임 강의"에서 용어상 "현-존재"라고 말하고 있다는 것이다. 그때 그는 현-존재란 말에 생각해보도록 하는 사이줄을 넣어 끊어놓았다. 그것을 통해 세계와의 연관성, "세계 연관"을 표현할 뿐만 아니라 연구자의 태도, 그가 가진 안내자의 의무를 일컫고, 인간의 존재자 전체로의 "침투", 어떤 것이 있는 바의 것대로 연구하는 대결의 모습을 드러낸다. 다르게 말해서, "학문적인 현-존재"와 "학문은 무에 대해서 아무것도 알려고 하지 않는다"(106). 학문은 항상 어떤 것을 취하지만 한 번도 무를 진지하게 여기지 않는다(121).

---

6) 하이데거는 1929년 1판을 위한 주석에서 사람들이 "자의적이고 인위적으로 제시한" 이러한 요약을 이뽈리트 텐느(Hippolyte Taine)에 의해 뚜렷이 "그의 근본 입장과 의도를 드러내기 위한 공식"으로 사용되었다고 말한다. 텐느는 "전체적으로, 또한 지배적인 한 시대의 대표자며 표징으로서 여겨질 수 있다"(GA 9, 105) 참조. 예를 들어 Hippolyte Taine, 『예술철학(*Philosophie der Kunst*)』, 1권, Leipzig 1902, 15 : "내가 추종하려고 했고, 모든 순수 정신과학에서 도입되기 시작한 새로운 방법은 그 본질을 규정하고 그 원인을 탐구하는 증거와 사실로서 인간의 작품을 파악하는 것이지, 그 이상은 아니다."

이것에 대한 논리적인 근거는 분명히 드러난 것 같다. 왜냐하면 학문은 항상 어떤 것에 대한 앎, 어떤 것-앎이기 때문에 그것의 물음은 항상 어떤 것에 향해 있고 무에 대해서는 아니다. 무가 어떤 것이고 아무것도 아니지 않을 때만 그 지식은 그것에 대해 알 수 있다. 그에 따라 모든 학문적인 물음이 그것 없이는 어떤 학문적인 탐구가 있을 수 없는 앞선 앎을 전제하고 있기 때문에, 그것에 대해 물을 수도 있다. 그러나 무가 아무것도 아니라면 그것은 있지 않을 뿐 아니라 그것에 *관심*을 두기 위해 앎을 필요로 하지 않는다. 이렇게 *학문적* 논리학으로서 탈바꿈한 "논리학"은 따라서 학문에게 "있지 않는 것"에 대해 반박하고 포기하도록 권한을 준다. 형이상학적인 무에 대한 물음은 물어지고 있는 것을 자동적으로 갑작스럽게 그 반대로 전도시킨다. 이는 존재자와 교통하기 때문에 어쩔 수 없이 무에서 무에 대립하는 어떤 것을 만들어낸다. 이로써 그 물음은 그 물음의 대상을 빼앗아버리고, 그 물음에 대한 모든 대답을 "본래적으로 불가능하게" 만든다(107).

그러므로 *논리학*은 무에 대한 물음을 "묵살해야" 했고, 무에 대해 아무것도 알려 하지 않을 때, 학문에 권한을 줄 뿐 아니라, 이렇게 하는 것이 필요하고 가능하게 될 때 학문을 한층 더 강하게 한다. 논리학은 무에 대해 그리고 존재자 대신에 존재에 관심이 주어지는 그런 물음의 단초에서부터 나와, 무에 대한 무이해를 통해 촉진된다. 여기에서는 *우선적*으로 본래적인 물음으로 보이는 형이상학적인 물음이 *유일하게* 본질적인 의미에서 물음임을 보여준다. *왜냐 하면* 무를 포기할 수 없고 그로 인해 존재에 개방되어 있기 때문이다.

그러므로 두 가지가 분명해진다. ① *학문은 무에 대해 아무것도 알 수 없고 알려고 하지도 않는다.* 그리고 ② *논리학은 무에*

대해 관심을 가지지 않고 무에 대해 관심을 가질 수도 없다. 학문과 논리학은 무관심한 것 같으면서도 어떤 의미에서는 관심 있는 사유를 전개하고 있다. *형식적인* 무에 대한 물음의 불가능함은 다만 논리학적 구조의 추론이지만, 논리학이 하나의 *현상*에 주의하지 않을 수 있다는 사실을 형이상학의 자기 소개의 근거에서 꿰뚫어볼 수 있고, 나아가 학문의 구조를 통한 무의 반박은 다만 학문이 존재하는 어떤 것에 뚜렷이 관여하는 한 면에서 드러내보일 수 있지만, 그런 식으로 도달할 수 없는 현상에서 그것이 비롯된다는 것에 대한 무지를 깨닫게 될 때 비로소 무에 대한 물음은 다음의 물음으로서 제시된다. 자기 자신에서 알려지는 현상으로서 무와의 만남이 *증여되는가?* 이 만남은 어떤 것인가?

정리해보면, 분명히 함께 할 수 없고 분리되어야 하는 *두 가지* 방식의 물음이 있다. 하나는 찾고 있는 것이 주어지거나 또는 어떤 식으로든 정립되어 항상 이미 선취함으로 인해서 무를 어쩔 수 없이 포기해야 하는 그런 물음이다. 이때 대답은 존재자의 선취에 대한 나중에 오는 상세한 확정이다. 다른 것은 "순수한 찾음이 속하는"(109) 그런 물음이다. 이 물음은 대상과의 상응에서 나오는 것이 아니라 오히려 무를 사용하고 있기 때문에 자신을 자기 자신으로부터 자신으로서 *경험하는 현상*을 위해 열려 있는 물음이다.

결코 무시해서는 안 되겠지만, 유일하게 가능하며, 주목해야 할 만한 경우도 아닌 첫 번째 경우에서는 경험이 *만들어진다.* 두 번째 경우는 현상을 그 물음에서 경험하게 한다. 이 물음은 물으면서 그 현상에 *대구하는* 물음이다. 이러한 물음의 방식을 학문도 논리학[7]도 갖추고 있지 않다. 이것들은 우리가 대상 경

---

7) 하이데거는 "논리학"이란 말과 관련하여 방주를 통해 여기에서 논리학은

험과의 차이에서 '현상학적인 경험'이라고 부를 수 있는 두 번째 의미에서의 경험에 이를 수 없다. 다르게 말해서, 학문과 논리학이 유일하게 묻는 말에 관심을 가지는 한, 의문시된 물음, 그것에 대해 말하는 고유한 방식을 넘어서 있는 "무에 대한 경험"은 전혀 관계가 없다. 그것들은 이러한 경험을 찾지도 추구하지도 않기 때문이다.

학문과 논리학이 무와 관계가 없다고 하는 것은 물론 아니다. 특히 논리학은 그 스스로 아주 상당히 무, 부정성, 부정적인 것과 부정에 대해 규정하고 숙고한다. 그러나 논리학은 *실제로* 무에 관련된 것을 그 유일하고 독특함에서 말할 수 없다. 사실상 학문은 물론 논리학은 부정과 무를 가지고 작업을 하지만, 그때 그것들은 다만 "자명한 것의 전체적인 창백함으로 바래진 무"(109)와 관련하고 있고, "단적인 비-존재자"(108)로서의 무를 금지한다. 그것들은 *무를 그들의 논리적인 아님과 부정에 종속시키고* 그렇게 함으로써 그 관계를 전도시키고 거꾸로 물구나무를 세운다.

이렇게 학문과 논리학에서 무는 기대될 수 없고 대문자로 씌어진 무(Nichts)란 없다. 그들은 무에 대한 형이상학적인 물음으로 곤경에 빠지지 않는다. 왜냐 하면 사람들이 무를 형식적으로 "존재의 총체성에 대한 전체적인 부정"으로서 통상적으로 '정의'할지라도, 이러한 정의에서 언급될 수 있는 것은, 우리가 그 총체성에서 존재자의 전체를 그 자체에서도, 그리고 우리를 위해서도 접근시킬 수 없기 때문이다. 자세히 살펴본다면, 이러한 본래적인 불가능한 무에 대해 정의하는 과정에서 "상상된

"통상적인 의미에서 사람들이 여기는 그런 것"(107)이 아닌, 말하자면 "사유에 대한 *전승된 해석*"(117)에서 "범주의 근원으로서의 로고스"(120)처럼 받아들여지는 것이 아님을 여러 번 지적하고 있다.

무"의 형식적인 개념은 "무 자체를 결코 가져 올 수 없다"(109). 결국 이 무는 무와 전혀 무관한 것인가?

그렇게 보인다. 왜냐 하면, 그때마다 자신의 방식으로 우리의 기분에 젖어 있음에서 — 가령 지겨움(Langeweile) 또는 기쁨으로서 — 우리에게 존재자 전체가 개방되고, 이러한 탈은폐(Enthüllen)가 우리 "현-존재의 근본 사건"으로 증시되는(110), 소위 기분들을 지나는 길은 기분 속에서 개방되는 존재자를 그 전체에서 *단순한 부정*으로 세상에서 제거해버리고 우리를 그 무에 대결시키는 구체적인 것이 아니기 때문이다. 그리고 무, 그것은 대상이 아니기 때문에 우리는 인식할 수 없을 뿐만 아니라, 또한 무를 우리에 의해 계획된 부정을 통해 우리에게 인식될 수 있도록 강제할 수 없다는 것은 많이 언급된다. 이렇게 되면 양자택일해야 한다. 즉, 무가 우리에게 현상으로서 주어지든지 아니면 무는 없는 것이다.

아마 우리가 무를 마음대로 처리할 수 없는 상황은, 우리에게 대상적인 인식이 이의를 제기하듯이, 결함으로서 예시될 것이 아니라 오히려 그 결함은 유일한 기회로 제공한다. 우리는 무의 현상을, 마치 학문과 논리학이 하듯이 촉진시키면서 요술로 슬쩍 감추어버리기 좋아해서, 인간이 가진 그의 *가장 본래적인* 가능성이 거부된다. 무가 스스로를 내어주지 않는다면, 일상적인 것에, 상실성에서, 매어 있음에서 그리고 일상에서의 산만함에서 어떻게 피할 수 있는가?(110) 어떻게 인간은 무가 없이 "그때마다 이미 존재자 전체를 넘어"(115) 있을 수 있는가? 모든 것은 따라서 인간 현-존재가 바로 논리학과 학문을 통해 자신의 가장 본래적인 *형이상학적으로 실존하는 기회*에 접근하지 못하게 하고 그런 의미에서 말살해버리는 것에 주의해야 하는 것이 중요하다.

올바로 이해된 '형이상학의 현상학', 즉 스스로 자신에서부터 나타내는 것으로 드러나는 것에 대한 발견, 따라서 "순수한 발견"(109)인 그러한 물음은 자생적인 물음이다. 그에 대한 대답은 그 발견에 대구하며, 그래서 그것에 대구하는 대답들은 학문적인 물음이 물음에서 선취된 것을 사물화하는 것처럼 나올 수 없다. 현상학적 물음은 존재자 전체가 열리는 기분에도, 그리고 "그 본래적인 열어 밝힘의 의미에 따라 무를 개방하며", "불안의 근본 기분"이라고 불리는 그러한 기분에도 막혀 있지 않다. 왜냐 하면 그 근본 기분은 존재자 전체를 넘어서 뻗쳐나가기 때문이다.

불안은 "근본 기분"이라는 이름을 얻는다. 왜냐 하면 존재하는 모든 것이 정초되는 떠맡는 근거의 의미에서 "근거"가 한 번 여기에서 물을 만한 것으로 될 뿐만 아니라 또한 그 "근거"는 규정 근거와 어떤 작용을 위한 주어진 원인의 의미에서 물어지기 때문이다. 불안은 인간을 두려움처럼 겁에 질려 꼼짝 못하게 하거나, 그를 사로잡아 "'당황하게'" 만드는 것이 아니다. 오히려 거기에 인간을 한번에 점령해버리는 것, 즉 존재자 전체와 인간 그 자신이 "미끄러져" 들어간다. 불안에서 우리는 두 가지 경험을 한다. 불안은 우리가 그것 앞에, 그리고 그것 때문에 불안해하는 그것에 대한 "규정 가능성의 본질적인 불가능함"의 경험을 우리로 하여금 경험하게 할 뿐 아니라, 동시에 우리는 우리에게 덮친 "끔찍함"에서 근거 없이 되어버린 것의 밀어닥침을 경험한다. 그 경험은 존재자 전체가 물러남으로써 우리에게 되돌아오는 것이다(111 이하).

이렇게 불안은 무를 개방한다(112). 그리고 "무의 현재"에 직면해서 "거기에는" 더 이상 "학문적인 현-존재"가 아니라 "흔들림의 진동에 놓인 순수한 현-존재가 있다." "거기에서 현존재는 무에 머물 수 있다"(112, 참조, 117). 학문과 논리학이 불충분한 정도가 아니라 권한이 없는 것으로서 증시되고나면, 우리 "현-존재의 근본 사건"으로서 "무의 근본 기분"과 함께 "무는 어떠한가?"라고 물을 수 있는 통로가 열린다(112).

선취된 것으로 그 규정을 말로 표현하는 대답을 가진 그런 *통상적인* 물음과 그러한 물음을 물음으로 *제기하는* 물음 사이를 *구별하는 것*이 하이데거에게서 얼마나 중요한지 이미 여러 번 지적했기 때문에, 하이데거가 지금 제기한 물음에서 유일하게 본질적인 대답이 단지 나올 수 있음을 강조하며, "무에 대한 물음이 현실적으로 제기되어 *있다*"고 할 때 놀랄 것이 없다(저자 강조). 따라서 스스로 자기 자신을 알리면서 우리로부터 강제하지 않는 무에 대구하지 않고, 인간의 본질에 결정적인 "인간의 현-존재로의 변화"(113)가 일어나도록 하는 대신 다만 대답만을 생각하는 질문자에게 모든 것을 옛 것에 머물도록 하는 그러한 특징짓기를 무에게서 멀어지게 해야 한다.[8]

여기에서 나에 의해 하이데거의 '무의 현상학'이라고 불리는 것에 대해 자세히 언급할 수는 없지만, 그 자신으로부터 "미끄러져 달아나는 존재자 전체에 대한 거부하는 지시"[9]로서 "무의 본질"에 대해 언급될 수 있다. 그것이 뜻하는 것은 *무화*(Nichtung)의 경험이다. 무화는 무를 통한 존재자의 말살도 아니며, 우리에 의한 존재자의 부정도 아니다(114). 다르게 말해서, 하이데

---

8) 1949년의 5판, 옆에 단 주 : "주관!"으로서 "인간"에서 "그 자신의 현-존재"로의 "변화"가 문제가 된다. 이때 현-존재는 여기에서 "이미 사유하면서 앞서 경험된다." 그 때문에 여기에서 "형이상학이란 무엇인가?"가 "물음으로 될 수"(113) 있었다. 주도적인 물음은 그러므로 바로 이해된 "현-존재"에 뿌리박고 있다.

9) 1949년 판의 옆에 단 주에서 하이데거는 "거부하는 지시"라는 말을 다음과 같이 설명한다. "거부하다 : 자신에 대한 존재자 ; 지시하다 : 존재자의 존재에로"(GA9, 114).

거가 "불안의 무의 밝은 밤"이라고 부르는 것 없이는 *존재자가 있다는 사실*에 대한 "낯섦"이 감추어지며, 존재자 자체의 근원적인 개방성이 경험될 수 없다. 무화하는 무가 "현-존재를 모든 것에 앞서 존재자 자체 앞으로 이끌어감"으로써, 현존재가 그 자신이 아닌 것과 또한 그 자신과 관계가 있다는 것을 가능하게 한다. 이때 하이데거가 그 옆에 달아놓은 주석에 따르면 그 "앞"은 "본래 존재자의 존재 앞으로, 차이 앞으로"(GA9, 114)를 의미한다. 무는 존재자 자체의 개방성을 가능하게 함으로 증시되며, 그와 함께 현존재가 항상 이미 "존재자 전체를 넘어" 있음을 내보인다. 그 때문에 하이데거는 지금 인간에서의 "순수한 현-존재"(112)의 관점에서 다음과 같이 말할 수 있었다. "현-존재는 무로 들어가 머무름을 뜻한다"(115).

현-존재가 스스로 무로 들어가 머무르고 있을 때만 현-존재는 실존한다. 이때 무는 대상도 아니며, 그 자체에서 어떤 것으로 출현하거나 또는 존재자 옆에 따라오는 것도 아니다. 오히려 현-존재는 근원적으로 존재자의 존재에 "속하는" 것으로서 드러나고, 존재자에 대한 어떤 단순한 반대 개념을 제시하지 않는다. 동시에 현-존재는 무의 무화함을 현상으로써 경험할 때만 *현-존재는 실존한다.* 그 현상은 현존재가 마음대로 처분할 수 있거나 강제할 수 있는 것이 아니며 이끌 수도 없다. 현존재는 무로부터 *이탈하여* 등을 돌리고 있다. 무가 현존재로 *되돌아* 밀어닥칠 때만 현-존재는 존재자로 돌아가지 않으며, 현존재의 공공적인 피상적인 측면에서 자신을 잃어버리지 않는다. "무로부터의 이탈(Abkehr)"에서(116, 저자 강조) 현존재는 실존하는 현존재로서 자신을 잃고, 존재자에만 돌아가는 것으로 끝나는 것이 아니다. 무는 부단한 무화의 근원성에서 현존재에게 변장하고 있지 않다. 무화함에서의 무는 그와 함께 *전도된* 그리고 *전도시키는*(verkehrend) 논리학의 주장에서 만나는 부정의 근원으로서 뿐만 아니라, 실존하는 현존재에서 존재자로 모든 *향함*(Zukehr), 그리고 마치 무로부터의 이탈처럼 다만 존재자로 되돌아가는 그런 반대 흐름, 즉 "반대된(umgekehrte)" *전회*(Kehre), 즉 무와의 만남도 가능하게 한다.

이는 위에서 해명된 의미에서 하나의 "보다 근원적인 물음"이 과정에 들어와 진행되는 만남이다. 거기에서 오성의 사유는 불충분한 것으로 증명될 뿐 아니라, 소위 사유의 "최고 재판소"로서 "논리학"의 이념은(107) 통상적인 물음과 대답을 문제시하는 "보다 근원적인 물음의 소용돌이 속에서" 해체된다(117).

"현존재에 본질적으로 속하는 무의 개방성"은 계속해서 대개는 애매하며(117), "변장되고" 감추어질 수 있다(116). 근원적인 불안은 자신의 힘으로 "무 앞으로 이끌 수 없는" 우리를, 즉 인간을 "무의 자리지기(Platzhalter des Nichts)"로 만들려고 "언제나 발동 태세"를 갖추고 있다(118). 인간은 "무의 자리지기"며, 형이상학은 학문에서 발생해서 오성의 철학에서 통상적으로 된 물음으로부터 구별되는 존재자 그 자체와 전체를 뛰어넘는 물음을 묻기 때문에, 무에 대한 물음은 ─ 하이데거가 인용부호에 넣고 있는 ─ "'형이상학적'" 물음으로서 증명된다(119). 그러므로 "무에서는 무가 생긴다(ex nihilo nihil fit)"는 명제와 관련해서 드러나는 것은 이 명제가 형이상학의 역사 과정에서 완전히 차이나는 *해석들*을 거쳤을 뿐 아니라 또한 이 해석들*에서* "존재와 무, 이 두 가지에 대한 물음 자체는 물어져 있지 않다"는 사실이다(119). 이를 통해서 물론 "형이상학이란 무엇인가?"라는 *주도적인* 물음이 상당히 비중 있게 여겨진다.

해를 끼치지는 않지만 내실이 없어 문제되는 물음을 하이데거가 모여든 과학자들과 형이상학자들 앞에서 다시 물음으로 만들어 제기했다는 것을 기억하면서, 우리는 두 가지를 분명히 요약해낼 수 있다. ① 무는 "존재자의 존재에 속하는 것으로 자신을 드러낸다." 따라서 "존재와 무는 함께 속한다." 그리고 존재 그 자체는 "무 안으로 넘어들어가 있는 현존재의 초월에서"만 개방된다(120). ② "학문적인 현-존재"의 존재자로의 향함은 선행적인 현존재의 무로 들어감의 근거에서만 가능하다. 우리 "묻는 현존재"는 따라서 그때마다 무에 대한 물음으로 함께 들어가 있다.

두 가지를 통해서 학문이 형이상학에 의존되어 있음이 드러날 뿐만 아니라 또한 (그 때문에) "우리 실존에 탐구자의 운명이 직접 주어져 있음이 드러난다." 왜냐 하면 현존재의 근거에 무가 개방되기 때문이다(121).

하이데거 자신이 그렇게 공식화하지 않았을지라도, 우선 '무의 현상학'과 '형이상학의 현상학'에서 언급되어야 할 것은 다음과 같은 것이다. *인간*이, 후에 인문주의-서한에서 뜻하는 바대로 "존재 이웃으로의 나그네"로 되는 "무의 자리지기"로서의 근원적인 과제를 수행해야 한다면, 문제는 *형이상학*이 *보다 형이상학적*, 즉 *보다 의문시*되고, 경험이 무의 무화의 경험에서 *더 경험적*, 즉 경험 안으로 되돌아-들어가서, 그 경험을 경험하는 것이다. 지금 드러나는 것은 바로 인문주의-서한에서 나온 대로, "형이상학에서 그리고 그것을 통해서 망각된 존재의 진리에 대한 물음의 필연성과 본래적인 양상은 다만 형이상학의 지배 한가운데에서 (이는 물론 교과목의 형이상학이 아니라 그 형이상학에서 그리고 이러한 상황을 꿰뚫어보지 못한 연유로 나오게 된 모든 것을 말한다 — 저자) '형이상학이란 무엇인가?' 하는 물음이 제기된다는 것이다"(GA9, 322).

하이데거의 표현으로 다르게 말한다면, 인간이 실존할 때만, 즉 무로부터의 *이탈*하고 자기 스스로 *유보하고*, 다만 존재자와 *관계를* 맺도록 하는 유혹에 대항할 때만, 그리고 인간이 존재자 전체에 자리를 내어주고 무를 달아나듯이 피하지 않을 때만이, 그리고 인간이 자기 스스로 무로 들어가 형이상학의 진리가 "거주하는" "심연의 근거"에서의 진동을 대상적인 매임에서 분쇄하지 않고, 한마디로 흔들어 펼칠 때만, 나아가 실존하는 인간이 학문과 논리학과의 차이에서 무를 진지하게 여길 때만, 인간은 ① *학문에서* 자연과 역사의 전체 공간을 열어 밝히며, ② "모든 사람들이 가지고 있는 미신"으로부터 *자유롭게* 되고, ③ "무 자체가 강제하고 있는" *물음의 물을 만한 가치를* 경험한다. "왜 도대체 존재자는 존재하고 오히려 무는 존재하지 않는가?"(122 ; 참조, GA40, 3 이하 ; IG74 이하) 그러나 이는 무의 개방성에서 본질적인 경험이 인간을 덮치고 있으며, *물음을 묻는 인간 자신과 모든 존재자가 무에서 한층 더 독특하게 물음으로 제기된다는* 것을 뜻한다. "왜 도대체 존재자는 존재하고 오히려 무는 존재하지 않는가?"라는 "형이상학의 근본 물음"이 존재자가 있다는 사실을 확정하는 추론도 필요 없고, 물음 제기도 필요 없는 자명함에서 구출되고, 이 물음이 가진 물을 만한 가치에 대한 물이해가 통찰되고, 그 의문점이 경험될 때만, 학문과 논리학의 물음에 더 이상 존재자가 넘겨져 내맡겨지지 않고, 오히려 존재자가 "완전하고, 지금까지 감추어진 낯섦"(114)에서 경험된다.

2. "형이상학이란 무엇인가?"의 "후기"
형이상학의 "심연의 근거"에 대해 제기된 "사유하는 물음"과 하이데거의 물음들이 가진 네 가지 물음의 특징

하이데거가 14년 뒤 자신의 "취임 강의"에 덧붙인 "후기"에서 어떻게 입장을 취하는지는 많은 관점에서 해명될 수 있다. 사람들은 그 "강의"의 비중을 학문과 논리학이 형이상학에 의존하고 있다는 증명에 두거나 또는 존재자에 대한 형이상학적 해명에서 "존재와 무 자체, 이 두 가지에 대한 물음이 물어져 있지 않다"는 명제로 앞서 이미 해명했던 것에 주안점을 두기도 한다. 그 관점에 따라 "후기"에서 언급된 것을 사람들은 과도하게 변경해서 해명하거나 또는 너무 평이하게 해석하게 된다.

그렇지만 우선 주시해야 할 것은 하이데거가 "형이상학이란 무엇인가"라는 물음의 구성 요소를 차별 지어 강조함으로써 이미 해명된 구별된 의도에 주의를 주고 있는 한, "*후기*"에서도 그 생각은 그대로 유지되고 있다는 것이다. 이렇게 강조된 물음, 즉 "*형이상학이란 무엇인가?*"에 머물러 있다면, "후기"는 "보다 시원적인 전문(Vorwort)"으로서 역할을 하게 된다. 물론 여기에 그 물음, "형이상학이란 *무엇인가*"가 차이 나게 강조될 때,10) 형이상학의 언어에 사로잡혀 그것을 극복하는 것이 문제되지만, 물음은 벌써 "이미 형이상학의 극복에 개입된" 사유에서 "생겨 나온다"는 것이 부각될 수 있다(303).

모든 학자 대표들 앞에서 했던 당시 특별 "취임 강의"의 상황에 더 이상 관계없다는 것을 알고 "후기"는 그 동안 하이데거

---

10) 이러한 쓰기 방식에서 표현되는 강조는 1949년의 5판과 관련되어 있다. 『이정표들』에서 쓰기 방식은 다음과 같다. "*형이상학이란 무엇인가?*" 그리고 "형이상학이란 *무엇인가?*"

가 했던 니체-연구와 "존재와 시간"에서 계획된 "존재론사의 해체"(§6)의 이행과 관련해서 "후기"는 다루어진다. 여기에서 존재론은 형이상학, 결국 철학 그 자체며, 역사적으로 영향력을 끼친 형이상학적 진리의 근본 특징을 가진 것이다. 그 진리를 따라서 "의지"가 "존재자의 존재성의 근본 특징"이 되었다. *이러한 지금까지의 마지막 거대한 형이상학의 해석에서 모든 존재자는 "의지로의 의지"로 묘사된다(gezeichnet)*. — 하이데거는 표시된다(gekennzeichnet)고 말하지는 않았다. 이것에서 "현실적인 것의 현실성이 철저한 대상화의 무조건적인 만들어 냄으로 강화된다"(303).

하이데거가 여기에서 직접 말하고 있지는 않지만, 학문은 "형이상학에 현존한다"는 그의 "강의"에서 했던 주장에 머물러 있기 때문에, 그는 근대 과학에서 천명되어, 통상적으로 된 "존재자를 계산하는 대상화"를 "권력 자체로의 의지에 의해 정립된 조건"으로서 해석한다. 이를 통해 "의지는 자신의 본질의 지배를 확고히 한다"(303). 형이상학이 존재자에 대한 "역사"로서 증명되고, 그 사유 양식이 "존재의 진리를 사유할 수 있기에" 불충분한 것으로서 드러났고, 우선 학문적 탐구가 형이상학적인 사유에 의존하고 있음이 강조되고 난 *지금* 더 이상 형이상학적으로 사유하지 않는 *사유*에 대한 물음, 즉 형이상학적 사유를 위해 "알려지지 않고, 근거치어지지 않은 근거"로 있는 그것에 대해 묻는 *사유*에 대한 물음이 제기된다(304).

"취임 강의"에서 의도된 물음이 더 이상 형이상학에 대한 것이 아니라 "그 근거에서 형이상학이 무엇인가" 묻는 것이다. 그러므로 그 동안 의문시된 사유 또는 "사유하는 물음"도 물론 이제는 더 이상 형이상학적으로*만* 사유하지 않는다. 오히려 그 물음은 이미 형이상학 그 자체에 *알려지지도* 않고, 그런 식으로 인식될 수도 없기 때문에 *근거될 수 없는*, 그러므로 *근거되지 않은* 근거에서 사유한다. 여기에서 이 물음은 어떤 "본질적인 의미에서 양의적이다"라는 것을 알 수 있다(304).

이런 사유가 가능하다는 것은 물론 하이데거가 그의 "취임 강의" 결론에서 특별하게 강조하면서 부각시킨 것과 이제 연관을 가진다. 형이상학에서만 소위 학문적 현존재가 "현존하는 것"이라 아니라, 그것을 넘어 "인간 현존재"의 본질에서 존재자를 넘어가는 사건이 일어나기 때문에, *현존재 안에서 형이상학이 일어난다*. 형이상학은, "강의"에서 보여주듯이 "현존재에서의 근본 사건"일 뿐만 아니라 "형이상학은 현존재 자체다"(122). 그러나 형이상학의 진리 또는 하이데거가 후에 "도입(Einleitung)"에서 말하듯이, "형이상학의 본질"(367, 참조, 382, "형이상학의 본질과 진리")이 형이상학 그 자체가 본래적으로 향하지 않고 있는 "심연의 근거"에 "거주"하고 있기 때문에 항상 "가장 깊은 오류"의 위험이 도사리고 있다(122).

그 때문에 하이데거는 "후기"에서 이제 "존재자의 존재성을 개념으로 가져오는" 형이상학적인 사유와의 차이에서부터, 그리고 *존재자에서* 존재자를 *가지고* 계산하는 *정확한* 사유와의 차이에서부터 형이상학이 묻지 않는 존재의 진리로서 형이상학이 거주하면서 움직이고 있는 영역에 대해 묻는 사유로 향한다. 하이데거는 그 사유를 "본질적인 사유", 즉 "존재의 사유"라고 부른다. 본질적인 사유는 자신의 머물 곳을 존재자에서도, 존재자의 존재성에서도 찾지 않는다. 오히려 그것은 "'존재의 사건'"이다(308).

"*후기*"에서는 "*강의*"에 쏟아졌던 비판들에 대해 비판적인 입장을 취한다. 하이데거는 왜곡된 해석들과 "잘못된 생각들"을 세 가지 형식에서 보여준다. ① "강의"는 "하나의 '무의 철학'"

으로서 "완성된 '허무주의'"를 제시한다. ② "강의"는 "하나의 '불안의 철학'"으로서 행위를 위한 의지를 마비시킨다. ③ "강의"는 "하나의 '단순한 기분의 철학'"으로서 오성, 논리학, "'정확한'" 사유와 확고한 행위를 위험하게 한다. 이것을 하이데거는 오히려 그 자신에게 중요시되는 것을 드러내는 기회로 이용한다. ① 그가 지금 "존재의 너울"이라고 말하는(312) 무를 통해서 존재 자체가 스스로 너울을 "벗음"이 제시되어야 한다. ② 무가 본질적인 불안에서 우리에게 "보내는"(306) 것이 *존재*임이 드러나야 한다. 우리가 "무에서 존재를 경험하는" 것을 배우기 위해(305), 본질적인 불안에 있는 우리를 "심연의 놀라움에서 기분 짓는 것이 존재의 "소리 없는 목소리"다(306, 310, 참조, 311). 이 목소리는 우리로 하여금 불안 속에서 "비춰진 인간에 대한 존재의 연관", "모든 기적에서의 기적", 존재자가 있다는 사실을 경험하도록 준비시키며, 존재의 목소리에 불려져 그 연관을 "최고의 요구"로서 충족시킬 준비가 되어 있다. 그리고 ③ 하이데거는 그 결과가 존재자에서 설정되고 존재자를 *가지고 존재자에 대해* 계산하는 "계산적인 사유"와의 차이에서 본질적인 *사유*를 위한 "근원"이 인간에게는 "존재자보다 더 가까이 있는" 계산할 수 없는 것의 "이웃"이라는 것을 사유하려고 한다(309).

인간은 분위기에 잡혀 있고, "인간의 본질에 내맡겨진" 존재 진리의 가까움을 존재자를 위해 보존하도록 부름을 받는다. "인간은 존재와의 연관에서 존재의 파수꾼을 위임받는다"(310). "시초의" 사유, 즉 역사적인 인간의 본질 근거에 "감추어진 사유"가 "존재 사건화"될 수 있는 "존재의 은혜"에 덕을 입고 있다. 그 덕은 "존재자가 존재하는 사실"(310)이다. 이는 존재자가 결코 존재 없이 존재하지 않는다는 뜻이다(306). 이런 한에서 이 사유는 감

*사하*는 사유다. 그와 함께 "후기"에는 사유가 언어로 되어올 뿐만 아니라, 어떤 하나의 "이상한 사건"이 아니라(118), 자신을 내어-주며(über-eignes), 존재와 사유를 포용하는(vereignendes) 사건으로 사유된다. 이 사건은 "그 자체로서 존재가 인간을 존재의 진리를 위해 요구하며"(311), 그를 필요로 한다.

그와 함께 네 가지 본질적인 물음, 보다 좋게 말해서 하이데거의 *사중적인 물음*의 물음 특징이 드러난다. ① 하이데거가 1949년에 출판된 자신의 *"취임 강의"*에 붙인 "도입"에서 말한 **존재 물음**(SEINSFRAGE). 이는 "존재와 시간"의 "본래적이고 유일한 물음"(378)일 뿐만 아니라, "존재와 시간"과의 연관에서는 물론 그 밖에 계속되는 물음들을 끌어내려는 모든 시도가 잘못된 것처럼 보일 수 있는 주장이 나올 정도의 물음이다. 예를 들어 하이데거-전집 9권 『이정표들』에 쓴 예술사 학자 바우크(Kurt Bauch)에 보내는 헌정서에서 그는 이 책의 작업을 "하나의 존재 물음의 도상에 있는 일련의 머무름들"로서 특징짓는다(VII).

② 내가 그것을 그렇게 부르고 싶은, 특히 "사유는 무엇인가?"에서 정점으로 끌어올려진 **사유 물음**(DENKFRAGE).

③ 이 물음은 "파괴될 수 없는 것에의 이웃"(311)이자, 고향처럼 머물러 지내고 있는 인간 본질의 정착지(Ortschaft), 즉 그의 거주의 어디를 묻는 것이기 때문에 내가 **거주 물음**(WOHNFRAGE)이라고 부르는 물음이다. 이 물음에서 사람들은 "모든 존재자보다 더 가까이 있는" 것을 묻기 때문에, 이미 "취임 강의"의 관점에서 본 *가까움에 대한* 물음이라고 부를 수 있다.

④ 하이데거가 인문주의-서한 옆에 단 주에서처럼, "1936년 이후 나의 사유의 주도적인 낱말"이라고 한 **존재 사건**(EREIGNIS)에 대한 물음(GA9, 316; 참조, GA12 248 이하). 이 물음은 "유일하게 인간이 모든 존재자에서 경험하는 사실 ……; 존재자가

있다는 *사실*"(307)이 인간에 의해 언급되는 형식에서 뿐만 아니라, 그것을 넘어 인간과 존재가 서로 내어주고 포용하면서 함께 속하게 하는 것에 대한 물음에서 나온다.

하이데거는 — 이는 그때마다 우리에 의해 강조된 주요 단어들을 주의해야 한다 — "*존재*의 사유"를 "본질적인 *사유*"로서 "계산될 수 없는 것의 징표들"에 주의하는 "존재의 *사건*"(308)이라고 말한다. 이 사건은 그 징표들에서 "회피할 수 없는 것에 대한 예측 불허의 도래"를 인식함으로써 "물음의 절박함"을 통해(304 ; 참조, 307, 311) "역사적인 인류에 자신의 *자리*를 찾는" 존재를 돕는다(311). 이러한 사정에서 이미 "취임 강의"를 위한 "후기"에는 이 물음들의 연관, 보다 좋게 말해서 사중적인 물음이 제시된다. 그 때문에 하이데거는 초기 그리스에서의 역사적인 인간의 모습이 각인된 관점에서 오이디푸스가 소포클레스에 있는 콜로노스에게 그 민족의 감추어진 역사를 알려지지 않은 존재의 진리와 연관시켜 다음의 인용으로 "후기"의 결론을 맺는다.

"당장 놓아보내라, 그리고 더 이상 이후에는
그 원통함이 일어나지 않도록 ;
사방 팔방에 일어났던 것이 배어 있기 때문에 나온 그 원통함 ……"(312).

3. "형이상학이란 무엇인가?"의 "도입"
형이상학으로부터 존재를 회상하는 사유의 결별과 철학의 종말에 직면해서 내린 결정

하이데거가 1949년에 "취임 강의"의 5판에 앞에 붙인 "도입

(Einleitung)"을 우리는 지금 다루려고 한다. 이는 어느 한도에서 그리고 얼마만큼이나 하이데거가 1929년 이후 지나온 사유의 길을 그의 "강의"와의 새로운 관계에서, 즉 선-행적인 것과의 관계에서 드러내는지를 그 사례로 보여주는 것이다. 이러한 측면은 "도입"에 대해 자세한 보고에서가 아니라, 심화하고 더 자세한 해석에 기여하고 있는 것을 보여줌으로써 간단히 드러난다.

하이데거가 그 "도입"에 부친 제목, "형이상학의 근거로 되돌아감"은 본래 그의 "강의"의 본질적인 의미를 분명하게 해준다 (365). 이 양의적인(zweideutig) 말, "근거"에 대한 관점에서 간단히 되돌아보려고 한다.

① *"강의"*에서는 "주로" "학문들의 뿌리가 그 본질 근거에서 죽어 있다"는 사실을 보여주었다(104). 그것이 최고의 존재자든 최저의 존재자든, 존재자를 통한 존재자의 *통상적인 근거지움*은 "무의 근본 경험"을 통해(109) 그러한 구상 자체의 근거 없음을 꿰뚫어보는 시도를 근거되지 않은 것이며, 근거 없는 것으로 배제한다. 이러한 포기를 통해서 "우리 현-존재의 근본 사건"으로서의 기분 속에서, 특히 존재자 전체를 넘어서 인도하는 "불안의 근본 기분"에서(111 이하) 일어나고 있는 존재자 전체의 열어 밝힘은 말살된다. 비록 유일하게 "무의 근거에 있는" 무의 개방성을 통해서 "전체적인 존재자의 낯섦"이 우리를 덮치고, 유일하게 "경이로움의 근거에서 — 즉 무의 개방성에서" 그때마다 "근거함"과 "근거지움"에 대한 물음을 일반적으로 가능하게 하는 "'왜'"가 생겨난다고 할지라도(121), 통상적인 사유는 "심연의 근거"로서 증명되는 "현존재에서의 근본 사건"으로서(122) *형이상학*을 *억제한다.*

② "강의"에 붙여진 "후기"에서 강조되어야 할 것은 본래적

인 사유가 형이상학의 역사에 있었던 지금까지 마지막의 해석, 즉 "존재자의 존재성의 근본 특징"으로 놓이는 "의지로의 의지"에 들어 있지 않은 물음에서 생겨난다는 사실이다. 그 의지는 "현실적인 것의 현실성을 철두철미한 대상화의 무조건적인 만들어낼 수 있음으로 권한을 행사한다"(303). 동시에 또한 이 본질적인 물음, "묻는 사유"에게 존재의 진리는 "알려지지 않고 근거되지 않은 근거"로 남아 있지 않다는 점이 분명하게 되었다는 것이다(304). 왜냐 하면 그 사유는 "이미 형이상학의 극복 안으로 진입했기" 때문이다(303). 이 사유가 "형이상학의 근거에서" 사유함으로써, 동시에 형이상학적으로, 그리고 "불안의 근본 기분"을 통해(305 이하), 나아가 "심연의 놀라움에서"(306 이하 ; 참조, 312), "존재의 소리 없는 목소리"를(306, 310) 통해 기분지어져 있고, 인간의 존재와 본질의 일치의 사건에 정착해 있기 때문에 "더 이상 형이상학적으로" 사유하지 않음으로써 (304), 이 사유는 "파괴될 수 없는 것의 이웃"으로 거주한다 (311).

③ "도입"에서는 다음의 물음이 제기된다. "형이상학은 그 근거에서 볼 때 …… 근본적으로 무엇인가?" 하이데거는 이렇게 대답한다. 그것이 정신이든 물질이든 삶이든, 또는 의지든 주관이든, 또는 영원한 동일자의 회귀이든, 이 모든 해석들에서 존재자 자체와 존재자 전체의 표상은 형이상학에서 항상 "존재의 빛 속에서"(365) 수행되지만, 그 존재 자체는 그때 직접 사유의 관점에 들어오지 않았다. 이 모든 해석들에서 존재는 "존재의 너울"로서 무를 통해 열어 밝혀지지(enthüllen) 않기 때문에 그 존재 자체가 형이상학에서 그리고 그 자체로서 어떻게 관여하는지에 대해서는 닫혀 있다(verhüllen). 그러므로 존재는 자신의 진리에서, 그리고 자신의 탈은폐하면서 (닫으면서) 현성함

(Wesen)으로 사유되지 않고, 존재의 개방성은 주의를 받지 못한 채 머물러 있다. 지금 철학 자체의 총괄 개념으로 여겨지는 형이상학이 존재로서의 존재로 "돌아가지" 않는 한, 마찬가지로 데카르트에 의해 나무로 소개되고 비유되었던 철학의 뿌리가 그 근거와 토양으로 "돌아가지" 않는 한, 형이상학은 자신의 "근거", 즉 존재의 진리를(367) 떠난다. 그렇지만 형이상학은 존재를 피할 수 없다. 그러나 사유가 본질적으로 존재를 사유한다면, 즉 "회상"한다면, 그 사유 *자신*은 형이상학의 근거로 *되돌아감*으로써 그 *형이상학*을 떠난다.

하이데거는 *회상하는* 사유와 *형이상학적* 사유와의 관계를 이제 계속해서 다음과 같이 특징짓는다. "형이상학은 제일의 철학에 머무르고 있다. 그 형이상학은 제일의 사유에 이르지 못한다. 형이상학은 존재의 진리에 대한 사유에서 극복된다"(367). 그 과정은 인간의 관점에서 확연히 드러난다. 왜냐 하면 사유하는 사유에서 또는 하이데거가 용어상 "회상"이라고 하는 것에서 "형이상학의 근거로" 되돌아가게 될 때, 지금까지 이성적인 동물, 즉 형이상학적 동물로서 여겨졌던 "인간 본질의 변화"가 비로소 함께 일어날 수 있다(368). 그러므로 "회상하는 사유"에는 철학의 새로운 정초와 기초지음이 문제 될 수 없다. 왜냐 하면 그러한 오해를 피하기 위해 하이데거는 사유를 위한 근원적인 제목, 이전에 세웠던 제목, "기초존재론"을 포기하기 때문이다(380).

존재를 회상하면서, 존재 사건에 거주하는 사유의 *사중성*(Vierfalt)에 상응해서 유일하고도 뛰어나게 문제로 여겨지는 것은 다음과 같다. 즉, 존재 진리의 "도래"와 "지체함(Ausbleiben)"의 상호적인 관계, 모든 존재자에 선행하는 "가까움과 멂", 존재 자신이 맺는 인간 본질과의 연관의 자기-"사건화", 그리고 마지막으로 형이상학의 사유처럼 "자신의 근거로부터의 이탈"을 통해 존재가 맺는 인간과의 연관에 자신의 "비춤", 즉 자신에서부터 나타냄을 막지 않고, 오히려 인간이 "존재에 속함"을 경험으로 인도하는(368 이하) 사유가 문제된다.

다시 *의문시*된 물음, "형이상학이란 무엇인가?"에는 새로운 철학 또는 새로운 정초 또는 나아가 근본 정립의 물음을 정점으로까지 이끄는 작업, 소위 철학의 최종 근거지음보다 더 이상의 것이 작용하고 있다. 여기에서는 형이상학, 나아가 철학 자체가 그것에 대한 앎이 없어도 "인간 본질과 맺는 존재의 시원적인 연관을 인간에게 막고 있는"(370) "가로막이"라는 것, 그리고 "존재로부터 떠남"과 "존재의 망각"이(371) 경험되고, 망각 속에서 점점 더 저변화되고 깊어져가는 자기-정당화에 빗장을 지르는, 즉 정체를 밝히는 것이 수행되고, "결단"된다. 이 과정에서 계속해서 *철학*은 수행되고 또는 "사유되어야 할 것"을 경험하는 *사유*로 시작된다. 존재가 맺는 인간과의 연관이라는 관점에서 볼 때, "존재 망각의 긴급 상황"에서 "형이상학이란 무엇인가?"란 물음은 하이데거 자신의 말에 따르면, "사유를 위해 모든 급박한 것 중에서 가장 급박한 것"이다 (371).

이는 올바로 이해된 물음, "형이상학이란 *무엇인가*?"에서 형이상학으로부터 결코 물어질 수 없는 "*존재 물음*"(370. 저자 강조)이 놓여 있을 뿐 아니라, "*사유란 무엇을 뜻하는가?*"의 물음이 그 속에 들어 있기 때문이다. 이 물음들은 "존재 자체에서 사건화하고 존재에 속하는(höriges) 사유"를 통해서 표상하는 사유를 해체한다 — 이때 "hörig"라는 말은 일상적인 언어 용법과는 달리 존재에 귀를 기울이면서, 그것에 향하며 그것에 속하는 사유를 의미한다. 그리고 이 물음들은 "보다 사유적"이 된 사유를 통해서, 즉 *사유하는 사유*를 통해서 해체를 수행한다

(371).

"형이상학이란 무엇인가?"의 물음에는 또한 인간의 *거주에 대한 물음*, 인간의 정착함의 어디에 대한 물음이 들어 있다. 왜냐 하면 그에 따라면 인간의 본질은 더 이상 지금까지의 주관성 또는 이성적임에 거처하는 것이 아니라, 존재가 맺는 인간 본질과의 연관에서, 그리고 존재의 "거기"에서 사유되고, "현존재"라고 불리며 "존재 진리의 터(Ortschaft)로서 경험되고 그에 상응해서 사유되어야 할"(373) 개방성과의 관계에서 사유되기 때문이다. *거주물음*은 거기 물음(Dafrage)이다. 거기(Da)는 인간과 존재, 서로 필요로 하면서, 포용하면서 있는 어디(Wo)다. 하이데거가 "도입"에서 말하고 있는 이러한 관련에서 "존재와 시간"을 살펴본다면, ― 여기에서는 그것을 따라갈 필요는 없다 ― 실존(Existenz)은 존재의 열려 있음(Offenheit)을 위한 개방적으로 서 있음으로서 ― "존재의 열려 있음에 들어서 있고, 그 열려 있음에 나가 있음으로써" ― 간단히 말해, 탈자적인 "들어섬(ekstatische Inständigkeit)"으로서 특징지어진다. 그는 인간의 본질에 대한 성찰을 "존재 진리에 대한 물음을 위한 봉사에서" 특징짓는다(372, 375). 즉, 그는 존재 물음을 "사유의 유일한 물음"으로서 특징짓는다. 이 물음이야말로 "'존재와 시간'의 본래적이고 유일한 물음"(378)이다.

"표상하는 사유에서부터 형이상학적인 사유와의 관계에서 볼 때, '다른 사유'라고 불리는 회상하는 사유로의 넘어감"에 대한 성찰과 그 "동기 유발"에서 "형이상학이란 무엇인가?"라는 이 물음보다 더 긴급한 것이 없다고 하이데거는 말한다. 이 물음에는 결국 하이데거의 마지막 물음으로의 전환, 즉 *존재 사건의 물음*이 들어 있다. "무 자체가 형이상학을 그 물음으로 이끌었다"고 우리가 들었던 "형이상학의 근본 물음" 그리고 "왜

도대체 존재자는 존재하고 오히려 무는 존재하지 않는가?"라는 물음으로 하이데거는 자신의 *"강의"*를 마치지만, 이는 *끝맺음*(beschliessen)을 위한 것이 아니고, "형이상학이란 무엇인가?"의 물음의 본질적인 의미를 개시(aufschliessen)하려는 것이다. 왜냐 하면 이 물음은 *"후기"*에서 계속해서 다음과 같이 해석되기 때문이다. "유일하게 인간은 모든 존재자 가운데서, 존재의 목소리에 의해 부름을 받고, 모든 기적 중의 기적, 존재자가 있다는 사실을 경험하며" 그는 "본질적인 사유"를 "존재의 사건"으로서 경험하기 때문이다(308).

*"도입"*에서 이 물음이 "존재자에서 물어지지" 않고, 도처에서 "그때마다 그것으로 '있는'" 존재자가 자신을 위해 요구하는" 그 유래에 대한 물음으로 부각된다. 이런 의미에서 본다면, "취임 강의"와 "도입"의 '끝', 즉 형이상학, 나아가 철학의 '종말'에 "존재자가 있다는 사실 또는 존재가 있다는 사실이 더 수수께끼인가?" 하는 물음으로 끝나지 않고, 여기에는 지금 이미 말한 것처럼 1936년 이후 하이데거에게 사유의 주도적인 물음이 되고, 방금 제기된 양자택일의 물음이 더 집중적으로 존재 사건에 대한 물음으로 강조된다. "그렇지 않으면 우리는 이 성찰을 통해 아직 존재자의 존재와 함께 사건화되는 그 수수께끼의 가까움에 이르지 못하는가?"(383)

이 모든 물음은 이제 1929년과 1949년 사이의 중간 시기에, 그리고 하이데거의 죽음에 이르는 다음 시기에, 나아가 유고-출판을 통해서 이어져야 한다.[11] 이 물음들은 다음 제목에 실려진 물음으로 출판을 통해서 알려질 수 있게 되었다. 1953년의 "사물에 대한 물음", 마찬가지로 1953년의 "기술에 대한 물

---

11) 물론 날짜가 적혀 있지 않은 옆에 단 주가 고려되어야 한다. 참조, 나아가 「존재 물음으로」(1956), in : GA9, 417 이하.

음", 1955년과 1956년의 "존재 물음으로", 1956년의 "철학 — 그
것은 무엇인가?" 적어도 여기에는 1951년의 "지음, 거주함, 사
유함", 1969년의 "사유의 사태로"12)가 추가될 수 있다. 하이데
거의 프라이부르크 "취임 강의"와 "후기", 그리고 "도입"에 대
한 연속적인 해석과 관련하여 하이데거의 사중적인 물음에 더
많이 주목하며, 왜곡시키지 않고 고양시킨다면 분명히 상당히
많은 것을 얻을 것이다. 이런 점에서 본 고찰이 초기에 제시되
어 밝혀진 것들의 불충분함을 깨닫기 위해 어느 정도 기여가
되었으면 한다.

---

12) 하이데거의 Ludwig Binsbanger를 위한 강연, "사유의 사태 규정의 물음
으로"라는 제목 아래 놓인 "Feier-Abend"가 여기에 추가 될 수 있다.
Hermann Heidegger 편집, St. Gallen 1984.

제 2 부
사유하면서 물어감 : 갈림길들

철학적 인간학에 대한 의문점 내지 인간이란 무엇인가라는 물음에 대한 문제점

1. 사유의 역사적 배경 : 비코

"철학적 인간학"에서 모든 것은 인간이란 무엇인가라는 물음을 지향한다. 비록 때로는 인간이란 무엇인가라는 물음이 당연히 철학적 인간학을 대변하기도 하고 또는 그 물음이 다른 모양으로 제기될지라도 그것은 어떤 단순한 상황에서 살펴보자면, 비교적 쉽고 정말 원칙상 대답 가능한 물음들을 다루는 것 같다. 왜냐 하면 그 물음들이 물음을 제기하는 사람이 *그 자신*이 아닌 무엇 그리고 그와 *상관없는* 무엇에 대해 묻는 것이 아니라, 그가 무엇인지, 그가 *누구*인지, 누가 무엇으로 *존재하는지*에 대해 묻는 질문들이기 때문이다. "인간이란 무엇인가?"와

"인간이란 누구인가?"라는 물음과 함께 물음을 던지는 자는 자신에 대해 묻고 있는 것이고 그와 상관없는 그 *무엇*과 그 *누구*에 대해 묻지 않고, 오히려 그는 *자기 스스로*에게 물음을 던지는 자다.

그래서 우리는 바로 두 가지 경우에서 표현되어 있는 자신에 대한 물음으로 인해 또한 *자신*에 대해서 물음을 던지는 사람들의 경우에서 유일하게도 대답은 다른 것이 아니고, 또한 다른 사람도 아니고 바로 *물음을 던지는 자*를 향하고 있다는 사실을 고려해볼 때, 바로 이 질문들에서 *대답 가능한* 질문들을 살펴보는 것을 이상하게 생각할 필요가 없다.

그러나 근대 초기에 이미 비코(Giambattista Vico. 168~1744)가 등장하고, 그의 *사유사적인* 배경을 근거로 하여 바로 이 세기에 수행된 "철학적 인간학"의 "문화인간학"으로의 변형을 살펴볼 때, 철학이 인간 자신과 세계를 넘어서 *물음과 대답의 일치*에 도달하게 되는 원리를 발견한다면, 철학이 빠지게 될 어떤 *딜레마*에 봉착된 것이 언급될 수 있다. 비코는 철학에서 "의심할 수 없는 제1의 원리"가 존재한다는 사실을 발견한다. 그 원리는 하나의 "학문"으로서의 철학의 가능성의 조건을 나타내며, 철학의 가능성을 정식화하며, 명백하게 된 어떤 *철학의 중심부*를 형성하고 또한 철학의 실제적인 *인식* 영역의 윤곽을 드러낸다. 비코는 이런 공리를 다음과 같이 정식화한다. 즉, "진리 자체는 사실로부터 온다."[1] 또는 "진리와 사실은 수렴된다."[2]

---

1) Giambattista Vico, 저작집 1, 131. 참조, Richard Wisser, 「"진정한" 비코의 발견. 인간의 역사적 위력과 역사에 대한 이해 가능성. 경향-실제-구조(Von der Entdeckung des "wahren" Vico. Geschichtsmächtigkeit des Menschen und Verstehbarkeit von Geschichte. Tendenzielles-Aktuelles-Struktrelles)」, in : 『종교사와 정신사를 위한 잡지(*Zeitschrift für Religions-und Geistesge-schichte*)』. 41권 4호. Köln 1989, 302-324, 참조. Richard Wisser, 『철학의 길 안내.

즉, 참과 창조된 것은 교환 가능하며 전자는 후자를 대변하고, 창조와 인식, 인식과 창조는 하나며 동일하다. 또한 비코는 이것으로부터 한편으로 *철학*에서 그러한 결정적인 결론을 이끌어낸다. 즉, 그에게서 철학은 지금까지의 명칭을 버리고 "신학문(die neue Wissenschaft)[3]이란 명칭을 받아들이는 시대에 이른 것같이 보인다는 사실이다. 말하자면 인간은 자신이 창조한 것[4]만 인식할 수 있고, 달리 말하면 *사람*이 산출해낸 것, 오로지 그것에 대해서만 인식할 수 있음을 의미한다. 환언하면 자신의 가능성과 실제성의 조건을 알고 있는 또한 실제적인 학문인 철학이야말로 문화인간학이다.

학문을 창조적인 것과 실제적인 것(Wirk-liche)에 의해 규정하고 있는 위에 언급한 근본 명제를 그들이 자신의 고유한 학문 이해에 의해 도외시하지 않았을 경우에, 그것은 *신학자들과*

모델들과 전망들(*Philosophische Wegweisung. Versionen und Perspektive*). Würzburg 1996, 63-92.

2) 참조, Stephan Otto, 「"진리와 사실은 수렴한다"는 공리의 선험철학적 중요성. 비코의 '형이상학'에 대한 연구(Die transzendentalphilosophische Relevanz des Axioms "verum et factum convertuntur". Überlegungen zu Giambattista Vicos "Liber metaphysicus")」, in : S. Otto, 『정신사 이론에 대한 자료집(*Materialien zur Theorie der Geistesgeschichte*)』, München 1979, 174-196.

3) G. Vico, 『제2의 신학문(*La Scienza Nuova seconda*)』. Giusta, 1744. A cura di Fausto Nicolini, 계간, Bari 1953. 원전 제목 : *Principij di Scienza Nouva di Giambattista Vico d'intorno alla comune natura delle Nazioni*, 1744. 독일어 번역본 : 『민족들의 공통적인 본성에 대한 신학문의 원칙들(*Prinzipien einer neuen Wissenschaft über die gemeinsame Natur der Völker*)』. Vittorio Hösle와 Christoph Jermann의 번역과 텍스트 참조 사항. 2부 중 제1부. "비코와 문화과학에 대한 이념"이란 휘슬레의 서문(『철학문고』 418a, 418b 권). Hamburg 1990.

4) 참조. Ferdinand Fellmann, 『비코의 공리 : 인간은 역사를 만든다(*Das Vico-Axiom : Der Mensch macht die Geschichte*)』. Freiburg / München 1976.

마찬가지로 *자연과학자*들에게 충격을 주지 않을 수 없었다. 그 명제는 신에 대한 어떤 *학문*이나 *자연*에 관한 학문이 가능하지 않다는 것을 의미한다. "신은 자연을 창조했기 때문에, 신만이 학문을 할 수 있다"[5]는 것이 자연스러울 것이다. 누군가가 위의 근본 명제의 의미에서 신을 증명하고자 한다면, 자신을 신의 신으로 만들게 되고 그럼으로써 신을 부인하게되는 셈이다.[6] 따라서 "진리 자체는 사실로부터"라는 인간학에 의해 사용되는 준칙은 *어떠한 하나의* 신학문을 정초하기보다, 오히려 절대적으로 "새로운 학문(Die neue Wissenschaft)", 즉 실제적인 학문을 완성시키는 데 아주 적합한 것이다. 요약하자면 이 학문은 하나의 근본적인 원칙 위에 근거하고 있기 때문에 그 이름에 합당한 학문이 된다. 이 원칙에 견주어볼 때, 데카르트가 언급했던 흔들리지 않는 기초(fundamentum inconcussum)는 결핍된 것으로 입증된다.

어떤 *학문*이 관건이 되는가? 인간 세계, 즉 인간의 산출물들의 세계에 대한 학문이 관건이다. 다시 말해 그 세계는 인간의 이념들과 행위들의 세계이고, 인간이 그 세계를 창조했기 때문에 그 뿌리에까지 접근 가능한 인간의 세계다. 학문이 세계며, "그 세계로부터 인간들은 학문을 획득할 수 있는데, 그 이유는 세계가 인간들을 정초하기 때문이다."[7] "사물들을 창조하며 그것들을 설명하는 사람이"[8] 사물들의 역사를 주도하는 장소

---

5) 비코, 작품4-1권, 117 이하.
6) 비코, 작품 1, 150.
7) 비코, 작품 4-1, 117 이하.
8) 같은 책, 128 이하.- Richard Wisser, 「철학-학문-사유. 문제 연관들의 역사적이며 체계적인 연결점들(Philosophie-Wissenschaft-Denken. Historisch-systematische Knotenpunkte eines problematischen Verhältnisses)」, in : 『생태학과 인간생태학. 우리의 역사적인 생활 세계에 대한 전체적인 이해를 위한 기고문(*Ökologie und Human-Öklologie. Beiträge zu einem ganzheit-*

이외의 "다른 곳에서 어떤 학문을 위한 더 큰 확실성이 존재할 수가 없기 때문이다"라고 비코는 적고 있고, 또한 그는 "확실성"이란 용어로 데카르트에 대해 비판을 가하고 있다. 우리 시대에 다른 저자들에게 "문화인간학"의 창설자로서 공적을 돌리고자 한다면, 비코는 그것의 발견자로서 인정받아야만 한다.

그 새로움은 더 이상 신학과 자연과학을 대립시키지 않고 또한 더 이상 신학 혹은 자연과학을 철학을 위한 학문적 형식으로 설명할 필요도 없고 그럴 가능성도 없다는 데 놓여 있다. 오히려 그것은 신학과 자연과학이 "신학문" 외부에 존재하지 않고, 멀리 있게 하지 않고자 한다면, "인간의 학문"인 철학 안에, 즉 문화인간학 안에 통합되어야만 하고 그것들의 특수성과 의미에 따라 평가되어야만 한다는 사실에 놓여 있다. 창조적인 것, 즉 문화성 속에서 "기초인간학적인 것", 인간을 인간으로 형성하는 만듦과 인식을 바라본 20세기의 일련의 "철학적 인간학자들"은 비록 그들이 항상 자신들을 인식하지 못할지라도 비코와 세속적 인간학(mundane Anthropologie)의 개념, 즉 철학적 인간학의 개념에 의존하고 있다. 그 인간학은 어떤 실제적 학문의 요구들을 충족시키는 본래적인 대상을 자신에게 걸맞게 명명되고 있다고 인정할 수 있다.

단 한가지 실례를 들자면, 1949년에 마인츠대학교에서 교수 자격을 취득했던 란트만(Michael Landmann)으로부터 강의를

---

lichen Verstehen unserer geschictlichen Lebenswelt)』. Rainer Hege와 Hartmut Werth편집. Frankfurt am Main, Bern, New York, Paris 1991, 229-255. (2.1 : 「비코의 "본래적인 철학"으로서의 "신학문"(Vicos "Neue Wissenschaft" als die "eigentliche Philosophie")」, 235-239). 스페인어, in : 『과학, 기술, 윤리, 법. 인간학에 대한 제11차 심포지엄(*La ciencia y la Técnica aute la ética y el derecho. XI Symposium International de la ciencia del Hombre)』*, Francisco Arasa 편집, Barcelona 1988, 127-148.

들었기 때문에 나는 그와 연분이 있는데, 그가 인간을 "문화의 창조자와 피조물"9)로 간주했을 때, 그는 "인간의 세계"에 시선을 돌린 것이다. 또한 그가 문화를 "자연과학과 신학의 피안"10)이라고 정식화할 경우에, 자연적인 환상 제거와 마찬가지로 초자연적인 환상 제거를 오히려 "가상"11)으로 간주하는 것의 의미를 분명히 하는 것이 그에게는 중요하다. 신 또는 자연, 신 혹은 신적인 것과 같은 표어의 자리에 "신 혹은 문화"12)라는 모토가 등장한다. 자신의 속성의 총합에 국한된 그러한 존재자와 구분하여 그는 인간을 존재 속의 "빈자리"로, 즉 인간의 고유한 본질, 이른바 근본적인 문화적 본질을 통해 존재할 수 있는, 말하자면 인간의 창조성을 통해 마무리되고 "채워지는"13) "존재의 틈새(Seinslücke)"로서 일관성 있게 묘사한다. 이 정도로 언급해두자.

---

9) Michael Landmann. 『문화의 창조자와 피조물로서의 인간. 역사인간학과 사회인간학(Der Mensch als Schöpfer und Geschöpf der Kultur. Geschichts- und Sozialanthropologie)』. München / Basel 1961. 참조, Richard Wisser, 「인간의 눈 높이에서 — 란트만 : "문화의 창조자와 피조물인 인간"(Auf Augenhöhe mit dem Menschen — Micahael Landmann : "Der Mensch als Schöpfer und Geschöpf der Kultur")」, in : 『프랑크푸르트 알게마아이네 신문(F. A. Z.)』 문예란, 1969 11, 28. Richrad Wisser : 서평, in : 『철학연구잡지(Zeitschrift für philosophische Forschung)』 16권 4호. Meisenheim / Glan 1962, 639-647. -나의 마인츠 스승이었던 Wilhelm Emil Mühlmann이 그의 「사회학, 인간학과 민속학을 위한 논문」(Wiesbaden 1962)의 명의를 바꾼 『창조자 인간』을 참조하기 바람.
10) 같은 책, 234.
11) 같은 책, 62.
12) 같은 책, 104 이하.
13) 같은 책, 54. 전체적인 맥락에 대해서는 참조, Richard Wisser, 「철학적 인간학의 문제들, 특히 문화인간학의 문제들(Probleme der philosophischen Anthropologie, insbesondere der Kulturanthropologie)」, in : 『책들의 세상(Die Welt der Bücher)』, 2권, Freiburg i. Breisgau 1961, 286-304.

용어의 광의의 의미에서 비코에 의해 이해된 철학적 인간학, 즉 세속적 인간학, 인간 세계에 대한 학문이 빠져 있는 *딜레마*는 이제 어디에 놓여 있는가? 바로 인간의 "본성"을 문화적 창조물에서 찾게 하고, 인식하게 하는 데로 이끄는 데카르트에 대해 비판적인 입장을 취하는 비코의 *"의심할 수 없는 근본 명제"*가 토대가 될 경우, 이 명제는 인간에 대해서 뿐만 아니라 "신"과 "자연"에 대해서도 적용된다. 그것은 토대적인 공리로서 "인간은 자신의 세계를 창조하나" 세계로부터 "인간들이 세계를 정초하기 때문에, 즉 인간들이 유일하게 학문을 획득"[14] 할 수 있다는 사실을 의미하긴 한다. 그러나 그것은 인간은 인간들을 생산하나 창조하지는 못한다[15]는 것을 인식하게 한다는 것을 의미한다. 그리하여 물음은 "인간은 무엇인가?" 혹은 "인간은 누구인가?" 뿐만 아니라, 또한 인간은 어디서 왔는가, 이런 인간 존재와 같은 존재의 의미는 무엇인가, 인간은 왜 존재하는가 그리고 그와 상관없는 무엇이 (자연과 같은) 것과 연관을 지니고, (신에 대해) 관계를 맺는 데 어떻게 결합되어 있는가로 나타날 수 있다.

그래서 처음부터 바로 "신학문"으로부터 그것이 나타났듯이, 질문자가 자신에 대해 묻는 이른바 물음과 대답이 결합된 질문, 즉 인간학의 물음은 대답이 용이하지가 않다. 확실히 사람들이 *자신*들에 대해서, *바로 인간*에 대해서, 그 인간들에 대해서, 그것이 종이든지, 본질이든지, *인간성*에 대해서, *인간의* 자아, 인간들의 자아에 대해 묻는다면, 이 물음들을 학문적인 중심 주제로 부상시키든지, 피부가 셔츠나 겉옷보다 몸에 더 가까이

---

14) 비코, 저작집 4-1, 117 이하.
15) 참조, Johannes Luginbühl, 『비코의 공리론(*Die Axiomaitik bei Giambattista*)』. Bern 1946, 51-54. 참조. Richard Wisser, 「발견에 대하여 ……(Von der Entdeckung ……)」 307 이하.

있듯이, 아니면 인간에게 가장 가깝게 나타나는 철학적 근본 물음을 숙고하든지 상관없이, 비록 그들의 본질이 아직 현실화되지 않았거나 그들의 존재에 대해서 아직 모르거나 더 이상 모른다 할지라도, 그들이 *존재하거나 존재할 수 있는* 바에 대해서 묻고 있는 것이다. 언급한 질문들을 통해 우리는 우리 자신을 근거로 해서 우리 자신에게서 출발하고 대답하는 자들로서 대답을 통해 우리에게 다가가고자 애쓰고 있다. 그리고 우리가 자신으로부터 낯설게 존재할지라도, *우리*는 이런 낯설음을 우리의 문제로서 경험하는 존재다.16)

그리하여 물음 그 *자체*가 인간을 규정하고, 즉 인간은 하나의 "열린 물음(Helmuth Plessner)"이고 모든 물음의 총괄 개념이란 *"인간이란 무엇인가?"*라는 물음이며, 그 물음에 주어지는 다양한 대답들이 동시에 물음으로 설정되고 결합되는 그러한 물음이라는 것에 대해 20세기에 적지 않은 철학자들이 이야기하게 되었다. 우리는 인간을 하나의 "묻는 존재(Erwin Strauss)"며, "묻는 본질을 지닌 인간(Walter Brugger)"이라는 명칭을 만들어낸다는 관점 하에서만 인간을 고찰하지 않는다. 우리는 인간이 *물음을 던진다*는 사실 속에서 "어떤 최종적이고 환원 불가능한 것", 다른 어떤 것으로도 대체할 수 없는 "사실"을 직시한다. 이 사실을 통해 인간은 이러저러한 것뿐만 아니라 모든 것, 동시에 묻는 자로서 자기 자신을 문제 삼고, 그리하여 자기의 고유한 본질을 자각한다.17)

---

16) 이와 관련하여 다음을 참조. Richard Wisser, 「인간에 대한 물음이 지닌 문제점(Die Fraglichkeit der Frage nach dem Mensche)」, in : 『논쟁의 여지가 있는 니체(*Nietzsche-kontrovers*)』 6권. Rudolph Berlinger와 Wiebke Schader 편집, Wüzburg 1986, 89-113. 「인간에 대한 물음의 문제성(La cuestionalidad de la cuestión del Hombre)」, in : *Folia Humanistica*, Barcelona 1987, 25권, 291번, 217-232, 292번, 297-304.

그와 같은 방식으로 *묻는다는 것*이 결정적인 인간 본질로 간주되면, "철학적 인간학"이 *과거*와 *현재*에 내놓았던 대답들이 영향력을 잃게 된다. 그 대답들은 예컨대 인간의 위대함과 무력함에 대한 파스칼의 묘사인 "인간은 자연 속에서 가장 연약한 갈대다", "인간은 자연으로부터 버려진 자연의 아이"라는 헤르더의 표현, "*인간은 타락된 동물*"이라는 루소의 표현, 셸러의 "인간의 세계 개방성"에 대한 언급, "결핍 존재"와 "행동하는 존재"라는 겔렌의 표현, "탈중심성(Exzentrizität)"이라는 플레스너의 강조가 있다. 이 예들은 단지 몇 가지 대답들을 인용한 것에 불과하고 그것들의 의미를 이끌어낸 것은 아니다.18) 그러나 그 대답들은, 비록 그것들의 정확성 때문에 다른 올바른 것을 배제시키거나 대결시킬 수 있음에도 불구하고, 불만족한 물음들에 대해 대답으로 계속 유지될 수 없다. 그런 대답들과 여타의 대답들은 *새로운* 물음과 발전된 물음을 위한 유리한 단초들로 입증된다.

따라서 "철학적 인간학"에 대해 언급한 그리고 다른 대답들에서, 인간에 대한 물음을 대답된 것으로 간주하지 않는다는 사실을 받아들일 수밖에 없다. 확실히 이것은 정확하게 전도되

---

17) Karl Rahner,『세계 속의 정신, 토마스 아퀴나스의 유한한 인식의 형이상학에 대하여(*Geist in Welt. Zur Metaphysik der endlichen Erkenntnis bei Thomas von Aquin*)』제2판, München 1957, 71 이하.
18) 참조. Richard Wisser,「철학적 인간학의 변화와 존립에 대한 "진단적" 고려」. in :『어느 철학자의 지평. David Baumgardt를 기념한 에세이(*Wandel und Bestand in der Philosophischen Anthropologie. Eine "diagnostische" Besinnung*)』, Leiden 1963, 447-459. Richard Wisser,「인간에 대한 물음(Die Frage nach dem Menschen)」, in :『학문과 세계상(*Welt und Weltbild*)』24권. Wien 1971, 176-193 ; Richard Wisser,「인간의 자기 발견과 Arnold Gehlen의 문화인간학(Die Selbstentdeckung des Menschen und Arnold Gehlens Kulturanthropologie)」, in :『스펙트럼』. Sutan Takdir Alisjahbana의 70회 생일에 증정된 에세이. S. Udin 편집, Jakarta-Indonesia 1978, 429-451.

었다. 즉, "열린 물음"인 인간이 무슨 의미를 가지는지 더 잘 이해하는 것이 대답들로부터 가능하다. 이미 니체는 인간이 무엇인지 안다거나 대개 안다고 확신하는 모든 자들에게 그가 인간에 대해서 *"아직 확정되지 않은 동물*(noch nicht festgestelltes Tier)"[19]에 대해 언급하고 또한 대답들과 단정을 가지고 물음에 끼여들려는 경향들의 위험성을 드러내면서, 이 생명체의 문제성을 환기시켰다. 인간에 대한 물음은 *존재하고* 하나의 *질문*으로 *남는다.* 수수께끼 같은 물음을 풀 수 있는 대답을 통해, 그것을 모든 다른 대답들을 통해 불필요하게 만드는 것이 이제 중요하지 않다. 오히려 바로 *이러한* 물음, 즉 인간이란 무엇인가라는 *물음의 문제점*을 인식하고, 주어진 *대답들*을 바로 이런 문제점을 근거로 "토대짓는" 것, 확실히 그것과 관련시키는 것, 그것을 통해 전체적으로 그 *대답들*에 고유한 특성들을 파악하는 것이 관건이다. 환언하면 물음을 묻는 것뿐만 아니라 또한 물음의 의미를 묻는 것이 더 중요하다.

2. 역사적인 단계들 : 칸트 · 포이에르바하

정말 천 년 동안 움직여온 자연에 관련된 피지스(physis)에 대한 물음, 신적인 것과 관련된 신에 대한 물음, 그것이 존재자든 존재든 상관없이 존재하는 것에 대한 물음, 요약컨대 "세계가 가장 내적인 것 속으로 집중되는 것"에 대한 물음들 중 하나의 물음인 *인간에 대한 물음*이 인간의 물음으로 물음의 중심으로 등장한다. 그리고 "인간이란 무엇인가"라는 물음과 함께

---

19) Friedrich Nietzsche, 『선악의 피안(*Jenseits von Gut und Böse*)』, in : 3권으로 된 전집. Karl Schlechta편집, 2판, Müchen 1960, 2권. 623.

"철학적 인간학"이 철학의 중심으로 어떻게 오게 되었는지에 대해 묻는다면, 우리는 일차적인 인간학적인 전향의 정식화로 무엇을 명명할 수 있는지는 놀랍게도 *칸트*에게로 돌아가야 하는 것이 분명해진다. 그 이유는 비록 자명하게 항상 우리가 아담, 안트로포스(anthropos), 호모, 인간이라고 일컬었던 특이한 생명체가 무엇을 의미하는지에 대해서 물음이 제기되었다 할지라도, 이미 이런 이름과 표기에 의해 우리는 다양한 대답들을 미리 결정하고 표현하고 있기 때문이다. 칸트에게는 자신의 인식론적으로 정향된 3대 "비판서"의 세 가지 주된 질문들인 "① 나는 무엇을 알 수 있는가? ② 나는 무엇을 해야 하는가? ③ 나는 무엇을 희망해도 좋은가?"[20]는 네 번째 질문인 "④ 인간이란 무엇인가?라는 질문 하나로 귀결된다. 그런데 우선 네 번째 질문은 계수적인 셈의 말미에 자리잡은 것처럼 보일지 몰라도, 칸트는 "논리학 강의 입문"에서 아래와 같이 서술하고 있다. "첫째 질문은 *형이상학*, 둘째 질문은 *도덕*, 셋째 질문은 *종교*, 넷째 질문은 *인간학*에 대응하는 질문이다." 네 번째 질문인 "인간이란 무엇인가?"라는 물음이 기초 물음이 된 것은 이어지는 결정적인 문장에서부터 알 수 있다. "우리는 실제로 이 모든 것(즉 형이상학, 도덕, 종교)을 인간학에 포함시킬 수 있다. 왜냐 하면 처음의 세 질문은 마지막 질문과 연관되어 있기 때문이다."[21]

우리가 거의 자명한 어떤 의미에서 말하자면, 이 기초 물음을

---

20) 『칸트의 논리학. 강의 핸드북』, Gottlob Benjamin Jäsche 편집, in : 『칸트』, 6권으로 된 전집. Wilhelm Weischedel 편집, 3권. Darmstadt 1959. 448. 칸트, 『순수이성비판』, A. 증보판. Frankfurt am Main 1973 (인간학에서의 형이상학의 기초 Grundlegung der Metaphysik in der Anthropologie), 200 이하, 209 이하.
21) 칸트, 『논리학』, A 25.

앞서 이해하거나, 그것에 따라서 그 물음에 대답을 시도하고자 한다면, 말하자면 칸트가 의도하지 않았던 의미에서 그렇게 한다면 당연히 오류를 범하게 된다. 따라서 *칸트가 제시한 물음에 대해서 검증되지 않은 어떤 의미로 분석할 것이 아니라*, 오히려 칸트가 제시한 인간이란 무엇인가라는 물음이 원래 묻고 있는 바의 것에 대해 질문하는 것이 요구된다. 그러므로 이 물음에 대한 어떠한 *대답*들이 선행적으로 중요하지 않고, 오히려 어떻게 외관상 *분명한 질문에 대한 확실한 이해*를 통해 대답들이 제시되는가가 중요하다. 우리가 확실한 관점에서 칸트의 "인간학적 전향"이라고 칭할 수 있는 것은 하늘에서 떨어진 것이 아니라, 그것은 오히려 우리가 칸트 자신으로부터 이끌어낸 명칭으로 "코페르니쿠스적 전향"이라고 부르는 칸트의 *인식론적 전향*에서 나온 것이다. 그 전향이란 알려진 바대로, 칸트의 "비판" 철학은 인식의 대상을 마치 자명한 것으로 간주하고, 소위 건강한 인간 오성에 의해 오늘날도 주어지고 소여된 것으로 간주하듯이, 사태를 사태에 맞게 파악하여 그것을 객관적으로 인식하기 위해서는 인식이 단지 향해야만 하는 대상으로서 인식의 대상들을 간주하지 않는다는 것을 의미한다. 오히려 바로 그러한 인식 대상에 대한 이해를 위기로 몰아넣은 "비판 철학"은 오히려 주로 먼저 대상들(사태)의 대상성이 그것을 통해 창출하게 되는 조건들을 드러내고 설명하고 분석하고자 한다. 대상들은 주어진 것이 아니라 구성된다.

이미 야코비(Friedrich Heinrich Jacobi)가 1816년에 우리 인간들은 스스로가 창출할 수 있는 것만을 인식한다고 하는 비코의 근본 명제를 환기시켰다[22])는 것을 우리는 알고 있다. 따라

---

22) Friedrich Heinrich Jacobi, 신적인 것들과 그것들의 계시에 대하여(Von den göttlichen Dingen und ihrer Offenbarung), in : 전집 3권. Leipzig 1816,

서 칸트가 "인간이란 무엇인가?"라고 묻는다면, 그는 유한한 인간 인식의 선험적, 인간학적 가능성의 조건들, 즉 구성적인 인간의 조건들을 환기시키는 것이다. *그런 종류의 인식론적으로 고취된 "인간이란 무엇인가?"라는 물음에 대해서 인식론적 인간학으로 대답되는 것이 기대된다.* 마찬가지로 칸트가 인간을 두 세계의 시민인 세계시민을 면밀하게 고찰할 경우, 그는 전체적인 이성 사용, 즉 그의 사유뿐만 아니라 동시에 의지와 감정을 "인간 이성의 최종 목적", 즉 도덕적 법칙에 맞추고, 말하자면 최고선과 일치시키는 것을 목표로 삼는다.23)

　인간들이 실제로 어떻게 행동하고, 행동 면에서 모든 것에 얼마만큼 능력이 있는지를 칸트가 혹시 모르지 않았던가 하고 생각하는 것은 옳지 않다. "실용주의적 관점에서 본 인간학"24)에서 칸트는 인간들이 통상적으로 어떻게 처신하는지를 보여주고 또한 그들이 그와 같이 모든 것을 자신으로부터, 자신과 함께, 서로 어떻게 형성했는지, 형성하는지 그리고 어떻게 그들의 동료들과 교제하는지를 묘사하고 있다. 그러나 칸트에게는 다음과 같은 것이 본질적이다. "인간이란 무엇인가?"라는 물음은 어떻게 인간이 행동하는지에 대해서 이러저러한 것만을 파악하는 것이 아니고, 그 물음은 니체의 표현을 빌리자면, "인간적인 너무나 인간적인 것"에 무엇이 존재하는지를 살펴보고 파악할 뿐만 아니라, 오히려 그 물음은 인간의 인식, 도덕적 행위, 신실한 믿음, 진실한 느낌이 *어떻게* 이루어지는가를 밝히고 있다. 만일 칸트가 "인간이란 무엇인가?"라고 물을 경우, 그 철학

---

351 이하 : "칸트보다 훨씬 이전인 18세기초에 Joh. Bapt. Vico는 Neapel에게 편지를 썼다 : 기하학은 만들어졌기 때문에 입증되고, 자연학은 입증될 수 있는 한 형성된다."

23) 칸트,『논리학』, A 25.
24) 칸트, 실용주의적 관점에서 인간학을 저작함. 전집 4권, 395-690.

과 세 가지 다른 질문들로 인해 인간학으로의 *환원*이 일어나는 것이 아니라, 오히려 이 질문들은, 그것들을 소위 "비판적"으로 정당화시킬 수 있고, 또한 회의적인 의구심들과 마찬가지로 독단적인 주장들을 바로 위기에 빠뜨릴 목적으로 완전히 확실한 토대를 근거로 하여 인간학과 *연계된다*.

칸트의 "인간이란 무엇인가?"라는 물음은 인간을 막다른 골목으로 내몰지 않고, 오히려 *문제시된* 물음을 넘어서도록 인도한다. 그 물음으로부터 우선 단순한 확증을 가지고는 그 물음에 정합하게 대답될 수 없다는 것이 파악되어야만 한다. 그것을 넘어서서 신, 자유, 불사성에 대해서 뿐만 아니라, 더욱이 본질적인 판단력과 심미적인 경험의 본질에 대해 올바로 이해된 물음으로 나아가야 한다.

이제 *급진적인* 인간학적인 전향, 즉 "인간이란 무엇인가?"라는 물음에 대한 인간학적인, 기초인간학적인 의미에서의 대답이 물론 포*이에르바하*에게서 제시된다. 바로 세계와 초세계에 대한 관계가 합당하고 상응하는 관계로 이끌어오고자 한 칸트의 질문으로부터 이제 "신학의 비밀"이 무엇인지 그리고 인간의 허구와 투사로서 드러내고 그리고 인간의 진리 특성과 인간의 현실적 내용에 따라 검토해볼 때, 인간 외에 어떠한 것으로도 소급되지 않는 바의 모든 것이 무슨 의미를 지니는지를 밝히고자 하는 하나의 물음이 생긴다. 인간은 신의 형상이라는 전통적인 견해와는 판이하게 다른 것이며, 그것은 전도되어 있다. 신은 인간에 의해, 인간의 모습과 유사함에 따라 창조된다.25) 포이에르바하조차도 명백히 비코의 공리에 빚을 지고 있

---

25) Ludwig Feuerbach, 「미래철학에 대한 근본 명제들(Grundsätze der Philosophie der Zukunft)」(1843), in：『철학적 비판들과 기본 명제들(*Philosophische Kritiken und Grundsätze*)』, 전집. Wilhelm Bolin과 Friedrich Jodl에 의한 신편집, Stuttgart-Bad Cannstatt 1959, 292："인간의 비참함 속에서만

지만, 비코와 칸트와는 *달리* 이제 그러한 것은 그로부터 오로지 *인간학적으로* 수행된다.

『철학의 개혁을 위한 잠정적인 테제들』에서 포이에르바하는 "*신학*의 신비는 인간학이다"라고 주장한다. 얼마 후에 사변철학 비판과 관련하여 그는 인간학이 주어로 만들었던 것을 술어로 만들고, 반대로 술어를 주어로 만들어, 즉 종래의 관계들을 단순히 역전시킨다. 그럼으로써 "드러난 진리, 말하자면 순수하고 순전한 진리"를 소유하기 위해서는,[26] 그 관계를 바로잡는 것이 가능하다는 것을 서술하고 있다. 그럼으로써 여기서 이러한 인간학적인 전향의 본래적인 급진성이 존립하게 되고, "인간이란 무엇인가?"라는 물음은 명료하게 다음과 같은 의미에서 이해된다. 즉, 여기서는 문제적인 물음, 문제로 남는 물음, 열려진 그리고 바로 개시되는 질문이 관건이 아니라, 오히려 *최종적으로* 대답될 수 있는 물음, 어느 누가 아니라 바로 *인간에 대해* 확정적이고 결정적으로 대답될 수 있는 질문, 대답될 *가능성이 있고* 그리고 대답될 *필연성이 있는* 질문이 관건이 된다. 그리하여 포이에르바하가 "미래 철학의 근본 명제들"에서 다음과 같이 논리 정연하게 설명하고 있다. "신학의 인간학으로의 변화와 해체"[27]로 인해, 결국 "새로운 철학은 *자연을 포함하여 인간을* 인간의 기초로서 철학의 *유일하고 보편적인 최고의* 대상으로 만들고, 말하자면 *생리학을 포함하여 인간학을 보편학으로* 만드는 것을 의미한다.[28]

신이 자신의 출생지를 지니고 있다. 인간으로부터만 신은 자신에 대한 모든 규정들을 취하는데, 즉 신의 존재에 대한 규정, 인간이 무엇이 되고자 하는 바는 자신의 고유한 본질, 자신의 고유한 목적, 실제적인 본질로서 표상된다."

26) 포이에르바하, 『철학의 개혁을 위한 잠정적인 테제들(*Vorläufige Thesen zur Reform der Philosophie*)』, in : 2권. 222, 224.
27) 포이에르바하, 『기본 명제들(1)』, 245.
28) 같은 책(54), 317.

"인간이란 무엇인가?"라는 현재 제기되고 있고, 그러한 방식으로 *이해된* 물음에서는 인간들과 관련하여 인간들이 서로 관계하는 연관 관계에 대한 물음이 이제 관건이 된다. 즉, "인간의 본질은 공동체 안에서만, *인간과 인간의 통일성* 속에 포함되어 있다. 그러나 그 통일성이란 나와 너의 *차이의 현실성* 위에서만 지탱되고",29) *"나와 너 사이의 대화"*에서 유지된다.30)

칸트가 바로 "인간이란 무엇인가?"라는 물음에 의해 두 세계의 시민으로서의 세계시민의 본질에 대해 비판적으로 인간을 넘어서 나오면서 근본적으로 본질적인 질문에 대해 열어놓고자 애썼다. 반면에 "인간이란 무엇인가?"라는 물음은 실제적으로 지적되었듯이, 포이에르바하가 그러한 물음들을 가상 물음으로 입증하고 또한 그것들에 대해 대답된 것을 환상 내지 투사로서 드러내기 위해 사용한 세계들로부터 분리된 형식적으로 동일한 하나의 질문이 된다.

인간은 더 이상 질문하는 존재로 간주되지 않고, 오히려 인간으로부터 더욱이 본질적인 공동 인간(Mit-Menschen)인 인간으로부터 결정적인 대답 제공자, 수수께끼를 푸는 자, 비밀 폭로자, 인간이 제기하는 모든 질문들의 대답자로 간주된다. 그 이유는 인간이 *"인간과 더불어 존재하는 인간"*이기 때문이다. "인간이 무엇인가?"라는 근본 물음과 중심"물음"은 근본 *대답과 중심 대답으로 기능이 변경되며,* 여기서는 완전히 변경되어 제기되고 *개념 파악된*(begriffene) 물음이 드러난다. "인간이란 무엇인가?"라는 물음은 본래적으로 물음으로 더 이상 제기되지 않고, 오히려 원칙적으로 보건대 대답이 확정되어 있는 확실한 의미에서 어떤 수사학적 물음으로 변한다. 환상적인 공상

---

29) 같은 책, (59) 318.
30) 같은 책(62), 31, 참조.(60) 318 : "너와 나의 통일성은 신이다."

체(Fikta)가 허구로서 파악되면서 사실들(Fakta)이 경험된다. 그 사실들은 여기서 "진리 자체는 사실로부터 유래한다"는 비코의 근본 명제가 작용하고 있으며, 세계로부터 창조되는 것이 아니라 오히려 인간학적으로 추론된 인간의 기획들로서 인식되고 분명하게 밝혀진다. 사실들은 그것들의 실현 속에서 *새로운 보편학*의 대상을 위한 사실적인 공상체로서 인간학을 형성시킬 수 있다.

사유사적으로 포이에르바하의 인간학에 의한, 즉 하늘을 땅으로, 피안을 차안으로 끌어내림에 의한 "신학과 사변철학의 비밀"을 폭로할 때 존속하지 않는 것, 즉 니체가 "미래 철학의 서주"[31]라고 명명한 것에 의해 그리고 "초인"[32]에 대한 교설을 통해 *기초인간학*의 "극복"과 인간에 대한 소위 최종적 물음에 대한 대답들에서 *인간학의 비밀의 폭로*와 *대지의 의미*로 나타난 것은 특별히 인간학에 대해 묻는 하나의 주제에서 특별히 설명될 수가 없고 또한 설명될 필요가 없다. 그것은 인간학적으로 존속하는 인간학이 하나의 기형아와 같은 무엇일 뿐만 아니라 바로 사산아라는 사실로부터 니체의 관점에서는 생겨날지 모른다. 그러나 그 과정은 아래와 같은 사실을 가리킨다. 니

---

31) 니체, 『선악의 피안. 미래철학의 서주(*Jenseits von Gut und Böse. Vorspiel einer Philosopie der Zukunft*)』, in : 전집 2권, 563. 니체는 자신의 연구를 의도적으로 "미래철학의 기본 명제들"로서 나타내지 않고, 오히려 "미래철학의 서주"로서 나타낸다."

32) 참조. Richard Wisser, 「초인이 보이는가?(Übermensch in Sicht?)」, in : 『전망들. G.A. Rauche를 기념한 에세이 모음집(*Perspectives. A collection of Essays in Honour of G.A. Rauche*)』. Ratnamala Singh 편집, Durban-Westville(South-Africa) 1986, 79-103. Richard Wisser, 『철학의 길 안내. 모델들과 전망들(*Philosophische Wegweisung. Versionen und Perspektiven*)』, Würzburg 1996, 157-184. Karen Joisten, 『니체에 의한 인간중심성의 극복(*Die Überwindung der Anthropozentrizität durch Friedrich Nietzsche*)』, Würzburg 1994. 문제 의식을 지니고 성과를 가져온 이 연구서를 참조하기 바람.

체가 "인간이란 무엇인가?"라는 물음을 제기할 때, *전도의 변증법*(Umkehr-Dialektik)에서 인간이 신의 형상이라는 테제를 거꾸로 돌리고, 피안을 차안으로부터의 투사로 입증하고자 시도한 소위 올바른 교정에 만족하지 않고, 즉 니체에게서 특히 다르게 *이해된* 질문에 대한 그의 대답은 오히려 인간은 "극복되어야만 할"33) 무엇이며, 인간은 "하나의 *상승과 하강*"34)이라는 대답을 불러온다.

환언하면, 이미 변증법이 일반화되더라도 포이에르바하에 의해 방해받는 것은 아무것도 없다. 차안의 사실들을 허구들로 드러내는 것에서 출발하는 하나의 변증법이 존재한다. 니체는 피안이 극복된다는 사실에 의미를 둘 뿐만 아니라, 그는 차안을 극복하고 "초인들"에 대한 그의 교설과 함께 미래의 어떤 철학을 촉진시키는 데서 출발하고 있다. 그 철학은 차안과 피안의 *저편*으로 뿐만 아니라 차안과 피안의 *이편*으로 몰아가고, 즉 피안과 차안을 넘어서고자 한다.35) 그리하여 "초인"이 인간을 위한 하나의 *과제*로서 묘사되고 그리고 인간이 "초인"을 *창조하는 데* 모든 것을 확정시켜야만 할 경우, 여기서 비코의 공리에 따르면 차안의 비진리와 마찬가지로 피안의 비진리가 입증되고, 모든 것은 사실들을 창출하는 데로 상응하게 된다.

3. 20세기의 사상적 적수 : 야스퍼스와 하이데거

*"인간이란 무엇인가?"*라는 물음이 그것의 물음 성격과 관련

---

33) 니체, 『차라투스트라는 이렇게 말했다(*Also sprach Zarathustra*)』 전집 2권. 279.
34) 같은 책, 281.
35) 참조, Richard Wisser, 「초인이 보이는가?」, 90.

하여 그것의 *대답 가능성*을 고려하는 것처럼 매우 다양하게 이해되고 상용된다는 것을 우리는 알고 있다. 우리의 지적이 이러한 것에 이바지한다면, 그 용어의 엄밀한 의미에서 *인식론적 인간학*으로 이해된 물음은 *기초인간학적*으로 해석된 물음과 *초월인간학적*으로 고취되어 영감된 물음으로 나누어진다는 사실과 우리는 마주하게 된다. 또한 우리는 말하자면 20세기에 철학적 인간학들*에서* 그리고 철학적 안간학 *안에서* 행해졌던 것에 대해, 모래 속의 타조처럼 머리를 숨기도록 아무도 강요될 필요가 없다고 보는 것에 대해서 우려하는 사유사적인 배후의 사정에 우리는 직면해 있다.

내 생각으로는 셸러를 필두로 적어도 몇 사람의 대표자들을 거론하는 것은 의심할 여지가 없다고 본다. 셸러는 이미 1915년에 "인간의 이념을 위하여"라는 그의 논문에서 이미 "어떤 확실한 의미로 철학의 모든 중심 문제들은 인간이 무엇인가라는 질문으로 소급된다"36)는 사실에 대해 언급했다. 플레스너의 "유기체의 단계들과 인간"을 거쳐서 겔렌의 "인간, 그의 본성과 세계 안에서의 위치"에 이르기까지 그리고 기초인간학과 문화인간학의 이 세 거장을 넘어서 *"인간이란 무엇인가?"라는* 물음은 단연코 다양한 방식으로 착수되었고, 진술 특성에 따라 구분되었던 많은 대답들이 주어지게 되었다. 셸러조차도 "어떤 시대에도 오늘날처럼 인간에 대해서 그렇게 많이 알지 못했

---

36) Max Scheler, 「인간의 이념을 위하여(Zur Idee des Menschen)」, in :『가치 전복에 대하여. 논문과 보고서(*VomUmsturz des Werte. Abhandlungen und Aufsätze*)』전집 3권. 제4판. Bern 1955, 173. 13년 후인 1928년 4월에 셸러는 "우주에서의 인간의 위치"에 대한 서문에서 회고하면서 다음과 같이 쓰고 있다. "나는 다소 만족감을 지니고 확인하건대, 철학적 인간학의 문제들은 오늘날 바로 모든 철학적 문제의 중심에 들어가 있고," "내가 이미 다룬 철학의 모든 문제의 대부분이 이 질문 안에 더욱 부합되는 점증하는 행운을 볼 수밖에 없었다"(셸러, 『후기 저작들』, 전집 9권, Bern, München 1976. 9. 10).

다"37)는 것을 확인한 바 있다. 물론 바로 20세기의 사람들에 관한 전지(全知)의 이데올로기들을 가졌던 호경기에도 불구하고, 인간의 역사 속의 어떤 시대에도 현재처럼 그렇게 "완전히 그리고 쉴새없이 '문제시된' 적"38)이 없었다는 주장에 대해서는 그 타당성 여부에 대해 의문이 생긴다.

예컨대 *야스퍼스*가 주장하듯이, 인간학적 연구가 인간에 대해 매우 특기할 만하고 놀라운 일들을 밝혀주었고 드러내고 있지만, 그것이 인간에 대하여 명료해질수록 전체 인간을 결코 *연구 대상*으로 삼을 수는 없을 것이다. 이른바 "인간은 항상 자신에 대해 알고 있는 것 이상이다"39)는 사실이 분명해질 것이

---

37) 셸러, 「인간과 역사(Mensch und Geschichte)」, in : 『후기 작품들(*Späte Schriften*)』, 9권, 120. 유사한 것이 "우주에서의 인간의 위치"에 들어 있다 : "인간의 역사의 어떤 시대에도 현재처럼 그렇게 문제가 된 적은 없었다"고 말할 수 있다. 11. 셸러가 기존의 이론들뿐만 아니라, 또한 "인간"에 대한 인간학적 진술들에 대한 비판이 아우르고자 하는 계획된 포괄적인 철학적 인간학을 위하여 어떠한 성실성을 가지고 진력했는가 하는 것은 "철학적 인간학" 유고로 작성된 3권(전집 12권), Bonn, 1987에 나타나 있다.

38) 하이데거, 『칸트와 형이상학의 문제(*Kant und das Problem der Metaphysik*)』, 전집 3권. Frankfurt am Main 1991, 209.

39) 야스퍼스, 『철학적 신앙(*Der philosophische Glaube*)』, München 1948, 49, 참조. Richard Wisser, 어떤 철학자는 자유롭게 생각한다. 교조적인 것에 대항하는 야스퍼스의 사유 방식(Ein Philosoph denkt sich frei. Karl Jaspers' Denkungsart gegen Doktrinen), in : Richard Wisser, 『시대의 변화 속에서의 책임. 정신 행위의 습득(*Verantwortung im Wandel der Zeit. Einübung in geistiges Handeln*)』. Mainz 1967, 15-45. Richard Wisser, "철학은 물러서서는 안 된다." 자유의 철학에 대한 "철학적 신앙"("Die Philosophie soll nicht abdanken" : Der "philosophische Glaube" einer Philosophie der Freiheit), in: 『오늘날의 야스퍼스. 미래의 문턱에 선 철학(*Karl Jaspers today. Philosophy at the Threshold of the Future*)』. Leonard H. Ehrlich와 R. Wisser 편집, Washington, D.C. 1988, 49-72. Richard Wisser, 『야스퍼스 : 검증중에 있는 철학. 강의들과 논고들(*Karl Jaspers : Philosophie in der Bewährung. Vorträge und Aufsätze*)』, 2판. Würzburg 1995.

라는 사실에 대해 확신을 가지는 사람들은 적어도 야스퍼스에 동의할 것이다. 심원하고 방대한 지식은, 과거처럼 학문의 미신에로 비교적 적게 이끌고 있고, 오히려 문제 의식에 의해 기초 지어진다. 이제 철학적 인간학의 개념에 대한 비판자로서 야스퍼스가 거론된다. 그는 칸트가 설치하고 열었던 궤도에서 명료하고 분명하게 그 물음을 통해 "인간에 대한" 가능한 "지식"에 관한 근원적인 명료성을 창출하기 위해, 마음속으로 *"인간이란 무엇인가?"*라는 물음을 파악하고 *이해한다.* 정말 *인간에 대한 가능한 지식*은 그러한 철학적으로 본질적인 기초 물음과 관련된 *"연구 대상"*의 관점에서와 마찬가지로, 인간과 동물 내지 인간 형성의 차이에 따라 또한 *"자유로서의 인간"*[40]이라는 관점에서 살피게 된다.

야스퍼스가 자아에 학문적인 연구를 제한시키지 않았다는 사실은 어떤 사람들에게는 철학자들 사이에서 흔치 않은 학자로 자명하게 이해된다. 수미일관하게 야스퍼스는 방법론자로서 원칙적인 개별성으로 나아가게 하는, 즉 학문 자체의 구조에서 그런 길 위에서 인식의 진보에서, 이런 길을 토대로 "인간에 대한 전칭 판단"으로 나아가게 하는, 말하자면 "소위 전체에 정통한 지식으로 안내하는"[41] 것을 불가능하게 하는 한계를 밝혀낸다. 다른 길, 즉 자유에 대한 길은 연구에 접근할 수 없는 지식을 불러올 수 있다는 것은 아니다. 그 길 위에서 인간은 "무엇에 관한 어떤 지식에서가 아니라, 오히려 행함을 통하여"[42] 자신을 경험한다. "인간이란 무엇인가?"라는 물음은 어떤 지식 내용의 진수에 의해서만 오로지 대답될 수 있는 것이 아니다.

---

40) 야스퍼스, 같은 책, 45.
41) 같은 책, 46.
42) 같은 책, 51.

오히려 야스퍼스가 말하듯이 어떤 "철학적 신앙"의 형식 속에서 행위로서 책임질 수 있기를[43] 요구하는 그러한 물음으로 밝혀진다. 본질적인 무지는 바로 학문적인 한계 의식 속에 생생하게 유지될 경우, 그때야 비로소 소위 인간 인식 전체[44]에 대한 본질에 합당한 개별적인 인식의 절대화 속에 행해지는 "인간 형상의 황폐화"가 중지될 것이다. 인간이 자신에게서 기인하지 않는 인간 존재의 자유 속에서 비코가 얽혀 있다고 간주했던 딜레마가 여기서 다시 등장한다. 자신의 모든 가능성의 핵으로서 야스퍼스가 "가능적 실존"을 실현시킬 수 있는 자유 안에서 인간은 자신의 자유에서 "초월에 의해 시혜(施惠)되고 있음"[45]을 경험한다.

야스퍼스가 "인간이란 무엇인가?"라는 물음을 제기할 때 언급한 것에 따르면, 야스퍼스가 인간을 "자신의 현존에 의해 존재가 개시될 수 있는" 세계에서의 유일한 존재로 지칭한다는 사실은 이제 더 이상 놀랄 일이 아니다. 즉, 야스퍼스에게는 "철학적 신앙" 안에, 즉 "자신의 가능성에 대한 인간의 신앙" 안에 열려 있다는 것은 존재를 위하여 "전체 안에서"와 "초월과 함께 세상에서" 사는 것을 의미한다.[46] 야스퍼스에 의하면 이런 "본질적인 유사성" 안에서 모든 인간의 유사성이 존재한다. 또한 "인간이란 무엇인가?"라는 물음에 대한 야스퍼스의 대답의 유래에 대한 어떤 참조가 필요하다면, 그 질문은 야스퍼스가 이런 방식으로 그 질문에 대답할 경우 명백해진다. 이른바 그것은 "어떤 사람도 단지 수단으로 취급되거나 동시에 자체 목적으로 취급되지 않는 것이 배제되어 있는 각자 인간에

---

43) 참조. 같은 책, 53.
44) 같은 책, 50.
45) 같은 책, 53, 참조. 57.
46) 같은 책, 59.

대한 존경심이다."47)

  야스퍼스가 칸트의 사유 단초를 수행해가면서 인간학의 근본 물음에 대한 "비판적인" 대답에 대해 상론한 반면, *하이데거*는 인간학 자체를 "위기"로 몰아넣고자 했고, 정확히 말해 인간학의 *이념*을 위기로 몰아넣는 데 진력했다. 인간학에 귀속하는 "사태의 풍부함"과 인간학 분과 내부의 논란의 여지가 없는 "실증적인 연구"에도 불구하고 하이데거에 의하면 인간학은 본래적인 *철학적* 문제를 놓치고 있다는 것이다.48) 하이데거는 인간학자들이 식물, 동물, 신에 대한 인간의 한계를 통해 "항상 인간에 대해 올바른 것을 진술할 수 있다"49)는 사실을 부인하지 않는다. 정말 하이데거는 자신의 강연이 유고로부터 출판되었던 1929 / 1930 겨울 학기의 『형이상학의 근본 개념들』에 대한 간과될 수 없는 프라이부르그 강의에서 비교하는 연구를 통해 세 가지 주요 테제들을 상세히 다루었다. 즉, "돌은 세계가 없고, 동물은 세계를 결여하고 있고, 인간은 세계를 형성한다."50)

---

47) 같은 책, 57.
48) 하이데거, 『존재와 시간(Sein und Zeit)』. 전집 2(오두막집 인쇄본에서 나온 저자의 방주가 있는 비개정판 텍스트, F. W. von Herrmann 편집). Frankfurt am Main 1977 : "실존 범주들과 범주들은 존재 성격의 두 가지 근본 가능성들이다. 그것들에게 상응하는 존재자는 일차적인 물음의 각양 다른 방식을 요구한다 : 존재자는 누구(실존)며 혹은 무엇(광의의 의미에서의 전재성(Vorhandenheit))이다. 존재 성격의 두 가지 양상들에 대한 연계는 존재 물음의 설명된 지평으로부터 비로소 다루어질 수 있다. 『존재와 시간』의 서문에서 이미 다음과 같은 내용이 암시되어 있다. 즉, 현존재의 실존론적 분석론에서 그것의 절박성이 존재 물음 자체보다도 적지 않은 하나의 과제가 함께 요구된다. 즉, 분명하게 되어야만 하는 아포리오리(Apriori)의 개진, 즉 '인간이 무엇인가'라는 질문이 철학적으로 해명될 수 있어야만 한다." "현존재의 실존론적 분석론은 모든 인간학에 …… 앞서 놓여 있다"(45) 60 참조. (45) 61, (50) 67.
49) 하이데거, 『'인도주의'에 대한 서간(Brief über den "Humanismus")』, in : 『이정표들(Wegmarken)』, 전집 9. Frankfurt am Main 1976, 323.

또한 그는 자기 입장에서 우선 "인간이란 무엇인가?"라는 물음이 관건이 아니라 존재 물음이 관건이 되는 사유에 대한 물음이 어떻게 시작될 수 있는지를 밝혔다. 그는 『존재와 시간』에서 이미 로고스, 영혼, 생명, 신의 형상, 인격 존재와 같은 인간학적으로 사용된 전통적인 개념들의 *존재론적인* 불확정성을 일컫는 것에 대한 비판을 통해, 그와 같은 것을 인간 존재에 대한 실존론적-존재론적 분석에 의해 "위기"로 내몰아가기 때문이다.51)

특기할 만하게도 당시의 *기초존재론자*인 하이데거가 기초*인간학자*인 셸러에게 헌정한 하이데거의 책『칸트와 형이상학의 문제』와 후기 하이데거의『인도주의 서간』— 이런 출판물뿐만 아니라 — 은 분명하게 다음과 같은 사실을 밝힌다. 즉, 하이데거에게는 인간학적인 사실들을 더 잘 알고자 하는 것이 문제가 되지 않고, 오히려 성급한 대답에 의해서나 또한 "애매한" 대답들을 통해서, 즉 인간학적 입장들에 대해 놀랍게 높이 평가된 혼란에 의해 방해되어서는 안 될 문제점의 개진이 관건이다.52)

---

50) 하이데거,『형이상학의 기본 개념들. 세계-유한성-고독(*Die Grundbegriffe der Metaphysik. Welt-Endlichkeit-Einsamkeit*)』. 전집29 / 30, Frankfurt am Main 1983, 261-532.

51) 하이데거,『존재와 시간』, (45-50), 60-67.

52) 하이데거,『칸트와 형이상학의 문제』, 전집 3권. Frankfurt am Main 1991, 215. 셸러의 유고 문집으로부터 어떤 방식으로 셸러가 하이데거와 논쟁했는지가 나타난다. 그것은『존재와 시간』의 옆에 단 주와 텍스트주에 등장한다. 그가 하이데거를 어떻게 이해하고 그와 맞섰는지를 아래 인용이 드러내고 있다. "'인간' 본질이 존재의 어떤 단순한 *긍정적인* 원구조(=현존재)인가 아니면 인간이 존재의 모든 구조들에 참여하고 있다는 것, 즉 인간은 모든 존재 방식 일반의 소존재(Mikro-on)(하이데거)라는 사실을 함의하는 '소우주(Mikrokosmos)'와 '소신(Mikrotheos)'(Leibniz)에 대한 원시적 교설과 같이 인간이 모든 *존재 구조의 복합성과 전체성*을 나타내고 있다는 사실이 바로 인간의 '본질'이 아닌가? 두 번째 경우에서 하이데거의 시도는 이미 선천적으로 무효화될 것이다. 인간을 먼저 이미 이해된 존재 방식들(신체성, 육체성,

하이데거에게는 인간학을 학문적 자유 속에서 제한시키는 것이 문제가 아니라, 도리어 인간학이 "철학적 인간학"에서 철학 전체를 고수하고자할 경우, 어떤 극단적인 경향을 거부하는 것이 문제가 된다. "인간학주의"의 거부, 즉 "인간학은 인간에 대한 진리를 추구할 뿐만 아니라, 더욱이 현재 무엇이 진리를 대체로 의미할 수 있는지에 대한 결정을 요구할 수 있다"[53]는 입장에 대한 거부가 관건이다.

하이데거조차도 칸트와 연관되어 있다. 그러나 하이데거가 인간의 유한적 존재, 말하자면 "인간 본질의 가장 내적인 유한성"[54]에 대해 숙고하게 하는 것을 필연적인 것으로 간주하는 한, 그는 자신의 기본 생각을 *인식론적으로가 아니라* 오히려 그 생각을 *존재론적*으로 해명하기를 시도하고, 또한 인식론적 인간학으로가 아니라 오히려 말하자면 존재론적 인간학으로 해명한다. 물론 그것은 유한성의 절대화를 표명하는 것은 아니다. 오히려 인간의 존재론적 속성인 유한성은 "유한화(Verendlichung)", 즉 인간적 존재의 시간적 진행 형태 및 속성으로서 파악된다면, 그것은 인간의 "본질"의 본래적인 본성에 대한 통찰로 안내한다. 그 본질은 실체적인 것이 아니라 인간의 "실존론적인" *존재* 방식이며 선험적인 *인식* 방식을 의미한다. 따라서 유한성은 인간의 유한한 존재 가능성에 대한 심려(Sorge)를 해명하는 데로 이끈다.

동물, 자의식, 이성, 신성 등)로부터 본질성으로 설정하는 종래의 방법들이 올*바른* 것일 터다. 그 존재 방식들로부터 각각은 그것의 특별 구조를 지니고 있고 그리고 단지 경험적이고 변경될 수 있지만, 전혀 선험적 성격을 지니지 않은 어떤 전체 구조에 연결된다. 나는 내편에서 확신하기를 이 길은 가능한 것이고 필요하고 하이데거적인 길은 불가능하다고 확신한다"(257 이하).
53) 같은 책, 209.
54) 같은 책, 216.

    이런 배경 하에서 비로소 인간이 신, 이성, 자연, 문화에 대하여 물음을 *제기하는* 자명하게 보이는 사실이 이해될 수 있다. 하이데거는 인간의 본질적인, 즉 존재에 합당한 유한성에 대한 물음을 반대적인 의견들을 잡동사니로 모으거나 또는 집합체를 인간에 대한 소위 전통적인 본질에 대한 진술들을 더 이상의 질문으로 이끌어가는 데 사용하지 않는다. 그는 *"인간이란 무엇인가?"*라는 물음에 바로 대상적인 대답에 의해 답변하지 않고, 오히려 인간의 유한성 속에서 "존재 이해를 필요로 하는 궁핍(Not)"55)을 통해 경험하기 위한 길을 간다. 따라서 인간 속에 개시될 수 있는 현존재의 유한성은 따라서 *대상적*으로 파악할 수 있는 인간보다 *더 근원적*이다. 그럼으로써 인간학이 "인간을 (언제나 이미) 인간으로 설정하고 말았다"56)는 모든 인간학과 또한 철학적 인간학에 가했던 비난으로부터 하이데거는 자신을 피하게 된다. "존재 물음", 즉 *기초존재론적* 물음이 고려되므로 기초*인간학적*으로 정향된 대답들은 소위 토대로부터 벗어나게 된다.

    하이데거가 1935년 여름 학기 강의인 『형이상학 입문』에서 비대상적이고 특징적으로 이해된 인간의 본질에 대한 규정이 물어진 존재의 *존재에 합당한* 본질로부터 생길 경우, "인간이란 무엇인가?"라는 전통적인 물음이 "인간이란 누구인가?"57)

---

55) 같은 책, 228.
56) 같은 책, 230. "인간에 대한 물음에 대한 문제점은 칸트의 형이상학의 기초가 드러나는 데서 밝혀지는 바로 그 문제점이다", 215.
57) 하이데거, 『형이상학 입문(*Einführung in die Metaphysik*)』, Tübingen 1953, 110. 참조. 하이데거, 『철학에의 기여(존재 생기에 대해)』, 전집 65권. Frankfurt am Main 1989 : "존재에 대한 이런 예감은 인간이 무엇이냐의 물음에 대한 첫 번째의 본질적인 대답인가? 왜냐 하면 이 물음에 대한 첫 번째 대답은 인간이 누구냐라는 형식으로 이 질문의 변형이기 때문이다"(245), 참조. 329.

라는 형식으로 변화된다는 것을 언급한다. 이때 이것은 일반적인 규정으로부터의 전향이나 자아, 개인 혹은 우리 그리고 인간들의 공동체 또는 인간들의 개인적이고 인격적인 특성을 강조하는 데로의 방향 전환과 아무런 상관이 없고, 오히려 인간과 존재의 상호 공속성을 가리킨다. *이 질문의 변화*는 본질에 대한 대답들로서 충분하지 않고, 물론 누구와 연관된 무엇이란 대답들(Was-Antworten)에 의해서도 특성적인 것과 대상적인 것이 인간의 것이든 혹은 한 인간의 것이든, 인간들의 것에 해당되든지 간에, *존재론적으로 중요한 본질과 존재론적으로 이해된* 인간 존재의 본질을 정당화시키는 것으로 불충분함을 의미한다. 방금 언급한 강의에서 하이데거가 원래 이해되고, 그와 같이 해석된 파르메니데스의 단편에 대한 해석을 통해 명료화하고자 했던 것은 그가 말하고 있듯이, 원천적인 "존재와 인간 본질의 공속성" 또는 "여기서 인간이 존재의 고려에 들어가는"[58] 사건을 참조하여 인간에 대한 후기의 정의들, 소위 로고스를 지닌 동물, 이성적 동물, 합리적인 생명체를 이차적인 것으로 드러내어 그것을 그는 항상 다시금 강조해왔다. 그래서 그는 다음과 같은 사실을 드러내는 데 심혈을 기울인다. 즉, 우리는 오래전부터 원초적인 인간 *본질*의 드러남에 상응하는 것에 대해 넘어설 수 없는 경계를 설정하고 방해하는 인간에 대한 서구적인 교설을 심리학, 윤리학, 인식론, 인간학의 가르침으로부터 양조되고 뜯어 맞춰진 "표상들과 개념들의 혼란된 뒤범벅 속에서 오래전부터 방황하고 있다."[59]

---

58) 하이데거, 같은 책, 108. 참조, 하이데거,『철학에의 기고』: 목적은 "개량된 인간학"(68)이 아니라, 오히려 *"인간 자체의 변화"*며 더욱이 "인간은 존재 생기(Seyn)의 본질 안으로 원위치에 세워지고 그리고 '인간학'의 결박을 끊게 된다"(84).
59) 같은 책, 108.

이 모든 것에도 불구하고 하이데거는 가장 불미스러운 것을 "'인간이란 무엇인가?'라는 제목을 지닌" 책들이 존재한다는 사실 속에서 바라본다. 왜냐 하면 그 책들 속에서는 바로 이 질문이 물어지는 것이 아니라, 오히려 단지 "책표지 위에 글자로만" 씌어 있기 때문이다. 이런 거짓된 질문에서 그것은 물어지지 않게 되는데, "그 이유는 사람들이 그 질문에 대한 대답을 이미 지니고 있고 더욱이 전혀 물을 필요가 없는 그러한 대답이 언급되기 때문이다." 하이데거는 우리가 물으려고 하지 않고, 물을 수 *없기* 때문에, 우리가 묻지 않을지라도, "인간이란 무엇인가?"라는 질문을 어떤 출판물의 장식으로 사용한다는 사실 속에서, 역사적인 존재의 근본 생기로서의 원초적인 물음을 상실한 존재에 대한 증거를 보고 또한 그는 *사유*의 본질적인 방향들을 아래와 같이 나타낸다. ① "인간 본질에 대한 규정은 대답이 *아니라* 도리어 본질적인 물음이다."[60] ② "이런 질문의 물음과 그것에 대한 결정은 이 질문이 무엇보다 앞서 역사를 창조한다고 하는 원칙적인 의미에서 역사적이다."(명백히 하이데거도 역시 비코의 공리에 기대고 있다.) ③ "인간이 무엇이냐는 질문은 존재에 대한 물음 속에서만 물어질 수 있기 때문에 그러하다."[61] 한마디로 말하자면, 하이데거는 본질 존재에 대해 묻지 않고, 그는 어떠한 소위 본질에 관한 대답들을 제시하지 않는다. 오히려 하이데거는 "인간에게 우선 존재가 개시되는" 연관으로서의 "*인간 본질*"[62]에 대해 물음을 제기한다. *기*

---

60) 같은 책, 107.
61) 같은 책, 109. 참조, 『철학에의 기고』: "우리가 '인간'과 존재(오직 인간의 존재가 아닌)를 문제시하고 그 질문을 유지하는 대신에, 인간과 '존재자 자체'에 대한 임의적인 표상들을 갑자기 기초에 둔다면, 여기서 열려진 물음 방향에 대해서는 우리가 아무것도 파악하지 않는 셈이 된다"(318).
62) 같은 책, 130. 참조. 133 이하. 참조. 하이데거, 『철학에의 기고』: "물을 만

초*존재론적인 물음*은 인간은 누구*인가*라는 데 강조점을 두는 물음에 대한 기초인간학적 *대답*들로 채워지지 못하도록 한다.

이 질문을 *이해하고* 대답하고 혹은 열어두고 이 질문을 *문제 삼으려는* 다양한 방식들에서 "인간이란 무엇인가?"라는 물음을 고려하여 우리들의 연구들의 진행 속에서 밝혀내었던 바의 것에 근거하여, "철학적 인간학"의 *문제성*과 "인간이란 무엇인가?"라는 물음의 물음 *가능성*을 나의 견해로는 어느 정도 드러낸 것 같다.

4. 과제로서의 "비판적-위기적 인간학"

여기서 살펴보건대, 사유와 *동시에* 연구의 미래의 과제는 무엇일 수 있을까? 그 과제는 확실한 견지에서 인간을 "존재 물음"에 대해 존재를 이해하는 본질로 밝혀내고자 하는 어떤 *사유*와 인간의 속성과 특징과 관련하여 항상 새로운 인간성을 발견하고자 하는 어떤 연구에 대한 실제적인 *매개*를·*문제* 삼으려는 것 속에 놓여 있을 수 있다. 즉, "존재 물음"의 의미에서 기초존재론과 "인간이란 무엇인가라는 물음"의 의미에서 기초인간학을 매번 반목시켜 어부지리를 얻고자 하는 것이 아니다.

한 가치가 있는 것을 나는 현존재라 일컫는다. 이것과 함께 이 물을 만한 가치가 있는 것의 근원이 드러나는 것이다. 현존재는 임의로 부착된, 그것이 철학적이든 혹은 생물학적이든, 그것이 대체로 어떻게든 인간학적인 인간에 대한 관찰과 규정에서 생겨나지 않고, 오히려 유일하게 존재 진리의 물음에서 생겨난다. 그것으로 존재 자체가 유일한 것, 최고의 것이고, 동시에 인간에 대한 유일하고도 가장 심원한 물음 제기가 이루어지는 것이다"(313 이하). 인간은 "추구자, 진리를 간직한 자, 파수꾼"(250) 참조. 240, 242, 248, 264, 294, 298, 301, 305, 331, 406, 414 이하, 430, 488-492, 500.

이 중재가 어떤 종류일 수 있는가를 발견하는 것은 일차적인 문제다. 그것은 한쪽으로 치우치고자 하는 지적된 두 방향에서 생긴다. 지금까지의 실증적, 변증법적 혹은 통합적 파악과 같은 방법적 진행 과정의 형식들이 그 문제를 정당화시키는 데 합당한지는 의문의 여지가 있다. 그래서 나는 어떠한 *인간학적, 존재론적 경험*을 표명하고자 한다. 존재론적으로 이해된 인간 본질이 문제시되고 있고 물음은 열려 있고 동시에 인간학적 대답들에 대한 필요성이 나타난다. 나는 그것을 인간학적, 존재론적 사실로서 "*인간의 비판적-위기적 근본 정황성*(kritisch-krisische Grundbefindlichkeit des Menschen)"의 경험이라 일컫는다.

그것은 그러면 무엇을 의미하는가? 근본 정황성은 인간이 맞닥뜨리고 그리고 도식적인 방식의 묘사에 의해 표현이 부여된 임의적인 어떤 발견물을 뜻하는 것이 아니라, 오히려 인간을 움직이고 도상에 있게 하는 절대적인 정황성을 의미한다. 인간은 어떤 사실로부터 출발하듯이 그 정황성에서 밖으로 나오지 않고, 어떤 목적지에 도달하듯이 그 정황성에 도달하지도 않는다. 오히려 인간은 그 정황성에서 생긴 모든 사실에도 불구하고, 본질성에 머무는 것이 허용되지 않고 그를 과정에 머물게 하는 어떤 정황성 밖으로 나오지 않는다. 달리 말하면, 인간의 유한성에 대해 *존재론적*으로 나타난 표현은 *인간학적*으로 보자면 자신의 현상 속에 등장함에 구조적으로 근거하고 있다.[63]

---

63) 참조. 이 문제 영역에 대하여는 Richard Wisser, 「인간의 자기 이해로의 길로서의 비판과 위기(Kritik und Krise als Wege zum Selbstverständnis des Menschen)」, in :『학문과 세계상(*Wissenschaft und Weltbild*)』, 27권. Wien 1974, 291-298. 「인간의 자기 이해를 위한 길로서의 비판」, in :『철학의 교수학적 가능성』. Friedrich Borden 편집. Frankfurt am Main 1973, 28-47 ;「확실성-인간 실존의 가능성 혹은 불가능성」, in :『산업 사회는 어디로 가는가? 내일에 대해 주도하는 질문들에 관한 전망들』. Jürgen Günther 편집, Heidelberg 1984, 201-223 ;「인간 질문에 대한 문제점」, 주 16)을 보라. 참조,

"*비판적-위기적 근본 정황성*"이란 어떤 의미인가? 여기서 아주 간략하게 다음과 같이 정의를 내릴 수 있다. 즉, 인간은 구별한다. 구분함, 나눔, 정돈하고 분리하고, 무엇으로부터 떼어내고, 가르는 원초적 사이나눔, 이러한 것은 "비판적"이라는 용어의 본래적 의미다. 이 용어는 소위 비판함에서 나타나지 않고 소위 비판적인 태도, 서로 따로 떼어둠과 테이블보를 절단함이란 말 속에서 그리고 도처에서 살펴볼 수 있다. "인간은 구별한다"는 명제는 다의적인 의미를 지닌다. 인간은 다른 무엇으로부터, 즉 *대상*들 혹은 *어떤* 타자, 즉 *개인*들로부터 구별될 뿐만 아니라 오히려 항상 그리고 언제나 *자신*으로부터, 자기 *자체*로부터 구별된다. 모든 인식에 합당한 구별 *이전*에 놓여 있고 어떤 존재론적 문제와 같이 인간학적인 문제를 우선적으로 나타내는 그러한 비판에서부터, 정확히 *인간학적, 존재론적인 근본 문제*, 즉 무엇, 누구, 객관, 주관, 대상적인 사태 연관과 비대상적인 인격 연관 내지 자아 연관 또한 이 구조와 존재와의 관계, 이른바 존재 연관에 관한 지속적 물음이 생기지만, 그러나 *대답*할 수밖에 없는 것을 물론 받아들이지 않더라도 대답을 하는 것은 놀라운 일이 아니다. 따라서 질문과 동시에 대답은 상호 놀이와 연관 관계로 유지되고 있다. 대답해야 하는 책임(Ver-antwortung)을 진다는 것은 제일의적 인간의 존재 방식이다. 그러므로 대답은 질문을 중단시키지 않고 질문은 대답을 감추고 있다. 언급한 "비판"에 대한 인간학적 존재론적 구조는 그 자체로부터 구조적으로 생겨서, 주어진 *대답*들을 본질에 맞게 영속적으로 *문제* 삼고 있고, 즉 그 비판은 이 구조를 근거로 하여 형성되어 있지 않다. 그것은 이 비판으로 하여금 내가 "인간의 비판적 근본 정황성"이라고 명명한 것을, 즉 동전의 이

Richard Wisser, 『철학의 길 안내』, 374-376, 415-439.

면을 나타내도록 한다.64)

　말하자면 아래의 것이 고려되어야만 한다. 즉, 인간이 말하자면 인식 비판 혹은 사태 비판 혹은 인간 비판 혹은 자아 비판을 시행하기 전에, 이미 인간은 언제나 "비판적으로" *존재하기* 때문에, 인간은 항상 이미 미결정의, 위태로운, 위험한 상황에서 "위기적"이다. 이것이 "위기적"이란 말, 위험한이란 말의 본래적 의미이고, 우리가 그것을 생각하고 상상해낸 것처럼 이것이 그렇게 나아가지 못하는 것을 "위기"로 나타낸다면, 그것은 파악되지 않는다. 그러한 위기는 우리가 신속히 극복할 수 있는 것이다. "*비판적 존재*"이기 때문에 우리가 우리의 "*비판적 존재*"를 벗어날 수 없듯이, "*위기적 존재*"이기 때문에 우리는 "*위기적 존재*"를 회피할 수 없다. 환언하면, 우리는 분리와 매번 우리가 처해 있고 발견하고자 하는 상황의 비유예 가능성과 관련하여, 우리가 맞닥뜨린 탈-분리(Ent-scheidung)로 인해 결정을 내려야만 하는 근본 정황성을 제거시키지 않은 채 우리 자신을 탈-분리시키도록 강요받고 있다. 우리는 대답을 제공해야 할 필요가 있지만 대답들이 마지막 말을 제공하지 않는다는 사실을 의식하면서 최종적으로 대답을 해야만 하는 자인 대답자로서 대답들로부터 우리를 기만하지 않고, 우리는 대답을 제시하도록 강요받고 있다. Münchhausen의 묘사처럼, 늪지에서 자신의 머리카락을 끌어내거나, 자신의 땋은 머리로 밧줄을 내릴 수 없듯이, 우리는 책임져야 할 대답을 제시해야 하고 자신을 받아들여야만 한다.

　"비판적-위기적 근본 정황성"의 제시는 인간학적 연구의 영역에서 대상적으로 파악된 인간의 새로운 속성을 드러내도록 장려하지 않고, 또한 현존재의 실존론적 분석론의 테두리에서

---

64) Richard Wisser, 「질문의 문제점」, 110 이하.

혹은 "존재 물음"을 고려하여 어떤 계기를 부여하지도 않는다. 그러나 그것은 말하자면 후자와 전자의 관점에서 공히 문안에 발을 들여놓도록 한다. 환언하면 그것은 인간학적 존재론의 경험으로서 두 방향에 대한 통로를 지니고 있다. 그것은 이해할 수 있게 만들 뿐만 아니라 또한 "인간이란 무엇인가?"라는 물음에 대한 *대답*들이 생길 가능성과 필연성에 대한 구조를 제공한다. 그것은 바로 이 질문에 의해 이 물음을 *문제* 삼는 것에 대한, 즉 어떠한 대상적인 대답들이 존재하지 않는 곳에 대답되어야 할 대답들이 활성화되는 것으로 간주하고, 그 대답들이 *확실한* 물음들이라 하더라도 *묻는다는 것*을 충족시키지 못한다는 사실을 명료하게 하기 위한 구조를 제공한다. 올바로 이해된 물음-대답-책임의 구조에서 인간학적 존재론적 매개의 핵심을 규정하는 맥점이 놓여 있는 것 같다.65) 그것은 "비판적-위기적 근본 정황성"이며, 확실히 그 질문이 인간의 본질-존재에 대해서 물을 뿐만 아니라, 존재와의 공속성 속에서 인간 *본질*에 대해 묻는 한, 그것은 "철학적 인간학"의 *문제성*과 "인간이란 무엇인가?"라는 질문의 *불확실성*에 기초하고 있는 것처럼 보인다.

　"비판적-위기적 인간학"은 인간학적으로 탐구하지만 존재론

---

65) Richard Wisser, 「책임에 대한 인간학적 기초(Anthropologische Grundlagen der Verantwortung)」, in:『문제 설정의 다양성에서의 경제교육학(*Wirtschaftspädagogik im Spekturm ihrer Problemstellung*)』, Joachim Peege의 65세 기념 논문집. Manfred Becker와 Urlich Pleiß 편집, Blatmannsweiler 1988, 1-18; Richard Wisser,『철학의 길 안내』, Würzburg 1996, 441-462; 책임적인 인간 존재. Peter Wust, Fritz Heinemann과 ……, in:『철학의 종합』 12권 6호. fasc. 2. Zagreb 1991, 451-466; 「인간학: 철학의 분과인가 혹은 철학에 대한 비판 기준인가?(Anthropologie: Disziplin der Philosophie oder Kriterium für Philosophie?)」. in:『칸트 연구(*Kant-Studien*)』, 78권 3호, Berlin-New York 1987, 290-313, 본서에서 같은 이름이 붙은 장 참조.

적으로 인간학으로서 문제를 제기하는 일에 적합하다고 나는 생각한다. 따라서 그것은 긍정과 부정에서 생길 뿐만 아니라, 또한 인간에게 본질적인 *연관*들이 지향하게 되는 인간을 넘어서서 이끌고가는 질문들에 대해서도 열려 있는 대답들에서 생긴다. "비판적-위기적 인간학"에서 "비판적"이란 말은 관계적인 의미에서 더 잘 아는 것으로 오해되어서는 안 되고 그리고 "위기적"이란 말은 일반적인 의미에서 귀찮은, 불쾌한 것으로 기피하게 되는 것이 아니다. 내 생각으로는 인간이 근본 정황적으로 "비판적-위기적" 본질로서 경험할 수 있는 것에 해당된다. 즉, 긍정 속에서 생기지도 않고 부정 속에서도 머물 수 없는 인간 본질과 마찬가지로 *생명체*로서, 긍정과 부정에서 머물러 있지 않는 존재다. 오히려 앎에 대한 대답이 가능한 곳에서 그러한 대답들의 한계 의식 속에서 그러한 것이 존재한다면 그는 바로 본질적으로 인간이다. 삶과 존재에 대한 대답들이 다루어진 곳에서는 물음들이 분리되어 나오는 것이 아니라, 열려 있는 책임지는 대답들이 상응하게 된다는 것을 알게 된다. 한마디로 인간의 원천성은 인간이 사이나눔(Unter-schied)으로 *존재한다*는 것에 대한 근거며 동시에 인간이 존재와 인간 본질의 상호 공속성에서 벗어나지 않는다는 사실에 대한 이유다. 달리 말하면 인간은 항상 그가 자신에 대해 아는 것 이상일 뿐만 아니라, 그가 *존재하는* 것보다 더 이상으로 존재한다. 그것이 바로 인간 *존재*다.

기초인간학(셸러)과 기초존재론(하이데거)의 갈림길 : 결정적인 대립의 윤곽

1. 회상으로서의 서문 :
전체주의 내지 다원주의를 대신하는 통합

그 동안 내가 바로셀로나에서 간행되는 과학, 예술, 문학을 위한 스페인 잡지에 글을 실어왔던 "Folia humanistica"에서 시대의 정신적 상황을 이해하는 데 이바지하는 단어들이 "통합(Integration)", "통합적"이라는 *중심 개념*들이라는 것을 밝히고자 한 것이 30년 이상이나 되었다. 여기서 나는 그 개념들에 상응하는 과정들과 의도들로 인해 바로 "시대의 징표로서의 통합"에 대해서 말하는 것이 허용됨을 나타내보이기를 희망했다. 그것이 그 당시 인식되었든 아니면 주의를 끌지 못한 채 그대로 있든 상관없이 내가 그때 다루어왔던 것에 대해서 단순히 반복하지는 않을 것이다.[66]

오늘날도 영향력이 있는 두 가지 *기본 입장*들, 즉 *전체주의와 다원주의*에 대한 비판적인 생각들과 언급한 설명들은 연관 관계에 있다. 나는 이 두 가지를 충분히 "근본적인 것"으로 간주하지 않는데, 그 이유는 둘 다 합당하지 않는 방식으로 *전체*를 표상하거나 사태에 맞지 않게 전체와 관계를 짓기 때문이다.

---

66) Richard Wisser, 「새 시대의 징표로서의 통합. 전체성을 향한 인간(La integración como signo de nuestro tiempo. El hombre hacia la Totalidad)」, in : *Folia Humanistica*, 5권 50번, Barcelona 1967, 137-145. 독일어로 상세한 참고 문헌 : 시대의 징표로서의 통합, 인간은 전체 속에서 도상에 있다 (Integration als Zeitsignatur. Der Mensch unterwegs im Ganzen). in : *Areopag*, 2권 1호, Marburg 1967, 29-37.

이른바 전체주의는 전체를 속이려고 하는 반면, 다원주의는 전체를 병렬 관계에 의해 정당화시킬 수 있을 것이라고 추정한다. 전체주의는 다원주의가 덧붙이고 그로 인해 적어도 확실한 독자성을 전체에 내맡기는 바를 전체에 대한 자의적인 표상에 종속시키고자 한 반면, 다른 것을 도외시하고 그리고 많은 것을 무차별적인 것으로 여기는 다원주의는 동화를 거부한다. 다원주의는 허용되나 방치된다.

그 통일성은 전체를 "소유한다"고 가정하지 않고 또한 보완을 통해 생긴 잉여를 창출하는 것을 무효화하지도 않는다. *최종적이지도 않고 무차별적인 것도 아닌 그러한* 통일성이 존재하는지가 그 당시 나의 물음이었다. 왜냐 하면 그런 노력에는 전체가 *관련되며* 전체 *지향적으로* 존재하며 아무것도 방치될 수 없기 때문이다. 말하자면 존재하는 통일성이 "도상에" 있는가?

그 당시 졸테(Dieter Stolte)와 나에 의해 편집한 포괄적인 『통합(integritas)』[67]이라는 타이틀을 지닌 포괄적인 편저의 "서론"에서, 나는 통합적인 *사유를* 전체를 거칠게 포착하는 개념을 표현하고자 하는 *변증법적* 논리와 결별하게 하고 또한 전체를 공간과 시간을 넘어선 선파악 속에서 상상하고자 하는 *사변적인*(유토피아적) 논리학을 불가능하게 하는 시도로서 환영했다.

전체적인 동일성의 전망적인 시각 내지 구분 가능한 것을 획

---

67) 『통합. 변화와 인간의 현실성』. Karl Holzamer에게 헌정함. Dieter Stolte와 저자 편집, Tübingen 1966, 서문 : 5–12. "전통은 책임과 무관한 유물 이상이다. 전통은 오히려 역사적으로 형성된 것 속에서 인간적인 가능성들의 변화와 존립을 파악하고, 그것으로부터 결과를 이끌어내는 임무를 지니고 있다. 그것의 인정으로 일방적인 절대화와 문제시되는 전체적 해결에서 벗어나게 하는 여기서 발견되는 모델 표상들의 다양성은 인간을 어떤 변화된 세계 속에서 자신에게로의 도상성을 보여준다." 12.

일화시키려는 강한 의도를 가지고 전체를 지향하는 것이 아니라 전체를 틀로서 경험하고, 종속되는 것의 합으로서가 아니라 보충으로서 또한 형식으로서가 아니라 본질적인 것의 양도불가능성으로서, 그리고 완성적인 완성물로서가 아니라 완전함 속에 도달한 완성된 것으로 간주할 수 있는 시도에 대해 나는 지지했다.

따라서 통합적인 사유에 우선권을 제공했는데, 그 까닭은 *여기서* 전체이거나 *저기서* 전체이고 그리고 *이것* 혹은 *저것*을 전부라고 말하는 사람들과 마찬가지로, 우리는 전체를 불완전한 것으로 가져오고 또한 인간에게 부과된 *과제*에 대한 시선을 차단하고, 정말 *전체 속에서 전체를 향해 도상*에 존재하는 것 외에 어떠한 것으로도 인도하지 않는다고 주장하는 자아가 있다는 사실을 인간에게 의식시키기 때문이다.

그러므로 *나는 전체로의 길 안내*들이 단지 구상력(Einbildungskraft)에서 유래한다고 주장하는 사람은 본질적인 과정들을 현실에서 잘못 알고 있다는 것을 그 당시 서술했다. 그와 같이 나는 오늘날 그 사실과 연결시키고 그리고 얼마 전에 출간된 나의 저서 『철학의 길 안내 — 모델들과 전망들』[68]에 대해 이야기하고자 하는 시도를 오늘날도 보게 된다. 이 책 속에서 나는 나의 "비판적-위기적 인간의 근본 정황성"의 인간학에서 역시 내가 밝힌 구조적인 인간의 "*도상적 존재*"를 근거로 하여, *첫째*로 철학 속에 접어들었던 역사적 길들에 의해, *둘째*로 철학자들이 결단을 하도록 요구되는 "갈림길"을 참조하여 *철학*을 "본질적

---

68) Würzburg 1996, 472. 참조. Richard Wisser, Filozofski Putokazi, Zagreb 1992, 350, (크로아티아어), Richard Wisser, 『인간 존재와 물음. 비판적-위기적 인간학(*Menschsein und Fragen. Kritisch-krisische Anthropologie*)』, 도쿄 1994, 2판. 1996, 220면(일본어), Richard Wisser, 『철학의 길 안내』, 도쿄 1997, 268(일본어).

으로" 도상적인 그러한 존재를 위한 길 안내로서의 철학을 해
석하기 위해 그러한 존재에 여타의 존재자와 같이 그것과 함께
생기하는 것의 의미에서 "존재 생성"이 뒤따르지 않고, 오히려
자신을 변화시키는 자로서 자신을 보내는 어떤 "생성 존재"를
위한, 셋째로 자신의 구조적인 도상적 존재로 인해 어떤 존재,
말하자면 특히 인간을 위해서 영속적으로 "길 안내"를 필요로
하는 존재를 위한 길 안내로서의 철학을 해명하고자 한다.

　나는 오로지 내가 철학적 인간학의 문제들에 대하여 더욱이
30년이 넘도록 스페인의 "Folia humanistica"에서 나의 고유한
인간학을 출판할 수 있었던 것을 여기서 참조하고 있다.69)

---

69) 특히 스페인어로 된 아래 문건들 참조 : Homo vere humanus. Problemas
y predicados de antropologia filosofica desde aspectos de historia de las
ideas, in : Folia humanistica, Tomo II, Num. 17, Barcelona 1964, 403-416 ;
Num. 18, 521-533. Humanismo y ciencia en la perspectiva de Martin
Heidegger, Tomo IV, Num. 41, 1966, 441-454. Las dimensiones de la
Responsabilidad, Tomo VI, Num. 62, 1968, 119-131. La "critica" como
camino hacia la autocomprension del hombre, Tomo VII, Num. 83, 909-25;
Num.84, 1969, 1005-1017. Humanismo >real< y logica >especulativa<, o
sea, Marx y Hegel, Tomo VIII, Num. 94, 933-949 ; Num. 120, 1972,
965-975. La doctrina de Niettsche sobre la absoluta irresponsabilidad de la
existencia humans?, Tomo XXII, Num, 258 / 259, 437-455, 1984. Bases
antropologicas de la responsabilidad, Tomo XXIII, Num. 272, 1985, 505-524.
Friedrich Nietsche : el superhombre a la vista?, Tomo XXIV, Num.277,
1986, 97-120. Sobre el dolor, la enfermadad y la condicion humana, Tomo
XXIV, Num.281. 1986, 363-379 ; Num.282/83, 453-513. Cuestionabilidad de
la cuestion del hombre, Tomo XXXV, Num. 291, 1987, 217-232 ; Num. 292,
296-304. Ser hombre responsable, Tomo XXVII, Num.308, 1989, 177-194.
La naturaleza y la comprension de la naturaleza como problema filosofica,
Tomo XXVIII, Num. 312, 1990, 65-85. trs interpretaciones de la propuesta
Nietzscheana de "superhombre", Tomo XXXI, Num.332, 1993, 179-194 ;
Num.333, 265-276. "Interhumanidad" y "entfrentamiento". Los conceptos
fundamentales "Yo-Tu", "Yo-Ello" y el "Reino de lo Intermedio" en Martin

2. 논쟁 혹은 대립

여기서 그리고 오늘날 나는 우리들이 충분히 진지하게 받아들이지 않는 하나의 *논쟁*(Kontroverse)를 환기시키고자 한다. 왜냐 하면 이 논쟁은 여러 날 동안 개최되는 심포지엄에서 *통합적인 인간학에서 인도주의라는 물음*70)에 몰두한 주제와 연관에서뿐만 아니라, 더욱이 새로운 세기와 관련하여 철학의 한 세기 문제(ein Jahrhundert-Problem)와 같은 것이 어떻게 존재해야 할 것인지 다양한 방식으로 문제되기 때문이다. 한편으로는 인간의 본질과 인간학적 *기초학*인 "본질존재론(Wesensontologie)"의 의미에서 "인간 본질의 구축"이 무엇을 의미하는가를 살피는 것과 다른 한편으로 철학적 인간학 일반의 이념에 대한 *근본적인 비판*이 문제가 된다.

"인간학"에 전념하는 자, 즉 인간이 무엇을 의미하는지에 대한 물음에 대한 대답에 몰두하는 자는 인간학 *내부에서* 가능한 한 다음과 같은 사항들을 포괄적으로 파악하는 것이 좋을 것이다. 그것이 자연과학적, 정신과학적으로 정향되어 있는지, 사회과학적 내지 심리학적 혹은 생물학적으로 관심이 있든지, 철학

Buber, Tomo XXXII, Num. 337, 1994, 131-156. La antropologia filosofica como problema. Se puede plantear la preguanta "Que es el hombre?", Tomo XXXIII, Num, 342, 1995, 61-83, 참조. Karen Joisten, La capacidad critica y la situacion en crisis de la condicion fundamental humana. Sobre la filosofia de Richard Wisser, Tomo XXXI, Num 330, 1993, 67-87. Dieter Stolte, la responsabilidad en la tension entre la critica y la crisis, Tomo XXXII, Num, 339, 1994, 295-311.
70) 스페인어로 된 문건 참조, XIX Symposium internacionale de la Ciencia de Hombre. Tema de Estudo "El humanismo en la antropologia integral". Fundacion Letamendi-Forns (Barcelona), Bagur (Costa Brava-Gerona) del 28 de Septiembre al 1 de octubre de 1996.

적 혹은 신학적으로 고무되었든지 간에, 인간학자들이 작업을 하고 제시했던 것과 더욱이 그러한 사유 방식과 사유 형태들을 매개로 사람들이 그것이 독단적이든 도식적이든 혹은 연역적이든 유형학적이든 변증법적이든 혹은 통합적이든 간에, 지식과 인식과 고백에 대해 대단한 풍요로움을 어떤 사태에 어울리게 연관시키기 위한 목표에 더 가까이 오기를 기도했고, 그리고 그렇게 하고 있다는 것을 충분히 알고 있다. 인간을 인간으로 만드는 것, 즉 그의 *인간성*이 어디에 놓여 있는지, 인간의 인간성이 무엇을 의미하고 있는지, "인도주의"에서 말하자면 자신을 자신의 모습으로 볼 수 있고, 스스로를 인식할 수 있는 인간의 자기 이해에 해당하는지에 대한 물음에 기여하는 자는 또한 말하자면 자기 능력 이상의 일을 해내고 그리고 인간학 자체를 *외부로부터* 관찰하고, 즉 인간학을 비판적인 안목으로 지켜보려고 시도하는 것은 잘하는 일이다.

어떤 내부적 문제들과 내재적인 함축들에서 아마도 원칙적으로 간과할 수 없는 풍부함이 그러한 방식으로 이해된 *인간학*에서 관건이 되는지를 적어도 드러내기 위해, 셸러가 제시했던 바를 첫 단계에서 다루고자 한다. 이유 없지 않게 사람들은 그를 철학의 모든 다른 분과들, 말하자면 윤리학과 역사철학, 존재론과 형이상학, 논리학과 인식론이 그가 언급하듯이 합류하고 그리고 흘러들어가고 또한 뿌리내리는 철학적 기초 과목인 소위 *기초인간학*의 *창설자*로 인정해왔다. 그것을 고려하여 셸러에게서는 인간에 대한 "본질 개념"을 확립하고 모든 "존재 구조들"의 "총괄과 총체성"으로서의 인간의 "*순전한 본질*"을 표현하기 위한 과제가 생긴 것이다.[71]

---

71) 셸러, 「유고집의 "관념주의-실재론"에 대한 부기(Zusätze zu "Idealismus-Realismus" aus nachgelassenen Schriften)」, in : 셸러, 『후기 저작집(*Späte*

두 번째 단계에서 하이데거에 의해 명료하게 "휴머니즘의 시작"으로 간주되고 평가된 철학, 적어도 플라톤 이래 "철학"으로 묘사되어왔던 저 사상의 뿌리를 가장 급진적으로 발본색원했던 20세기말의 사상가에 대해 나는 이야기할 것이다. 하이데거는 인간이 최고 존재로 존재하지 않고, 여러 가지 관점들에 따라 늘 의식적으로 존재자의 중심에 서 있게 된 이래, 모든 "인도주의"에서 "좁고 혹은 넓은 길에서 인간 주위를 맴돌아왔다"는 것을 발견하고자 노력했다. 따라서 하이데거는 역사의 진행 속에서 그리고 존재하는 것과 사유하는 교섭의 확실한 방식인 철학의 *완성*과 함께, "'휴머니즘'(혹은 그리스식으로 말하자면 인간학)을 가장 극단적으로, 즉 동시에 무제약적인 '입상들'"로 내몰고 있다는 사실을 환기시키고자 한다.72)

"철학의 종말"을 확정하고 그리고 "사유의 과제"73)를 일찍이 막스 셸러의 *기초인간학*에 반대하여 바로 *기초존재론*으로 나타내고, "인간에 대한 물음" 대신에 "존재 물음"74)을 설정한 사상가는 하이데거라고 일컬어진다. 하이데거는 나중에 소위 "한 걸음 뒤로 물러섬(Schritt zurück)"이라고 명명한 것 속에서, 그는 인간학에서 그것 자체의 이해를 위해 이르게 된 "철학"에서 한 걸음 물러설 뿐만 아니라 또한 그는 철학 내지 인도주의를 뛰어

Schriften)』. 부록, Manfred S. Frings 편집, 전집 9권, Bern, München 1976, 275.
72) 하이데거, 『플라톤의 진리론(*Platons Lehre von der Wahrheit*)』, in : Heidegger, 『이정표들』, 전집 9권, Frankfurt am Main 1976, 236 이하.
73) 하이데거, 「철학의 종말과 사유의 과제(Das Ende der Philosophie und die Aufgabe des Denkens)」, in : 하이데거, 『사유의 사태로(*Zur Sache des Denkens*)』, Tübingen 1969, 61-80.
74) 하이데거, 『칸트와 형이상학의 문제』, 증보 4판, Frankfurt am Main 1973, 224-239. 그것이 1929년 "기초존재론으로서의 현존재의 형이상학"이란 표제로 출간된 것이 특기할 만하다.

제2부 사유하면서 물어감 : 갈림길들 ▦195

넘었던 것으로서 다른 시작에 도달하고자 한다. 셸러와 하이데거의 논쟁은 따라서 대단한 의미를 지니고 있고 그리고 그것은 "인도주의가 인간학과 통합되는가?"라는 물음이 제기될 경우, 고려되지 않은 채로 남아 있을 수 없고 더욱이 그 물음에서 가능한 한 하나의 논쟁점 내지는 대립이 관건이 된다. 먼저 셸러의 입장을 살펴보자.

I. 셸 러

3. 인간의 자기 문제와 "인간의 본질과 본질 구성에 대한 근본학"의 구상

특히 셸러가 자신이 세우고 이미 계획했던 포괄적인 철학적 인간학을 수포로 돌아가게 하고 그 계획을 이루지 못하게 했던 그의 갑작스런 죽음 직전에 씌어진 두 가지 문건들은 계속 영향력을 미치고 있다. 즉, 그의 저서 『우주에서의 인간의 위치』는 셸러가 "자연적 체계"에 의해, "동식물과의 관계에서 인간의 본질"과 그것과 구별되는 인간의 "형이상학적 특수 지위"를 두드러지게 했다.[75] 그의 글 "인간과 역사"에서는 우리 시대가 유일한 긴박성을 지니고 그것의 해결을 요구하는 철학적 과제가 존재한다면, 그것은 "인간 본질에 대해서 그리고 인간 본질 구성에 대한 근본학"[76]이라고 밝힌다. 근본적인 것이 된 인간학

---

75) 셸러, 『우주에서의 인간의 위치(*Die Stellung des Menschen im Kosmos*)』, in: 『후기 저작들』 11.
76) 셸러, 『인간과 역사(*Mensch und Geschichte*)』. Max Rychner편집(신스위스 전망 출판사), Zürich 1929, 7. 나의 이 소장본에서 인용함.

은 우리가 그것을 일컫듯이 간단하게 *"기초인간학"*이다.

셸러의 이름을 거명하는 것은 "인간에 대한 다양한 학문들을 만들어내었던 개별지에 대한 위대한 보고(寶庫)들"[77]에 대해 다른 누구보다도 그의 놀라운 주의력을 기울여왔던 20세기의 철학자를 끌어들이는 것을 의미하는 것만이 아니다. 셸러는 "'인간'이란 대상과 관련을 지닌 제 학문들, 즉 자연과학적 그리고 의학적, 선사적, 민속학적, 역사적 그리고 사회과학들, 성격학과 같은 일반심리학, 발달심리학에 대해 철학적 본성의 최종 土臺와 동시에 그것들의 연구를 위한 확실한 목표들을 제공할"[78] 의도를 가지고 대단한 계획을 세운 셈이다. 인간학의 상처 입은 논점을 누구보다도 환기시켰고, 즉 "역사의 어떤 시대에도 인간은 현재에서처럼 그렇게 *문제시되지 않았다*"[79]는 사실, 즉 "현재에 인간의 *자기 문제*가 우리에게 알려진 모든 역사에서 *최고조에* 도달했다"는 것을 환기시켰던 철학자를 셸러라고 한다.[80] 이는 "*인간에 대한 통일적인 이념을 …… 우리는 소유하지 않고 있다*"[81]는 사실에 동의함을 반영한다.

기초인간학에 의해 인간의 "본질"에 대한 물음을 새롭게 설정하고, "인간의 본질 구축을 완성시킬 과제에 전념하고자 한 의도와 인간이 철저하게 *문제시*되어왔다는 통찰 모두는 명백하게 서로 연관되어 있다. 따라서 인간의 "자기 문제"에 대한 경험은 솔직히 부정적으로 평가될 수가 없다. 왜냐 하면 종래의 관행적이며 인간학의 역사로부터 알려진 방식에서 확실히 계속 "본질적"이긴 해도, "본질"을 형성하지 않는 바의 것이 본질 *자체로*, 절대

---

77) 셸러, 『우주에서의 인간의 위치』, 10.
78) 셸러, 『인간과 역사』, 8. 저자에 의한 강조.
79) 같은 책, 11.
80) 같은 책, 10, 저자에 의한 강조.
81) 같은 책, 11.

적 본질(das Wesen)로 간주되거나 사칭될 경우, 인간의 본질 구축은 어떤 자연 체계적인 의미에서나 어떤 형이상학적인 추켜세움의 관점에서도 생각될 수가 없다. 인간에 대한 통일적인 이념이 "문제시"되었다는 사실은 단지 피상적으로만 유감스럽게 여겨질 수 있고, 직면해 있는 과제나 그것의 해결을 볼 때 환영받을 수도 있다. 이제 저 작품들을 살펴볼 필요가 있다.

한편으로 셸러는 그의 저서인 "우주에서의 인간의 위치"에서 "인간"이 화두가 될 경우, 그것은 "교양 있는 유럽인"에게는 거의 항상 *세 가지*인데, "서로 아주 일치될 수 없는 이념들의 영역들은 …… 서로가 긴장 관계에 있다"는 사실과 연관된 관점에서 고려된다. 즉 첫째, 창세기에 뿌리를 두고 있는 신을 기초로 하여 이루어진 유대, 그리스도교 전통, 둘째, 인간이 이성에 의해 만물의 본질을 지목하여 통찰하고자 하고, 그것을 할 수 있는 능력이 있다는 것을 자기편에서 뚜렷이 드러내는 그리스적 고대의 사유 범주, 셋째, 인간이 "지구별 진화의 마지막 산물"[82]로서 간주되는 현대의 발생학적으로 정향된 자연과학, 다른 한편으로 셸러는 자신의 저서 『인간과 역사』에서 자연에 의해 연구된 서양 문화 범주의 폭의 내부에서 모두 다섯 개의 *"인간의 자기 이해의 기본 형식들"*을 제시하고 있다.

이는 *"인간의 본질과 기원에 대한 관점들이 우리 세대보다 더 불확실하고, 불확정적이고 다양하게 된 시대도 없었다. …… 우리는 아마도 만년의 역사에서 인간이 완전히 끊임없이 '문제시'되었던 첫 세대이고, 인간은 그가 무엇인지 더 이상 모르고 동시에 그가 그것을 모른다는 사실*을 알고 있다"[83]는 것을 강조하지 않은 것은 아니다.

---

82) 같은 책, 11.
83) 같은 책, 14, 8 이하.

그리하여 셸러는 독단과 잠언 속에 사로잡혀 있지 않는 모든 사람을 위하여, 즉 인간이 간주하는 바에 대한 우리의 항상적인 풍부한 지식을 가지고 종래의 보편적이고 통일성을 야기시킨 이념의 자명성을 무너뜨리고, 철학에 의해 의문시된 주목할 만한 문제를 새롭게 환기시키고 있다. 인간이 무엇인가라는 것에 대한 차별화는 예견할 수 없는 것으로 발전한다. 비록 이것이 20세기에 노골적이고 비극적이고 폭력적인 방법으로 시도되었다고 할지라도, 그것은 어떠한 "이데올로기"에 의해 더 이상 결합될 수가 없다. 그리하여 *세계 경험*은 끝없는 것으로 빠져들어가고 그리고 학문을 절멸시키고 철학의 숨통을 막으려고 위협한다. 이런 종류의 심각한 분열에서 통합에 대한 요구가 커지고, 즉 "통합"과 "완전"에 대한 향수가 커지고 "통합"에 대한 수요가 늘어난다는 사실은 놀랄 일이 아니다.

변증법적 종합이 단편적인 것으로 밝혀지고, 사변적이고 이상적인 선개념이 비논리적인 것으로 입증된 후에, *통합적인* 것을 정립하려는 의도는 희망을 일깨우고 날개를 달게 된다는 사실은 새로운 일이 아니다. 셸러는 그것을 물론 "인간의 본질 구축에 대한 새로운 그림에서"라고 일컫는 논문을 기초로 하여 정립한다.[84]

4. 전통적인 인간상들에 대한 셸러의 문제 제기

하지만 우리가 역사 속에서 진술되어왔던 것을 *포개*놓고, 즉 연대기적으로 차곡차곡 *위로* 쌓고, 역사를 말하자면 집합된 층으로 포개어놓은 층들로 이해하고 그리고 역사를 서로 통일될 수 없고, 긴장 관계에서 뿐만 아니라 서로 배제하는 대립 관계

---

84) 셸러, 『우주 안에서의 인간의 위치』, 10.

로 작용한다는 사실에 의해서, 즉 그것이 등장하고 타당성을 요구하는 방식으로 당장 받아들일 수 없다는 사실을 통해 인간의 "본질 구축"은 이루어질 수 없다. 언급했듯이 *다섯 가지의* *"인간의 본질 구축과 기원에 관한 근본적으로 다양한 이념들"*, 예를 들자면 그것들은 셸러에 의해 『인간과 역사』에서 연구된 서양 문화 범주 안에서 어떤 방식으로 매번 찾아지고 주장된 "통일성"이 표상되고 사유되었는지에 대한 대표적인 예다. 그 방식들은 매번 전체적으로 살펴보건대 통일성을 파기한다. 그 까닭은 그것들이 서로 논쟁 관계에 있기 때문이다. 셸러는 무엇이 서로를 적대적으로 분리시키고, 그가 그것을 표현했듯이 상호적으로 "무력하게 만들고" 그리고 무엇이 매번 다른 입장들을 정당화시키려고 하는지를 논증하고 있다.

셸러는 *첫 번째로* 유대 기독교가 *창조주 신*에 대한 종교적 믿음과 존재하는 일체를 신에게로 환원시키는 창조 이념이 무엇을 의미하는지 그 개요를 기술한다. 둘째로, 이것과 대비시켜 소위 *"그리스인들의 발명"*,[85] 정식화시켜 말하자면, 통일성과 관련하여 호모사피엔스(homo sapiens)라는 개념이 필연적으로 뒤따른다는 것을 밝힌다. *셋째로* "공작인(homo faber)"으로서 지반을 얻은 *욕망 존재*인 인간에 대한 자연주의적 교설이 어느 정도 수수께끼 풀이로 간주되는지를 강조하고, 다시 정상화시켜 말하면서 다른 견해를 배제시킨다.[86] *넷째로* 셸러는 존재의 모든 견해들과 근본적으로 동떨어지게 이러한 이데올로기의 제창에서 불협화음을 내는, 즉 통일성을 수반할 수 있다고 잘못 생각하는 견해를 표명한다. 그 견해는 인간이 본래적으로 "삶의 탈영병" 이상 아무것도 아니며, 인간은 "과대망상이 되

---

85) 셸러, 『인간과 역사』, 18 이하.
86) 같은 책, 28.

어버린 약탈 원숭이 종(Theodor Lessing)"으로서 "진화의 미로"라고 표현된다.[87]

마지막 *다섯째*로 셸러는 여기에 반하여 인간을 "존재 자체의 최고 가치의 절정"으로 간주하고, 인간을 니체의 "초인"에 대한 교설에서처럼 "*책임과 주권의 가장 극단적인 상승*"을 할 수 있는 존재로 간주한다. 셸러의 견해는 "신"을 자신을 면책시키기 위해 거부하는 것이 아니라, 오히려 "*요청적인 무신론*"에 의해 인간에게 자기 책임을 지우고 결정을 받아들이는, 즉 결국 모든 것을 "*개인적인 인과율*"[88]로 환원시키는 본질로서 드러내고자 하는 견해를 지니고 있다.

그래도 매번의 주장들이 급진적이고 기초적으로 대변되어 희석되지 않는다면, 이데올로기 비판적으로 문제시되고 그리고 그가 표현하듯이 서로 "무력하게 하고", 헐뜯고 그리고 근본적으로 다르게 표현되고, 한 입장이 다른 입장을 인정하지 않는 것을 셸러는 *서로* 어떻게 연관지우는가?[89] 언급했듯이 "교양 있는 유럽인"의 머리 속에 그래도 통일될 수 없이 *서로* "긴장 관계에" 있는 것[90]은 단순히 부가적으로 함께 헤아려질 수 없고 또한 구성적으로 성립될 수 없으며 귀납적으로 공통 분모를 갖게 할 수 없거나 또한 연역적인 추론으로 파악될 수 없거나, 변증법적으로나 또한 사변적으로 파악될 수 없겠는가?

그것을 분명하게 해야 될 필요성을 느낀 셸러는 *문제시된* 타당성요구와 이런 이념들에서나 또한 다른 비유럽적인 이념들에서 문제인 인간이 해결되고 "인간은 무엇인가?"라는 물음이

---

87) 같은 책, 47, 46, 41, 42.
88) 같은 책, 54, 55, 60. "초인"의 문제에 대하여. 참조, Karen Joisten, 『니체를 통한 인간 중심성의 극복』, Würzburg 1994.
89) 같은 책, 39.
90) 셸러, 『우주 안에서의 인간의 위치』, 11.

그것의 해답을 발견했던 그러한 지식이 관건이라는 생각을 문제 삼고 있다. 셸러는 이를 통해 새로운 하나의 *문제 의식*을 위해 노력하고 또한 그는 여기서 뿌리를 내리고 있는 "*진정성의 새로운 용기*(neuer Mut der Wahrhaftigkeit)"에 대해서 언급한다. 이것은 칸트의 의미로 사용된다. 칸트는 내가 말하는 것이 "참"인지를 내가 알 수 없지만, 나는 내가 말하는 것이 나에 의해 "진정한" 것을 의미하는지에 대해 알 수 있고, 알아야만 한다는 것을 의식하게 된 도덕적인 나를 이야기하고 있기 때문이다.

"*진정성에의 새로운 용기*"는 인간을 "이 물음에 대해 대답의 어떠한 가능성에 대해서도 더 이상 놀라게 하지 않기" 때문에, 인간이 "그가 무엇인지에 대해 언제나 엄밀한 지식보다 더 적은 지식을 지닌다"는 통찰로부터 유래한다. 그리하여 셸러는 인간이 "자기의 자의식과 자신의 자아관의 새로운 형태를 발전시켜야만" 한다는 것91)이 타당하다는 것에 대해 언급한다. 셸러에 의하면, 어떤 이념 일반을 받아들일 수 있는 "가장 위험한 특성"에 대한 종래의 관념들, 정확히 "자기 양해의 특성"92)의 이념들이 취해진다면 그것은 가능하다는 것이다. 셸러는 "우리가 한 번 모든 전통과 함께 인간에 대한 물음에 대해 완전히 백지 상태로 만들 용의가 있고 가장 극단적인 방법인 소외와 놀라움으로 인간이라 불리는 존재에 대해 바라볼 수 있을 경우",93) 이것은 *형식적으로* 도달될 수 있다고 강조한다.

셸러는 그가 규칙적으로 도처에서 뒤따르게 되는, 즉 어떤 강조하는 방식으로 *전통적인 범주들*이 인간을 무의식적으로 그리고 매우 심하게 억압적으로 지배하는 것에 대해 알기 때문에

---

91) 같은 책, 10.
92) 셸러, 『인간과 역사』, 24.
93) 같은 책, 9.

철두철미 이것에 도달하는 데 대한 어려움에 대해 분명하게 알고 있다. "사람이 할 수 있는, 즉 그 어려움을 극복할 수 있는 유일한 것은 셸러가 이런 범주들을 정신사적인 원천에서 정확히 아는 것을 배우는 것, 그리고 이런 의식화를 통해 극복하는 것을 가르치고자 한, 그에 의해 더 상세히 표현되진 않지만 모든 이념들이 문제시된 존재에서 유래한 방법이다."94)

셸러가 여기서 머리에 떠올린 것과 그리고 어떤 기초인간학적인 인격주의를 목표로 한 "본질"-개념에 대한 새로운 견해를 통해 그리고 "인간의 본질 구축"에 대한 직관상(Anschauungsbild)에 의해 형태를 부여하고자 한 것은 그가 점증하는 인간의 자의식의 상승으로의 방향에서 매번의 그리고 항상 새로운 도약들에서 "역사의 탁월한 논점들"을 이야기하기 시작하고 그리고 그가 "자기 자신에 대한 인간의 자의식의 역사"에서처럼 그러한 무엇의 내부에서 해석하는 바의 것이다. 그러한 "근본 방향"95)은 "인간의 자의식의 도약적인 상승"96)의 실마리로 이끌거나 또는 이 역사는 역설적으로 순수한 도약들에서 존재하는 유일무이한 실마리로서 입증시키고자 한다.

5. 계획된 기초인간학의 근본 특징들과 인간의 "본질"에 대한 열쇠 : "인간은 소우주다"

셸러에 의해 더 이상 서술되지 않았고 상론되지 않았던 소위 "인간 자의식의 발전 역사와 유형"이 어떻게 보여지는가는 1987

---

94) 같은 책, 9.
95) 같은 책, 9 이하.
96) 같은 책, 13.

년부터 『유고』(3권. 철학적 인간학)로 요약되어 제시되어 있는 데서 밝혀진다.97) 구상된 작품의 "서문"으로 계획되었던 저 텍스트에서, 셸러는 그가 말하는 것이 가장 중요한 의미를 지니는지 여부와 상관없이, 그것을 분명히 하기 위해 고전적인 세 가지 이론과 관련하여 정식화하고 있다.

첫 번째는 "인간은 이성적 동물이다"는 표현 속에 정식화된 것은 이성은 인간에게 불변적으로 고유하게 속하여 있고, 더욱이 그것은 유럽에서만 인간에 대해서 존재하는98) 명료하고, (상대적으로) 주관적으로 가장 확실하고, 가장 광범위하고 역사적으로 항구적인 관념이지만 이성의 영향력은 "진리 혹은 올바로 정초되어 있음"과 교체되어서는 안 된다는 것이다. 두 번째는 먼저 이 이념은 단순한 가정과 사유 전통으로 살펴지고, "인간이란 이성적 존재"라는 명제는 "단순한 신앙 전통"99)이 경험되고, 지금부터는 아주 새롭게 진지하게 받아들여야 할 사태에 대한 연구들을 시작하는 것이 요구된다. 마지막 세 번째는 셸러가 "합리적 인도주의 정신"이라고 명명한 것이 "아주 문제시"된다.100) 그러나 "인간의 문명화의 전체 발전에 대한 보편적인 비관주의"에 이른 부정적인 미로 이론과 발병 이론101)과 마찬가지로 진보에 기여하는 실증주의적, 진화론적 이론을 맹신해서는 안 된다는 사실에 대

97) 셸러, 『인간 자의식의 발달사와 유형학(*Zur Geschichte und Typologie der Entfaltung des menschlichen Selbstbewußtseins*)』, in : 셸러, 『유고집』, 3권, 철학적 인간학(Schriften aus dem Nachlaß. Band III. Philosophische Anthropologie), Manfred S. Frings 편집, Bonn 1987, (전집 12권), 25-249.
98) 셸러, 유고, 3권. 7.
99) 같은 책, 7.
100) 같은 책, 8. "인도주의"의 문제점에 대하여(Zum Problem "Humanitarismus"). 참조. Ergon Haffner, 『니체, 셸러, 겔렌에게서 "인도주의"와 그것의 극복의 시도들(*Der "Humanitarismus" und die Versuche seiner Überwindung bei Nietzsche, Scheler und Gehlen)*』. Würzburg 1988.
101) 셸러, 같은 책, 13 이하.

해서도 셸러는 어떠한 의구심도 갖게 하지 않는다.

마지막으로 셸러에게서 모든 것은 다음의 결론에 이른다. 모든 종래의 인간학의 이론들에 대한 그의 *비판*과 마찬가지로 방금 언급한 이론들에 대한 그의 *서술* 모두는 다음과 같다. 나는 여기에 소개한 내용들을 셸러가 계획한 위대한 인간학의 서론과 초안에서 인용한다.102) 인간을 "타락하여 재생하려는 인간(homo peccans et redivivus)"으로 간주하거나 혹은 정돈되어 있어 질서를 창조하는 인간(homo sapiens)으로 간주하거나 혹은 인간을 기계적 물리적 존재(homo mechanicus et physicalicus)로서 표시하거나 감각적 존재(homo sensitivus)로서 나타내거나, 부정을 말할 수 있고 동시에 수용할 수 있는 존재로서의 인간(homo negans et patiens)이거나, 능동적으로 공작하고 지적인 행위자(homo faber et intelligens)로서 또는 자극을 받고 상상하는 자(homo patheticus et divinans)든지, 인간이 예컨대 천재 숭배를 하면서 셸러가 하이데거를 인용하면서, 염려를 순응되어 수용된 것으로 간주하면서 심려하는 존재(*homo curans*)로 간주하거나 인간을 또한 경제적, 정치적, 성적 인간(homo oeconomicus, politicus, libidinosus)으로, 마지막으로 초-인(super-homo)을 창출하고자 하는 니체의 목표 설정의 의미에서 초인(Übermensch)이거나다. 요약컨대 그가 종래의 본질 규정들과 거리를 두면서 말하고 있듯이, "*참된 본질*"로서 경험하는 데 목표를 두고 있다.103)

셸러에게서 인간의 실제적인 "본질"에 대한 *열쇠*는 이제 아리스토텔레스와 브루노, 라이프니츠와 괴테가 연결될 수 있는 명제인 "인간은 세계 전체에서 존재하는 모든 본질적인 것의 소우주" 내지 인간은 확실히 전부다104)라는 명제 속에 *형식적으*

---

102) 같은 책, 22 이하.
103) 같은 책, 18.

로 놓여 있다. 이 명제를 *사태적으로* 정당화시키는 것은 셸러가 이미 언급한 유고의 부록에서 강조하고 있듯이, "이것이 인간의 '본질'이며, 인간은 주로 "존재"의 모든 "구조들"에 참여하고 있고, "소우주"와 "소신(Mikrotheos)"(Leibniz)에 대한 아주 오래된 교설이 의미하듯이, 인간은 모든 구조들의 "총괄과 전체성"을 나타내고 있음을 장차 발견할 수 있다는 것을 의미한다.105)

그리고 정확히 이제 셸러에게서 그의 가장 중요한 적대자의 이름인 하이데거를 거론할 시점에 왔다. 셸러는 유고에서 출판된 『'존재와 시간'(1927)에 대한 소고들』에서 하이데거의 책 『존재와 시간』은 우리가 현대 독일철학에서 소장하고 있는 *가장 독창적이고 단순한 철학적 전통들로부터 가장 독립적이고 가장 자유로운 작품이며, 그것은 최고의 철학의 문제에 대한 가장 근원적이고 그리고 엄격한 학문적 비판서다*"106)라고 분명하게 강조하고 있다.

II. 마르틴 하이데거

6. "인간에 대한 물음"의 자리에 "실존론적 현존재 분석론"에 의해 준비된 "존재 물음"의 등장

하이데거가 1925 / 1926 겨울 학기 이래 여러 차례 주장해왔

---

104) 같은 책, 17, 19.
105) 셸러, 『후기 저작집』, 전집 9권. 275 이하.
106) 같은 책, 304. 셸러는 하이데거와 교류했던 다른 철학자들과는 달리 후기 저작들에서 기록되어 있는 "『존재와 시간』(1927)의 '방주와 텍스트주'"에서 보이듯이, 하이데거의 최초의 기본 저서를 처음부터 끝까지 읽었을 뿐만 아니라, 오히려 철저히 연구했다. 305-340.

고 그리고 그가 어떤 의도를 지니고 바로 "셸러를 기념하여" 헌정한 글인『칸트와 형이상학의 문제』의 제1판 서문에서 표명하고 있듯이, 하이데거가 셸러의 완화된 힘을 느낄 수 있었던 "마지막 대화"의 대상이었던 바를 적어도 개괄적으로 파악하는 것이 이제 두 *번째*로 필요할 것 같다.107)

하이데거가 "존재와 시간"에서 그가 "인간 현존재의 실존론적 분석론"이라 일컫는 바의 연구에 몰두한다. 그러나 그가 "현존재의 기초분석론"으로 나타낸 것, 특히 그가 그 당시 처음에는 *"기초존재론"*이라 표시한 것을 고려하여 어떤 준비 작업과 통로만 제시한다. 그리하여 모든 것은 종래의 *"인간에 대한 물음"*과 아무것도 공유하지 않는 하이데거의 눈에 결정적으로 보이는 물음, 즉 *"존재 물음"*, 더 정확히 존재의 의미에 대한 물음으로 귀결된다.108)

그러나 일반적인 의미에서가 아니라 바로 이런 "현존재의 실존론적 분석론"에서의 단초는 인간을 고려하여 범주적 규정들을 찾기 위해 노력하거나 혹은 미리 존재하고 주어진, 표상된 현전하는 인간에 대한 대상적인 연구들이 행해지는 인간학과 그리고 인간학에 귀속된 분과들에 대해 어떤 "한계"를 설정한다. 하이데거는 "모든 심리학, 인간학과 바로 생물학에 *앞서*" 놓여 있는 인간의 현존재에 대한 "실존론적 분석론"에서 문제가 된 차이를 명료화하기 위해 어떤 역사적 본보기로 데카르트까지 소급해간다. 데카르트는 철학의 *토대*, 곧 소위 '나는 생각하므로 존재한다(cogito sum)' 속에 소위 흔들리지 않는 기초

---

107) 하이데거,『칸트와 형이상학의 문제』, 증보 4판. Frankfurt am Main 1975, V, XVI.

108) 하이데거,『존재와 시간』, "오두막집 샘플"에서 나온 저자의 옆에 단 주가 달린 비개정판. Friedrich Wilhelm von Herrmann 편집, Frankfurt am Main 1977 (전집 2권), 55.

를 발견했고, 실은 *사유하는 나*, 즉 나의 사유함을 연구했고, 내가 존재한다는 sum의 존재를 "완전히 설명하지 않고" 남겨두었다.[109]

하이데거는 그것을 통해 본래적인 문제에 주목하고자 한다. 그리하여 이 경우에 제일 먼저 실존론적 분석론에서 제기된 '나는 존재한다(sum)'의 존재에 대한 물음에서 그리고 존재의 규정 일반을 통해 비로소 *사유 행위의 존재 방식*이 규정될 수 있듯이, 하이데거에 따르면 모든 인간학적 표지들과 관계된다는 것이다. 즉, 그 표지들은 인간에 대한 모든 *무엇*을 진술하긴 해도 자신의 *존재*를 문제시하지는 않는다. 그것들은 말하자면 인간의 *속성*들을 다루었지만 인간의 *존재 방식*을 다루지 않고 있다. 그것들은 인간이 무엇을 지니고 있는 바를 묻지만, 그러나 인간이 무엇으로 *존재하는지*에 대해 묻지 않는다.

하이데거는 다음과 같은 것을 강조했다. "현존재의 실존론적 분석론"을 통해 하나의 과제가 "함께 장려되고 그것의 절박성이 존재 물음의 절박성보다 더 적지 않은", 즉 원천적인 지평의 "열어둠", 그것 앞에서의 "인간이란 무엇인가?"라는 물음이 *충분히* 설명될 수 있다는 것이다.[110] 그리고 하이데거는 그가 "불안과 심려의 현상들"이라고 칭한 『존재와 시간』에서의 현존재 분석론의 상론과 함께 또한 "우리의 오늘날의 현존재의 근본 정조로서의 깊은 지루함"[111]이라고 칭했던 것에 대한 1929 / 1930

---

109) 같은 책, 60 이하.
110) 같은 책, 60.
111) 하이데거,『형이상학의 기본 개념들, 세계-유한성-고독』, Frankfurt am Main 1983 (전집29 / 30), 199 이하. 239 이하. "지루함"과 그것의 세 가지 형태들에 대한 기본 정조, ① 무엇에 대해 권태로워짐 ② 무엇 곁에서 지루함 ③ 어떤 사람이 지루한 것. 참조, Eiho M. Kawahara, 하이데거의 지루함에 대한 해석 in :『하이데거 — 사유의 도상에서』. 10주기 기념 심포지엄. 저자 편집, Freiburg / München 1987, 87-110.

의 겨울 학기의 프라이부르그 강의에서도, "돌은 세계가 없고, 동물은 세계가 빈곤하고, 인간은 세계를 형성한다"[112)는 세 가지 테제들의 설명을 통해서, 이 방향에서의 연구를 했고 그것을 위한 발걸음을 내디뎠다. 그래도 본래적인 목적은 "현존재의 실존론적 분석론"에서 "기초인간학"으로의 통로를 발견하는 것, 즉 존재 일반의 의미에 대한 물음을 착수하고, 정말 "실존론적, 선천적인 인간학의 특별 과제를 넘어서는" 것이었다.[113)

하이데거는 일관성 있게 자신의 사유 단초에 대한 모든 인간학적 해명을 "존재의 의미에 대한 물음"을 해명하는 것, 즉 셀러에 의해 추진된 *기초인간학*이 아니라, 오히려 *기초존재론*에 대한 유일하고도 유례가 없는 물음이 관건이 된 어떤 질문의 목적 방향에 대한 부정과 오판으로서 거부했다. 하이데거에 의해 승인된 "사태적인 풍요성"과 그리고 인간학 분과 *내부에서* 논란되지 않는 "실증적인 연구"와 무관하게, 인간학은 하이데거에 따르면 본래적인 *철학적 물음*, 즉 "*존재 물음*"에 의해 해결되는 *필연적으로 돌아서야 할 전향*을 파악하지 못한다는 것이다.[114)

하이데거의 이런 단언은 철학적 인간학과 확실한 방식으로 유사한 신학적 인간학에 의해 밝혀진 인간에 대한 본질 규정들, 즉 이것들이 신형상의 본질, 이성적 존재, 체험 존재, 문화 존재이건 간에, 중심점들로 정말 철학사의 중요한 단계들로 간주하는 모든 사람들과 철학사와 그것의 인간학적 문제 설정 내부에서 이런 문제들과 논란을 해왔던 모든 사람들에게는 놀라운 것

---

112) 같은 책, 261 이하.
113) 하이데거, 『존재와 시간』, 18, 243.
114) 같은 책, 61, 67 이하.

일 수밖에 없었다. 하이데거는 인간학자들이 인간을 식물, 동물과 신들과 한계를 지어서 항상 인간에 대해 올바른 것을 서술할 수 있다[115]는 것을 부인하지는 않는다. 그래도 그는 철학적 인간학과 관련하여 말하자면 철학적 인간학의 가능성의 조건과 그리고 그것의 이념의 한계들을 발견하는 것에 중점을 두고 있다. 하이데거는 비판적으로 예컨대 데카르트가 명료화한 것과 유사하게 *존재론적인* 비규정성에 의해 인간학적으로 사용된 전통적 개념들, 로고스, 영혼, 생명, 신의 형상, 인격 존재, 그러한 것들을 자신의 출발점으로 삼는다.[116]

이미 인용된 하이데거의 『칸트』 책과 하이데거가 후기에 제출된 주제를 중심으로 다루고 있는 『인도주의 서간』과 저서들은 인간학적 질문 설정과 연구 방향 *안에서* 인간학적 사태들을 더 잘 알기 위해서 수행될 수 있는 것이 아니다. 오히려 문제점의 해명을 위해서 그가 언급하듯이 *"성급한"* 대답들에 의해서나 *"대충의"* 대답들에 의해서가 아니라, 또한 결실 있는 것으로 평가된 어떤 혼돈으로의 물러섬을 통해서도 은폐되어서는 안 된다는 것을 분명하게 드러낸다.[117]

하이데거는 인간학을 그것의 학문적 연구의 자유에서 제한시키려고는 하지 않았다. 그는 또한 예컨대 "철학적 인간학의 실존론적 아프리오리(Apriori)에 대한 닫혀진 작업"이라 일컫는 것을 통해 인간학에 대한 존재론적 기초 세움을 목표로 하지 않는다. 만약 하이데거가 그러한 것의 "비본질적인 '요소들'이 제안되지 않기를 요구한다"면, 그는 "현존재의 완성된 존재

---

115) 하이데거, 「"인도주의" 서간」, in:『이정표들』, 저자의 방주가 달린 비개정판. Friedrich-Wilhelm von Herrmann 편집, Frankfurt am Main 1975(전집 9권), 323.
116) 하이데거, 『존재와 시간』, 55 이하.
117) 하이데거, 『칸트와 형이상학의 문제』(이하 칸트), 209.

론" 혹은 "구체적 존재론"을 추구하지는 않는다.118) 그의 의도
는 "기초존재론적인 의도"다.119)

이것은 하이데거가 말하자면 *외부로부터*, 게다가 "밖"은 "외
부적"인 것으로 오해되어서는 안 되고, 오히려 바깥으로부터,
*기초존재론*으로부터 고려함을 의미한다. 신체적인 것에 대한
연구들로부터 그러한 문화 형태론적이고 세계관의 유형학적
종류에까지 풍부한 보편적으로 인간학의 이름으로 요약된 연
구 방식들과 탐구 결과들에 대한 내용적으로 간과할 수 없는
것, 즉 철학적 인간학의 이념을 "완전한 비규정성"으로 끌어내
리는 것을 강조하여 제시하고 있다는 결론으로 이끈다. 하나의
분과로부터 하나의 인간학적 설명이 발견되었다면, 무엇을 비
로소 인식되고 이해된 것으로 간주하는 것 속에 존속하는 근본
경향이 된다는 것이다. 그런 한에서 인간학은 "인간에 대한 진
리"를 추구할 뿐만 아니라, 오히려 그것은 "진리 일반이 무엇을
의미할 수 있는가에 대한 결정"을 요구한다.120)

7. 철학의 "기본 분과"로 확정된 철학적 인간학에 대한 하이데거의 비판

이제 하이데거는 "인간학에 대한 질문의 폭과 소동"과 관련
하여 그리고 어느 시대에도 인간은 우리 시대처럼 그렇게 문제
가 된 시대도 없었고, 철학적 인간학에서 "철학 전체에 집중하
도록" 요구하게 보인 셸러를 참조하도록 한 논점이 여기에 있

---

118) 하이데거, 『존재와 시간』, 175, 265, 23, 258.
119) 하이데거, 『칸트』, 175.
120) 같은 책, 202 이하.

다. 그런데 이것은 희망에 불과하며, 이런 방식으로 "간단히 하나의 공통적인 정의로 묶여지지 않지만", 이러한 특기할 만한 "인간" 본질을 통일적인 하나의 이념을 얻고자 하는 인간 본질에 대한 규정들에 대한 문제가 있는 다양성을 참고로 하여 셸러가 그의 글, "인간의 이념을 위하여"에서 쓰고 있듯이, "본질이란 넓고 다채롭고 다양한 것이며, 정의들이 모두 너무 신속하게 만들어지고", 더욱이 단순한데, 그 까닭은 인간이 "너무 많은 목적을 가지고 있기" 때문이다.121) 비록 철학적 인간학이 "여전히 인간에 대한 그렇게 많은 그리고 본질적인 인식을 제시할 수 있을지라도", 그것이 철학의 기본 분과일 수 있는 권리를 취할 수 없고, 즉 "철학적 인간학은 자신 속에 지속적인 위험을 감추고 있고" 바로 그것을 통해 인간에 대한 물음을 기초존재론을 목적으로 "무엇보다 앞서 질문으로 만들어야 할" "필연성이 감추어져" 있다고 하이데거는 강조한다. 철학적 인간학이 기초존재론의 문제 "밖에서" "나름대로의" 과제를 제시하고 있으므로 그는 그것을 인정하지 않는다.122)

셸러는 시종일관 문제 의식을 가지고 임종시까지 나름대로의 대단한 그의 창의성이 종결될 때까지 자의적인 결말을 내리면서 *기초인간학*을 수행한다. 그것을 통해 인간이 순수한 본질을 직면하게 되고 인간의 "본질 구축"이 인간에 대한 본질 존재론에 표현되어야만 한다고 본다. 반면 하이데거는 확인된 사실을 참조하여 다른 결론을 이끌어오고, 모든 "인간학주의"에 대해 격렬하게 부인하고, 후에는 "인도주의"로 선언하는 철학의 부정에 대해 상론한다. 하이데거에게는 철학의 중심부로 이

---

121) 같은 책, 203 이하. 하이데거는 무엇보다도 이런 연계 하에서 셸러의 『인간의 이념에 대하여. 논문들과 논고들』, 1권(1915), 324. 2, 3판은 "가치들의 전복에 대하여"라는 제목으로 출간된 것을 인용함. WW III, 175.
122) 같은 책, 212.

끄는 철학적 인간학의 이념이, 그것이 단지 철학의 가장 근본적인 동인인 "인도주의"이든지 간에, 인간보다 더 문제가 된다. 결정적인 철학적 문제들에 대한 가능한 집합장으로서의 인간학은 그 시계(視界)의 폭, 개방성, 근본적인 비완결성에 의해 효력을 발생하지만, 중심적인 의미에 대한 철학적 인간학의 요구는 감추어져 있다. 하이데거에 의하면 그것은 철학적 인간학 이념의 "내적인 한계"라는 것이다.123)

그러나 인간학의 오만한 경향에 대한 단순한 거부가 철학적 인간학의 중심 입장의 주장 외에 어떠한 철학적 주장이 더 이상 아니기 때문에, 하이데거에게서 필연적으로 철학적 인간학의 필연성, 본질, 권리, 기능이 문제가 된다. 그 철학적 인간학은 언급했듯이 철학 내부에서 어떤 철학 자체의 본질에 대한 원천적 숙고에 의해 명료화될 수 있는 기초인간학으로 등장한다.

칸트가 세 가지 인간에 대한 원천적인 관심 등을 세 가지 철학의 근본 물음에서 생긴 문제를 그의 "칸트" 책에서 하이데거는 상세하게 언급한다. 그 근본 물음은 ① 나는 무엇을 알 수 있는가? ② 나는 무엇을 해야만 하는가? ③ 나는 무엇을 희망할 수 있는가?이고, 그것들은 마지막 물음으로 인간이란 무엇인가?124)와 관련된다. 하이데거에게는 여기서부터 셸러가 "우리 시대의 가장 긴요한 과제", 즉 기초인간학으로 간주한 것이 여기로부터 생기지 않고, 오히려 인간이성의 명백하게 드러난 한계를 만들어 인간 본질의 "가장 내부적인 것 안에 있는 유한성"에 대한 숙고가 여기로부터 생겨난다는 것이다.125)

모든 것은 하이데거에게서 "유한성"이 무엇을 의미하는지를

---

123) 하이데거, 『칸트』, 205 이하.
124) 같은 책, 201, 하이데거는 카시러가 편집한 칸트 전집 8권을 인용함. WW, 324.
125) 같은 책, 210.

이해하는 것에 달려 있다. 여태껏 말한 것에 의하면 *기초존재론적*으로 해명되어야 할 인간의 *존재 방식*이 관건이며, 또한 유한성이 단순히 모든 존재자에 놓여 있는 무상함과 같은 속성으로 칭해질 수 없다는 것이 분명하게 되어야만 할 것이다.

환언하면, 하이데거는 유한성의 절대화에 대해 지지 의사를 강력하게 표명하지 않고, 오히려 인간의 본질에 대한 본래적인 본성에 대해 일관성 있게 이끌고 가는 통찰이 무엇을 의미하는지, 즉 자신이 "유한하게 존재할 가능성"에 대한 "염려"가 무엇을 의미하는지를 드러내고자 한다. 유한성이란 말하자면 실제로 있는 상태가 아니라, 오히려 그 자체로 경험될 수 있는 *인간 존재의 근본* 양식이다. 이러한 배경 하에서 비로소 인간은 신, 이성, 자연, 문화에 대해서 묻는 자명한 사실이 설명될 수 있을 것이다. 그리하여 예컨대 인간을 신학적으로 자신의 유한성에서 단순히 피조물로서 "나타내는" 것이 관건일 뿐만 아니라, 또한 자신의 존재를 형성하는 인간의 *본질적인* 유한성에 대한 물음이 "대체로 하나의 인간학적인 물음일 수 있는지" 그리고 오히려 그것이 기초존재론적 시각에서 새롭게 제기되어서는 안 되는지의 여부를 연구하는 것이 중요하다는 것을 드러낸다.[126]

존재자에서 일어나지 않는 *존재*에 대한 하이데거의 물음 연관과 그것과 연결된 인간에게서 본질적인 유한성에 대한 물음, 인간에게서 확정될 수 있는 기타의 모든 자질들과 속성들에도 불구하고 그 물음들은 방관될 수 없다. 왜냐 하면 그 물음은 언급했듯이 인간에게서 유한적인 존재 가능성에 대한 염려가 부과되어 있기[127] 때문에, 따라서 그 물음들은 인간의 창조성에 대한 값싼 거부와 무관하거나 또는 인간의 문화성과도 무관하

---

126) 같은 책, 211.
127) 같은 책, 210.

다. 요약하자면 그것들은 인간의 본질에 관한 물음에 대한 알려진 전통적인 혹은 진보적인 대답들에 대해 단순히 경시하는 것과도 무관하다.

오히려 하이데거는 하나의 다른 입장에서 매번 그러한 "본질 진술들"로서 거부된 인간학적 본질 진술들을 확립할 인간학 *내부에서* 이행된 방법을 회피하기 위해, 존재 자체(존재자 대신)와 인간의 유한성 사이의 연관을 설명할 때, 즉 *기초존재론적인 문제 설정이 물어질 때, 인간과 존재자와의 연관 관계가 아니라 인간과 존재의 상호 공속성*을 설명하고자 한다.

하이데거가 존재 물음을 그런 식으로 인간이라 불리는 존재자가 그 아래 있는 존재자에 대한 물음이 아닌 존재 물음을 제기하면서, 그는 "*현재의 근본 경향인 기초존재론에서 미래의 과제인 기초인간학으로의 전환*"을 수행한다. 단지 "존재 이해를 필요로 하는 인간의 절박함"으로부터 나온 이런 물음의 가능성이 개념 파악될 수 있는 한에서, 달리 말하면 *존재 이해가* 유한성의 본질로서 "유한적인 것에서 가장 유한적인 것"[128]으로 제시된다면, 달리 말하자면 인간 안에 열릴 수 있게 되는 존재, 즉 하이데거가 그것을 명명하여 쓰고 있듯이, 인간 속에서의 현존재의 유한성이 인간보다 더 원천적인 한, 그 경우 다음과 같은 사항이 무엇을 의미하는지가 분명하게 될 것이다. 즉, 인간이란 무엇인가라는 질문에, 입증될 수는 있으나 대부분 성급하게 절대화되는 소위 본질 진술로 대답되고 그리고 다른 존재자 중에서 인간에게 귀속하는 속성들에 대한 진술을 통하여 그 질문에 대답한다. 이제 비로소 셸러와 하이데거가 이야기한 혼란된 견해들이 근본적으로 파악될 수 있다.

하이데거가 "인간보다 더 근원적인 것", 즉 존재 이해가 비로

---

128) 같은 책, 『칸트』, 221 이하.

소 가능한 것의 설명을 목표로 한다는 것을 고려한다면, 즉 하이데거가 그의 사유의 기본 물음이 어떤 인간학적인 기본 물음이 아니라, 오히려 말하자면 인간학을 캐묻는 기초존재론적인 것이라129)는 점을 강조한다. 왜냐 하면 "모든 인간학, 철학적 인간학조차 인간을 인간으로 자리매김해왔기 때문이다."130)

8. 인간을 위하여 "휴머니즘"에 반하여 사유함 : 인간은 "존재의 목동"

하이데거가 철학을 이해하듯이 서술한 방식대로 철학의 정초를 위해 "가장 내적인 유한성의 본질"131)에 대한 논구를 요구하는 그가 인간학 내부에서 이루어지는 것이 아니라, 인간학 외부에서 시도되는 "현존재의 실존론적 분석론"에서 유한성에 대한 "그 자체로 참된" 절대적 인식과 같은 무엇을 얻었다132)고 주장하지 않음을 확인하는 것이 중요하다. 그에게서 무엇이 문제인지를 수년 후에 그의 유명한 『인도주의 서간』에서 명료하게 했다. 하이데거는 현재 더 이상의 대조를 필요로 하지 않는 "기초존재론"이란 표현에서 출발하는 사유의 새로운 규정으로부터 그가 언급하듯이, 존재의 개방성을 성취하는 어떤 사유에서 출발한다. 그 사유는 존재로부터 요구되고 무언가를 그것의 "기원 속에서 '존재하게 하고', 즉 존재할 수 있게 한다."133) 하이데거는 프랑스 철학자 보프레(Jean Beaufret)에 의해 제기

---

129) 하이데거, 『존재와 시간』, 175, 265.
130) 하이데거, 『칸트』, 223.
131) 같은 책, 223.
132) 같은 책, 230, 219.
133) 하이데거, 「"인도주의" 서간」, in : 『이정표들』, 316.

된 물음134)인 "왜 그 사유는 '휴머니즘'으로 환원될 수 없는 가?"로부터 대답을 시도한다.

사유가 하이데거에게서 '기술적인' 과정이 관건이라는 것, 즉 "사유에 대한 기술적인 해석"에서 자유롭게 한다는 입장에서 출발한다면, 다시 말해 그 입장은 "사유가 오로지 현재 상황의 실제성의 의미에서 존재자를 위한 그리고 존재자를 통한 행위를 위한 참여", 즉 사유가 오직 행위와 작위에 헌신하는 것, 즉 사유는 "존재의 진리를 통한 그리고 진리를 위한 참여"135)라는 것이며, 사유의 본래적인 "본질"은 "말함이 존재 진리의 요소 속에 순수하게 머문다"136)는 사실이 있다는 것이다. 그리고 언급했듯이 중간 시기에 "기초존재론"이란 정식화에서 벗어나 "존재의 진리"에 대한 언술을 하고 있다. 그 경우 단지 하이데 거에 따르면, "인도주의" 역사에서 그때마다 대표자였던 다양한 "인도주의자들"과 그의 사유는 맞선다. 그들 모두를 상세히 고찰하고 비판적으로 살펴본다면, "인간의 인간성은 자연, 역사, 세계, 세계 근거, 즉 전체 존재자에 대한 이미 확정된 해석을 살펴보면서 규정된다"137)는 사실에 동의한다.

소위 인간을 이성적 동물 혹은 그의 동물성이 "식물, 동물, 신에 대하여"138) 제한된 인간 동물로서 규정하는 본질 규정들이 "잘못된 것"이라고 하이데거가 주장하지 않음을 주의할 필요가 있다.139) 그는 여기서 바로 인간에 대한 셸러의 소위 "본질존재론"과 그의 소위 "인간의 본질 구축"을 살피고, 정확히

---

134) 같은 책, 315.
135) 같은 책, 314.
136) 같은 책, 315.
137) 같은 책, 321.
138) 같은 책, 323.
139) 같은 책, 322.

우리가 "인간의 신체에 영혼을 그리고 영혼에 정신을 증축하고 그리고 지금보다 더 소리를 높여서 정신을 과대 평가"[140]하는 태도를 통해 정신에 의해 인간을 높이는 것과 같이 자연 체계적인 인간의 본질 구축을 고찰한다. 그러나 그것은 하이데거에 따르면, 전승된 언어 속에 표현된 인간의 "본질", 즉 "인간의 탈존", 인간의 "존재 진리 속에서의 탈존적 내주"[141]가 기인하는 바의 것에 상응하지 않는다. 인간이 그런 방식으로 사유하면서 그의 본질을 "속속들이 지배하는 존재 진리의 차원에 주의를 기울인다"면 그는 "존재의 전권자"이거나 존재자의 주인이 아니고, "존재의 목동"[142]이다. 하이데거가 이런 시각 방식을 따르면서 계속 이야기하듯이, "존재의 이웃"으로서 "존재 가까이에 거주함"[143]을 경험한다.

하이데거는 *존재 진리로부터 존재자의 재발견을 표시하는*[144] 그러한 표지들을 통해 오로지 "휴머니즘에 반하여" 사유함[145]을 시사했다. 왜냐 하면 인간은 다양한 "인도주의자들" 속으로 매번 자신 주위를 맴돌고만 있기 때문이다.[146] 하이데거의 목표는 셸러의 인간의 본질 구축도 아니고, 층들의 축적(셸러,

---

140) 같은 책, 324.
141) 같은 책, 325.
142) 같은 책, 331.
143) 같은 책, 342. 하이데거에서 기본 단어인 "가까움"에 대하여. 참조. Emil Kettering,『가까움. 하이데거의 사유』. Pfullingen 1987. 또한 그의 하이데거의 사유에서의 가까움. in :『하이데거 — 사유에서의 도상』. 저자 편집, Freiburg / München 1987, 111-130.
144) 하이데거,『철학에의 기고(존재 생기에 대해)』. 전집 65권. Frankfurt am Main 1989. 이것은 하이데거가 자신의 사유의 이런 단계에서 제기하는 과제다 : "존재 진리에서 존재자의 재획득", 11. 참조, 7, 11, 16, 18, 29, 34 이하, 27: "존재자의 재획득으로서의 존재자에게서의 존재 진리의 은닉의 필연성". 참조, "참은 존재자 속으로 은닉한다"는 정식(定式), 29, 34 이하.
145) 하이데거,『"인도주의" 서간』, 330.
146) 같은 책, 342.

하르트만)도 아니고, 또한 셸러의 견해와 같이 위와 바깥에서 오는 정신을 통한 압권도 아니고, 오히려 가장 가까운 것의 가까이로 돌아감이며 그것은 이 모든 것에서 잘못 인식된 존재에로 돌아감을 의미한다.147)

하이데거의 이런 돌아감은 언제나 "인문주의자들"에게서 가장 가까운 것, 소위 가장 가까운 것으로 간주되거나, 사칭된 것에 대한 비판과 연결되어 있으나 "가까움 자체 : 존재의 진리"148)는 언제나 그러한 소위 가장 가까운 것보다 더 가까이 있다는 사실이 간과될지도 모른다는 것이다. 인간의 본래적인 본질이 "탈존(Ek-sistenz)"에 근거하고149) 인간 존재가 유일하게 "존재 진리에 대한 물음으로부터 사유될 수 있다"150)면, 존재 진리를 사유하는 것, 이른바 인간의 인간성을 사유하는 것이다. 그러나 그 경우 "휴머니즘"에서처럼 더 이상 인간 자신에 달려 있지 않고, 오히려 "존재 진리에 봉사하기 위한 인간성"이 중요하다.151)

이런 사태 연관과 관련하여 하이데거는 다음과 같이 수사학적으로 묻고 있다. "사람들은 모든 종래의 '휴머니즘'에 반하여 이야기하고, 비인간적인 것의 대변자로 만들지 않는 그래도 이런 휴머니즘을 여전히 휴머니즘이라고 부를 것인가? 아니면 사유는 휴머니즘에 반한 열린 저항을 통해 우선 한 번 인간의 인간성과 그것의 정초화를 의아하게 여길 수 있는 동인을 제공하고자 하는가?"152) '진리'가 그 말의 관습적이고 보편적인 의미

---

147) 같은 책, 352.
148) 같은 책, 332.
149) 같은 책, 345.
150) 같은 책, 353.
151) 같은 책, 352.
152) 같은 책, 345 이하.

에서 '참을 말하고', 즉 거짓말을 하지 않는다는 것이 아니라, 오히려 존재의 존재 방식인 개방성에 대한 물음을 의미함에도 불구하고, '휴머니즘'이란 단어가 존재 진리에 대한 물음에서 동떨어지게 하든지 아니면 인도주의라는 말이 인간의 탈존으로부터 존재의 가까움으로 열리는 '존재 물음', 즉 존재 진리의 물음을 잘못 구축하는 한, '휴머니즘'이란 말에 어쨌든 이것은 하이데거의 견해로서 어떤 의미를 "되찾는" 것이 이루어지지 않는 셈이다. 또한 보프레가 하이데거에게 제기했던 물음이 그러한 것이었다.153) 그러나 인간의 인간성에 대해서 더 본질적인 물음의 의미에서 인간을 존재의 이웃으로의 방랑자로서의 길 위로 데려오는 것154)이 더 긴요할 경우, 그 물음에는 인간에 대한 물음이 지닌 종래의 기초인간학적인 의미와는 반대로 기초존재론적인 의미가 귀속된다.155) 환언하면, "미래 사유"는 더 이상 철학적 인간학에서 정점에 이르거나 동시에 기저지어진 철학으로서 이해되지 않고, 오히려 "철학에 지금까지 은닉된 인간 본질과 존재 진리와의 '탈존적' 연관"을 사유하는 독자적인 시도로서 이해된다.156) 하이데거는 이 정도로 해두자.

9. 셸러와 하이데거 양자에게 위험에 처해 있는 것

20세기의 중요한 대립적인 논쟁 중의 하나로 간주되는 것에 대해서 적어도 간단히 대비해보도록 하자. 하이데거가 셸러에 대해 언급했듯이, 셸러 또한 하이데거가 『존재와 시간』 출판

---

153) 같은 책, 315.
154) 같은 책, 344.
155) 참조, 같은 책, 357.
156) 같은 책, 333.

후 곧장 한 권의 책을 보냈다. 더욱이 1927 / 1928년 겨울 학기에 쾰른에서 두 사람은 『존재와 시간』에서 도입된 셸러의 철학 이해, 즉 인간학에 대한 입장과의 관계 속에서의 물음들을 언급하고난 연후에, 그는 1987년에 유고에서 출간된 텍스트와 메모에서 하이데거와 논쟁을 벌였다. 바로 셸러가 "분량이 적고 더욱이 독자적인 것은 아니었던"[157] 하이데거의 어떤 소견을 좇아서 ― 나는 하이데거 편지에서 인용한다 ― 새로운 그의 "사유"의 단초를 인식했기 때문에, 셸러가 계획하고 그리고 그의 생애 동안 일부분만 출판된 저술인 『관념론-실재론』의 부록에서, 하이데거가 "현존재의 실존론적 분석론"에서 다룬 "불안과 염려"와 관련하여 숙고하게 했고, 그의 유고집 『'존재와 시간'(1927)의 '방주와 텍스트 메모들'"[158]에 대한 주석을 달았다는 사실을 주목할 수 있다.

그러한 것은 셸러와 하이데거의 대립 속에서 위험에 처해 있는 것이 무엇인지 설명하기 위한 본보기가 된다. 기초존재론자인 하이데거는 그와 이 점에서 셸러와 비교되는데, 그 이유는 "존재의 진리"를 심려하는 기초존재론자인 하이데거는 1930년대에 이 용어를 포착하며, "불안"의 근본 정황성을 세계와 존재자가 그 속에 가라앉고, 모든 걱정할 수 있는 것의 무화가 일상적인 현존재의 일상적인 심려를 통해 경험되며, 그것을 통해 고유한 존재 가능성이 밝혀지는 "현존재의 탁월한 개현성"으로 간주하는 반면,[159] 기초인간학자인 셸러는 불안의 논점에서 급진적 인간학적 고려 하에서 상세하게 인간이 불안을 가지는 모든 것을 상세하게 밝힌다. 그는 불안의 다양한 방법을 묘사하

---

157) 셸러, 『후기 저작들』, 하이데거가 그의 설문에 응했던 한 보고서에서 인용한 편자 Manfred S. Frings의 후기, 362.
158) 셸러, 같은 책, 254-293과 305-340.
159) 하이데거, 『존재와 시간』, 184 이하.

며, 그가 주장하듯이 불안을 바로 제일의적인 것이 아니라, 오히려 어떤 체험된 저항의 귀결로 비로소 등장하고, 더 정확히 "저항의 방법에 대항하는 충동을 지닌 노력으로서 체험되는" 더 큰 저항의 "귀결"임을 강조한다.160)

*하이데거*에게서 불안은 무 앞에 세우는 그것을 통해 일상적인 염려의 "무해성"을 빼앗는다. 이것이 *셸러*의 경우에서 그런 것처럼 그 염려에 단순히 인간학적으로 고려할 때 귀속되며 그것에 상응하여 유한성이 그것의 본래적인 본질에 따라 경험되는 것을 방해하고, 유한성을 여타의 인간학적인 속성들의 하나로 받아들이는 데로 이끌어오고, "지속적으로 대개 은폐된 모든 실존하는 것을 전율케 하는" 대신에 경험하게 되는 저 근본 정황성이다.161) 반면 *셸러*는 왜 염려가 바로 인간 현존재의 원구조가 *아니라*, 오히려 "살아 있는 불안의 요소와 정신적인 원행위, 정말 정신의 *절대적인* 원행위인 자비, 자비애로부터 구성"으로 이루어지는지를 설명하고자 했다.162)

*하이데거*는 기초존재론적으로 이해된 "불안" 일반은 먼저 "염려"를 존재 문제의 관점에서 "근본 실존 범주"로서 인식할 수 있게 한 것을 강조한다. 따라서 그것을 분석함에서는 "어떤 구체적인 실존 이상에 대한 세계관적인 선언"이 중요하지 않다.163) 반면 *셸러*는 인간학적으로 사람에게서 불안에서 "계속 자라난 반대자", 즉 *적대자*를 지지하며, 말하자면 에로스의 에로스적인 것과 그것 안에 "뿌리를 두고 있는 공감적인 모든 종류의 기능들"을 지지하는데, 그 이유는 셸러에 의하면 "불안이 아니라 에로스는 점증하는 참여와 인식 과정의 매개"라는

---

160) 셸러, 『후기 저작들』. 257, 269 이하.
161) 하이데거, 『칸트와 형이상학의 문제』, 231.
162) 셸러, 『후기 저작들』, 274.
163) 하이데거, 같은 책, 231.

플라톤의 말이 옳았음을 시인하는 것이 타당하다고 보기 때문이다.164)

셸러는 그가 유별나게도 그리고 하이데거를 지지하여 수미일관하게 이야기하듯이, 이러한 방식으로 여러 세기 동안 인간의 "존재 방식"에 적용된 형상과 질료와 같은 유기체와 혹은 실체와 연장적 존재와 같은 비생명체의 불충분한 범주들을 극복하고 동시에 사유함 혹은 의욕함과 같은 개별적 활동들을 통해 또는 기능들 혹은 업적들을 통해 인간의 존재 방식을 규정할 수 있다고 믿는 그러한 견해들에서 벗어나기 위해 모든 인간의 본질 속성들과 활동들이 뿌리내리고 있는 하나의 "인간 '의' 존재 구조"를 발견하기 위해, *하이데거*의 시도를 높이 평가하고 있다는 것을 명료하게 강조한다. 그러나 이러한 규정들에 대한 바로 이런 문제 삼음 속에서 하이데거의 저서 『존재와 시간』의 가장 큰 공적을 보고 있는 *셸러*는 그래도 "정신, 삶, 신체, 정신, 의식, 비생명체, 신체 …… 와 같은 개념들을 전제하지 않는 것", 즉 "우리가 그것으로부터 비로소 이런 개념들과 그것의 대상의 존재 방식들을 획득할 수 현존재(즉 인간의)의 분해할 수 없는 원구조를 발견하는 것이" "가능한지"를 묻는다.165) *셸러*의 눈에는 *하이데거*는 말하자면 사물들을 뒤죽박죽 만들거나 혹은 말 뒤에다 고삐를 걸고 있는 것으로 보인다.

요약컨대, *셸러*는 *기초인간학*으로서 *하이데거*의 "길"을 "이미 난파를 위한 선험적인 것으로 선고가 내려진 것"으로 간주한다. 왜냐 하면 셸러가 가정하듯이 "현존재"라 칭하는 하이데거에 의해 주장된 "긍정적인 존재의 구조"가 존재하지 않을 것 같기

---

164) 셸러, 『후기 저작들』, 271 이하. 플라톤에게서 에로스의 문제에 대한 논란이 된 토론을 Steffen Graefe가 환기시키고 있다. 분열된 에로스. "지혜"를 향한 플라톤의 충동. Frankfurt am Main 1989.
165) 같은 책, 274 이하.

때문이다. 존재하는 것은 유일한 것이고 그리고 유독 인간은 모든 존재 방식들의 전체성에 대한 소존재(das Micro-on)다. 따라서 *셸러*는 자신의 인간학적인 숙고들과 그가 그것들로부터 이끌어내는 귀결들을 다음 명제에서 요약한다. 즉, "그래도 지금까지의 방법은 인간을 우선 이미 이해된 존재 방식들(신체성, 몸성, 생명체, 자의식, 이성, 신성 등)을 본질성으로 구축하려는 올바른 방법일 것이다."166) 따라서 *셸러*에게는 그의 기초 인간학에서 특별 *구조*들로부터 구성되고, 게다가 층으로 된 구성 성격을 지닌 복잡한 *전체 구조*가 문제시된다. 그 구조 위에서 "정신"은 위에서부터 그리고 바깥으로부터 잠겨지거나 오늘날 사람들이 아마도 말하듯이 맞물리게 된다.

그러면 *하이데거*는 어떠한가? 여기서 나는 그가 "『존재와 시간』에서 제기된 존재 물음에 대한 오해"에 대해 논쟁을 했고 그리고 그의 『칸트』 책에 대한 예비 작업을 이끈 유명한 다보스(Davoser)대학 코스와 연관하여 기록해두었던 것으로 소급하고자 한다. 자신의 『칸트』 책에서167) *기초존재론*을 위해 자신의 독자적인 방식으로, 말하자면 *기초인간학*을 궁지에 몰아넣기 위해 "막스 셸러를 기념하여" 헌정했다는 것을 강조하고자 한다. *하이데거*를 따르면 "모든 철학적 인간학과 문화철학 *이전에*" 놓여 있는168) 하나의 방식 속에 인간 *존재*의 의미에서 인간의 "본질"에 대한 물음이 "종래의 서양 형이상학의 토대들(정신, 로고스, 이성)의 해체" 이후에 제기되어야만 한다. "인간의 현존재를 다룬" 『존재와 시간』의 논의는 철학적 인간학이 아니라고 주장한다. 인간의 근본 정황성인 불안, 나중에 지루함

---

166) 같은 책, 276.
167) 하이데거, 『칸트』, XVI.
168) 하이데거, 『칸트』, 부록 1, 다보스 강연들, 245.

의 분석은 "인간의 중심 현상을 명료하게 하는 데" 소용되지
않는다. 오히려 그것은 "인간이 도대체 무와 같은 그러한 무엇
앞에 세워질 수 있는 것이 어떻게 가능한지에 대한 질문을 준
비하는 것이다. 왜냐 하면 단지 내가 무를 이해하거나 혹은 불
안을 이해한다면 나는 존재를 이해할 가능성을 지니고 있기 때
문이다. 존재는 무가 이해되지 않는 한 이해될 수 없다. 그래서
단지 존재와 무에 대한 이해의 통일성 속에서만 왜의 원천에
대한 물음이 솟아난다. 무엇 때문에 인간은 왜에 대한 물음을
가지고 물어야만 하는가? 존재, 무, 왜에 대한 이런 중심적인
문제가 가장 기초적이고 구체적인 것이다."169)

　셸러와 하이데거 양자 중 누가 최종 결정을 가지고 있는가?
나는 그 질문에 대해 대답할 의무가 있고, 가치가 있는 과제라
고 이해할 경우, 하나의 질문을 던지면서 종결을 짓고자 한다.
"최종 결정"을 내린다는 것의 의미에서가 아니라, 또한 마지막
외침이라는 것의 의미에서가 아니라, 아마도 인간, 존재, 신을
위하여 통합적으로 고찰하며 그리고 아무것도 놓치지 않고, 셸
러에게도 하이데거에게서도 위험에 처해 있거나, 위험에 처하
게 하지도 않는 것은 하나의 인간학적 존재론적으로 고무된 *존
재론적 인간학*이 아닐까?

---

169) 하이데거, 『칸트』, 부록 2, 카시러와 하이데거의 다보스 토론, 255 이하.
(O. F. Bollnow와 Joachim Ritter가 구성한 기록을 볼노우가 인쇄를 맡은 텍
스트) ― 무가 개시되는 불안의 기본 정조에 대하여 저자의 하이데거의 4중적
물음, "형이상학이란 무엇인가?"에 의거한 선행적인 것. 참조. in : Richard
Wisser, 『철학의 길 안내. 모델들과 전망들』, Würzburg 1996, 251-276.

하이데거와 야스퍼스의 서신 교환:
의사 소통적 비판에 대한 야스퍼스의 구상

사람들이 서신 교환에 관하여 일반적으로 생각하는 것에는 상이한, 정말 상반되는 견해들이 있을 수 있다. 서신 교환이란 차원에서 편지를 쓰는 사람은, 사태에 관련된 문제들에 대한 입장이 관건이 되는 비인격적으로 간주된 학문적 논고들 혹은 기타의 서면적인 진술들에 반하여, 편지의 *고유한* 법칙들을 지닌 의사 소통의 한 형태가 문제시된다는 것을 안다. 서신 교환에서는 객관적인 태도가 중요하지 않다. 그것에는 대상에 대해 이야기하는 것만이 문제가 되는 것이 아니고, 씌어진 모든 것은 하나의 *인격적인* 연관 관계 속에서 진행된다.

편지의 구성 요소들에 대해 대단히 풍부한 *인간적인* 상호 교통의 이러한 특기할 만한 접촉 구조와 관계 구조를 세밀히 분석하지 않고도, 그 구조는 이제 타인에게 속한 모든 본질 특징들과 관계 방식들의 고려와, 또한 상호적인 신뢰를 매개로 한 특징들에 대한 고려에서부터 이루어지고, 소위 "사적으로 되는 데 까지" 이를 수 있다. 즉, 사태적인 논점들과 그것들을 통해 각인된 어떤 양식을 도외시하고 사람들이 타인들의 사적이고, 개인적인 약점들로 간주하는 그러한 것을 단지 시사하는 어떤 공격을 고려하는 데까지도 이를 수 있다. 편지를 쓰는 사람들은 원칙상 서신을 교환할 때 중단시켜야 할 위험에 이르러서는 안 되고, 즉 논증적으로 요점을 드러내는 개인적인 무분별성에 이르러서도 안 되고 그리고 오만하고 냉담한 소위 사태 관련성을 대변해서도 안 된다. 오히려 소위 대상, 즉 서신 교환에서 다루어지고 주고 받게 되는 것은 절정에 이른 고유한 어떤 견해의 언표에도 불구하고, 항상 수신인의 입장에 대하여 민감하게 남아 있는 어떤 의미와 형태에서 접촉하는 것이 중요하다. 결국 여기서 발신인과 수신인, 즉 능동자와 피동자의 본보기가 직접적으로 기능을 발휘하지 않고, 말하자면 얽혀 있다. 따라서 한편으로 씌어진 것에서 추정된 혹은 선취된 사실적인 상대방의 입장이 이미 영향력을 발휘하게 되고, 그것은 기록된 강조와 극단화를 통해 확정된 표현이 주어진 모든 것이 함께 규정되는 것이다. 다른 한편으로 서신 교환에서 그것은 말하자면 결말을 짓는 것이 아니라 오히려 움직임 속에 있고 그것을 통해 그 속에서 다루어지는 것의 움직임을 알아내고 추적하는 주목할 만한 기회를 얻게 된다는 것을 나타내고 있는 것이다.

편지를 쓰는 사람은 누구나 이런 사실이 자신에 의해 계속 표현될 필요가 없음을 알고 있다. 서신 교환이 활성화되려면, 그 회신을 통해 바로 확정되어 있지 않은 그 무엇에 대한 그때그때마다의 회신을 알 준비가 되어 있어야 할 뿐만 아니라, 이의 제기를 곰곰이 생각하고 그에 상응하게 다시 답장할 준비가 되어 있어야만 한다. 만일 사건들과 그것들과의 관계가 잘 정립되어 있지 않아서, 그것들의 일치를 추구하는 한에서는 반드시 그렇게 해야만 한다. 이런 의미에서 서신 교환들은 원칙적으로 *열려* 있고 파트너를 고려해볼 때, 기록된 것의 상황 성격은 상대적이다. 그리고 편지들의 그때마다의 답신 성격은 독단을 *내리는* 판단들을 삼가는 특징을 드러낸다. 따라서 그런 종류의 발신인은 원칙적으로 스스로 무언가를 말할 뿐만 아니라, 또한 *스스로에게* 무언가를 말하도록 준비가 되어 있는 셈이다. 그러므로 그에 상응하는 답신들은 *언명*과 *열변*의 특성, 즉 종결하는 대답들의 특성을 지니지 않고, 또한 다음과 같이 주장되는 방식으로 다가오는 구술의 특성과 서법의 형식을 지니지 않는다. 오히려 그것은 *정합*과 *상응*의 특징을 지닌다. 말하자면 확실한 진술들을 지지하는 이유들에 대해 어떤 양해를 위해 노력하려는 설명의 성격을 지닌다. 그것들은 책임이 부과된 대답의 형태를 지닌다. 그 답신들은 다른 사람의 말을 가로막지 않고, "최종 결정"을 내릴 것을 요구하지 않고, 오히려 상응하는 대답을 기대하게 한다.[170]

바로 생생하게 *서로 연관된 양해*의 이런 과정, 그것에 맞는 개인적인 이해를 통해 사태의 양해에 이바지하는 논쟁적 대결의 형식은 서신 교환을 자료로 남길 수 있다. 그 증거 서류에서 바로 인간적인 너무나 인간적인 것이 나타날 뿐만 아니라, 많은 독자는 말하자면 공식 세트의 이면을 바라보는 것이 허용되고 그것을 추적하기 때문에 또한 인간 존재의 맥점과 바로 접촉된다. 특히 본질적인 물음들에서 사람들이 말하듯이 중요시되는 물음들에서 그의 *타인과의 의존 관계*를 살펴볼 수가 있다. 또한 그의 "*서신 교환의 거울에 비추어본 칼 야스퍼스*"라는 주제를 다룬다는 것은 몇 년 전부터 내가 제안했고 계속 증가되는 관심거리라는 사실은 놀랄 일이 아니다. 왜냐 하면 그것은 그 이전과 이후의 어떤 다른 누구도 내 생각에는 의사 소통을 강조한 적이 없고, 그가 바로 하이데거와의 서신 교환에서 그것의 한계에 부딪쳤던 스스로의 고통스런 경험을 했어야만 했던 바로 그 철학자에게 헌정하고 있기 때문이다.

주지하다시피, 한 가지 참조로서 충분하게 입증될 수 있는 것으로서 맨 먼저 1945~1968년 사이의 『야스퍼스와 바우어의 서신 교환』(Karl. H. Bauer)[171]이 출간된 후, 포괄적인 서신 교환으로서 『아렌트와 야스퍼스의 서신 교환』(1926~1969)[172]이 있고,

---

170) Richard Wisser, 「책임에 대한 인간학적 기초들」, in : Richard Wisser, 『철학의 길 안내. 모델들과 전망들』, 1966. 441-462.
171) Renato de Rosa에 의해 편집되고 해설됨, Berlin 1983.
172) Lotte Köhler와 Hans Saner 편집, München, Zürich 1985.

『야스퍼스와 하멜스벡(Oskar Hammelsbeck)의 서신 교환』,[173] 뒤이어『하이데거와 야스퍼스의 서신 교환』(1920~1963)[174]이 출간되었다. 바젤에 있는 야스퍼스재단위원회가 학문적으로 가치가 있는 야스퍼스의 서신 교환 출판의 프로젝트를 포괄적으로 현재 네 권으로 추진하고 있다고 참고로 미리 말해두고자한다. 제1권은『의학과 정신의학』이라는 주제로 얼마 안 되어 출간되었고, 2권은『철학』, 3권은『정치』가 다루어지고, 4권은『대학』의 문제들이 다루어진 서간문집에 포함된 것이다.

나 자신이 이미 전후의 대학 시절에 그리고 후에 야스퍼스가 서거하기 직전까지, 우선『시대의 정신적 상황』(1931), 다음으로 그의 책『니콜라우스 쿠자누스』와 특히『독일정치 1945~1965에 대한 저작들』에 관하여 몇 통의 편지를 교환했다는 사실은 그것이 내가 편지를 통한 교제의 특수한 상황과 관련하여 확실한 나름대로의 경험을 다루고 있음을 보여준다. 그 경험들 속에서 서신 교환이 의미하는 것이 구체적으로 현실화되었지만 또한 반성되었다는 사실이 밝혀졌기 때문에, 내가 말하는 것이 어느 정도 암시될 수 있기를 바란다. 더 중요한 것은 이러한 편지들 중에서 다음과 같은 문장들, 즉 "하나의 사태가 전문가들에게 남아 있는 철학은 그 때문에 항상 문제시된다. 철학으로부터 번역될 수 있는 것은 공통의 사유 속에 있고, 그것은 끝내 철학의 가치를 결정한다."[175] 또는 "나에게서 철학적 논쟁이 본질적인 문제라고 보는 당신의 관점은 옳다. 그리고 오늘날 사람들이 그것에 관해 숙고할 수 있기 이전에, 누군가가 실현하지 않으면 안 될 논쟁의 새로운 방식이 추진된다."[176] 이

---

173) Hermann Horn에 의한 편집 및 해설, Frankfurt am Main 1986.
174) Walter Biemel과 Hans Saner 편집. Frankfurt am Main-Zürich 1990 (서신 교환).
175) 1951년 11월 30일 야스퍼스가 저자에게 보낸 편지.

것들은 분명 우리의 주제와 직접적으로 관계된다.

내가 두 페이지에 걸쳐서 그 자체로 서신 교환의 공통적인 복잡하고 어려운 관계 구조로서 윤곽을 그린 것에 의해서, 예컨대 데카르트의 성찰에서 시도되었듯이 혹은 그것들이 본보기로 라이프니츠의 소위 단자론의 수미 일관된 사색들을 표현하듯이, 연역법들의 합리성의 구조를 가리키는 어떠한 텍스트들도 생기지 않는다는 사실은 쉽게 이해된다. 이것은 그러한 것과 그와 유사한 것을 기대하고 요구하는 많은 독자들이 원칙상 서신 교환을 무시하는 것에 대한 이유 중의 하나다. 그것들은 대상으로서 독자에게 주관적인 관심이 있는 것에 대해서 각각 그것들 속에 드러나는 이러저러한 "논점"에 가산점을 주는 데로 잘못 이끌거나 혹은 사람들이 스스로 그때 그때마다 서신 교환자들로부터 만드는 상을 강조하여 채색하기 위해 우선적으로 이용되는 텍스트들이다. 따라서 많은 독자들은 그러한 경향이 있으며, 이것은 서신 교환의 교류에서 다른 극단, 즉 서신 교환을 규정대로 최대한으로 이용하는 것이다. 계속 이런저런 것을 위한 증거로서 이것 혹은 저것을 인용해야 할 상황이 있고 그럴 능력이 있는 그런 종류의 선별적인 이해에서 그것이 남아 있지 않다면 상대방의 관점에서 질문하고 대답하는 상호 놀이에서 서신 왕래를 하는 개개인은 언제나 언표하게 하고 오직 알게 하고, 말하자면 "논점을 불러오는 것"뿐만 아니라, 오히려 상호간의 입장들의 "요점", 즉 둘 다 본질적으로 문제시되는 것을 찾아내고 그것을 정당화시키는 것이 필요하다.

확실히 하이데거와 야스퍼스의 서신 교환에서 몇 가지 "논점들"을 쉽게 찾아볼 수 있다. 나는 확실히 관심을 끌 수 있는 몇 가지를 언급할 수 있는데, 예컨대 서신들의 행간 *사이에서* 처

---

176) 1964년 12월 4일자 두 사람 사이의 서신 교환.

음에는 희망에 찼지만 그후에 알력과 불화처럼 보이는 두 사람의 관계의 역사를 발견할 수 있다는 것이다. 예컨대 자너(H. Saner)가 야스퍼스의 유고로부터 편집한 『하이데거에 대한 메모』177)에서 강조했던 바의 것이다. 개인 자서전적 관계들의 관점으로부터 고정되어 있지 않고, 비교적 둘의 철학과 사유에 대한 다른 입장들에 대해서 추상적으로 상세하게 보고하고 있다. 소위 올바로 이해된 대학의 테두리 안에서 교수 철학과 거리를 두는, 특히 두 사람에 의하여 기도된 철학 갱신의 관점에서 그때마다의 "철학 연구"에 대한 그들에게 상응하는 방식들에 관해서 상론한다. 즉, 그것에 대해서는 예컨대 비멜(W. Biemel)이 그의 "하이데거와 야스퍼스의 서신 교환에 대한 소견"178)에서 강조한 바의 것이기도 하다.

매번 한쪽에서 상대편의 일정한 *출판물*에 대해, 그것을 인정하든지 비판하든지 간에 말을 하게 될 수 있다. 즉, 양자는 *다른* 철학자들에 대한 어떤 판단들을 내리든지, 후설 혹은 셸러의 수준의 철학자들에 대해 그런 판단들을 내릴 뿐만 아니라, 그들의 의미에 대해서도 서로 평가한다. 초빙에 관한 일들에 대한 상세한 설명들과 그것과 함께 일어나는 "술책들"과 그에 상응하는 질질 끄는 "싸움"도 관심 있는 독자들은 발견할 수 있다. 즉, 알력과 관련하여 정말 처음에 강조했던 하이데거의 나치에의 가담을 주목할 만하게 된 것, 전쟁 후에 둘 사이의 억제되고 콤플렉스에 걸린 간접적이고 직접적인 접근에 의해 일어난 것, 후기 하이데거의 정치적인 냉담과 야스퍼스의 독일연방에서의 정치적 사유를 위한 정면적인 정열적인 개입 사이의 불

---

177) München, Zürich 1978, 7-21(메모).
178) In : 저자, Leonard H. Ehrlich, 『철학자들 중의 철학자』. Würzburg 1993, 163-169.

신에 대해 언표된 것 등이다. 그리고 서신 안에 꾸불꾸불 엮어진 역사를 추적하면 둘 사이에 점진적으로 "우정"179)이 싹트고, 그런 "우정의 표시들"180)이 뒤바뀌고, 야스퍼스가 하이데거의 70회 생일에 썼던 둘의 관계에 대한 글에서 그러한 면을 엿볼 수 있다. 즉, "1933년 이래 우리 사이에는 그 이후에 일어났고 말했던 것으로 항상 일어날 수 없을 것 같은 사막이 놓여 있다."181) 그것을 추적하는 자는 이 세상에서 인간적인 너무나 인간적으로 되어간다는 특기 사항이 위로가 되지 않고, 오히려 그것을 자신의 생각에 따라 설명하고자 할 것이다.

모두가 오로지 관심을 쏠리게 할 수 있는 이런 "논점들"이 중요하고 그리고 많은 다른 논점들도 중요할 수 있다. 내가 이 서신 교환 안에서 "요점"이라 명명했던 것을 표시하는 것이 더 중요하고, 내가 생각하는 바로는 더욱더 중요하다. 그 논점은 단지 피상적으로 역설적 방식으로 어떤 *프로젝트*, 어떤 *의도*, 어떤 *계획*, 어떤 미래에 초점을 맞춘 *의도* 속에서 표현된다. 어떤 프로젝트가 문제인가? 야스퍼스는 하이데거의 편지에 회답하면서182) 자신의 프로젝트를 제시한다.

하이데거가 야스퍼스의 3권의 『철학』과 소위 앞서 나온 소책자인 『시대의 정신적 상황』(1931)을 수령한 후, 이런 바로 지나

---

179) 『서신 교환』:"진정한 우정"이란 말로 하이데거는 1923년 6월 19일의 편지에서 처음으로 서명하고 있다. 야스퍼스는 1923년 6월 20일 그의 답장에서 다음과 같이 쓰고 있다. "우리는 우리의 우정을 간직합시다." 여기서 『메모』 68번 참조. "1920~1933년 하이데거와 내가 새롭게 깊이 교제하는 관계를 가졌을 때, 나는 그를 친구로 부르지 않았다. 내가 그것을 지금 뒤늦게 그렇게 부른다면, 나는 1933년에 동일한 마음을 나눌 수 없었던 나의 친구였고, 나를 고발한 유일한 친구였다고 할 수 있을 것이다."
180) 『서신 교환』, 하이데거. 1923년 7월 14일. 41 이하.
181) 『서신 교환』, 야스퍼스. 1959년 9월 22일. 214.
182) 『서신 교환』, 하이데거. 1931년 12월 20일. 143.

치게 열광적으로 *야스퍼스*를 향하여 이제 오래 기다렸던 "작품이 나오고" 그리고 야스퍼스의 "행보"로 말미암아 자신과 함께 자신의 "완성"을 발견한 사실에 대해 이야기한다. 하이데거가 *한편으로는* "오늘날 철학에서 유한하게", 즉 철학의 현재적 상황에 대한 전체 입장과 관련하여 야스퍼스의 작품과 함께 "*필연적이고 전체적인 그 무엇*"이 현존한다는 것을 "본질적인 것"으로 간주한다. 또한 "당신은 분명하고 단호한 승리자의 태도와 실존적으로 입증된 것의 풍부함으로부터 이야기하고 있습니다"는 것을 하이데거는 보충한다. 동시에 *다른 한편으로* 유추적인 평가를 하면서 자신의 *고유한* 작품의 의미를 『존재와 시간』으로부터 인용한 후에, 야스퍼스는 그의 답신과 감사 편지에서 내가 관심을 기울이고자 한 특기할 만한 제안을 하기 전에 그에게 어떤 확정과 단언을 내리고자 한다.

그의 고유한 철학이라고 명칭이 붙은 『철학』과 동시에 하이데거의 기초 저서인 『존재와 시간』에서의 사유를 고려할 때, 하이데거가 야스퍼스를 특정한 양식에 맞도록 표현하고 자극하고자 하고, 하이데거가 기록하듯이 참된 "진정한 개방성 안으로 들어가는 결정적인 길을 '아는' 지도자와 파수꾼"183)으로 진입하도록 그를 준비시키고자 한다. 하이데거의 승자 어법 (Sieger-Diktion)에 야스퍼스는 관여하지 않는다. 오히려 야스퍼스는 하나의 바로 희미하게 빛나는 불꽃에 비교한 그의 고유한, 이전에 출판된 『세계관들의 심리학』(1919)과 구분하여 두 가지 불꽃들이라 칭한 두 *개의* 소위 "저작들"의 *의미*를 상당히 축소시키고 있다. 여기서 야스퍼스가 "첫째"와 "둘째 불꽃들"로 구체적으로 설명한 『존재와 시간』과 3권으로 된 『철학』이 문제된다. 하이데거에 의해 사용된 탁월하고, 말투에서 두드러

---

183) 『서신 교환』, 하이데거. 1931년 12월 20일. 144.

진 표현을 담고 있는 "저작"을 두 사람이 *실행에 옮기지* 않았고, 그들 목전에 있는 저 일과 관련하여 야스퍼스는 강력하게 거부한다. 정말 야스퍼스는 "문 *앞에서처럼*", 즉 "비범한 것이 먼저 개방되어야 하는 것처럼" 느끼게 되는 자의 태도를 나타낸다.184) 따라서 야스퍼스는 자기편에서 "연합된 힘으로 추정된 것과 길을 벗어나는 것을 막을 수 있다"는 확신에 대해서 이야기한다. 한마디로 야스퍼스의 눈에는 일의 실행이 아직도 성취되지 않았을 뿐만 아니다. 둘이 도달하고 엄습하는 것, 그들 양자가 요구하는 것, 그들 양자가 추정하는 것, 그런 방식으로 길을 안내하고 그리고 벗어나는 것이 임박하다. 야스퍼스에게는 『하이데거에 대한 메모』에서 그에 의해 항상 다시금 이의가 제기된 "개방성"이 절대적으로 필요하다. 그 개방성은 야스퍼스에게 하나의 *개인적인* 품성일 뿐만 아니다. 본연의 근원성이며 그 *근원성*은 모두가 자신 속에 닫혀 있고 모두가 대상적인 것에서 안정된 *자기 폐쇄* 및 *닫힌 무엇*을 열고 또한 말하자면 문이 닫히지 않도록 노력한다.

따라서 야스퍼스는 하이데거에게 내가 그것을 명명한 바대로 어떤 책임 있는 대답에서 다음과 같은 사실을 고려하도록 한다. 즉, 공통적인 과제를 고려하여 *실제적으로* 부합되고 이를테면 실제로 효과적인 "개방성을 위한 형식"은 바로 이제 "진리를 지닐 수 있는 어떤 작품인 것이 아니라, 오히려 첫 번째로 의사 소통적 비판의 논쟁 대신에 철학적 세계로 불러오는 대결의 운동"일 것이라는 사실이다. 한편으로 하이데거의 『존재와 시간』에서, 다른 한편으로 야스퍼스에 의해 『철학』이라고 이름 지어진 자신의 출판물 속에서는 *작품* 성격을 지니고 길의 성격을 지니지 않는 "논점으로 부각된" 것이 아니라는 사실이다.

---

184) 『서신 교환』, 야스퍼스. 146. 저자에 의해 강조됨.

야스퍼스는『존재와 시간』의 현상학을 바로 하나의 "구성적인 건축물"과 비교하는데, 하이데거에 반해서 야스퍼스가 서면으로 알린 입장에 따르면 이 사실은 결정적이다. 오히려 그는 내가 사유 진행 방식으로 이해될 수 있는 양자 입장들의 조우를 통해 대체로 *작동하는 움직임*의 "요점"이라 명명하고자 한 것을 결정적인 것으로 간주한다. 여기서는 함께 걸어가야 할 한 길, 즉 두 길이 아니라 하나의 길을 틈이 관건이다. 그 길은 이제 미래를 향해 먼저 이끌어갈 수 있는 것을 고려할 때 상호적인 만남이 이루어지는 길이며, 그것은 논쟁에서 사실상 걸림돌을 놓는 적대감에 의해 서로 차단되지 않는 *공동의* 길이며, 더욱이 *본질적인* '맞섬(gegen)'이며 '동반(mit)'이며 상호성이 관건이다.

여기서는 이런 공동의 기획에 야스퍼스가 본래적인 역점을 두는 것이 결정적이다. 두 사람은 철학사에 등장하는 사상가들과 통상 이해되는 과거와 관련되지 않고, 오히려 여기서는 원래적인 현재성과 흐름 속에 존재하는 것이 상호적으로 영향을 미칠 가능성이 지배한다. 여기서 각자가 상대방을 당혹하게 만들려고 한 두 사람의 동시대인들은 상대적, 상호적으로 교제하며 그들은 상호적, 상대적으로 자신들의 *공통성의 다양성* 속에서 교제하며 만난다. 이는 물론 야스퍼스의 시각이고 의도다. 즉, 상호 적대감으로 인해 누구도 상대방 면전에서 자신의 생각을 닫지 않는 한, 언급한 개인적인 개방성이 작용하고 또한 원래적인 개방성이 눈에서 멀어져 없어지지 않는다는 사실이 뒤따른다.

환언하면 *새로운 무엇*이 관건이며, 아직도 거기 존재하지 않았던 것, 미리 만들어지지 않은 것, "의사 소통적 비판"이 관건이다. 이것은 어떤 의도된 미래의 공통적인 것이기 때문에 상호적으로 대립되어 있는 것이 아니라, 오히려 상대성을 넘어서는 방향으로 *움직인다.* 두 사람의 적대감, 정말 우정으로 인해 둘을 떼어놓고 오직 승패를 관찰하면서 조건 관계를 살피는 대신에, 그때마다의 구별(비판)을 통해 사태를 살피면서 상대방을 필요한 변화(위기)로 이끌고간다는 사실이 관건이다.

야스퍼스는 주목할 만한 제안으로 그때마다의 대응과 *상대적인 촉구*를 통해 철학과 사유의 공통적인 미래를 향해 "도상에" 있고자 하는 목표를 설정하고 있다. 여기서는 이제 물론 무엇을 정확하게 "표현하거나" 무엇을 종결시키는 여타의 "논점들" 중의 어떤 "논점"이 관건이 아니라 "요점", 즉 추진시키는 운동이 관건이다.

그리하여 야스퍼스는 그의 편지 파트너에게 하나의 방법을 제안한다. 그 방법은 "*의사 소통적 비판*"으로서 통용될 수 있고, 철학과 사유가 교착되어 있는 철학적 *논쟁*에서 관례가 되어버린 불가피한 상황에서부터 시작할 수 있다. 나는 그것을 나의 말로 나를 대변하는 철학의 배경 하에서[185] 이야기해볼까 한다. 철학과 사유는 오직 비판, 즉 상존하는 *구별*의 토대에 기대지만 동시에 *의사 소통적인* 비판을 통해 길을 여는 *위기*에 기대지 않는다. 즉, 타자에 대한 그때 그때마다 *다른 사람들*의 이의 제기를 통해, 술어적으로 말하자면 타자화(Ver-anderung)를 불러일으킬 수 있는 비판적인 구별을 통해 발생된 변화에 기대지 않는다. 여기서 타자화는 점진적으로, 즉 "비판적-위기적으로", 그때마다의 새로운 구분들과 그에 상응하는 변화 내지 타자화를 야기하는 어떤 운동을 나타낸다. 그런 운동에서 각자는 자

---

185) Richard Wisser, 「인간의 자기 이해를 위한 길로서의 비판과 위기」 in : PW, 361-380. 참조, Richard Wisser, 인간은 아무도 동일하지 않다. 『"비판적-위기적 인간학"의 다양성과 전망들』, Würzburg 1997 참조.

기 자신이 된다.

야스퍼스는 자신의 쪽에서 목표로 삼고 도상에 머문, 그에 의해 그렇게 명명된 "대결의 운동"에 대한 공동 프로젝트의 구조 연관을 정식화시킨다. 그것에서 공통성이 확실히 놓여 있고, 대결에서 양자는 똑같이 *언급된 운동이 서로 다른 방향에서 나타나도록* 이바지할 준비가 되어 있다. 즉, "나는 당신의 『존재와 시간』을, 당신은 나의 책 『철학』을 그것의 핵심과 가능성이 파괴로부터 올바로 밝혀지기 시작되는 방식으로 풀어나가야만 할 것입니다. 그 속에서 — 야스퍼스는 하이데거의 편지로부터 하나의 정식을 포착한다186) — 우리는 '미리 일치하고' 있다는 사실입니다. 우리는 그것을 근거로 하여 왕래하며 확정해야만 할 거고, 전체를 개방성에 대한 공동의 행위로 공표해야만 할 것입니다."187)

주지한 바대로 그때마다의 *작품* 성격의 자리에 "요점"과 접촉될 수 있었고, 그럼으로써 철학적 사유188)의 공통적인 길의 특성이 선명해질 수 있었던 이런 본질적인 대화는 이루어지지 못했다. 이것은 일방적으로 야스퍼스의 유고로부터 1978년에 자녀가 편집한, 엄밀히 말하면 출판될 수 없었던 『하이데거에 대한 메모』에 있는 내용이다. 즉, 하이데거 편에서는 지금껏 아무런 유사한 것도 상응하지 않는 것인데,189) 그 외에도 그들의

---

186) 『서신 교환』, 하이데거 143.
187) 『서신 교환』, 야스퍼스 146.
188) Richard Wisser, 『철학적 사유의 길 특성에 대하여. 역사적인 맥락과 인간적인 교제』. Würzburg 1998.
189) 하이데거가 야스퍼스에게 1935년 7월 1일에 쓴 편지는 물론 주목할 만하다. "내 책상 위에는 '야스퍼스'라는 표시가 있는 파일이 놓여 있다. 이따금 종이 쪽지를 그 안에 넣곤 한다." 1936년 5월 16일자 그의 편지에 적혀 있다. "내 책상 위에 '야스퍼스' 봉투는 항상 두꺼워진다." 이것이 의도하는 것이 무엇인지에 대해 저자가 비멜에게 한 조회에 의하면, 그런 종류의 "봉투"에 대

우정을 철학적으로 구체화시킬 교제 방식, 즉 그들의 논적(論敵)에 대한 공적인 준거와 분리되어 시작된 철학의 갱신에 대한 공통의 자료190)는 야스퍼스에 의해 항상 새롭게 하이데거의 움츠림과 억제함에 맞서 노력을 다한 접근에도 불구하고, 실제로 이루어지지 않았고 계속 진행중에 머물러 있었다. 그리하여 하이데거와 야스퍼스는 극단적인 적대자로서 그것이 *철학*에 관한 것에서건, *철학의 종말*을 주목한 *사유*든 상관없이, 자신의 열렬함을 서신 교환에서 해명한 애초의 대화를 통한 접근에도 불구하고, 시간의 흐름 속에서 그후에 직접적인 대화가 이루어졌던 많은 편지들이 교환되면서 다소 불화 관계로 대립하고 있다.

언급한 1931년의 제안은, 말하자면 정중함에 의해 서로 호감을 가지고 차이를 눈치채지 못하도록 속이는 여타의 서신 교환들에서처럼, 서로 일반적인 관습적인 교제에 대한 단절을 상관하지 않고, 그 대신에 "의사 소통적 비판"에서는 그때마다 타자를 비판하자는 것으로서 그것은 하나의 서곡을 지니고 있다. 야스퍼스가 1922년 11월 14일에 그의 편지에 그가 지금껏 두 사람 사이에 사용했던 "사랑하는 하이데거 씨!" 대신에 "사랑하는 하이데거"라고 불렀다. "언젠가는 실제적으로 비판적인 잡지가 있어야만 할 텐데 말입니다"라는 하이데거의 반응을 포착하고, 그것을 더 나아가 다음과 같이 해석한다. "우리 두 사람은 언젠가는 하나의 그러한 잡지를 만들어야만 합니다." 야스퍼스는 그 잡지에 다음과 같은 명칭을 부여하기를 제안한다. "시대

해 아무런 정보도 가지고 있지 않다고 그는 대답한다. 야스퍼스와 관련하여 저자는 『하이데거 메모』에 대한 자녀의 서문을 참고한다. "1924~1964년 사이의 300통이 되는 이 메모들은 야스퍼스의 임종시 그의 책상 위에 놓여 있었던 그가 5년 전부터 더 이상 그것들에 대해 작업하지 않았을지라도, 그것들은 마치 '대화'가 언제나 다시 시작될 수 있는 것처럼 정돈되어 있었다." 190) 자녀, 「서문」, 12.

의 철학, 하이데거와 야스퍼스의 비판적인 소고(小考)."191)

이 제안의 특기할 만한 것은 그들이 늘 그랬던 것처럼 그런 잡지의 편찬자가 되어서는 안 되고, 도리어 그들만의 잡지, 그들의 시대에 대한 글(Zeit-Schrift)이 있어야만 한다고 생각했다. 그들은 그들만이 비판적인 책자에서 서로 가까이 대면해야 한다는 것이다. "우리 둘만이 그 소책자 속에 쓸 것입니다."

두 사람이 1922년에 그들이 계획한 기초 저서들을 쓰지 않았던 것을 살펴볼 때, 그 목표가 어떻게 달라질 수 있었겠는가? 이 당시의 둘의 목표는 나중에 목표로 삼은 서로의 "의사 소통적 비판"이 아니다. 오히려 둘의 비판은 "시대의 실제적인 철학, 즉 철학적인 삶의 태도와 동시에 비철학적인 삶의 태도의 모든 운동"에 가해졌고, 게다가 "철학 교수들"이 여러 가지 주제들 중에서 하나의 연구 대상일 수가 있었다. 반면 그들 둘은 자녀가 비평하듯이, "베버(M. Webr)와 라테나우(Rathenau) 같은 사람들"을 "이질적인 정신적 조형물"192)이라고 간주하고서 연구하고자 했다. 모든 것은 어떤 특수한 어조로 등장할 수밖에 없을 것이다. 즉, "우리는 욕은 하지 않을 것이지만, 철학적 규명은 인정 사정이 없을 것이다."193)

야스퍼스가 1922년에 "하나의 거대한 전체적인 대결을 위한 충동"194)을 두 사람의 망쳐지고 그리고 무질서하게 된 어떤 형성된 "철학 교수직" 내부에서 처음으로 "독자적인 긍정적인 업적이 있을 때까지, 그가 그 철학에서 물러서고자 한 대학 철학으로 명명한 것은 공동의 "비판적인 책"조차도 야스퍼스를 먼저 시작했던 하이데거의 요청195)에 종속시키고 만다. 하이데거

---

191) 『서신 교환』, 야스퍼스. 1922년 11월 24일, 35.
192) 자녀, 『"하이데거 메모"에 대한 주해』, 228.
193) 『서신 교환』, 야스퍼스. 1922년 11월 24일, 36.
194) 『서신 교환』, 야스퍼스. 1922년 7월 2일. 31.

에게서와 마찬가지로 야스퍼스에게도 이런 전제들이 제시된 후에 양자의 친밀하게 언급된 "의사 소통적 비판"의 구상으로 강화되고 또한 변경된다. 따라서 그 의사소통으로 야스퍼스가 표현하듯이 "추측된 것과 길을 벗어나는 것"을 "중단시켜야" 할 것을 위하여, 그들은 연합되고 또한 "연합된 힘"을 제시해야 한다. 이제 9년 후 둘은 타인들에 대한 비판이 아니라 오히려 서로 몰아세우고자 했다.

하이데거가 자기편에서 그가 "'교양 있는' 지도자와 감시자의 참된 개방성으로의 결정적인 행보"196)라고 일컬은 것을 참조하면서 명료하게 자기에게 제안한 역할과 관련하여, 야스퍼스는 저 계획을 자신의 병에서 오는 육체적인 이유에서 할 수 없다고 생각하고, 자기편에서 이제 "독일대학철학"을 분명히 "지속적으로" 하이데거의 손에 맡기고 있다. 물론 철학적 과업의 공통성의 종류와 관련하여 야스퍼스는 하이데거를 지지하고 있듯이, 하이데거와 똑같이 자신을 "위대한 것을 수행하는" 철학자로서 자부심을 가진다. "나의 철학은 …… 이 위대한 것의 보존의 도구(Organon) 외에 다른 것은 아니다." 그러나 야스퍼스는 하이데거에 반하여, "우리 두 사람에게서 더 많이 요구되는 것은 이 보존의 의미와 의식"이라는 것을 아마도 단번에 강조한다. 분명히 야스퍼스는 그 속에서 "새로운 비판과 의사 소통의 가능성"197)이 입증된 것을 본다. 주목할 만하게도 그리고 개념적으로 하이데거는 여기에 동의하지 않는다는 것을 첨언할 수 있다. 결국 그는 야스퍼스의 고유함을 분명히 통찰하면서 자신의 고유한 계속된 창작과 자신의 특별한 방법을 위하여 야

---

195) 『서신 교환』, 하이데거, 1922년 11월 24일, 36.
196) 『서신 교환』, 하이데거, 1931년 12월 20일, 144.
197) 『서신 교환』, 야스퍼스, 1931년 12월 24일. 147.

스퍼스에게 상응하는 제안을 한다. 즉, 야스퍼스는 "'철학'과 병행하여 '철학'"198)이란 작품을 만들어야 할 것이다. 그리하여 야스퍼스는 후에 알려진 바대로 『위대한 철학자들』로 열었던 길을 계획한다.

그리하여 그는 *하이데거*의 *"존재 사유"*와 야스퍼스의 "철학의 세계사"의 *내용들과 형상들의 보존의 철학*과 야스퍼스에 의해 추진된 "도래하는 세계 철학"의 구상의 본질적인 차이를 살펴볼 수 있게 된199) 오늘날의 우리는 야스퍼스가 하이데거 사유의 진정한 목표에 대해서 실망하지는 않았지만, 그러나 열린 사유의 공통적인 길 위에서, "열린 지평"에서 열려 있음의 시원성과 관련하여 하이데거가 선회와 우회를 불러일으킬 가능성과 관련하여 실망을 했다는 것을 쉽게 짐작할 수 있다.

단지 하나의 보기만을 예로 들어보자. 『존재와 시간』에서 이미 알레테이아(비은폐)의 원래적인 존재론적 관련성으로부터 진술 진리(Aussage-Wahrheit)의 정향성으로 이끌어간 플라톤의 진리론에서 이미 아마도 철학의 *시작*으로 이미 그것의 종말이 시작되었다고 드러내고자 했던 하이데거에 의해 시도된 입증으로 시작된 종래의 존재론의 "해체"에 대한 프로그램화된 결정적인 의도를 하이데거에 반하여 설명한다. 즉, 하이데거는 이미 "야스퍼스가 하이데거를 언급하고 입증하듯이", 그가 "우리 시대에 유일하게 텍스트에 진입할 수 있었고 원천을 느낄

---

198) 『서신 교환』, 하이데거, 1932년 12월 8일, 148.
199) Richard Wisser, 『야스퍼스 : 검증중에 있는 철학』, 제1, 2판. Würzburg 1995. 특히 : 보존과 차이. 철학의 실존을 위한 투쟁 속에서의 실존철학. 야스퍼스-하이데거(99-121), 야스퍼스의 "기본 구상"의 결과로서의 "철학사"와 "세계철학"의 프로젝트와 구상(123-135). 야스퍼스 : 사태냐 인물이냐가 아니라, 오히려 인물과 사태(139-162)와 야스퍼스와 하이데거. 문제 개관의 형식으로 본 과제 설정(185-198).

수 있었던" 한에서 "'주석하는' 철학자 이전에 새로운 의사 소통적 비판의 가능성을 파악했다." 야스퍼스는 그가 스스로 하이데거의 영향과 관련하여 자극을 준 영향력과 상호 작용을 언급하듯이, "혼자 버려둠의 고통과 후에 이루어진 의사 소통으로부터 비로소, 철학적 작품들에 대한 연구로 나중에 그 자신이 나아가게 되었다는 것"200)을 하이데거의 방법과 동일한 것으로 간주한다면 오해하고 있는 것이다. 내가 확증한 바로는 많은 말이 필요 없고, 해석학 이해에서 차이들이 오늘날 우리를 잘못 보게 한다.

야스퍼스가 물론 하이데거의 기본 테제에서 출발한 위험을 분명히 인식했다는 사실은 예컨대 아렌트와 야스퍼스의 서신 교환의 한 구절에서 증명된다. 아렌트는 그녀가 적고 있듯이 하이데거의 "알레테이아의 올바름으로의 진리의 변화를 입증한 그의 저작『플라톤의 진리론』에서 동굴 비유에 대한 대단한 해석을 입증한"201) 평가와 관련하여, 야스퍼스는 바로 하이데거의 제자의 입증을 표현한 그의 대답에서, 그 아래의 자신의 평가에 대해서 의구심을 표명하지 않는다. 즉, "진리의 자리에 등장하는 올바름의 오류에 대한 세계사적인 원인으로서 플라톤과 플라톤이 상실한 '비은폐성'으로서의 진리를 당신은 대단하다고 느낍니다. 나는 (하이데거의) 글의 가장자리에다가 기록해두었습니다. '우스꽝스러운 것'."202)

우리에게는 오늘날 야스퍼스가 철학 텍스트들에 몰입하고 그것들의 보존과 관련하여 하이데거에게 쓴 동의할 수 있는 문장, 즉 "우리는 그 안에서 오랫동안 만나왔습니다-나는 당신의

---

200)『서신 교환』, 야스퍼스, 1931년 12월 24일. 147.
201)『메모』, 참조. 야스퍼스 편지 184에 대한 주해와 1956년 4월 12일 편지, 774에 대한 주해.
202)『메모』, 야스퍼스 편지, 1956년 4월 12일, 321에 대한 주해.

『칸트』책에도 불구하고 그것을 믿습니다"203)와 관련하여 야스퍼스의 자기 기만은 그러한 시각에서 아마도 미리 진행되었고, 더욱이 사태에 대한 시각뿐만 아니라는 것을 야스퍼스에게서 등장하는 자기 기만에 대해 이야기하고 확증하는 것은 용이하다. 야스퍼스가 자기편에서 실망스럽게 보았다면,『세계관들의 심리학』을 쓴 철학자는 예기된 실망 자체를 우선시키지 않고, 기만하는 자를 물리치는 것이 필요했을 것이다. 야스퍼스는 물론『하이데거에 대한 메모』가 입증하는 것, 즉 야스퍼스와 하이데거의 사례 연구와 같은 무엇에 대한 요절을 기록했다. "나는 나 스스로에게 무력함을 느낍니다. …… 대화에서 본질적인 것을 참조할 수 있는 초창기에 훨씬 명료성이 적음을 느낍니다 ─하이데거에게서는 권력 의지, 반작용, 의사 소통 거부, 의사 소통이 그로부터 무언가를 요구한 것, 즉 소유욕, 봉사하게 함, 시대의 철인으로서 군주적인 타당화를 맹목적인 정치를 위해 이용함, 어떤 궁극적인 사실보다도 자기 자신에 대해 이야기하는 '고독'의 강조."204)

---

203) 동일한 서신 교환.
204)『메모』. 59, 86. 참조. 50 : "우리는 그를 괴테의 의미에서 악마적인 존재로 칭할 수 없다. 하지만 단단한 식물군으로 덮여 있고, 늪이 있고, 흡입하는 뿌리가 도처에 널려 있는 산골짜기에서, 즉 환각의 땅에서 나타나는 난쟁이처럼 마술을 하이데거는 부리고 있는 셈이다. 그에게서 신비로운 것, 알지 못하는 거짓된 것, 우스꽝스러운 것, 잘못된 것, 신실하지 못한 것들은 잠시 동안 마력적인 작용을 한다." 야스퍼스는 이 모든 것이 하이데거의 사유에서 무엇을 의미하는지에 대해 암시를 주고 있다. "이런 사람은 자신의 철학함 속에서 제대로 다시 인식될 수 있다. 아름다우나 유혹적이고, 힘을 기울여 연구했으나 진실되지 못하고, 약속하고서 스스로 아무것도 해결하지 못하고, 대지에 가깝고, 황량하고, 불안에 차 있고, 계속 쫓기고, 사랑 속에서 안정을 찾지 못하고, 무뚝뚝하고, 불편하고, 동요하고, 동정심을 불러일으키고, 도움을 구한다. 권력욕에 압도되고, 지쳐서 무력하고, 무가치하다. 항상 노력하나, 항상 간접적이고, 계산한다. 스스로를 투명하게 바라보지 못하는 본능"(77)을 지닌

항상 다시금 서신 교환의 명료화를 위해 인용될 수 있는『하이데거에 대한 메모』에서 그의 편지 파트너의 인물과 동시에 사태에 대한 해명에 대해서는 야스퍼스의 편에서부터 많은 것이 적혀 있다.205) 그는 여러 번 그의 표기가 하이데거에게 실제로 맞는지에 대해 의구심을 제기하는 데 대해 꼼꼼히 해명을 하고자 한 것은 놀랄 일이 아니다. 그가 이미 1942년 전쟁 동안 결말짓고, 1946년 종전 후 출간된『일반 심리병리학』에 대한 새로운 견해에서 그러한 것을 피력하고 있다. 즉, 하이데거의 기초존재론은 "철학적인 오류"206)다.

그래도 이런 과정조차도 그런 통찰의 급진성에 대한 확실한 추론들을 허용하고 있고, 그것은 1940년대말에 발생하고 이번에는 하이데거 편에서 그에게서 잊을 수 없었던 비록 그것이 특수한 하이데거의 의도에서일지라도, 자기 시대의 구상에 대한 강조를 살펴볼 수 있다. "당신은 확실히 우리가 한 번 공개

____

다. 하이데거 측근들로부터 아래의 인용에서 다시 그의 성격이 제시된다. "그는 처음 볼 때 말과 생각보다 강할 뿐만 아니라, 더욱이 여느 사람보다 더 강한 인상이었다. 단순히 농부처럼 보였으나, 임의로 움직일 수 있는 동화에서 나오는 사람 같기도 했다. 깊은 소나무 숲 속에서 보물집들, 덫으로 새를 잡는 사람처럼 무엇이 거기에 있었다. 그는 지식이 그를 부유케 할 뿐만 아니라, 니체가 학문으로부터 그것을 바랐듯이 자신을 기쁘게 하는 식자였다. 그는 부유함 속에서 공격받을 수는 있었으나, 붙잡히지는 않았다. 비록 파수꾼들이 그에게 치마를 걷어올리기 위해 올지라도 그는 영리한 결눈질을 교사한다. 그는 아리스토파네스에게 호의적이다. '존재'와 같은 간단한 단어는 진술된 것보다 또한 생각될 수 있는 것보다 더 심원한 깊이를 지닌다. '깨'와 같은 한 단어에서 어떤 사람은 한 줌의 참기름 씨앗을 생각하고, 다른 사람은 그것으로 보물 동굴을 열리게 한다. 그가 비밀을 캐내었던 열쇠를 손에 쥐고 있다." Ernst Jünger, in :『대화 중의 하이데거』, 저자 편집, Freiburg / München 1970, 24 이하.
205)『서신 교환』; 자녀의 주장은 올바르다 : "편지 교환과 메모는 서로 보완적으로 또한 서로 조정해서 읽을 수 있다." 294.
206) 자녀, 「서문」, 16. 야스퍼스, 649.

적으로 토론할 것을 자주 생각한 우리의 이전의 계획을 확실히
기억하겠지요. 오늘은 그것이 더욱더 하나의 센세이션이 될 것
이요"라고 하이데거는 야스퍼스에게 쓰고 있다. 하이데거는 관
심 있는 자들의 범위를 지지하고 확증한다. "단지 소수만이 그
사태를 다루게 합시다"라고 강조하면서 "아마도 이 소수가 중
요하지요."207)라고 쓰고 있다.

　분명한 것은 야스퍼스가 그의 회신에서 그것을 좋아할 뿐만
아니라 더욱이 상세하게 하이데거의 자극에 동의했다는 사실
이다. "당신은 다른 세계에서 시간이 서로 지나간 우리의 이전
의 계획인 공개적인 우리 사이의 논쟁을 기억하시는군요. 당신
이 말하듯이 우리가 오늘날 당신과 나를 통해 거행되는 철학함
에서 알맞은 토론 형식을 발견한다면, '사태'를 위해 무언가 그
것은 의미가 있을 수 있습니다. 교수 스타일로의 어떤 논쟁은
어떤 의미도 없을 것이고 편하게 그리고 흥분되어 토론할 수
있는 '문제들'을 다루지 않을 것입니다 — 당신이 기대하고 필
연코 받아들일 수 있는 센세이션이 되지 않을 것입니다. 단지
솔직한 명료화의 시도들을 통한 논쟁, 양편에서의 근거로, 우리
의 충동의 가능성으로의 진입이 이루어질 경우, 즉 사태에 대
한 의사 소통과 *그것과* 연결된 인간적인 것이 명료화하게 된다
면, 진실하게 평가될 수 있는 하나의 발걸음이 이루어지게 될 것
입니다." 한 걸음 더 나아가 야스퍼스는 다음의 질문을 던진다.
"우리가 사적으로 마지막에 도달할 수 있는 근거까지 서로 이야
기할 의도를 지녔던 철학적 서신 교환을 추후적인 손질 없이 출
판하는 것이 바른 길인지요?" 그러한 것이 지금껏 분명히 없었
기 때문에 야스퍼스는 라이프니츠와 클라르케(Samuel Clarke)
사이의 서신 교환을 예로 들고 있다. 그것을 야스퍼스는 우리

---

207)『서신 교환』, 하이데거, 1949년 12월 10일, 193.

에 대한 모범으로 간주하지는 않지만, 여기저기로 왔다갔다 목
표도 없이 그는 여러 번의 우왕좌왕과 변명을 통해 더 짧게, 더
신속하게 명료하게 하는 것을 터득할 수 있는 것이다. "전례 없
는 비판적인 비평들이 결코 제시될 수 없는" 영역으로 그는 다
시금 어떤 서신 교환의 가능성을 보여준다.208) 야스퍼스는 그
가 하이데거와 인간으로서 둘 사이에 나누었던 경험에 따라 비
판적인 관점으로 간주한 것을 말하곤 한다. "이것은 상호적인
신뢰와 정직성을 전제합니다. 우리들은 각자 스스로 그렇게 시
작하려면 자신들을 시험해야만 합니다. 우리가 통상적인 싸움
을 벗어날 수 있고, 예외적인 것을 감행하고자 합니다. 오늘날
용기를 주고 도와줄 수 있는 하나의 자료가 생길지 모르겠습니
다. 더욱이 공동의 관련점이 생기는 것이 종국적으로 분명해진
다면 그러합니다." 이전이나 지금까지보다도 더 조심스럽게 야
스퍼스는 그러한 공통적 관련점이 도대체 생기는 것과 관련하
여 생각 표시인 대시(—)를 첨부한다. — "우리가 알지 못하는
것" — 그는 이런 소위 공통의 관련점과 관련하여 더 이야기한
다. "이상한 것에 도달할지도 모르지요. 그것은 말할 수 없는
동의가 도덕성에서 확실히 일어나지 않는 한, 철학적 인간들이
서로 본질적으로 이야기할 수 있는가의 여부에 대한 물음의 대
답이 될 것입니다. 우리는 그것을 가리킬 수밖에 없고, 아마도
우리의 계획을 숙고합시다."209)

하이데거는 대답한다. "주어진 시간에 편지를 통한 논쟁에
대한 좋은 제안이 유일하게 가능할 수 있겠지요." 그가 1930년

---

208) 『서신 교환』, 야스퍼스, 1950년 1월 14일. 이미 1921년 8월 5일 하이데거
는 『세계관들의 심리학』에 대한 논문 성격을 지닌 대화에서 그가 상세히 가
한 비판의 형식과 내용에서 벗어나 야스퍼스에게 쓰고 있다. "문서상의 설왕
설래는 별로 소용이 없다." 24.
209) 『서신 교환』, 야스퍼스, 1950년 1월 14일, 195.

대 후반부터 1936~1938년에 씌어진 『철학에의 기고』210)에서 "단순함의 사유"라 일컬은 유고에서 1989년에 비로소 출판된 것으로부터 확인된다. "옛날부터 전해내려온 이야기가 있습니다. 일이 단순할수록 그것에 맞게 생각하고 말하는 것이 더 어렵다.""셸링과 헤겔이 1820년대에 재발견하여 타협이 아니라, 화해를 위한 그들의 기본 입장을 대단한 문체로 표현했다면 사정이 어떻게 되었을까 하고 자주 꿈꾸었다"211)는 하나의 암시를 통해 하이데거는 다음과 같은 사실을 분명히 하고자 한다. 즉, 하이데거와 야스퍼스 사이에서 정치적 영역에서 인간적인 실망이 커졌고 편지들에서 지적되어 설명된 것 중 많은 것이 연결될 수 있기 때문에 아마도 철저히 생각해볼지라도, 야스퍼스가 기대를 가지고 포착했던 것으로 더 이상 다가갈 수 없을 것이다. 자너(Saner)는 이런 과정과 관련하여 "어떤 우울한 도취"212)라고 말한다. 하이데거의 암시는 우울하게 들릴지라도 *그러한* 서신 교환이 실제로 절대적으로 마지막이 될 수 있다는 것에 대해서 전혀 생각을 하지 않았다고 말하고 싶다. 야스퍼스는 간단히 말해서 하이데거에 의해 필연적으로 간주된 철학의 해체 대신에 야스퍼스에 의해 추진된 "가장 큰 외연(外延) 속에서 (전통적인 것)의 보존"을 이행하고 "영원의 철학(philosophia perennis)"의 의미에서 책무에 대한 연대성을 표현하고자 하는 생각을 가진다.213)

2년 후인 1952년에 야스퍼스는 하이데거에 반하여 두 가지

---

210) F.-W. von Herrmann 편집, Frankfurt am Main 198.
211)『서신 교환』, 하이데거, 1950년 4월 8일, 202 이하.
212)『하이데거에 대한 메모』, 서문, 1.
213)『서신 교환』, 야스퍼스, 1950년 5월 15일. 특히 289 주에 따르면 아마 보내지지 않았고, 하이데거의 유고에서도 확실히 없는 편지 한 통을 다루고 있다.

이유에서 그가 일생 동안 목적으로 구상했던 것을 이루지 못할 것이라고 고백한다. 거기에는 *한편*으로는 이런 것이 있다. 한 가지 이유는 아마 내적인 이유인데, 그것은 "우리들이 철학을 무엇으로 이해하는가, 우리가 철학으로 무엇을 하고자 하는가, 우리는 철학으로 누구에게 향하고자 하는가, 철학은 자신의 삶과 어떤 연관이 있는가, 이 모든 것은 아마도 우리에게서는 이미 원래부터 엄청나게 다르다." 그래도 항상 야스퍼스는 그것을 어떤 결실 있는 토론에서 명료화하는 것을 불가능한 것으로 간주하지 않는다. *다른 편*으로는 외적인 다른 이유가 있다고 강조한다. "나는 당신의 저작물을 충분히 알지 못하기 때문에 거기에 대해 이야기할 처지에 있지 않습니다. …… 차이는 우리들을 어떤 철학적 저작의 문헌들에 대해 분명히 아주 다른 잣대를 쓰게 합니다." 그 무엇에 대한 야스퍼스의 지칠 줄 모르는 향수214)가 드러나 있다. 야스퍼스는 계속 이어서 말하기를, "그러나 모든 것에도 불구하고 우리가 서로 만날 수 있고 그리고 아마도 연결되어 있는 그 무언가가 있어야만 합니다. 그렇지 않으면 옛날에 있었던 것이 가능하지 않았을 텐데 말입니다."215)

나는 그러한 문장들을 읽을 때마다 야스퍼스가 그렇게 오랫동안 둘 사이에 불가능한 것으로 밝혔던 것에 그렇게 계속 매달려 있는지 깊은 당혹감을 느낀다. 이것과 관련해서 야스퍼스 자신의 편에서 독특하게 표기하고 그에 의해 즐겨 다시 포착한

---

214) 『서신 교환』: 이런 향수에 대해서 야스퍼스는 이미 그의 1930년 5월 24일의 편지에서 적고 있다: "내가 당신의 방문의 가능성에 대해 생각한다면, 기대에 차서 힘이 솟구군요. 우리의 대화에서 당신의 침묵을 생각하며 나는 무엇보다도 이전에 그랬지만 이제 오랫동안 조용한 대립적인 극단적 해명을 그리워하고 있어요. 1년 전부터 물론 본질적으로 그것에 대한 잘못은 나에게 있습니다." 136.
215) 『서신 교환』, 야스퍼스, 1952년 7월 24일. 209.

"의사 소통적 비판"의 프로젝트에 대한 하나의 *후기*처럼 들린다. 이 비판에서는 어떤 사람이 다른 사람에게 반대 의견을 제시할 뿐만 아니라 또한 야스퍼스가 생각하듯이 둘 중의 누구에 의해서도 이루어진 것이 아니기 때문에, 둘은 모두 자신의 그림자를 넘어설 준비가 되어 있다. 하이데거는 야스퍼스의 70회 생일을 맞이하여 야스퍼스의 사유길들 위에서 "방랑자의 인사"로서, 더욱이 그에 의해 대변되는 어떤 질문의 문제성, 소위 물을 가치가 있는 것과 질문의 *질문 가능성*을 드러내었다. 하이데거는 그 시험하는 질문에 대해 언급하고, 그것이 이와 같이 "영속적"일 수 있다는 것에 대해 말한다. 즉, "저 가까움이라고 표시하는 이웃이 사유길 들의 모든 차이에서 남아 있는지에 대한 정보를 찾기 위해서 스스로에게 가능한지에 대해 시험하는 질문을 던집니다. 그 가까움에서 똑같은 사태와 과제로부터 고독한 모든 사람은 원칙상 알 수가 없고, 가까이 서 있는 것을 들여다볼 수가 없습니다."216) 야스퍼스는 같은 해에 타자기에 쓴 글줄을 꺼내어서 『하이데거에 대한 메모』 모음에 덧붙였다. "가장 나쁜 것은 한 사람과 친밀한 관계에서 서로 그 관계가 단절되는 것이다. 그러나 똑같이 나쁜 것은 관례, 형식, 태도를 통해 솔직하지 않고 위장하는 것이다."217) 끝내 야스퍼스는 고백한다. 내가 그 결과를 가리켰듯이, "나는 하이데거와의 그런 상황을 더 이상 지탱시키지 않았다. 신뢰와 불신 중 어떤 것도 올바른 것은 아니고 그것은 불확실한 관계였다."218)

내가 하이데거와 야스퍼스의 서신 교환에서 도약점(springender-punkt)이라고 하고 명명하고 추적했던 것을, 서로 통일될 수 없

---

216) 『서신 교환』, 하이데거, 1953년 2월 19일, 212.
217) 『메모』, 91, 106.
218) 『메모』, 220, 233.

어보이는 사유길들을 대결시키는 것으로 보이는 그 요점의 드라마로 조망하고자 한다면, 저물어가는 20세기의 사상적 적수들에 의해 긴장되고 균열되는 가장 피상적인 지평들을 보게 될 것이고, 이것을 나는 이상한 것으로 생각한다.

그러므로 여러 가지로 일이 생기듯이 두 사람이 어떻게 침착하게 피하는 일이 가능했는지 나는 의구심이 생기며 또한 둘 중의 한 사람은 반유대적인 길을 선택하고, 다른 사람은 자신에게 기대될 수 있는 것이 가능한지 의심스럽다. 결국 나는 논리학의 종래의 수단, 소위 그것이 형식논리학이든 변증법적 논리학이든 인간적인 영역에서 대립의 일치의 응용논리학이든 상관없이, 그것들을 간파할 수 있는지 의아해한다. 이런 것에서 야스퍼스와 하이데거는 일치할 수 있었을지 모른다.[219] 나의 시각에는 실들은 가려질 수 없는 항상 독자적인 *차이*들과 그것에 상응하는 *사유 진행 방식*들을 하나의 공통적인 그물망으로 짜기 위해 실을 감고 당기는 통합적 논리학이 가능한지 묻고싶다. 내가 스스로 제안했던 그 길이 계속될지, 즉 소위 인간-존재의 "비판적-위기적 근본 정황성"의 인간학적-존재론적 구조에 대한 길에 의해 *"차이와 변화"*[220]의 완성되고 동시에 발견될 수 있는 상호놀이가 양자의 적대적 견해들을 인간-존재의 근원적인 도상적-있음과 관련시키는지, 그 적대자들을 제대로 자리매김하는지 그리고 그들이 더 잘 "이해될 수" 있는지는 물론 의문의 여지가 있다.

아마도 우리가 하이데거와 야스퍼스를 그들에 의해 열었던 길에 의해 함께 내몰지 않고 한편을 따르거나 혹은 다른 편을

219) 『서신 교환』, 야스퍼스, 1950년 5월 15일. 205 이하.
220) 참조, Richard Wisser. 차이와 변화, 49-70. in : Richard Wisser, 『어떤 사람도 동일하지 않다』.

따르고, 즉 한쪽에서 주도하거나 다른 쪽에서 주도할 뿐만 아니라 두 길과 사유 진행 방식에 의해 열려진 문제성을 제기하고, 진리 때문에 그것을 연결시킬 수 있는 처지에 없는 한, 적어도 그것을 열어둔다면 아마도 야스퍼스와 하이데거가 양자에게 가까운 자들로서 노력을 기울이고 그리고 진리에 상응시키고자 하는 본래적인 과제를 염두에 두었다고 보는 것이 정당할 것이다.

제 3 부

서로의 만남

하이데거의 사유의 길-특성

1. 첫 번째 하이데거 — 필름에 대한 기억

1969년에 나는 마르틴 하이데거의 80회 생일을 위한 텔레비전 방송을 준비하게 되었다. 이 방송은 그가 오랫동안 거절하다가 성사된 생전 유일한 텔레비전 대담을 중심으로 하는 것이다. 나는 이 첫 번째 하이데거 필름을 위한 제언으로 두 가지, "사유"와 "길"에 대해 먼저 거론하려고 한다. 나는 당시 방송에서 이렇게 말했다.

마르틴 하이데거 — 정신 세계에서 이만큼 비견할 만한 비중이 드문 이름. 우리 시대에 위대한 인물이 드물지는 않다. 그리고 큰 것을 생각하는 사람도 없지는 않다. 그러나 이렇게 큰 사유자는 많지 않다.

사람들이 "척박한 시대"의 사유자로 불렸던 마르틴 하이데거는 사유를 자신의 전생애의 일과로 삼았다. 그는 사람들이 "사유"라는 말에서 날카로운 생각이나 계획을 세워 탐구 과정처럼 여기는 언어 혼란으로부터 벗어나게 했다. 그는 오늘날 세계에서 날로 팽배하는 사유하지 않는 경향에 대해 깊이 사유하고, 뜻을 새기며, 내맡기는 사유 의식을 불러일으켰다. 오늘날 "사유"라는 말의 의미를 되새겨보는 사람은 무엇보다 먼저 *사유*하는 자로서 비켜갈 수 없는 하이데거를 "생각"하게 된다. 하이데거는 사유가 매일의 일일 수는 있어도 그것이 일상성을 띠는 것이 아님을 밝혔다.

팔십의 나이에 그는 사유의 경험을 통해 느낀 것을 한 번은 이렇게 말했다. "사유 가운데서 모든 것은 외롭고 더디게 되어 간다." 하이데거가 자신의 개인적인 것에 무심하면서까지 자신의 작업을 위해 바친 희생을 모르는 사람은 사유로 인해 그의 사유가 겪은 고독을 이해할 수 없다. 하이데거는 그의 전생애 동안 갑자기 떠오른 생각을 가볍고 간단히 처리하면서 사는 것과는 다른 자신의 "길"을 가는 것이 무엇인지를 터득한 사람이다. 그것은 "한 걸음 물러섬"을 수행하면서 사유의 사태를 내어 나르는 것을 의미한다.

그는 사유의 사태를 *길의 모습*(Bild)으로 보여주었다. 그는 그의 책들 가운데 하나를 "숲길들(Holzwege)", 또 다른 하나를 "이정표들"이라고 불렀다.

"숲길들"이란 아무도 지나가지 않은 도상에 있는 길이다. 이 길은 일반적인 교통에서 사용하는 도로나 노선과는 거리가 멀다. 숲길들은 길이 나 있지 않은 곳으로 인도하지만, 그 숲의 재산이 보존되어야 한다면 가야 할 길들이다. "나무하는 사람과 숲지기가 이 길을 알고 있다. 그들은 숲길을 간다는 것이 무엇인지 알고 있다."

"*이정표들*"은 방향을 생각하게 하는 것이다. 거기에는 "새것", "헌 것"이 중요하지 않다. 하이데거는 가능성을 따라서 본다. 왜냐 하면 어떤 것이 그 속에서 자신을 내보이는 탈-은폐성이 독점적인 목표 제시나 업무 강요로 인한 천편일률적인 단조로움 속에서 상실되지 않아야 하기 때문이다. 하이데거는 말하기를 "사유의 영역에는 아무것도 증명될 수 없다. 하지만 많은 것이 시사될 수 있다."[1]

필름을 위한 *주제*가 이러한 연유에서 붙여졌고, 이 책에도 붙여졌다. 다음으로 이 필름에는 하이데거에 의해 *사유의 길*로 이끌려진 사람들이 내가 부탁한 하이데거에 대한 회고의 말을 하면서 출현한다. 이들 중에는 동반자로서 자신의 길의 여정을 하이데거와 함께 걸어온 자들도 있고, 또한 다른 위치에서 그의 앞서-감에 비판적인 거리를 두어야 한다고 이의 제기를 한 사람들도 있다. 어쨌든 80회 생일을 위한 이 텔레비전 방송에는 11인 — 11이란 수는 아이러니컬하게 12명의 예수의 제자 수를 연상시킨다 — 의 제자, 친구 그리고 비판자들이 나와서 얼마나 하이데거가 사유의 큰 흐름을 새롭게 바꾸어놓았는지 진술해준다.

이어 나는 인터뷰에 앞서 "사유의 응답(Verantwortung des Denkens)"에 대해 몇 가지 언급을 시도해보았다. 이는 앞에서 말한 것처럼, 하이데거가 카메라 앞으로 그를 이끌어보려던 모든 시도에 항시 거부했던 당시 전혀 불가능하게 여겨졌던 인터뷰 상황과 관련된 것이다.

---

1) 『대담중의 하이데거(*Martin Heidegger im Gespräch*)』, Richard Wisser 편집, Freiburg / München 1970, 9 이하.

응-답(ver-antwortung), 이 말을 연결줄로 끊어서 이것이 무엇을 뜻하는지를 깊이 사유해보도록 하는 것은 물론 나의 의도였지만, 하이데거의 관점에서 본다면, 통상적인 의미에서 문자적으로 책임을 떠맡거나 하이데거의 사상에 대해 구어적인 형식을 빌어 사람들이 하고나면 그만인 *단순한 대-답(blosse Ant-wort)*을 넘어서는 것이다. 근원적인 응-답은 어떤 요청에 답해주는 이상으로 전체 인간들에게 향한 요구라는 의미에서의 *밖으로 나오게-요청함(Heraus-forderung)*을 의미한다. 이는 말-건넴(Zu-spruch)에 대해 답-변(Ant-wort)을 떠맡은 사람은 그 주어진 말에 관여해야 하며 그것을 그 자체 있는 대로 내버려둘 수는 없다는 것이다.

이 사유가 유래하는 *배경*을 주목해보면서 그의 사유 *양식*에 대해 몇 가지를 더 제시해보기 위해 나는 하나면서 동일한 사태인 하이데거의 두 개의 표제어 "사유"와 "길"을 새롭게 조망하면서 진행하였다.

마르틴 하이데거, 그는 1889년 9월 26일에 바덴에 있는 메스키르히에서 태어났다. 그는 살아 있는 동안 (서남 독일의) 알레만 지방 태생임을 부정해본 적이 없다.2) 슈바르츠발트 농가에

---

2) 하이데거는 나에게 보내는 감사 편지에서 자신을 변호하는 말을 덧붙였다. 그가 면밀하게 주의를 요한 것은 이것이다. "메쓰키르히는 오버슈바벤에 속합니다. 그 사투리는 슈바벤에서 온 것입니다. 거기에서 나의 모든 조상들이 태어났습니다. 알레만적인 것은 토트나우베르그의 오두막에서부터 옵니다. 거기에서 우리는 1922년부터 마르부르그 시절을 지나 그 이후의 모든 휴가 기간을 보냈습니다. 그리고 성탄절 기간에는 우리는 자주 눈이 깊이 쌓인 숲 속에서 나뭇가지를 주었습니다." 그리고 나에게 "시골의 정경"을 알기 쉽게 하기 위해 하이데거는 그 시절 메쓰키르히의 시장이 그에게 보내주었던 "도감"을 첨부했다. 나는 "알레만적"이라는 표현에서 우선 지리적인 것보다 그에 대해 사용했던 비판가들의 자극적인 말을 생각했음을 지적해둔다.

서 그는 단번에 정신 세계 전체에 그의 이름을 떨치게 한 작품, "존재와 시간"이란 제목을 가진 책을 썼다. 프라이부르그대학의 철학 교수로서 지내는 동안 강의가 없을 때 자주 그는 토트나우베르그 위에 세워진 오두막에서 소박한 생활을 하며 자유로운 시간을 보냈다. 거기에서 그는 오늘날까지도 출판되지 않은 자신의 초고들을 썼다. 하이데거에게 출판을 강요하던 나에게 팔순의 그는 신중하게 말했다 : "오늘날은 새로운 출판만을 생각합니다. 그런데 사람들이 나의 출판된 책들을 읽고 이해했습니까? 사유는 시간을 필요로 합니다. 자신의 시간을 말입니다. 그것은 시간을, 많은 시간을 *필요로 합니다!*"

구-낭만적이지도 신-낭만적이지도 않은 그의 통찰에서 하이데거는 그가 자주 걸었던 메스키르히의 "들길"을 감사하며 기술한다. 그 길은 그에게 사유를 위한 힘을 주었고 "지나옴[경험](Erfahrung)"을 상징한다. "인간이 들길의 말 건넴에 귀 기울이지 않을 때, 그는 자기의 계획대로 지구를 헛되이 질서지으려고 한다. 이 위험은 오늘날 사람들이 자신의 언어를 듣기 힘들도록 만든다. 그들에게는 마치 신의 음성으로 여겨지는 기구들의 소음만이 여전히 귀에 들려오고 있을 뿐이다. 그래서 인간은 흩어져 길을 잃게 되었다. 획일화된 것은 싫증나지만, 이 싫증난 자들은 또한 여전히 한 가지만을 찾는다. 단순한 것은 도망가버렸다. 그것의 조용한 힘은 다 없어져버렸다."

사유된 것을 의심 없이 그리고 주저 없이 단호하게 말하지만, 사유된 것을 사상으로 빛내고, 유력한 입장을 굳히고, 반짝이는 명언으로 만드는 것을 포기했던 하이데거는 사람들이 한 번 숙고해보지도 않고 "더 쉬운 이해"만을 추구하는 것을 위해서는 어떤 도움도 주지 않는다. 그의 사유는 여전히 단순한 들길의 경험들에 근거하고 있다.

그가 살아 있을 때나 오늘날이나 많은 관심을 불러일으키는 "사유에 관한 들길 대담"에서 하이데거는 사물과 인간을 "존재하게 하는" "내맡김(Gelassenheit)"에 대해 말하고 있다. 이 내맡김은 사물이나 인간을 사용하거나 오용하지 않고 그것을 착취하거나 그 근원성을 해치지도 않는다. 하이데거의 사유에서 사물과 인간은 그것이 있는 대로 다시 있게 된다. 그는 개개의 것을 모든 행위와 앎 그리고 주관적인 목표 성취의 대상으로만 만들어버리는 그런 세상살이에 참여하지 않는다. 하이데거는 오히려 사물과 인간의 "내재성(Inständigkeit)"을 보존하려 한다.

모든 것에 그리고 개개의 것에 어떤 것을 말하고, *덧붙여 또 어떤 것을 말하고*, "그의 의견"을 물러서서 포기하면서 말하는 것은 거만한 주제넘음이나 방만한 태도의 표현이 아니고, 사물과 인간을 위한 사유의 응답이다. 그것은 현대의 과학자처럼 자연을 침범하거나 현대 정치가처럼 인간을 공격하지도 않는다. 오히려 그것은 현대 인간이 오늘 너무나도 흔히 사물과 인간의 본성과 내재성을 말살하는 간격 상실(Distanzlosigkeit)의 거리를 좁혀(ent-fernen) 사물과 인간에 근원적인 가까움[3]을 다시 세우는 간격 좁힘을 애쓰는 것이다. 바로 이를 통해 앞에-세움(Vor-stellen), 내것으로 만듦(Meinung), 간취해냄(Wahrnehmen) 그리고 착취함(Ausnutzen)이 지닌 간격이 비로소 감지될 수 있다.

오늘날 전승에 대한 반성 없이 주어진 것들의 변화에만 주력하는 사람 그리고 모든 것을 자신의 생각과 계획에 따라 형태화시키는 것에만 관심을 가진 사람은 하이데거와 대적한다. 그

---

3) "가까움"이라는 주제를 위해 에밀 케터링은 가치 있는 연구를 했다. 이 책은 나의 머리말과 함께 일본어로 번역되어 있기도 하다. 『가까움. 마르틴 하이데거의 사유(*NÄHE. Das Denken Martin Heideggers*)』, Pfullingen 1987 ; 일본어판, Tokyo 1989.

들은 근원적인 것과 내재하는 것,— 하이데거는 충분히 숙고하기 때문에 그들이 볼 때 비판적으로 처신하는 소박함이 깔려 있는 것 같지만 결코 그렇게 소박하게 말하지 않는다 — 그 "토대 위에 서 있는 것"을 구해내고 단순히 대립해 *서 있는 것*(Gegen-*stand*)으로 되어버린 것, 존립하는 것(Be-*stand*)으로 환원된 것을 극복하고(überwinden), 더 좋게 말하면 견뎌(verwinden)내려는 하이데거의 시도를 이해할 수 없기 때문이다.

하이데거, 그는 시대 정신에 걸맞지 않기 때문에 많은 사람들이 반동적인 사람으로 여긴다. 그는 현대 인간이 사물 그리고 더불어 사는 인간들을 지배하기 위해 처리할 수 있는 *객체*들로 맞서 세우고 모든 존재자의 연관의 중심임을 자처하는 주체이자, 모든 척도의 척도가 되었다는 것을 보여주었다. 현대 인간은 (존재의) 가까움을 실어내지도 못하고 드러내기는커녕, 제거될 수 없는 그 간격에 자신을 결코 내어놓지 못한다. 현대 인간은 항상 할 일을 찾아 어떤 장면(Szene) 속에 급히 자신을 옮긴다. 또한 그는 스스로 모든 것 — 신과 자연 그리고 사물과 인간 — 을 그 장면 속에서 정당화하고, 보통 쓰는 말 뜻대로 [자신이] "책임"을 지는 장면으로서 여긴다.

이러한 월권 행위에서 스스로 어떤 것을 산출하는 자연의 본질 또는 어떤 단순한 대립으로 있지 않은 신의 본질이 왜곡되는 것은 이상한 일이 아니다. 인간이 주체로서 모든 것을 자기 자신에게 관련시키려 든다면, 그렇게 전체화된 인간의 "주체성"은 자체에서 유래하면서 인간에 대해 있지 않은 모든 것을 시야에서 놓쳐버린다. 하이데거는 자신의 사유를 통해 다시 인간을 이러한 자기 발작으로부터 그리고 다시 인간에게 면제될 수 없는 것, 즉 존재를 향해 열려져 탈-존하는 그의 본질의 진리와의 관련으로 인간을 해방시키고자 한다. 인간은 항상 대상을 넘어서 있다. 인간은 생활의 유익함이나 실용성에만 빠져 있을 수 없다. 결과는 그렇다고 하지만, 그의 사유의 방향과 양식은 그렇지 않다.

하이데거의 사유는 계속해서 강력한 동조가 아니면 손가락질을 당하는 그런 거부를 받아왔다. 여기에 결코 미지근한 반응은 없었다. 사람들은 이러한 사유를 간단히 독서로 습득하거나 단박에 정복할 수 없다. 그것은 섬광처럼 깨달음에서 얻는 것도 아니며, 웅변적인 사상을 소유했다고 획득되는 것도 아니다. 그것은 참여하는 행동으로도 되지 않는다. 왜냐 하면 여기에는 어떤 것을 항상 도구적인 이데올로기로 또는 주관의 신조에 따라 세상을 변화시키기에 바쁘기 때문이다. 이러한 사유는 흔한 방식의 비판보다 더 근본적인 비판을 받아야 한다. 왜냐 하면 강력하게 자신을 비판하도록 내어놓는 "비판가"가 어떤 사람인지를 알아야 하고, 자기 비판은 빼버리고 등한시하는 바로 그 "비판받아야 할 문제점들"을 인식해야 하기 때문이다.

하이데거의 사유는 그의 사유에 대한 오해로부터 논쟁거리를 삼는 *사람*을 비판적으로 들먹이지 않고, 오히려 그러한 사람들을 두들겨 계몽하려는 사람에게 용기를 준다. 그는 바로 그들을 위해서 냉정하고 철저하게 그리고 엄정하게 이치를 따져서 존재 물음을 열어놓는 사유의 과제를 수행하기 때문이다.

정신적인 세계가 브라이스가우의 프라이부르크로 슈바르츠발트의 작은 마을인 메스키르히를 향해서, 그리고 토트나우베르그의 오두막을 향해 눈짓을 했다는 사실은 그냥 지나칠 일이 아니다. 그것은 이데올로기적인 정신의 지형도로, 환경 비판이나 언어 비판으로도 잘못 해석되어서는 안 된다. 세계적으로 일어난 이 파장이 우리 세기에만 본래적인 사건이 아니라, 인간이 두드러지게 "존재"와 인간의 진리가 맡겨진 본질이라는 확신에서 인간을 다시금 사유와 성찰로 이끌고자 하는 한 철학자의 사유다.

하이데거는 자신의 알레만 지방의 고향에 뿌리를 두고 있다. 그는 자주 고향 사람 헤벨의 말을 되뇌었다. "우리는 식물이다. 그 식물이 — 우리가 그것을 고백하든 하지 않든 간에 — 정기 속에서 꽃을 피우고 열매를 맺기 위해서는 땅 속에 뿌리를 내려야만 한다."

사람들은 소위 이런 시대에 걸맞지 않은 자연과의 친숙함과 시골 정경 묘사에서 오는 "소박한 출신"이라는 것 때문에, 혼동하거나 또는 좋지 않은 의도에서 자주 하이데거를 한 각도로 몰아가려고 한다. 그렇지만 그는 이러한 뿌리 의식에서 자신의 저작을 위한 힘을 끌어냈다. 그것은 아주 개인적인 것이다. 하이데거의 예를 통해서 사람들이 인간을 인간적인-너무도 인간적인 것을 통해 서로 가까이 하거나 멀리할 수도 있으며, *단지 사유된 것을 넘어 그 사유에 책임을 물을 수도 있다*는 것을 알게 된다.

이리하여 내가 하이데거와 진행할 수 있었던 텔레비전 대담은 나의 첫 번째 하이데거 필름이 되었고, 이 일과 관련해서 그 대담에서 나온 것을 하이데거 사후 "하이데거에 대한 기억"이란 제목으로 하이데거의 출판사였던 귄터 네스케가 편집한 기념 책에 간결한 보고서로 작성했다.[4]

---

4) Richard Wisser, 「텔레비전-인터뷰」, in : Günther Neske, 『마르틴 하이데거에 대한 기억(*Errinnerung an Martin Heidegger*)』, Pfullingen 1977, 257-287. 참조, 『답변. 대담중의 하이데거(*Antwort. Martin Heidegger im Gespräch*)』. Günther Neske와 Emil Kettering 편집, Pfullingen 1988, 1977년 영어판, New York, 1990 ; 이탈리아어판, Neapel 1992.

2. 나의 두 번째 하이데거 필름

그런데 어떻게 두 번째 하이데거 필름 — 이 책의 뒤에 그 각본이 수록되어 있다 — 이 이루어질 수 있었는가?

하이데거의 85번째 생일에 앞서 언급한 하이데거-출판사 귄터 네스케는 나에게 한 번 더 기록 사진과 말년에 살아 있는 하이데거를 생생하게 볼 수 있는 기회를 만들어볼 것을 요구해왔다. 처음에 나는 이러한 요구에 대해 거부감을 가졌다. 무엇보다도 앞에 언급한 1969년의 유일한 텔레비전-대담을 수행하기 위해 겪어야 했던 어려움들을 상기해볼 때 그럴 수밖에 없었다. 하이데거의 건강 상태를 염려하고는 있었지만, 그래도 부지런한 네스케출판사는 가만히 있지 않았다. 그 때문에 나는 새롭게 하이데거에게 그의 사진과 사는 곳, 그리고 작업실을 기록으로 남기는 것이 많은 사람들을 위해 중요하다는 것을 설득해 보려고 했다.

그렇지만 하이데거는 건강상의 이유와 또한 그의 부인의 만류로 거절했다. 그래서 나는 이러한 결정에 매우 애석해 하는 네스케출판사에 대안으로 첫 번째 하이데거-텔레비전 중계에서 내가 *말로서* 해명한 것과 시각적으로 또한 진술을 통해, 하이데거의 *인생의 길*에서 지나온 정거장을 이제는 *말*과 *그림*으로 눈과 *귀*를 끌어볼 것을 제안했다. 동시에 나는 현존하는 필름-자료를 모아서 살펴보고, 가능하다면 제작 필름에 넣어볼 것을 제안했다. 이러한 조사 작업을 하면서 마침내 개인 소형 필름, 예를 들어 하이데거의 그리스 여행에서 나온 필름을 구성하고 엮어내는 데 성공하게 되었다.

주목할 만한 것은 이 조사 과정에서 두 가지 형태의 필름-자료가 발견되었다는 것이다. 이 두 가지 다 "*도상*"에 있는 하이데거를 나타내보이는 것이다. 말 그대로 하나는 하이데거가 길을 가고 있는 장면인데, 다른 나라들의 도상에 있는 것이고, 다른 하나는 그가 책상에 앉아 *사유하며* 도상에 있는 것이었다. 내가 *하이데거 사유의 길에 대한 성격*에 대해 말한 것처럼, 사유는 그 자체로 뛰어난 의미에서 "도상"에 있는 것으로 이해되어야 하며, 단지 상징적인 것이 아니다. 그런 의미에서 여기에도 사유와 관련된 제목이 붙여졌다. "사유의 도상에 있는 마르틴 하이데거 ……." 여기 말 줄임표도 의미를 가지고 함께 읽혀야 한다. 왜냐 하면 이것은 하이데거가 그의 사유를 어떤 명언처럼 닫혀진 것으로 여기지 않았다는 것을 말한다. 오히려 이런 제목으로 알려줄 수 있는 것은 사유가 계속 간다는 것이며, 나아가 도식적이거나 끊임없는 반복과 같은 것이 아니라, 물음 속에서 도상에 있는 사유임을 의미한다.

"사유의 도상에서 마르틴 하이데거 ……"란 이 제목이 얼마나 적합한지는 마르틴 하이데거가 죽기 며칠 전, 직접 "마지막 그의 전집을 위한 제목에 부친" 안내문에서 분명히 드러난다. "*길들—저작들이 아님.*" 여기에서 말하려는 길은 어떤 의미에서는 그의 저서다. 그의 "최종적인 전집"을 위해 하이데거가 끝내지 못한 서문으로 남긴 이 글에는 그것을 해명해주는 문구가 있다.

"전집은 다양한 방식으로 보여져야 한다. 즉, 여러 뜻을 가진 존재 물음으로 바뀌어지는 물음의 들길을 가는 중에 있음을 나타내어야 한다. 전집은 그 물음을 받아들이고 함께 묻고 무엇보다 더 의문 나는 것으로 묻도록 인도해야 한다. 더 의문 나게 묻는다는 것은 *한 걸음 물러섬을 수행한다*는 뜻이다. 즉, 유보된 것 이전으로 물러서는 것, 이름 부르는 *말함*(das nennede Sagen) 안으로 (시간적— 역사적이 아닌, 사유의 길에 대한 성격에서의

'뒤로') 물러서는 것이다."5)

여기에서 하이데거가 말한 사유의 응-답이 의미 있게 다가온
다. 이 응-답은 지난 것이든, 다가올 것이든 간에 아득히 먼 시
간 속에서 외관만을 가지고 있거나 이런 저런 계산 속에서 주
어지는 그런 것이 아니다. 사유의 응-답은 말 건넴에 응하는 것
이고, 그래서 단순한 대-답에서는 쉼을 얻지 못하는 것이다. 이
응답은 사람들이 자주 과도하게 높이 평가하거나, 전체는 아니
지만 대부분 인간 중심적으로 낮게 평가된다. 이 *사유*의 응-답
은 자신 안에, 바로 사유 안에서 스스로를 닫아버리지 않고, 오
히려 "말이 한 번 사유할 것으로 드러내는 '그것'"과 아마도 사
유된 것으로서 덮여버린 것의 차원을 여는 것이다. 그 때문에
하이데거는 "이정표들"이라는 책 앞에 붙인 "앞서 유의 사항"
에서 다음과 같이 말할 수 있었다. "사유의 길을 간다고 하는
자는 적어도 규정하는 사태로서 그를, 동시에 등뒤에서 그를
넘어 그 사태로 움직여가는 것에 대해 알고 있다."6)

3. 부탁의 말

이와 관련해서 1987년 하이데거 서거 10주년 기념 하이데거-
심포지엄이 "마르틴 하이데거 — 사유의 도상에서"라는 제목
아래 열린 것은 그리 이상할 것이 없다. 이 심포지엄은 자그레
브대학의 브랑코 보스냑 교수와 나에 의해 듀브로닉에 있는 인
터-유니버시티센터 대학원에서 준비되었다. 여기에는 주로 마

---

5) 「하이데거 전집에 부쳐」, in :『마르틴 하이데거 전집 기획』, 현재 상태 :
1987년 6월, Vittorio Klostermann, Frankfurt am Main, 3.
6) Martin Heidegger, 『이정표들』, Frankfurt am Main 1967, 쪽 번호 없는 곳.

인츠와 자그레브에서 온 많은 학생과 벨그라드, 니스 그리고 자그레브(보스냐, 브루직, 그레틱, 페요비치, 페트로비치 교수), 아욱스부르그, 베를린, 뒤셀도르프, 마인츠, 암헤르스트/메사추세츠/미국, 바젤/스위스 그리고 도쿄/일본에서 온 교수들이 토론에 참여하여 성공을 거두었다. 여기에서 발표된 12개의 강연을 나는 브라이스가우의 프라이부르그에 있는 알버출판사에서 책으로 낼 수 있었다.

텔레비전에서 진행된 나의 *첫 번째* 하이데거 대담과 독자의 눈을 끌지 못하고 *각본으로 된 두 번째* 필름과의 연결이 앞에서 언급한 대로 *읽기-책*으로까지 이어지게 된 연유를 그 책의 "들어가는 말"을 인용함으로써 분명히 하려고 한다.

하이데거의 "길"은 "절대 정신"이 역사를 통해 자기의 길을 가는 헤겔과도 다르며, 또한 역사를 "사회적으로" 물구나무 서기하는(길을 내는, be-wegen, 혁명하는), 헤겔에서부터 마르크스로의 전환도 아니며, 그렇다고 헤겔과의 대립에서 (키에르케고르에서) 각각의 "실존"(길-개척)에서 출발하지도 않는다. 이 길은 "존재를 회상하는 사유"를 위한 그의 근본말이다. 그것이 변증법적이고-사변적인 것이 되었든, 변증법적-역사적인 것이 되었든, "실존적"이든 간에, 그 "길"은 지금까지의 사유의 방법을 위한 것이 아니다. "길"은 그런 틀 속에서 이루어지는 것이 아니고, 오히려 "사유의 경험"에서 자신의 의미를 받아들인다. 이 경험은 "숲길들", "들길", "언어로 가는 도상", 그리고 "이정표들", 줄여 말한다면, "사유의 도상"을 통해 알려진다.

이 제목은 언뜻 보기에 이력처럼 생애의 변천과 발전의 성격을 생각나게 한다. 하지만 하이데거의 사유의 변천 과정을 보려고 의도한 것이 아니고, 무엇보다도 그의 "형이상학의 근거로 들어감"을 나타내는 것이다. 이는 형이상학을 넘어서, 즉 형이상학을 지나서 "한 걸음 물러섬"을 수행하는 것이다. 이 근본 말, '길'에는 — 폰 헤르만의 편지글에 따르면(그는 하이데거 전집의 공동 책임자로 있다) — 회상하는 사유의 "방법적인 것"이 내포되어 있다. 그것은 근방(Gegend)과 길과의 관계에서 그 의미를 가진다. 폰 헤르만은 이렇게 쓰고 있다. "현상학적인 길-이해를 현실적으로 자기의 것으로 하는 것이 나는 결정적인 열쇠라고 생각한다. 이 열쇠는 하이데거를 통해 마감된 것이 아니라, 단지 작동이 시작된 이 사유를 자신의 것으로 전해 받을 수 있는 가능성에 우리를 옮겨놓아서 그 회상하는 사유를 열어 밝히는 것이다."[7]

하이데거-필름의 첫 상연을 긴장감을 가지고 보고, 그 보는 것에 도움을 주려고 여기 들어가는 말을 쓴다. 이 필름에서 적어도 하이데거 이전의 소수의 사람들처럼, 서양의 철학과 그 역사가 지나온 길을 통상적인 것과는 점차 다르게 보는 법을 배우는 사람들에 의해 하이데거가 보이고 들리기를 희망한다. 그들을 위해서 많이 알려진, 모든 경우에 통하는 명령이 내려진다. 필름 시작!

그렇지만 여기 독자들은 제시되는 그림도 없고, 진행되는 말도 들을 수 없지만, 텍스트에 집중해서 그 말을 하이데거가 대구하며, 그에게 대답하고 싶을 말이 있도록 해야 할 것이다.

---

7) Martin Heidegger, 『사유의 도상에서(*Unterwegs im Denken*)』. 하이데거 서거 10주년 기념 심포지엄. Richard Wisser 편집, Freiburg / München 1987, 9. 참조, Friedrich-Wilhelm von Herrmann, 『길과 방법. 존재사적 사유의 해석학적 현상학으로(*Weg und Methode. Zur hermeneutischen Phänomenologie des seinsgeschichtlichen Denkens*)』, Frankfurt am Main 1990, 특히, "근방의 길(Der Weg der Gegend)", 27-32.

마르틴 하이데거—사유의 도상에서
리하르트 비서와 발터 리멜의 필름

각 본

[길이 : 44분]

0 : 00~1 : 44

하이데거 : 　언어를 정보 전달 수단으로 생각하는 일은 오늘
　　　　　날 현저하게 되었습니다. 인간이 맺는 언어와의
　　　　　관계는 변화에서 파악됩니다. 그 범위를 우리는
　　　　　측량하지 못합니다. 이 변화 과정 역시 간단히 정
　　　　　지될 수 없습니다. 뿐만 아니라 그 과정은 아주 큰
　　　　　형식에서 진행됩니다. 나아가 우리는 이 언어가
　　　　　일상에서 의사 소통의 수단이며 생활에 익숙한
　　　　　관계를 위한 매개로서 사용되고 있다는 것을 인
　　　　　정합니다. 그러나 또한 이 흔한 것과는 다른 관계

들이 있습니다. 괴테는 이러한 다른 관계를 보다 심오한 관계라고 부르며, 언어에 대해 이렇게 말했습니다. 평상시 생활에서 우리가 언어를 꼭 필요한 것으로 여기는 것은 우리가 다만 언어와 피상적으로 관계하고 있다는 것을 나타낸다. 심오한 관계를 말하는 순간, 다른 언어가 들어오게 되는데, 그것이 시적인 언어다.

1:44~1:56
제목   **마르틴 하이데거**
              사유의 도상에서 …….

              리하르트 비서와 발터 리델의 필름

1:56~3:09 프라이부르그에서 하이데거의 행적, 초상화와 함께
해설 :   아리스토텔레스에 관해 알려지고 있듯이, 그는 아텐의 그늘이 드리워진 길을 거닐면서 철학을 했다고 한다. 그런데 하이데거는 들길을 걸었다. "이정표들"을 그는 도상에 있는 간이역이라고 불렀다. 그 목적지는 "한 별을 향해 가는 이것만 ……" (사유의 경험에서, Pfullingen 1954, 7, 전집 13권, 76. 여기에는 "이것만"이라는 말은 없음). 하이데거는 "들길"을 고맙게 기억한다. 그 길을 통해서 그는 처음에는 위대한 철학자들과의 교제에서 어찌할 바를 모르던 때도 있었지만, *자신의* 사유의 길에 들어서게 되었다. 그래서 그 성숙한 사유자는 목적에 도달하지 못하거나 그 길이 통하지 않

아서 대부분 사람들이 말문이 막혀버리는 그곳, 도상에 머물러 있지만 그 들길을 통해서 용기를 내었다. 그렇게 하이데거는 자연스런 경험에 가깝게 머물러 있었다. 그의 사유는 가식적이지도 신비스럽지도 않다. 시골 풍경에 동화되어 그곳을 걸어보고(er-laufen) 지나본(er-fahren) 사람들에게 만족을 주는 것이다. 그 풍경은 비밀의 비상함 속에 있는 저편의 것을 *익숙한* 것으로 제시해준다.

3 : 09~4 : 01 장 보프레, 하이데거 번역가며 철학자, 파리
실제 음성 :   번역이란 하이데거에게서 언어 구절로 만들어진 상자를 다른 상자로 운반하는 것이 아니다. 반대로 사유를 *넘겨 옮기는 것*(Übersetzen)이다. 이는 스스로 물결을 타고 강 저편으로, 즉 언어로 도달된 것으로 넘어가는 것이다. 언어가 단순한 기호 체계로 되어버린 오늘날의 시대에 하이데거는 아주 비시대적이다. 그러나 이 비시대적임은 아마도 오늘날이란 것 자체를 참으로 이해하는 조건일 수 있다. 언어로의 도상, 이것이 유일한 하이데거의 비밀이다.

4 : 01~4 : 19 괴깅엔의 그림
해설 :   그는 이력에 대한 상세한 설명 — 괴깅엔의 어머니 집, 동생 프리츠와 사촌들 — 을 싫어한다. 왜냐하면 사유-길은 살아온-길이 아니기 때문이다. 그렇지만 하이데거는 항상 자신의 출신에 신실하게 머물러 있었다.

4 : 19~5 : 02 동생 프리츠

육성 :　　　학교에서 그는 항상 아주 자존심이 강하고, 똑똑
　　　　　한 학생이었습니다. 그는 아주 작았지만 다른 아
　　　　　이들은 그를 상당히 경외시했습니다.

물음 :　　　그런데 당신은 항시 철학적으로 형을 위해 동반자
　　　　　의 역할을 했습니다. 당신은 그의 저작들을 필경
　　　　　해주었는데 자주 만났겠군요.

동생 :　　　게다가 나는 그에게 자주 조언을 했습니다.

물음 :　　　무엇에 대해?

동생 :　　　에이, 가축 사육 …… 같은 것에 대한 것은 아닙니
　　　　　다. 예를 들어 간단한 식사 때, 나는 이것저것을
　　　　　말했습니다. 그가 자주 독특한 한 문장으로 많은
　　　　　진리들을 잡으려고 할 때, 나는 마르틴, 그건 안
　　　　　돼. 너는 그것을 나누어놓아야 해라고 말합니다.

5 : 02~5 : 20 하이데거의 두 형제의 사진

해설 :　　　하이데거의 말끔한 풍모와 한때 유행하던 장식들,
　　　　　전통 복장은 눈길을 끈다. 그러나 심리학적으로
　　　　　그 사람의 정체를 보려 할 때는 괴팍한 것을 찾게
　　　　　되고 외관을 곧 그의 사상으로 혼동한다.

5 : 20~5 : 50
동생의 육성 : 그는 어머니께서 암으로 3개월간 투병하시다가

돌아가시기 8일 전 다시 한 번 와서 손으로 쓴 아
주 특별히 제본된 『존재와 시간』을 가져다 어머
니의 병상에 놓았습니다. 그때 어머니께서 도대체
이게 무엇이냐고 물었습니다. 그것이 그의 주저서
인지는 몰랐습니다.

5:50~6:34 사진, 메쓰키르히 교회
메쓰키르히에는 생가가 있었다. 아버지의 사찰 집
과 종지기 아들들이 종 줄을 힘차게 당겼던 교회
도 …….

사람들이 발전 과정이라고 말하는 것이 몇 줄의
전기(傳記)적인 기억과 사진 앨범에 있는 스냅 사
진들에서 보일 수도 있지만, 그 분위기 자체를 통
해서 드러낼 수 없는 것이 있다. 거기에는 메쓰키
르히에 있는 성의 정원과 떡갈나무의 기억이 있
다. 이 떡갈나무의 성숙함은 젊은 하이데거에게
"더딤과 부단함"을 가르쳤고, 그에게 "하늘의 넓
음"을 보게 하였고, "품는 대지의 보호"를 눈여겨
보게 하였다.

6:35~6:55 사진, 콘스탄츠
이것과 관련된 통찰에서 그의 말년에 하이데거는
말하게 된다. "세계는 대지 위에 기초를 두고, 대
지는 그 세계를 분출한다."
콘스탄츠중고등학교 시절의 기억들과 나중에 프
라이부르그 뮌스터의 그림자에서, 그곳 대학 시절

에 대한 기억들, 후기 하이데거가 교회 명절의
"비밀스런 푸가"로 계절의 움직임과 시간과 시간
성의 방식에 대한 표현을 가져다주는 종소리에
대한 기억 …….

프라이부르그 : 프라이부르그에서 박사와 교수 자격 논문 이후
에 그는 1922년 마르부르그에 초빙을 받았다. 거
기에서 그는─니콜라이 하르트만, 루돌프 불트
만, 파울 프리드랜드, 고고학자 파울 야콥슈탈 그
리고 인문주의에 관한 그리스-시간에 교회 역사
가 한스 폰 조덴과 친분을 가졌다─신 칸트의 눈
으로 더 새로운 독일철학의 결정적인 전환기를
준비하였다.

대학 마르부르그, 사진
한 관찰자는 말하기를, 존재론자 니콜라이 하르트
만의 작업실에서 불이 꺼지면, 기초-존재론자의
방에 불이 켜졌다.
한나 아렌트의 말에 따르면, 그는 "사유의 왕국의
숨은 왕"(in : Merkur 10, 1969, 895)으로 많은 학
생들을 마르부르그로 이끌었다. 왜냐 하면 소문이
파다했었기 때문이다. 그를 통해 "사유는 다시 살
아나게 되었다." 그리고 "과거의 죽은 것으로 여
겨진 교양의 보고(寶庫)가 언어로 되었다." ……
강의가 없는 때 하이데거는 슈바르츠발트의 토트
나우베르그에서 가족과 함께 지냈다. 여기서 그는
후에 세계적으로 유명하게 된 오두막을 지었고

그곳에서 뛰어난 저서 『존재와 시간』을 저술했다.

8 : 26～8 : 54 발터 슐츠, 튀빙엔의 철학 교수

슐츠의 육성 : 내가 함께 경험한 그 세대와 대학의 철학과 학생
　　　　　에게 이르기까지 『존재와 시간』은 중요한 책이었
　　　　　습니다. 그것은 어떤 방향에 있는 사람에게도, 심
　　　　　지어 정치적인 상황과도 관계없이 아주 분명한
　　　　　것이었습니다. 『존재와 시간』은 철학을 1927년 이
　　　　　전과 1927년 이후를 갈라놓았다고 말할 수 있을
　　　　　것입니다.

8 : 54～10 : 00 전체적인 하이데거 모습

해설 : 　　　…… 하이데거의 사유는 찾는다. …… 그것은 존재
　　　　　하는 것에 대구하는 물음을 작동시켜 흔하디 흔
　　　　　한 것을 자명함의 쇄도로부터 자유롭게 만든다
　　　　　…….
　　　　　들길이 그의 길을 확실하게 했을 것이다. 들길의
　　　　　말 건넴은 하이데거에게서 출발과 목적지를 한
　　　　　번에 그려주지 않는다. 왜냐 하면 그 사유-길은
　　　　　마감하는 대답들과 세계 공식 대신에 지금까지
　　　　　사유된 것의 말되지 않은 것에 맞닿아 있다. 그러
　　　　　나 그것은 시대에 뒤떨어진 것에 있는 것이 아니
　　　　　라 여전히 일상 언어 속에서, 과학적인 용어의 목
　　　　　표 설정에서 그리고 철학이 건설하는 개념-체계
　　　　　에서, 쉽게 말을 빼앗기게 되어 회복시키지 못한
　　　　　것이다.
　　　　　다른 길로 편향되지 않음으로 존재하는 것을 존

*재*하게 하고, 먼 곳으로 그리고 시대의 이중적인
"한때(Einst)"로의 길을 일깨운다. 그것은 긴 유래
와 계속되는 미래를 의미하고 또한 그것을 한 곳
으로 모음을 강화하고 단순한 것에서 움직였던
잠깐의 머무름에 정착하게 한다.

10 : 00~15 : 02 하이데거의 육성

나의 사유의 결정적인 경험, 동시에 서양철학을
위한 서양 사유 역사에 대한 뜻 새김은 나에게 지
금까지의 사유에서 *하나의* 물음, 다시 말해 *존재
의 물음*이 결코 제기되지 않았음을 보여주었습니
다. 그로 인해서 이 물음은 의미를 가집니다. 왜냐
하면 우리는 서양의 사유에서 인간의 본질을 결
정하고 있기 때문입니다. 인간은 존재와의 관련
속에 있으면서 존재에 응답하면서 실존하고 있습
니다.

S. J. 로츠, 로마 그레고리아나의 철학 교수, 요하네스 밥디스트

그의 이해에 따르면 형이상학은 항상 존재자로서
의 존재자만을 물었습니다. 나아가 이 물음은 존
재의 개방성*에서만* 제기되었습니다. 그러나 이 *존
재 자체*의 개방성은 분명하게 주제화되지 않았거
나 그 자체로 사유되지 않았습니다. 이러한 기초
적인 것, 즉 존재에 대한 의심을 그는 일찍이 존재
론에 대립하는 기초 존재론으로 파악했습니다. 형
이상학이 존재론이라 할 때, 이는 즉 존재자로서
의 존재자에 대한 의구심입니다. 그리고 이것에는

기초 존재론이 그 기초를 제공합니다. 존재에 대한 의구심은 이제 하이데거의 후기 발전에 이르기까지 계속 주제로 남아 있게 됩니다. 물론 사람들이 『존재와 시간』의 제목을 뒤바꾸어놓은 『시간과 존재』— 이것은 1962년에 발표되었습니다 —를 읽어보면 그는 이 형이상학을 그의 운명에 맡기려고 합니다. 그는 거기에서 형이상학으로부터 거리를 더 두었고, 나아가 그의 저서 『동일성과 차이』에서는 존재를 뒤로 미루어버리고 여전히 사유의 주제로서 차이성에 대한 생각만을 특징지으려는 것처럼 보입니다.

슐츠의 육성 : 이때 아마 사람들은 그 유명한 강의 "형이상학이란 무엇인가?"를 여전히 생각하지 않을 수 없습니다. 이 강의는 나의 학생 시절에 엄청나게 인상적이었습니다. 그 강의는 후설의 후계자로서 프라이부르그에 오면서 진행된 취임 강의였습니다. 이 강의는 당시 우리에게 먼저 그것이 가진 아주 비철학적인 언어로 인상을 주었습니다. 여기 "비철학적"이란 것은 비난이 아니라 사람들이 철학적이고 추상적인 저서에 익숙해 있었음을 말합니다. 여기에는 불안에 대한 언급이 있고 형이상학이 무와 관련됩니다. 인간이 존재자를 넘어갈 수 있고 비로소 존재자의 저편으로 넘어 가는, 그래서 이러한 돌아가는 길을 통해 동시에 존재자 전체 —그가 이렇게 간결히 표현했듯이 —를 파악하게 됩니다. 넘어가는 것은 바로 무로 들어가는 것

을 의미합니다. 그러나 그 통로를 인간은 그 자신에서 수행할 수 없습니다. 그것은 불안에서 일어납니다. 후기 하이데거에서 부각되는 이러한 방향 전환이 전제되고 있기 때문에, 나는 그것을 지금 연관 속에서 언급합니다.

사람들이 분명히 한 번—그리고 그것을 형이상학조차 분명히 하려고 합니다—존재자를 넘어가면,—후기 하이데거가 간략히 표현하듯이—어떤 존재하는 신성에 도달하는 것이 아닙니다. 하이데거가 *지금* 존재에 관해 말한다면, 그 존재는 그에게서 형이상학으로 귀속하는 것이 아니라, 규정된 그리고 구체적인, 파악될 수 있는 존재자에 반대되는 또한 신성에 반대되는, 예나 지금이나 무로서 놓일 수 있습니다.

로츠 육성 :   도대체 신에 대한 물음이 철학적으로 제기될 수 있다면, 그것은 단지 존재의 개방성 안에서만 제기될 수 있습니다. 존재로부터 성스러움으로의 길이 인도되고 성스러움에서 신성으로 인도됩니다. 그러므로 하이데거는 여기에서부터 사람들이 "신"이란 말로 명명할 수 있는 것을 규정할 수 있다고 말합니다. 그의 저서 『동일성과 차이』에서 그는 형이상학의 신으로부터 자신을 멀리합니다. 그러나 그는 덧붙이기를, 그 사유는 형이상학의 노력에서 보다 더 신적인 신에, 참된 신적인 신에 가깝게 나아갈 수 있을 것이라고 말합니다. 결국 그의 사유는 신으로 열려 있습니다.

15：02~15：24 다보저 사진

해설 :　　　1929년 다보저에서 대학 행사가 열렸다. 이 행사
　　　　　　는 오늘날까지 사유할 만한 가치 있는 논쟁으로
　　　　　　잊혀지지 않고 있다. 여기에서 하이데거가 공적인
　　　　　　인물이 되었다. 그는 가장 근본적으로 고유한 물
　　　　　　음, 즉 존재의 물음을 여러 방향으로 갈라놓고 말
　　　　　　살시킬 수 있는 한, 철학의 고질적인 문제로부터
　　　　　　멀어지려고 했다.

15：24~16：54 오토 프리드리히 볼노우, 튀빙엔의 철학, 교육
　　　　　　학 교수
　　　　　　사람들은 여기에서 양편이 제대로 맞붙었다는 느
　　　　　　낌을 가졌습니다. 한편에서 카시러는 여전히 긴
　　　　　　전통의 마지막 구현으로서 그리고 다른 한편, 하
　　　　　　이데거는 현재 새로운 시작의 의식에서 그 전통
　　　　　　전체에 대해 물음을 제기한 사람으로서 맞붙은
　　　　　　것입니다.
　　　　　　벌써 외적인 과정에서 표시가 났습니다. 어쨌든
　　　　　　오늘날 내가 아직도 기억할 수 있는 것은 이것입니
　　　　　　다. 카시러는 매번 근본적으로 우리가 완전히 분명
　　　　　　하나임 — 이런 대립적인 태도에서도 — 에서 시작
　　　　　　했습니다. 그런데 하이데거의 대답에서는 매번 예
　　　　　　의에 어긋날 정도로 날카롭게 우리가 우선 한 번은
　　　　　　*차이*를 분명히 찾아내야 한다고 했습니다.
　　　　　　이 토론은 성과가 없이 끝났습니다. 이 결과는 아
　　　　　　마도 예상되었던 것이었습니다. 다음날 대화를 계
　　　　　　속하자는 제안을 하이데거는 냉정하게 거절했습

니다. 여기 심한 언쟁 가운데 서로 팽팽하게 맞서 있던 두 입장의 대립에서 참가자들은 실제로 역사적인 순간에 함께 있었다는 느낌을 가졌습니다.

16:54~17:47 보충 : 후설의 사진

해설 :　그때부터 사람들은 하이데거에 관해 말하게 되었다. 그러나 여전히 그의 사유는 상당히 골머리를 앓게 하는 것이었다. 하이데거는 1928년 프라이부르그에서 그가 후계자로 있던 "스승"이자 현상학자인 후설과는 달리 "현상학"을 이해했다.

후설은 "현상학적인 봄"을 의식 활동이란 견지에서 사용했고 "우리에게 '직관'에서 원본적으로 제시하는 모든 것은 그것이 자신을 내주는 대로 단순하게 받아들일 수 있다"는 것을 요구한다. 하이데거는 그런 구성하는 의식과 그 대상성보다 더 근원적으로 존재자의 존재가 자신의 비은폐성과 은닉에 있다는 것을 알아낸다. 그에게서 "존재 물음"이야 말로 비로소 기초적인 차원을 열어 밝히는 것이며, 이는 인간의 본질을 위해서도 마찬가지로 중요한 것이다.

1933년의 들길 — 그가 샛길로 빠지게 된 것인가? 하이데거가 막다른 골목에 부딪친 것인가? 그것은 무엇인가? 그것은 낭만주의자, 독일 숭배, 지방 사투리, 국민이란 관점에서 본 독일 관념주의 사변성에 대한 영향인가? 하이데거는 몇 달 후 정반대의 길을 걸었지만, "국가 사회주의적인 혁명"에 자신을 고백한다. 그의 사유가 이중적인 의미를 가진 것인가?

17 : 47~22 : 04 철학 교사, 하이데거 전문가, 프랑스아 페디
그의 사유가 나치와 함께 갈 수 있다는 것은 원칙
적으로 이치에 맞지 않는 것입니다.

1. 나는 나치 사유의 이념에 대해 이렇게 말합니
다. 그런 것은 결코 없다는 것입니다. 나치주의,
그것은 어떤 사유의 기초를 가지고 있지 않습니
다. 그것은 단지 촉발이며 오로지 반동 행위입니
다. 나치적 지성이란 결코 없습니다. 단지 고등 사
기꾼, 그런 사람들만이 있을 뿐이었습니다.

2. 예를 들어 총장 연설을 살펴보면, 거기에는 대
학을 새롭게 규정하려는 의도가 들어 있습니다.
그것을 하이데거는 총장 연설에서 시도했습니다.
그러므로 나는 이 총장 연설이 아주 큰 전통의 마
지막 기록이라고 말하고 싶습니다. 그것은 유럽
대학의 전통을 말합니다. 오늘날 사람들이 하이데
거가 총장 연설에서 더 이상 대학들을 만들지 말
고 군대 막사로 만들기를 요구했다고 말한다면,
그것은 순전한 헛소리에 불과합니다. 사람들이 그
문구를 읽어본다면 그런 생각은 안 할 것입니다.

자그레브대학 철학 교수, 가조 페트로비치
하이데거는 현대 세계와 현대 인간의 존재 망각
을 보았고 사유했습니다. 그는 또한 보다 나은 세

계의 존재 도래에 대한 가능성을 사유했습니다. 바로 이 점에서 그의 사유는 어떤 식으로든 실패 했습니다. 그는 충분히 다른 세계의 가능성과 그 런 세계로 이끌 길들을 사유하지 못했습니다. 이 때 갑자기 그에게 한 희망을 불러일으키는 어떤 것이 나타났고, 그는 아마도 보다 나은 어떤 것을 해낼 수 있는 가능성이 왔다고 믿었습니다. 짧은 시간 후에 그러나 그는 그것이 실수였다는 것을 알게 되었습니다. 그리고 그는 그의 입장을 바꾸 었습니다. 내가 본 바로 그것은 그의 사유가 가진 어떤 취약점과 관계하는 실수인 것 같습니다.

튀빙엔, 프론도르프의 목사, 하인리히 부르의 육성 : 하이데거 는 1934년 여름 학기, "자연, 역사, 국가"라는 제목 의 강의를 계획했었습니다. 대강당에는 계급장과 이름표를 붙인 복장―거기에는 나치당의 각종 여러 복장이 다 있었습니다―을 한 사람들이 모 여들었습니다. 나는 이런 학생들이 소수일 것이라 고 생각했습니다. 그런데 하이데거가 들어와 단상 으로 향해 걸어 올라서서 한마디 한마디 시를 읽 는 억양으로 강의를 시작했습니다. "나는 논리학 을 강의합니다. 논리학은 로고스에서 나옵니다. 헤라클레이토스는 말하기를 ……." 그 즉시 나에 게 분명히 다가온 것이 있었습니다. 그 강의 주제 의 변경은 정치적인 연루의 *환멸*을 의미하며, 그 가 사유하는 자로서 자신의 가장 본래적인 일을 되돌아보게 되었다는 것을 의미했습니다.

물음 : 그것이 나치 당시의 명망 있는 사람들에게도 느껴
       졌을까요?

부르 : 그 강당은 텅 비었습니다. 거의 아무도 없었습니
       다. 하이데거에게서 *사유하는 것*을 배우고자 했던
       우리만이 끝까지 그곳을 지키고 있었습니다.

22:04~22:52 토트나우베르그와 메쓰키르히의 길들

해설 : 그 이듬해부터 하이데거 강의는 전면적인 "나치주
       의"의 발광에서 주장되는 거짓된 가치를 벗겨내
       는 일에 헌신하였음을 입증해준다. 강의를 로고스
       로 결정한 것은 *마지막* 말을 가졌다고 주장하는
       모든 입장들에 대한 거절을 의미한다.

22:52~26:59 하이데거 사진 1, 하이데거 : 사유의 과제에 대
           해, 1964.

하이데거 육성 : 내가 이해한 바로, 사유에 오늘날 놓여 있는 과
       제가 새롭다는 것은 어떤 새로운 사유의 방식이
       요구되고 있다는 점에서 뿐만 아니라, 이 방법이
       단지 직접적인 인간과 인간 사이의 대화에서 그
       리고 긴 수련의 과정에서 그리고 사유하면서 어
       느 정도 보는 연습을 통해 획득될 수 있습니다.
       즉, 그것은 사유의 양식이 우선 단지 소수의 사람
       들을 위해 수행될 수 있다는 것과 간접적으로는
       교육의 다양한 분야를 통해 다른 사람들에게 전
       달될 수 있다는 것을 의미합니다.
       나는 당신에게 한 가지 예를 들어보고자 합니다.

오늘날 우리는 모두 라디오 또는 텔레비전을 다룰 수 있습니다. 이때 그는 어떤 물리학적인 법칙이 그 뒤에 있는지 그 법칙에는 어떤 연구 방법이 필요한지 모릅니다. 근본적으로 그 방법들은 그 본래 내용적인 면에서 아마 오늘날 5명 내지 6명 정도의 물리학자들만 이해하고 있는 것입니다. 이는 사유에도 우선 그렇습니다.

하이데거 사진 2, 칼 마르크스와 세계 변혁에 대해, 1969, 비서와의 대담에서

하이데거 육성 : 세계 변혁의 요구에 대한 물음은 많이 인용되고 있는 "포이에르바하의 테제"에서 나오는 칼 마르크스의 명제로 되돌아가 봅시다. 나는 그것을 정확히 인용하기 위해서 직접 읽어보겠습니다. "철학자들은 세계를 다양하게 *해석*했지만 세계를 *변혁*하는 것이 문제다." 이 명제를 인용하거나 들으면서 사람들은 세계 *변혁*은 세계에 대한 *생각*을 바꾸는 것을 전제로 하고 있다는 것을 간과합니다. 그리고 세계에 대한 생각은 단지 사람들이 세계를 충분히 *해석하*는 것을 통해서만 얻을 수 있는 것입니다.

다시 말해, 마르크스는 그 변혁을 요구하기 위해 하나의 완전히 *규정된* 세계 해석에 발을 딛고 있습니다. 이를 통해서 이 명제는 기초가 확실히 놓여 있지 않은 문장임이 입증됩니다. 그것은 철학에 반대하는 결단을 하면서 말하는 것 같은 인상을 불러일으킵니다. 반면 그 명제의 후반부는 아

무 말도 없이 바로 하나 철학에 대한 요구가 전제
되고 있습니다.

하이데거 사진 3, 종교에 대해서, 1964
　　　　　그래서 나는 인간들은, 예를 들어 공산주의자들처
　　　　　럼 하나의 종교를 가지고 있다고 말합니다. 즉, 그
　　　　　들은 과학을 믿고 있습니다. 그들은 무조건 현대
　　　　　의 과학을 믿습니다. 이런 무조건적인 믿음, 즉 과
　　　　　학이 내놓는 결과의 확실성에 대한 신뢰는 하나
　　　　　의 믿음이며, 어떤 의미에서는 개별적인 인간을
　　　　　넘어서는 어떤 것입니다. 그래서 나는 어떤 인간
　　　　　도 종교 없이 존재하지 않는다고 말합니다. 이는
　　　　　모든 인간은 어떤 방식으로든 자신을 넘어 있다
　　　　　는 말입니다. 즉, *미쳐* 있다는 말입니다.

(3초 정지)
26 : 59～27 : 41 하이데거와 저명인의 사진들
해설 :　　　하이데거, 그는 에른스트 융어의 말에 따르면, 교
　　　　　묘한 곁눈질을 소유한 아리스토파네스처럼 덫을
　　　　　놓는 사람 — 여기에는 가브리엘 마르셀도 포함된
　　　　　다 — 이다. 그는 많은 사람들과 만났다. 잘 적응을
　　　　　못하는 사람, 고집스러운 사람, — 스페인의 문화
　　　　　철학자 요세 오르테가 이 세트 — 사람들이 보통
　　　　　생각하는 것을 넘어서 미친 것처럼 보이는 사람
　　　　　— 베르너 하이젠베르크 그리고 에른스트 융어
　　　　　…… 프랑스 시인 르네 샤르 …… 화가 게오르그
　　　　　브라크 …….

하이데거와의 만남들은 소문의 홍수 속에서 이루어진 대화의 섬이다. …… 그가 학문들과 예술에 대해 미친 영향은 세계적이다.

27 : 41~27 : 57 자그레브, 페트로비치의 자택의 전경

그의 영향은 심지어 동구에까지 미치고 있다. 자그레브의 철학 교수면서 몇 년 전부터 『실천』이란 잡지의 주간으로 일하고 있는 가요 페트로비치는 조심스럽고 사려 깊게 다음과 같이 간결하게 말한다.

27 : 57~28 : 58 페트로비치의 육성 : 내가 알고 있는 한, 마르크스에서는 소외된 인간과 소외된 세계로서 현대 세계와 현대 인간 그리고 현대 사회에 대한 분석과 비판이 다루어진다. 그리고 상당히 유사하게 하이데거에게서는 존재 망각을 사유하려는 사유가 문제되고 있다. 이는 현대 세계에 만족하지 않고 다른 세계를 사유할 뿐만 아니라 그것에 도달하려는 사유다. 이는 존재의 도래라는 말로 표현된다. 이 존재의 도래는 "소외"라는 표현의 다른 용어에서 접근될 수 있는 그런 것이다.

28 : 58~29 : 06 카르카스의 시몬 볼리바대학 전경

카라카스의 시몬 볼리바대학의 총장, 에르네스토 마이즈 발레니야, 후설과 하이데거 전문가인 그는 남아메리카와 관련해서 말하기를 ……

무엇보다도 하이데거철학이 우리 대륙에서 존재론적인 분석을 시작하게 한 것은 정치적인 측면에서 의미 있는 일이었습니다. 하이데거 사유의 정치적인 측면은 유럽에서는 별로 알려지지 않았습니다. 주목할 만한 것은 라틴-아메리카에서는 하이데거의 이념에 기초하여 하나의 신조 또는 한 사상이 만들어지게 되었습니다. 사실 그것은 마르크스주의에 대립하는 일에 도움을 주었습니다. 그것을 극복하도록 도왔다고도 감히 말할 수 있습니다. 당연히 이것은 아주 중요한 일입니다.

29:58~30:16 일본 교토의 사원

하이데거는 극동, 일본에서 별다른 존경을 받고 있다. 이 나라의 모든 유명한 철학자는 거의 다 하이데거-경험을 한 사람들이다. 교토대학의 주지무라 교수는 선의 대가이자 교수인 니치타니와의 대담에서 ……

30:16~32:28 고이치 주지무라의 육성 : 『존재와 시간』은 지금까지 6번이나 일본어로 번역되었습니다. 반면 칸트의 『순수이성비판』은 4번, 헤겔의 『정신현상학』은 2번 번역되었습니다. 어디에서 그의 사유가 우리에게 그렇게까지 감명을 주게 되었습니까? 니시타니 교수님.

게이지 니시타

하이데거에게서 사유의 근거는 삶 또는 좀더 나

아가 현존재의 직접성의 양식과 연관되기 때문인
것 *같습니다.* 그의 사유는 우리 일상 생활 한가운
데 자리잡고 있습니다. 그의 사유는 직접 사태 자
체로 향합니다. 그것을 사람들은 현존재 또는 실
존 또는 탈-존 — 후기에서 불리는 것처럼 — 의
분석에서 봅니다. 그 속에는 — 내가 보기에 — 우
리를 그에게 붙잡아놓는 그런 것이 있습니다.

뢰테북에서 친구와 함께 한 아마추어 필름 …….

해설 :　친구들과의 교제 — 이것은 뢰테북에 있는 집 정
원에서 찍은 아마추어 필름이다. 이 장면들은 인
간 하이데거가 가진 애착심과 돈독함 그리고 동
정심 같은 것을 느끼게 한다. 이것들은 혼미한 것
에 대한 두려움과 순수한 것에 대한 민감함 ……
같은 것을 동시에 알게 한다.
사람들은 하이데거를 "사유를 짜는 직공"이라고
비웃거나 "알레만 지방의 지펠뮈체"(끝이 뾰족한
모자)라고 놀렸다. 진지한 비판자는 사회적인 관
점, "개방되고" 통일적인 사회에서 볼 때 그의 사
유는 무용하고 무가치한 것이라고 비난했다. 쓸모
와 목적을 위한 것에 기준을 두거나 그런 오성이
계산하는 것에서 볼 때, 비판은 줄어들지 않는다.
사람들은 하이데거를 그들 자신이 만든 잣대로
잰다. 하이데거는 아무와도 사업상의 논쟁을 하지
않는다. 그러나 사람들은 그의 직업을 과소평가해
서는 안 된다. 그에게서 오성은 짧을 수 있어도 이
성은 그를 통해서 통찰된다.

33 : 34～35 : 38 그리스 아크로폴리스, 캅 수니온, 델피에서 찍
은 아마추어 필름
그리스, 아크로폴리스, 캅 수니온, 델피 원형 경기
장에서의 하이데거. 횔덜린과 니체를 통해 그리스
적인 가능성을 경험한 그는 끈질기게 미래를 위
해 "한 걸음 물러섬"을 통해 "사유된 것의 처음"
을 "사유되어야 할 것의 가까움"으로 이끌기 위해
노력하였다.

사유하는 사람, 하이데거는 오늘날 과학-이론에
서 효력 있는 사회철학에, 논리학과 이데올로기
비판에 들어 있는 날카로운 통찰력에도 불구하고
이성에 대한 성찰이 상실될 위기에 있음을 본다.
이 사유의 상실을 그는 "오늘날 세계 도처에서 들
락날락하는" "무시무시한 손님"이라고 말한다
("Gelassenheit", Pfullingen 1959, 13). 선생, 하이
데거는 대지 전체를 짓누르고, 인간을 지배하는 독
재자로 군림하게 하려고 날뛰는 사람들이 그 모든
권력과 병적으로 주인이 되려는 행동에 무엇이 담
겨 있는지를 가르친다. 즉, 무엇이 *있는지* 단순히
말할 수 없는 지경에 있다는 것을 가르친다.
사람들은 뒷전에서, 하이데거가 그의 언어 양식에
서 지식과 인식을 넓히는 정보의 성격을 포기하
고, 그런 것들을 겉보기에 의미 있어 보이는 빈 형
식을 빌어 사상적으로 사소한 것이라고 기만하면
서, 어둠침침한 스파이 같은 분위기를 잡으면서
자신을 돋보이려 한다고 말한다. 하이데거의 언어

는 시인의 언어처럼 의미를 만들어내지는 않는다. 그의 언어는 인간과 존재와의 연관을 열어보이고 언어의 전환으로 듣지 못했던 것을 경청하도록 일깨우려는 것이다. 어떤 사람들에게는 하이데거가 자신에게 물음을 던지는 사람으로 받아들여지는가 하면, 다른 부류의 사람들에게 하이데거는 물음표를 찍어야 할, 알 수 없는 사람이 된다.

35 : 38~40 : 56 비서 인터뷰 : 마르틴 하이데거가 "존재"에 대한 물음에 집중함으로써 인간의 조건, 사회에서 그리고 인격으로서 *인간*의 존재를 다른 한편에 제쳐놓았다고 주장하며 당신을 비판하는 자들이 옳습니까?

하이데거 : 마지막 비판은 큰 오해입니다. 왜냐 하면 존재 물음과 이 물음의 전개는 바로 *현존재*의 해석을 전제하고 있기 때문입니다. 즉, 인간의 본질에 대한 해석 말입니다. 그리고 나의 사유의 근본 정신은 바로 존재, 즉 존재의 개방성이 인간을 필요로 하고 반대로 인간은 존재의 개방성에 들어서 있는 한에서만 인간입니다.

그러므로 내가 얼마나 존재만을 연구하고 인간을 잊어버렸는가에 대한 질문은 의미가 없습니다. 사람들은 인간 본질을 묻지 않고 존재를 물을 수 없습니다.

비서 : 우리 시대에 대부분의 인간들은 모든 것을 과학에

의존하고 있습니다. 그리고 그들은 세계 전역 멀리까지 텔레비전으로 인간이 그가 계획한 것을 기술을 통해 수행할 수 있는 것을 보고 있습니다. 바로 이런 시대에 과학과 기술의 본질에 대한 당신의 사상은 아주 골머리를 앓게 합니다. 당신이 과학은 사유하지 않는다고 주장할 때, 그것은 *첫째* 무엇을 말하려고 한 것입니까?

하이데거 : 먼저 골머리를 앓게 한다는 것부터 말해봅시다. 나는 그것이 아주 정상이라고 생각합니다. 오늘 세계는 너무도 적게 골머리를 앓게 하는 일을 하지 않으려 해서, 오히려 엄청난 사유의 부재 속에 있습니다. 바로 여기에 존재 망각과 관련이 있습니다.

그리고 "과학은 사유하지 않는다"는 말은 내가 프라이부르그 강의에서 말해서 주목을 끌게 된 것인데 다음과 같은 것을 뜻합니다. 즉, *과학은 철학의 차원*에서 움직이지 않습니다. 그러나 과학이 알지 못하고 있는 것은 그것이 이 차원에 *의존하고* 있다는 것입니다.

예를 들어, 물리학은 시간과 공간 그리고 운동에서 움직이고 있습니다. 운동이 무엇인지, 공간이 무엇인지, 시간이 무엇인지 과학 자체는 결정할 수 없습니다. 과학은 *사유하지* 않기 때문입니다. 즉, 그들의 방법으로는 *이* 의미를 사유할 수 없습니다.

나는 예를 들어 물리학이 무엇인지를 물리학적인 방법으로 말할 수 없습니다. 물리학이 무엇인지

나는 철학적으로 묻는 방식에서 단지 사유할 수 있습니다. "과학은 사유하지 않는다"는 명제는 어떤 비난이 아니라 과학의 내적 구조에 대한 *확정*입니다. 이는 과학이 자신의 본질에 속하지만, 한편으로 철학이 사유하는 그것에 의존해 있다는 사실, 즉 사유해야 할 것을 망각하고 관심을 두지 않는다는 것을 말합니다.

비서 : *다음*으로 당신이 오늘날 인류에게 원자폭탄보다도 더 위험한 것이 기술의 법칙, 즉 현실적인 것을 부속처럼 갖다놓는 방식으로 비은폐시키거나 또는 다르게 표현해서 모든 낱낱의 것을 단추 하나로 불러내려는 기술의 근본 특징을 몰아세움(Gestell)이라고 말할 때, 이는 무엇을 뜻하는 것입니까?

하이데거 : 우선적으로 말해서 나는 기술에 대해 *반대하지* 않습니다. 기술에 *반대해서* 소위 기술의 악마적인 것에 대해 말하려고 한 적이 없습니다. 오히려 나는 기술의 *본질*을 이해하려고 애를 썼습니다.

당신이 이 사상을 원자폭탄의 위험과 아울러 기술의 보다 더한 위험과 함께 인용할 때, 나는 오늘날 생물리학(Biophysik)이 개발하고 있는 것을 생각했습니다. 우리는 머지않아 인간을 *만들* 수 있게 됩니다. 즉, 순전히 사람들이 필요한 대로 손재주가 있는 것과 없는 것, 영리한 것 아니면 둔한 것으로 그렇게 유기체적 본질에서 구성할 수 있습니다. 그때가 곧 올 것입니다. 이 *기술적인 가능성*들은 오늘날 벌써 있는 것이고, 이미 벌써 린다우회의에서 노벨 수상자들에 의해 나온 말입니다 ― 이것을 나는 몇 년 전 메쓰키르히에서 했던 한 강연에서 인용했을 뿐입니다.

그러므로 무엇보다 내가 기술에 *반대하는* 것 같은 오해는 사라질 수 있습니다.

완전히 반대로, 나는 기술에서 다시 말해 기술의 *본질*에서 나는 인간이 더 이상 도전하고 대항할 만큼 자유롭지 못한 힘 앞에 굴복되는 것을 봅니다. 여기에는 어떤 것이 알려지고 있습니다. 즉, 존재와 인간의 관련입니다. 기술의 *본질*에서 감춰지고 있는 이 관련이 아마도 언젠가는 스스로 탈은폐되어 드러날 것입니다.

그것이 일어날지 않을지는 나는 모릅니다. 그러나 기술의 *본질*에서 나는 아주 심각한 사건의 첫 번째 징조를 보고 있습니다. 그것이 내가 말하는 "존재 사건"입니다.

정지 화면 : 프라이부르그 자택

사람들이 하이데거의 주장을 알아듣게 될 때, 사유되어야 할 것 ― 전집은 70권을 넘어가고 있다 ― 이 주목을 받지 못하고 있음을 알게 된다.

그는 세계를 변화시키는 것, 즉 낡은 것에 단지 한 새로운 것으로 형태를 주는 것에서가 아니라 사유를 통해 인간 존재를 바꾸는 것에서 출발했다. 하이데거의 사유에서 전회라고 불리는 것은 하이데거의 "개심"도 아니고 "전향"도 아니다. 그것은 존재로의 길이 항상 이미 존재에서부터의 길이라는 것에 대한 표현이다.

인터뷰에서 : 우리 사유의 커다란 위험 중의 하나는 오늘날 사유 — 철학적인 의미에서 — 가 더 이상 전승과 현실적이고 근원적인 어떤 연관도 가지지 못한다는 것입니다.

사유의 운명이 어떻게 될지는 아무도 모릅니다. 내가 직접 하지는 못했지만, 1964년 파리에서 프랑스어 번역으로 발표된 "철학의 끝과 사유의 과제"라는 제목의 강연에서 나는 이렇게 말했습니다. 나는 철학, 즉 형이상학과 내가 이해한 사유 사이를 구별합니다.

이 사유는 그 사태에서 철학보다 훨씬 더 단순합니다. 그러나 그 수행에서 아주 더 어려우며 언어에 대한 새로운 조심성을 요구합니다. 그러나 이 조심성이란 내가 한때 생각했던 것처럼 어떤 새로운 용어의 발명이 아니라, 우리에게 고유한 것이면서도 항상 사장되어가는 언어의 근원적인 내용으로 되돌아가는 것을 의미합니다.

그리고 내가 *준비하려고* 하는 이 사유를 혹시 실제로 떠맡을 과제 앞에 서게 되는 다음에 올 사유자는 하인리히 폰 클라이스가 한때 했던 말을 따르는 자여야 합니다. 그것은 다음과 같습니다 — 그것을 나는 나의 공책에 써놓았습니다. …… "나는 아직 거기 있지 않은 것 앞에서 물러나, 한 세기를 앞서 그 정신 앞에 굴복한다."

해설 :　　　　"철학의 종말"은 철학이 과학들로 되어버릴 때 도
　　　　　　　달된다. 그렇지만 사유는 계속된다 …….

끝

제목과 명단 : 하이데거
마르틴 하이데거
사유의 도상에서 ……
리하르트 비서와 발터 리델

장 보프레, 하이데거 — 번역가, 파리
발터 슐츠 — 철학 교수, 튀빙엔
요하네스 밥티스트 로츠 — 그레고리아나 철학 교수, 로마
오토 프리드리히 볼노우 — 철학 · 교육학 교수, 튀빙엔
프랑스와 페디 — 철학 교사, 파리
하인리히 부르 — 목사, 프론도르프, 튀빙엔

카메라 : 디트리히 렘스테트
음향 : 라이너 보쉬
편집 : 힐데가르트 슈뢰더
글과 학문적 자문 : 리하르트 비서 교수
감독 : 발터 리델
네스케 발행 필름
슈투트가르트
남서방송국, 바덴바덴, 1975, 계약으로 만들어짐.

두고두고 생각나는 고마움
― 하이데거와의 만남들

1. 전화 한 통화로 일이 시작됨

1969년 8월 15일 금요일 오후. 볼프강 브로바일 박사(독일 제 2방송국, ZDF의 문화부 책임자)로부터 전화가 왔다. 그 내용은 다음과 같은 것이었다. 26일, 마르틴 하이데거의 80회 생일이 다가오고 있다는 것과 ARD(독일 제1방송국)가 오래 전부터 이 생일을 기화로 방송을 계획하고 있지만, 하이데거가 카메라 앞에서 하는 인터뷰를 계속해서 완강히 거절하고 있다는 것이다. ZDF가 해보려고 하는 것은 ARD와는 다른 것으로, 직접 하이데거와의 인터뷰를 의미한다는 것을 나는 직감했다. 그러나 ZDF의 모든 의도와 시도는 수포로 돌아갔다고 그는 말했다. 방송국 사람으로서 그는 이러한 거절을 이해하기 어렵다고 했다. 무엇이 뒤에 숨어 있는지 불분명하다는 것이다. 그것은 아마 새로운 대중 매체 앞에 서는 것에 대한 어떤 두려움과 또한 좋지 않은 어떤 경험들, 혐오감과 관련하고 있을 것이다. 하이데거는 사유하는 사람이지 어떤 만담가가 아니라는 것으로 끝을 맺으려고 했다. 그런데 전화의 핵심은 "하이데거를 대화로 이끌어내보라"는 것이다.

나는 대답하기가 어려웠다. 상황이 바뀔 수는 있지만, 내가 무슨 수로 그 확고하고 근본적인 태도를 뒤집을 수 있을까? 왜 내가 다른 사람이 할 수 없는 것을 해야 하는가? 이런 물음은 통하지 않았다. 도대체 이전부터 거듭된 거절을 알고 있으면서 하이데거에게 다시 그 부당한 요구를 한다는 것은 하나의 주제넘고 뻔뻔한 일이 분명하다. 그것이 나에게 부담이 되는 무리한 부탁이라는 생각은 전혀 없었다. "나보고 납치를 하란 말입니까? 당신은 나에게 분명히 억지를 부리라고 요구하고 있습니다."

나의 전화 상대자는 적당히 받아 넘겼다 — 우리는 1964년에 가깝게 알게 되었다. 당시 ZDF에서 독일의 뛰어난 철학자 니콜라우스 폰 쿠자누스의 서거 500주년을 위한 필름을 만들자고 내가 설득하는 자리에서 그를 만났다. 그때 필름은 쿠자누스의 동물 문장이 게이기 때문에 "게의 별자리에서"(동시대인으로서 니콜라우스)라는 제목을 붙였다.[1] "당신이 말한 것이요. 자, '머리'를 써보시오." 침묵이 흘렀다. 나의 반응을 기다렸다. 결국 낚싯줄에 걸리고 말았다.

나는 곰곰이 생각했다. 하이데거를 "말하도록" 이끌어낼 만한 첫 번째 생각은 떠올랐지만, 거기에서 멈추어버렸다. 닥칠 어려움을 생각하자 시간이 지체되었다. 화가 났다. 나는 다시

---

1) Richard Wisser, 「동시대인으로서 니콜라우스 폰 쿠자누스(Nikolaus von Kues als Zeitgenosse)」, in : 『국가신문(*Staatzeitung*)』, 15권, 27호, 자유로운 시민의 참여, Koblenz 1964년 7월 5일, 7 이하. 참조, Richard Wisser, 「니콜라우스 폰 쿠자누스의 정신적인 회귀(Die geistige Wiederkehr des Nikolaus von Kues)」, in : *Rheinland-Pfalz. Portrait eines deutschen Landes*, Mainz 1965, 107-112.

반대를 해보았다. "우리 좀 현실적으로 되어봅시다! 어떤 방법으로도 안 될 것입니다. 기록이라도 하나 있으면 좋았을 것이라고 희망해보지만, 그러나 사실, 현실, 그 유명한 '현사실성'에 부딪치게 됩니다. 어떻게 불가능한 것을 가능하게 할 수 있을까요?"

전화의 다른 끝에서 나온 대답은 무장 해제하는 식으로 간단했다. "그것은 당신의 일이요!" 시간을 벌려고 나는 ARD와 관련해서 조사한 정보를 달라고 했다. 나의 전화 상대자는 1950년대의 하이데거-필름에 대해 말해주었다. 그 필름은 하이데거가 말없이 초고를 넘기거나, 요한 페터 헤벨을 읽는 장면을 사람들에게 보여주는 것이라고 한다. 여기에 지겨울 정도로 의도적으로 농부 생활과 시골 생활에 대한 것을 삽입했다는 것이다. 그와 함께 하이데거가 불교의 한 스님과 진행한 대화에 대해 언급하는 장면이 나온다고 한다. 그 필름의 성격은 에라스무스 셰퍼를 언급하면서 마르틴 하이데거철학에 대한 정보와 그 단면을 "사유란 무엇인가"란 표제를 통해 보여주려는 의도에서 짙게 나타난다고 가르쳐주었다 …….

그러던 중 갑자기 나의 깊숙한 곳에서 변화가 일기 시작했다. "불가능한 것"이란 단지 불가능하다고 간주해놓은 것이 아닌가? 나는 "불가능한 것"의 비-현실성, 아직은 현실적이 아닌 것, 아직 끝나지 않은 것, 생각해보건대 "불가능한 것"이라고 미리 결정하는 나 자신의 신중함에 대해 웃음이 나왔다. 나의 상대도 웃으면서 말했다. "좋아요! 나는 우리에게 주어진 짧은 시간 안에 무엇을 할 수 있을지 생각해보고, 하이데거가 가능한 한 동참하도록 하기 위해 우선적으로 무엇을 해야 할지 알아보겠소!"

그런데 알려진 대로 하이데거는 이에 동참하였다. 1969년 9

월 24일, ZDF는 마르틴 하이데거의 80회 생일을 위한 방송으로 관계자를 놀라게 했던 실제 텔레비전-대담을 내보낼 수 있었다. 이에 대한 신문들의 반향도 상당했다. 예를 들어,『남독일신문(Süddeutsche Zeitung)』은 "이 방송을 본 시청자들은 세계적인 현자가 말하는 것을 듣고, 그를 직접 볼 수 있는 좀처럼 드문 혜택을 누렸다"[2]고 인정하였다. "개신교 신문 / 교회와 텔레비전(Evangelischer Pressedienst / Kirche und Frensehen)"은 "하이데거의 제자들뿐 아니라 비판자들에게도 한편에서는 감정적으로, 다른 한편에서는 단순한 오해로 규정된 하이데거의 인상을 현실적으로 판단해볼 수 있게 하고, 교정하게 하는 기회를 주었다"[3]고 평가하면서, 이 방송이 1970년 4월 12일에 벌써 재방송될 것이라고 했다. 그렇지만 이 방송은 당시 독일 수상인 빌리 브란트에 대한 워싱턴에서 있었던 국제신문회의 위성 방송 중계 때문에 5월 10일로 짧은 시일 연기되었다.

6년 후, 하이데거가 죽고난 그 다음날 ZDF는 수천 장의 기록 사진을 보여주고, 이어 — 야스퍼스의 서거에서처럼 — 실황으로 나에게 추모사를 부탁했지만, 나는 하지 않았다. 이것을 사양하게 했던 경외심은 점잔을 빼기 위한 것도, 내성적임도, 감동에서 생기는 두려움 때문도 아니었다. "그 경외심은 근원적으로 경외했던 것 앞에 굳어 자기 자신에 머물러버리는 동시에 이것에 가장 내적으로 향하는 것이다."[4] 나는 라인하르트 호프마이스터 — 그는 당시 하이데거 필름 편집의 감독을 맡았다 — 에게 적합하고 이해가 될 만한 내용의 문건을 보냈다.

---

2) Süddeutsche Zeitung, 231호, München, 1969년 9월 29일.
3) Evangelischer Pressedienst/Kirche und Fernsehen, 37호, Frankfurt am Main, 1969년 9월 27일.
4) Martin Heidegger,『횔덜린의 시 해석(*Erläuterungen zu Hölderlins Dichtung*)』. 4 증보판. Frankfurt am Main 1971, 131(= Hölderlin).

"어제 마르틴 하이데거가, ─ 금세기 어떤 다른 독일 철학자도 버금가지 못하는 ─ 전세계의 인정과 비판을 받던 그가 86세의 나이로 자신의 고향에서 죽었습니다.

하이데거는 오늘날 세계 전체에 걸친 경제적인 흐름과 이데올로기 실천의 처리장에서 떠오르는 위험 속에 서 있는 인간은 그들이 만들어놓은 그러한 대상보다 그 이상의 존재라는 것을 알게 했습니다. 하이데거의 뜻을 새기는 사유, 사물들의 의미와 인간의 의미를 묻는, 아주 유명해진 회상하는 사유는 얼마나 인간이 ─ 역사와 현재에 ─ 전면에 주어진 것에, 실용적인 것에 향하고 있는지 발견하게 하였습니다. 동시에 하이데거는 그 이전에 있던 몇 안 되는 철학자들처럼 그 자체에서 자신을 내보이는 것을 경험하고, 그것이 있는 바대로 '존재'하게 하는 능력이 인간에게 있음을 통찰하였습니다.

그 존재 이해는 대상적인 것에 향해 있는 과학처럼 증명할 수 있는 것에 발을 내딛지 않고, 존재의 탈은폐성의 도상에 있는 것입니다. 일반적으로 말하는 사업상이나 일상적인 세계 이해의 안목에서는 하이데거가 쓸데없는 것을 캐묻는다고 할지 모릅니다. 그러나 그는 근원적인 지평으로서 그 속에서 비로소 이런저런 존재자가 생기는 존재에 대한 물음을 제기함으로써, 그것의 우월함을 인간에게 다시 열어주었습니다.

텔레비전 매체를 극구 회피했던 마르틴 하이데거에 관한 유일한 텔레비전 인터뷰가 현존하고 있습니다. 그는 그 대담을 80번째 생일 전야에 마인츠대학 교수 리하르트 비서에게 하게 했습니다. 다음으로 나는 그의 철학을 의식하며 이렇게 끝을 맺습니다. 이 ZDF의 필름을 다음과 같은 확신 속에서 방영하도록 합시다. 하이데거에 대한 평가와 뒷말이 많지만, 무엇이 평생 그를 그토록 힘쓰도록 했는지를 하이데거 자신이 가장 분명하게 말할 수 있다는 확신 말입니다."

이 기념 방송이 있고난 몇 달 후 당시 독일 대통령 발터 쉘은 시인이며 세네갈공화국의 대통령인 레오폴드 세다 셍고에게 "독일연방공화국의 선물로서" 이 인터뷰 필름-사본을 ― 프랑스어 번역으로 된 ― 70번째 생일을 위해 전달하였다. 레오폴드 세다 셍고는 소르본느대학에서 아프리카 사람으로는 처음으로 박사 학위를 받은 사람이며, 1968년에 독일 도서업계에서 주는 평화상을 수상한 사람으로 "보편 문화의 개척자"(기젤라, 독일어본)로 인정받았다. 대통령 셍고는 이 필름-사본을 아주 진지하게 "그가 받은 최고의 좋은 생일 선물"이라고 말하면서 독일 대통령에게 감사의 말을 전했다. "나는 하이데거를 경외하는 사람이기 때문에, 이것보다 나에게 더 이상 기쁨을 줄 수 있는 것은 없습니다."

가장 개인적으로 경험한 하이데거에 대한 나의 기억은 이 대화와 관계하고 있다. 어떻게 그것이 성사되었을까? 어떻게 그 불가능하게 여겨졌던 것이 실현될 수 있었을까?

2. 어떻게 하이데거가 지금까지 거절했던 인터뷰에 응할 수 있었을까? 그것이 문제다

당시 준비를 위한 시간은 별로 없었다. ZDF는 보조를 못 맞추고 있었다. ARD는 자기들 나름대로의 방송을 진행하고 있었다. 나의 생각은 간단했다. 하이데거와 대면한 사람들, 그와 "개인적으로", 선생으로, 친구로, 토론 상대자로 뿐만 아니라, 그의 "저서"를 통해 만난 사람들이 진술을 하고 증거를 제시하고, 때에 따라서는 찬사를 하거나 적대적인 말을 하게 하는 것이다. 하이데거에 대해 생각나는 기억, 회상, 기념으로 마음에 새기는 사유(an-denken)를 하게 하는 것이다. 하이데거가 이런 진술, 고백, 감사의 말을 듣고 빠져나갈 수 있을까? 그는 개인적인 인사말과 그에 대한 말, 그런 요청에 대답을 할 의무를 느끼지 않겠는가? 그가 ARD 방영에서처럼 묵묵히 초고만 뒤적거리며 "말하지 않고" 침묵으로 자신의 책만을 소개할 것인가? 이처럼 그가 설마 초고만 읽고, 서로간의 대화를 거부하고, 응-답과 대구를 거절하고 생생한 반향에 대해 자신의 편에서는 어떤 반향도 베풀지 않는 것은 아닐까?

1964년의 75번째 그의 생일을 계기로 한 접촉에서 그는 이렇게 대답했다. "사유의 마지막 걸어온 길에서 나에게 주어졌던 인사, 희망 그리고 선물들은 격려였던 동시에 나의 공로가 아니라는 징표였습니다. 어떻게 한 사람이 이렇게 기쁨을 주는 것에 합당하게 감사할 수 있겠습니까? 이 말은 그가 줄기차게 "사유(Denken)가 무엇인가"라고 물어서, "감사(Dank)를 가져왔다"는 뜻이다. 이것은 나의 파악이다. 인사말을 통해서도 하이데거는 사유하는 자로서의 자신의 모습을 드러내고 있는 것이다. "생각 없이 서로간에 오가는 내용 없는 인사에서 참된 인사의 희귀함에 이르기까지 …… 우리는 많은 단계를 만난다"고 하이데거는 자신의 "횔덜린 시작에 대한 해명들"에서 쓰고 있다. 더 자세히 말해, 횔덜린의 「회상」이라는 시에는 다음과 같이 열쇠가 되는 말이 들어 있다. "인사하는 사람은 인사하면서 자기 자신을 부른다. 그러나 그것은 단지 그가 자신을 위해 무엇인가 하려고 하는 것이 아니라, 모든 것을 인사받는 사람에게 향하게 한다는 것을 말하기 위함이다."5)

---

5) Heidegger, *Hölderlin*, 96. Heidegger과 Hölderlin에 관하여, Susanne Ziegler, 『하이데거, 횔덜린 그리고 알레테이아. 1934 / 35년에서 1944년까지 강의에서 마르틴 하이데거의 역사에 대한 사유(*Heidegger, Hölderlin und die Aletheia. Martin Heideggers Geschichtsdenken in seinen Vorlesungen*

1964년 당시 나는 하이데거가 발표문을 보내준 것에 대한 답례로 그에게 「기독교의 상징들」이라는 상징학에 관한 논문을 보냈다. 이에 하이데거는 나의 글을 인용하면서 직접 자신이 쓴 글을 보냈다. "사유하는 사람들이 그들은 보는 사람들이고 그 봄에서 배워야 한다는 것을 사유한다면, 그것은 정말 항상 결실을 거두게 됩니다."[6] 말한 대로, 하이데거가 단지 외관만을 보여줄 것인가?, ARD-필름에서처럼, 그냥 이리저리 거닐다가 혹시 그의 얼굴을 내보여주거나, 말하는 장면을 피하고, 그를 보려고 오는 독자에게 빗장을 걸고, 단순한 외관에, 나아가 단지 그 껍데기에만 머물도록 할 것인가? "인사는 인사하는 사람과 받는 사람 사이의 거리(Ferne)를 열어보인다. 따라서 그 거리는 진실을 가장하여 알랑거림이 필요 없는 하나의 가까움이 근거하고 있다. 진정한 인사는 인사받는 사람에게 그 본질에 맞부닥치는 소리(Anklang)를 보낸다."[7]

하이데거가 로고스에 응-답하고 대-화하는 것 대신에, 그냥 자세만 취할 것인가? 이는 동시에 말하는 얼굴을 보여주고, 말과 대답을 볼 수 있게 하지 않는다는 말이다. 하이데거에게 좋은 추억과 기억에서 그를 잃어버릴 수 없고, 그에게 빚을 졌기 때문에 잊을 수 없는 추억을 간직한 사람들에게도 그가 인사하는 것을 거절할 수 있을까? 서로 더불어 *일어난 것*은 변경할 수 없지만, 지나버린 것인가? "지난 것에 대한 기억은 변경될 수 없는 것으로 만난다. 이것은 더 이상 문제로 여겨지지 않는다. …… 그러나 시는 *회상*을 묻는다."[8] 하이데거가 *그의* 물음들을

1934 / 35 bis 1944)』, Berlin 1991, 특히, 사유의 본래적 본질 : 회상(Das eigentliche Wesen des Denkens : Andenken), 214 이하.
6) 하이데거-편지, Freiburg Br., 1964년 10월 17일.
7) Heidegger, Hölderlin, 96.
8) Heidegger, Hölderlin, 83.

받아들이고 시대의 물음과 관련된 그 물음을 물리칠까? 그가 침묵하기로 결정한 것은 취소할 수 없는가?

나는 아주 바쁘게 같이 일하는 몇 사람들의 도움을 받아, 방해가 되더라도 방학 기간을 통해서 진술을 해줄 만한 선정된 사람들과의 편지, 전화, 전보를 통한 접촉을 시도했다. 우리의 열성적인 노력에도 불구하고 필요한 사람들 중 많은 사람들이 연결될 수 없었고, 그쪽에서 연락을 해주지 않거나 접촉이 너무 늦은 경우에는 대답을 기다려야 했다.

그러나 우리는 계속 진행을 했다. 승낙을 한 사람들도 있고 자발적으로 감사를 하겠다는 사람들도 있었다. 어떤 이들은 오랫동안 가슴속에 품고, 혹시 억누르고 있던 것, 모습이 떠오르고, 눈앞에 연상되는 것을 어떻게 그렇게 짧게 말할 수 있을까 하며 망설이기도 하였다. 또한 진부하게 되지 않을까 하는 두려움이 생겼다. 경험을 그대로 반복하는 것이 아니라, 적합한 말을 해줄 수 있을까 하는 걱정도 생겼다. "4분 안에 무엇인가 결정적인 것을 말하는 것은 불가능할 수도 있다." 내가 생각한 것처럼 모든 것이 그렇게 간단하다고 할지라도 오해를 만들어 낼 수 있을 것이다. 하이데거를 생각하려는 것은 —— 우리 방식으로 —— "감사를 하려는 것"을 의미한다.

장-폴 샤르트르는 알려지지 않은 목적으로 이탈리아로 떠났다. 경비원의 말에 따르면 9월말에 돌아올 것이라 하고, 조심스럽게 문의해본 출판사에 따르면 9월 12일에 온다고도 하였다. 그 외에 그의 비서는 좀더 일찍 올 것이라고도 말했다. 이것이 좀더 정확한 정보일 것이다. 이 일은 중단할 수밖에 없었다. 주지무라 교수, 『존재와 시간』의 일본어 번역들 중의 하나를 책임을 지고 있고, 9월 26일 메쓰키르히시(市)의 하이데거-행사를 위한 강사로("마르틴 하이데거의 사유와 일본철학") 예정된 그는 생일 며칠 전에 사진을 찍기로 했다. 칼 뢰비트는 연락이 없었다. 한나 아렌트는 나의 끈질긴 전화 요청에도 불구하고 이해할 만하면서도 이해 못할 이유로, 좋은 이유 같으면서 별로 이유가 되지 못할 구실로 거절했다.

다른 예로 가브리엘 마르셀이 있다. 그는 그의 "존재의 파수군"이란 조롱 섞인 제목을 가진 "풍자극"을 보내달라는 몇 해전 나의 부탁 — 그는 당시 그것을 보내주었다 — 과 관련해서 대답을 주었다. 그는 희극에서 "존재의 목동집"에서 하이데거-예식으로 간주되는 것을 문제 삼았다.

"8월 17일자 당신의 편지는 아주 늦게 도착했습니다. 오늘에야 그것에 대해 답장하게 되었습니다. 그가 나에게 어떤 불쾌감을 주었다는 것을 나는 고백합니다. 원칙적으로는 당연히 나는 존경을 나타내고 싶습니다. 그러나 다음과 같은 어려움이 있습니다. 당신이 분명히 알고 있듯이 나는 하이데거에 대한 풍자를 썼습니다. 즉, '존재의 파수군', 그것은 인스부르크에서 상연되었고, 독일에서 번역되어 당시 극장의 시화집으로 출간되었습니다. 내가 그것에 개입하지 않았다고 한다면, 마치 내가 거짓말을 하는 것처럼 보일 것입니다. 사실 나는 결코 그렇게 하고 싶지 않았습니다. 다른 한편, 더 어려운 것은 — 진정 나의 생각으로 — 그 작품에서 표현된 비판을 그 철학에 대한 나의 평가로 마음대로 여기며 말한다는 것입니다. 그 철학에 대해 나는 경이감을 품고 있었습니다. 이러한 사정에서 나의 작품은 바랄 만한 것이었는지 아니었는지를 알게 됩니다. 나는 당신의 뜻을 존중할 것입니다.

나의 이러한 점을 배려해주십시오. 가브리엘 마르셀.9)

P. S. 하이데거 — 사람들이 알듯이 — 는 그 작품을 가지고 있었고 — 그것은 그를 상당히 기분 나쁘게 했을 것입니다. G. M."

---

9) Marcel-편지, Paris, 1969년 9월 8일.

그 편지는 너무 늦게 나에게 도착했다.

결국 여러 분야들의 사람들이 확보되었을 뿐 아니라 존경할 만한 대표자들도 확보되었다. 거기에는 많은 적극성와 끈질긴 접촉이 요구되었다. 확보된 사람들 몇 명을 언급해보자면 다음과 같다. 칼-프리드리히 폰 바이체커, 그는 젊은 과학자로서 하이젠베르그와 하이데거의 대화에서 "하이데거가 사유된 것을 듣고 이해할 수 있을 뿐 아니라, 그것 자체를 고안해낸 사람들이 그것을 이해했던 것보다 *더* *잘* 이해한다는 것을 알아냈다. …… 그는 *사유하는 사람이다*"고 말했다.10) 유형심리학자, 메다르 보스는 "축하받는 노철학자의 자비심과 크고 작은 다른 문제에 주저함 없는 참여, 그러나 부끄러워할 줄 아는 부드러움과 넓게 열린 마음의 다정함"을 알아냈다.11) 시인 에른스트 융어는 다른 것을 찾아냈다. 그는 "말과 사유보다 더 강할 뿐만 아니라 개인적인 면보다도 더 강한 어떤 것"을 경험했다. 그것은 "농부 같은 소박함이지만, 임의로 자신을 바꾸는 동화 속의 농부처럼 …… 거기에는 덫을 놓는 사람 같은 점"이 있음을 그는 지적한다.12)

철학자인 레오 가브리엘은 많은 사람들에게 "자극하는 것"으로 느껴진 하이데거의 언어에 대해 말한다. 바로 그 "자극"을 그는 "세기의 철학적 사유가 받았던 가장 강한 자극"으로 경험한다.13) 언어학자, 에밀 슈타이거는 다른 사람들처럼, 하이데거가 존재 물음의 주변을 돌면서 던지는 "선동적인 소리"를 외면했지만, 그를 통해 그는 오늘날 다음을 통찰하게 됐다고 고백

---

10) 『대담 속에 마르틴 하이데거(*Martin Heidegger im Gespräch*)』. Hrsg. von Richard Wisser, Freiburg Br. 1970, 14(= 대담).
11) 『대담』, 22.
12) 『대담』, 24.
13) 『대담』, 36.

한다. "사람들이 언어를 가지고 '어떤 것을 시작'할 수 있어야 하고, 그것이 어떤 방법론에서처럼 우리의 목적을 위해 사용해야 한다면, 이는 하이데거의 후기 사유를 본질적으로 평가절하했다는 것을 의미한다. 즉, 우리가 마음대로 할 수 없고, 오히려 우리를 지배하는 언어를 이미 잘못 이해한 것이다."14)

정치학자 돌프 슈테른베르그는 하이데거에게는 "우리에게 '존재의 보호'를 말하면서 만들어낸 실낙원 같은 분위기", "거대한 헛된 것", "은밀한 멜랑콜리"와 같은 것이 있다고 말한다.15) 그리고 신학자 칼 라너는 "자신이 입심 좋은 많은 선생들을 가졌지만, 자신의 스승으로서 존경할 수 있는 *유일한* 사람은 바로 마르틴 하이데거였으며, 이에 대해 아주 순수한 마음으로 감사할 수 있다"고 고백한다.16)

이제 확실해진 것은 9월 24일에 방송이 나간다는 것이다. 죽은 후 그 명성과 관련해서 마음 아프게 훌쩍거릴 것이 아니라, 기억과 기념 속에 가까이 불러내는 것이며, 맞부딪치는 소리를 얻어내려는 것이다. 왜냐 하면 그것은 반복하는 것이 아니라 복위시키는 것이기 때문에, 나는 하이데거에 향해 그에게 앞서 본 것을 설명할 수 있다. 그것에 대해 나는 하이데거에게 다음과 같이 편지로 썼다. "······ 이제 당신은 여기 기억하는 사람에게 진정으로 말과 사상 속에서 현전하게 되었습니다. 그러나 당신 자신이 어떤 방식으로든 현상 속에 나타날 수 있을 때, 이 기념하는 자들의 의미가 살아나게 됩니다. 이것이 또한 시청자들의 희망이라는 것을 내가 강조할 필요는 없겠습니다. 나는 텔레비전 촬영이 어떤 상황과 연결될지 알고 있습니다. 그것들

---

14) 『대담』, 33.
15) 『대담』, 43.
16) 『대담』, 48.

은 그러나 진행하면서 제거될 수 있습니다. 나는 모든 이름으로 우리에게 짧은 인터뷰에 응해주실 것을 당신에게 요청합니다. 그러나 당신이 말씀하시기를 원치 않으신다면, 당신 주변에서라도 당신을 잠시 나타내 보여주십시오. 이것이든 저것이든, 두 가지 다 큰 양보심으로 허락해주십시오.”17) 이제 기다리는 수밖에 없었다. 그러나 진술들을 현실감 나게 하는 작업을 진행하면서 기다리는 것이다. 당시 마르부르그에 있던 하이데거에게서 교수 자격 논문을 썼던 칼 뢰비트가 이 일에 참여했다. 그에 따르면 하이데거는 “그 시간에 이르기까지 긴 호흡을 가지고 있으며, 아주 적합한 시간을 위해 참으며 버티는 진득함과 성찰의 힘을 가지고 있다”고 한다.18)

15일 하이데거로부터 답장이 도착했다. “방금 나는 긴 여행에서 돌아와 당신의 편지를 보았습니다. 시간이 지금 부족하지 않다면, 내가 **당신**과 짧은 인터뷰와 함께 몇 장의 사진 촬영에 응할 준비가 되어 있습니다.”19) 그날 우리는 9월 17일 15시로 촬영 계획을 약속했다. 나는 신속히 필요한 모든 것을 진행해 나갔다. 그런지 얼마 되지 않아 너무도 놀랍게도 『슈피겔 잡지』 편집부에서 연락이 왔다.

3. 『슈피겔』 잡지 편집부의 전화와 그 배경

사람들은 — 나 스스로도 누구로부터인지 몰라 반문하며 — 하이데거가 나에게 텔레비전 인터뷰를 하겠다고 한 것을 어디

---

17) 하이데거에게 보낸 편지, Worms, 1969년 9월 9일.
18) 『대담』, 40.
19) 하이데거-편지, Freiburg Br. - Zähringen, 1969년 9월 14일.

에선가 들었다고 한다. 그것은 지금까지의 태도에서 비춰보면 당연히 놀라운 것이고 아주 관심거리였을 것이다. 당황하여 나는 얼버무릴 수밖에 없었다. 물론 놀란 기색을 감추지 않았다. 그러면서 직접적인 대답도 들어보지 않고, 지금까지 소수에게만 알려져 있던 그 사실을 어떻게 『슈피겔』에서 그렇게 빠르게 알게 되었는지 되물었다. 대답에 의하면, 그들도 그만한 통로가 있다는 것이었다. 그러나 보다 중요한 것은 그들도 인터뷰에 참석하겠다는 것이었다. 나는 『슈피겔』의 편집자를 집으로 불러 설득을 해야 했다. 나로서는 그것을 거절할 수밖에 없다고 말했다. 나는 다른 인터뷰 상대를 분명히 거절한다는 하이데거 편지의 내용을 밝혔다. 그리고 권리상 촬영팀 외에 다른 사람을 끼워 신뢰를 깨어서도 안 되며, 『슈피겔』지에서도 잘 알고 있는 이 일을 위험하게 할 하등의 이유가 없다고 말했다. 단호히 그 요구를 거절했다. 그러나 부탁이 있었다. "그렇지만 그 녹음 테이프를 집 앞 차에서 기다릴 테니 받아듣게 해주십시오!"

점점 나는 화가 나기 시작했다. 나는 이것도 할 수 없었다. 『슈피겔』지가 다른 사람들에게 정보를 주고자 하는 사정을 이해하지만, 나는 아직 우리의 일이 그렇게 확실한 것이 아님을 강조했다. 나 역시 성공한다는 보장이 없으며, 이 일이 성사되면 그때 모두가 하이데거를 보고들을 수 있는 기회를 가지게 된다고 강변했다. 내가 지금도 가장 불확실하게 여기는 것이지만, 필름이 정말 예비 상영 가능한 시점까지 완성될 수 있다면, 당연히 『슈피겔』지도 다른 관심 있는 신문들처럼 거기에 자유롭게 참여할 수 있게 될 것이라고도 말했다.

상대편이 양보할 것처럼 느껴졌다. 그는 나에게 — 신뢰감 있게 — 그가 고집 부리는 이유를 설명했다. "우리는 강철로 만든 장 속에 하이데거가 1966년 9월 루돌프 아우그슈타인에게 한 인터뷰를 가지고 있습니다. 그런데 그 대담은 하이데거가 죽기 전까지는 출판을 할 수 없게 되어 있습니다. 이것이 시사해주는 바는 그 속에 든 내용이 주로 제3제국 당시 하이데거의 태도에 대한 것이 들어 있다는 것입니다. 이해하시겠지요 ……."

그 당시 나는 다 이해하지 못한 것 같다. 그러나 지금 나는 그것을 비로소 전반적으로 이해하게 되었다. 계속해서 나는 내가 하려는 ZDF-방송의 방식에 대해 상세하게 이야기했고, ARD가 어떻게 필름을 만드는지 자세히 들었다. 이렇게 우리는 이야기를 주고받고 헤어졌다. 특히 나에게 전화를 한 이 잡지사의 사람과 나는 존경하는 한 철학자의 제자다. 나는 제자인 그에 대해 내가 가까움을 느끼고 있다는 것을 알게 하기 위해 의무적으로 전화를 해야 했다. 나는 하이데거-방문과 관련해서 함부르크에 있는 『슈피겔』지에 전화를 해달라는 그의 부탁에도 응할 겸, 내쪽에서 전화를 한 것이다. 『슈피겔』지 9월 22일판, 촬영 2일 전, 『슈피겔』에는 다음의 기사가 실렸다. "성사되지 못했고, 여전히 막힌 것으로 여겨졌던 것을 보름스의 리하르트 비서가 해냈다. 사유자 하이데거는 그와 20분 동안의 텔레비전 대담을 하기로 승낙을 했다."20)

『슈피겔』지가 만든 상황은 "별로 좋지" 않았다. 사람들은 이것을 하이데거가 나에게 약속한 인터뷰를 "공식적으로" "여론화하는 철학적 돌파과정의 시작"으로 여겼다. 그러나 그것은 전혀 맞지 않는다. 이를 하이데거도 눈치채고 있었다. 프랑스 뉴스 잡지 『엑스프레스(L'Express)』지21)는 954호에서 놀랍게도 8장이 넘는 아주 많은 분량의 인터뷰를 출판한 후, 하이데거가 이 인터뷰를 똑같이 두 편집자에게 넘겨주었다고 주장했다.

---

20) Der Spiegel, Nr. 39, 1969년, 216.
21) L'Express, 20. / 1969년 10월 26일.

『슈피겔』지도 분명히 하이데거가 이로써 "자신의 작품을 공개적으로 표현하지 않는 원칙을 결국 깨는 것"이 아닌가 해서 바짝 긴장했다. "우리는 그것을 곧 보게 될 것이다." 그것은 분명히 그렇지 않은 것으로 판명되었다.

『엑스프레스』지쪽에서 제시한 "자료"와 "기록된 서류" 그리고 …… "마르틴 하이데거가 친절하게도 그들에게 건네주었다고 하는 인터뷰"의 대화 형식의 문건, 잘 믿어주는 『벨트(*Die Welt*)』지조차 "인터뷰" 그리고 "대담"이라고 인용했던 이 문건[22]은 기록된 적도 없고 녹음되지도 않았으며, 분명히 하이데거가 응하지도 않았고 출판하기 위해 보낸 적도 없어서 말로 인용된 적이 없는 글들의 조작품이라는 사실을 『슈피겔』 편집부가 증명했다. 비누 거품이 빠졌다. 『슈피겔』지는 하이데거가 이 문제와 관련해서 보낸 두 편지를 제시하였다. 그러면서 하이데거가 보낸 두 편지 중의 한 편지의 인용을 통해 처음으로 『슈피겔』지에서 "관리되고 비로소 나의 사후에 출간될" 인터뷰에 대해 분명히 하려고 했다.[23]

인터뷰의 진위를 의심하는 『슈피겔』지 기사에 "놀라서" 보낸 『엑스프레스』지의 대변인의 편지글을 그대로 『슈피겔』지는 마르틴 하이데거의 설명과 연결시켰다. 이로써 하이데거는 첫째로 "녹음기를 통해 녹음된 대담을 거절"했으며, 두 번째로 『엑스프레스』지 기사가 수 차례의 방문 — 무엇보다 지난 마지막 방문 — 에서 그가 표현한 "생각과 입장에 대해 기자들이 쓴 것을 모아놓은 것이라는 사실이 드러났다.[24] 『슈피겔』지-대담이 하이데거 사후 1976년 23호에 "신만이 우리를 구원할 수 있다"

---

22) Die Welt, 245호, 1969년 10월 21, 19.
23) Der Spiegel, 45호, 1969년 11월 3일. 집안소식(Hausmitteilung), 5.
24) Der Spiegel, 4호, 1970년 1월 19일, 14.

는 그 동안 많은 논의를 불러일으킨 제목으로 출판될 때까지 계속 "서랍 속"에서 "묵혀" 있었다. 이것은 — 주(註)에 따르면 — 하이데거의 의도에 따라 "'나의 경우에 대한 해명'을 위한 기고"로서 씌어지고, 『슈피겔』지의 의도 따르면 하이데거의 부탁, 즉 제3제국 당시 그의 태도로 문제된 비난에 대답하려는" 부탁을 들어주는 것으로 되어 있다.[25]

사람들은 소위 하이데거 적대자라고 하는 자들의 거친 목소리를 알고 있다. 그들은 하이데거를 물리쳤다고 생각하는 자아 도취에 빠져, 자칭 판사가 되어 잔혹한 종교 재판식으로 신문하는 월권 행위를 하고 있다. 그들에게는 해명이 문제가 아니라 고발하는 일에 열심을 내면서 오늘날까지도 자신들의 청중을 찾고 있다. 그러나 하이데거가 무엇을 겪었고, 어떻게 그 시대를 보냈는지를 간단히 말하기란 쉽지 않다. 그 시대에 그를 향해 손가락질할 수 있을 사람은 아주 드물기 때문이다. 1955년에 왜곡된 주목할 만한 과정에서 일어난 많은 것을 보고 그것을 나는 이해할 수 있었다.

4. 조바심 났던 순간들을 되돌아보며 : Cerisy-la-Salle의 "철학 모임" 초대의 취소

1954년 슈튜트가르트 철학자 대회에서 나는 파리 소로본느에

---

25) Der Spiegel, 1976년 5월 31일, 3, 193-219. 그리고 『답변. 대담 중의 마르틴 하이데거(*Antwort. Martin Heidegger im Gespräch*)』. Günther Neske와 Emil Kettering 편집, Pfullingen 1988, 79-111. 참조, Hermann Heidegger, 1970년 5월 31일자 슈피겔-대담의 편집을 위한 유고 관리자로서 확정, 112-114.

서 온 프랑스 철학자 모리스 드 간디약(Maurice de Gandillac)을 알게 되었다.26) 그의 중요한 저서『니콜라우스 폰 쿠자누스 — 그의 철학과 철학적 세계관에 대한 연구』는 바로 1년 전 독일어로 번역(뒤셀도르프)되어 출판되었다. 우리는 대화와 편지 교환에서 거트루드 폰 르 포르트(Gertrud von le Fort)의 이야기 "막대부르그의 결혼식(die Magdeburgische Hochzeit)"의 프랑스어 번역의 난해함에서 오는 문제를 해명해보려고 했다. 나에 의해 주선된 마인츠와 보름스의 강연27) 후에 그는 친절하게도 공통 관심이 모아진 노르망디에서 열린 세리지-라-쌀의 "철학 모임(Rencontre Philosophique)"에 나를 초대하였다. 여기에 "철학(일반)의 개념에 대한 하이데거 강의를 듣기 위해 여러 나라에서 철학자들이 모인다"고 한다.28)

편지에 그는 다양하게 그곳에서 주최되었던 모임들, 정보를 알려주고, 네 개의 다른 모임들의 제목들을 상세히 알려주며, 나아가 권위 있는 사람들의 이름과 함께 그들이 주재하는 대담들의 내용이 들어 있는 안내문을 같이 보냈다. 놀랍게도 "철학 모임"에서 제시한 것은 그냥 넘길 만한 내용이 아니었다. 거기에는 다만 "대담(conversations)" 시간이 적혀 있고, 다음의 제목만 소개되었다. 철학 — 그것은 무엇인가?(QU-EST-CE QUE LA PHILOSOPHIE?) 그 외에는 없었다. 거기에는 드 간디약이 나를 위해 직접 써놓은 메모 — "M. 하이데거와 G. 마르셀의 참여

---

26) 참조, Richard Wisser, 「독일철학과 독일에서의 철학(Deutsche Philosophie und Philosophie in Deutschland)」, in :『만남(*Begegnung*)』, 9권, 24호, Köln 1954년 12월 15일, 377.

27) Richard Wisser, 「보름스에 온 유명한 손님. 철학 공동 작업에서 모리스 드 간디약(Berühmter Gast in Worms. Mauriche de Gandilla bei der Philosophischen Arbeitsgemeinschaft)」, in : Allgemeine Zeitung, Wormser Anzeiger 1955년 3월 19, 20일.

28) de Gandillac-편지, Neuilly s / Seine, 1955년 6월 16일.

확인" — 가 있었다. 설명이 부족한 이 초대장은 오히려 프랑스 여론의 많은 분야에서 하이데거의 이름이 자극하는 강한 반응을 알게 해주었다.

이때는 아직 하이데거가 프로방스를 여행하고, 당연히 르 토아(Le Thor, Provence)에서 그 유명한 세 개의 세미나를 한 시기가 아니다. 이 세미나는 비토리오 클로스트만출판사에 의해 1977년 체링어(Zähringer) 세미나와 함께 독일어로 번역되어 출간되었다. 여기에는 세미나 진행 기록도 함께 수록되어 있다.[29] 1955년 8월 Cerisy-la-Salle행은 하이데거에게서 처음 프랑스 여행이 된다. 그는 거기에서 대담의 서론으로 귄터 네스케(Günther Neske)사에서 출판한 "철학 — 그것은 무엇인가"의 강연을 한 것이다.[30]

당연히 나는 그곳의 자문위원으로 있는 드 간디약의 초대를 아주 기쁘고 고맙게 받아들였다. 다른 편지들을 통해서 나는 "몇몇 세리지-위원회의 회원간에 있었던 엄청난 어려움"에 관해 들었다. 왜 안내문의 내용이 그렇게 짧고 익명으로 암시적으로만 나오게 되었는지 알게 되었다. 또한 하이데거는 보프레(Beaufret)와 함께 독일 교수의 "짧은 명단"을 "주문"했다는 말도 있었다. "그들은 하이데거가 기꺼이 함께 이야기하고 싶어하는 사람들이었다. 프랑스인과 외국인을 위해 우리는 더 자유로웠다"고 했다.

나의 참여에 대해서 드 간디약은 가브리엘 마르셀, 비로(Birot), 보프레 그리고 헤르공-데자르뎅 부인(Madame Hergon-Desjardin)과 의논했다고 한다. "모두 당신의 개인적인 참여에

---

29) Martin Heidegger, 『네 개의 세미나(*Vier Seminare*)』. Le Thor 1966, 1968, 1969, Zähringen 1973. Frankfurt am Main 1977.
30) Martin Heidegger, 『철학이란 무엇인가?(*Was ist das - die Philosophie?*)』, Pfullingen 1956.

찬성했습니다."—"그리고 원한다면 당신의 부인도." 이것은
괄호 속에 들어 있었다. 드 간디약은 나의 부인을 보름스 방문
에서 알게 되었다. 여행비 협조를 위해 나는 프라이부르크대학
의 프랑스인 학장과 연결되었다. 그는 하이데거와 밀접한 사람
으로 Cerisy의 모임을 위해 노력한 길버트 칸(Gilbert Kahn)이
다. 나는 그로부터 이것을 위한 보조금이 전혀 없다는 것을 들
었다. 유감스럽게도 포기하라는 것이었다. 내가 관심을 가진 또
다른 것은 무엇보다도 누가 독일에서 Cerisy로 가는가를 알고
싶어 물었지만 그 대답도 회피되었다.

7월 31일, 한 장의 편지가 날아들었다. 그 편지에서 내가—
너무 소박하게—개입했다는 것을 알게 되었다. "이러저러해
서"—곧 드러난 것처럼—드 간디약 교수도 모르게, 정중하고
도 분명하게 Cerisy의 철학 모임에 참석하지 말 것을 알리는
것이었다. "당연히 당신 개인만으로는 전혀 문제가 없습니다."
그러나 하이데거가 이 모임을 위해 아주 특별한 조건을 아주
단호하고 아주 분명하게 제시했다는 것이다. 그가 관심이 있는
것은 주로 젊은 프랑스 사람들과의 직접적인 접촉이라고 했다.
"확고한 입장을 가진 사람들과의 철학적인 논쟁을 원하지 않습
니다. 하이데거는 회의를 하기 위해 오는 사람이 아닙니다. 그
는 그의 사유에 대한 해석자를 찾고 싶어하지도 않습니다. 바
로 그의 매우 많은 동료들이 그런 사람들이었기 때문입니다."

하이데거는 심지어—노골적으로 눈치를 주어—조교 겸 비
서로서 동행한 한 독일 학생들에게 주변에는 있지만 참석은 하
지 말도록 했다고 한다. 그래서 그 학생은 프랑스와 프랑스 사
람들을 사귀기 위해서 다른 곳을 선택해야 했다. "당신이 분명
히 개인적으로 자격이 있고—내가 추측하기로—하이데거의
사유에 일치하는 관심을 가졌다고 해도, 이 상황에서—내가

두려워하는 것인데 ─ 유일한 독일인으로 당신이 하이데거에게 불편을 주게 될 것입니다. 몇 년 전부터 독일의 시민권을 가졌지만 비멜(Biemel)은 괜찮을 것 같습니다. 비멜은 하이데거의 오랜 친구입니다. 그 집의 자식과도 같습니다. 친애하는 비서 씨, 당신이 ─ 내가 이렇게 말해도 된다면 ─ 프랑스의 대화자들과의 하이데거의 만남에서 독일 대학의 "객관적"인 눈이 되려는 것이 당신의 의도일 수도 있겠습니다. 이 표현은 우습게 보이는 하나의 예입니다. 이것이 쉬운 일이 아님을 믿어주십시오. 사람들이 생각할 수 있듯이, 당신이 힘들게 "견뎌내야" 하고 하이데거에게도 극복되기 어려움으로 시작하는 상황이 벌어질 수 있습니다. 그래서 이러한 어색한 "분위기"로 자유로운 대화가 방해될 수 있습니다. 이러한 이유로 당신을 진심으로 알고 싶지만, 나는 당신에게 간곡히 이번 여름 대담 모임에 참석하지 말 것을 부탁드립니다 ……"[31]

이 몇 줄 속에 들어 있는 미묘하게 엮어낸 간곡한 부탁에서 나는 뚜렷한 의도를 읽을 수 있었다. "줄 사이에"는 아주 긍정적인 것을 위한 부정이 들어 있었다. 이 글은 당시 나의 마음을 움직였다. 그것에 대해 나는 이렇게 답장했다. "심히 유감이지만" 나는 이 행사에 참석하지 않겠습니다. "내가 몰랐던 그런 상황"이 있다면, 그런 자리에 빠지는 것이 낫겠습니다. 아주 유감이지만, "하이데거가 가지고 있는 영향력을 발휘할 수 없다면 안 되겠지요." 하루 전 나는 "철학 모임"을 위한 참가보조금 신청을 통해 내가 속한 마인츠대학으로부터 50마르크 지원을 약속받아놓은 상태였다. 중개자였던 길버트 칸에게 답장을 보내기가 어려웠다. 그래도 이 일은 그런 대로 좋게 끝났다. 더 어려운 것은 친절한 초대자에 대한 거절이었다.

---

31) Gilbert Kahn-편지, Fribourg-en-Brisgau, 1955년 7월 31일.

8월 10일 그리고 9월 11일에 표출된 초대자의 반응은 신속하고 아주 컸기 때문에 여기서 솔직하게 다시 기술하지 못할 정도다. 한 가지 점만 기록해보겠다. "나는 개인적으로 실망했고, 명예를 훼손당했습니다. 당연히 당신은 모든 프랑스, 벨기에 또는 스페인 참여인들처럼 자유롭게 철학적 토의와 대화에 참여할 수 있었습니다. 당신을 독일 대학들과 폰 린텔른(v. Rintelen) 교수의 '감시자'로 생각한 것은 참으로 어리석은 일입니다. 비멜(Biemel)만을 제외하고 모든 가능한 독일의 증인을 하이데거는 원하지 않았습니다. 믿을 수 없지만 사실입니다." 이 말은 여전히 다음해 4월 26일에 계속해서 나왔고, 그 "대담" 과정에 있었던 일들이 해명되었다.

깊은 실망에도 불구하고 당시 나에게는 이미 희미하게 떠오른 것이 있었다. 이렇게 된 것은 전면에서 뿐만 아니라 바로 그 배경에서부터 판단해야 한다는 생각이었다. 사람들이 하이데거가 당시 가진 그런 부담들을 인식했다면, 이러한 상황은 이해할 수 있는 것이었다. 여기에서 사람들은 어떻게 그런 "오해"가 있을 수 있는지를 적어도 설명할 수 있게 된다. 사람들은 이런 일에 아주 민감할 수 있고 지울 수 없는 인상을 가질 수 있겠지만, 나는 이 간접적이었던 첫 번째 하이데거의 기억으로부터 벗어나 나의 하이데거의 저작과의 관계 그리고 후에 인간으로서 하이데거와의 관계는 지속되었다.

내가 느낀 것은 나를 떠나지 않는 연민이었다. 이 연민은 적수들과 "친구들"에 의해 괴롭힘을 당하고 공격과 알랑거림, 논쟁과 힘 자랑(Kraftmeierei) 같은 것에 괴롭힘을 당하는 것에 대한 것이다. 여기에서 중압감을 주는 왜곡된 "가까움(Nähe)"이 생긴다. 이 가까움에서 사람들은 공기 부족으로 생긴 짧은 호흡으로 이해, 어쨌든 정당한 이해를 할 수 없게 된다. 이러한 가까움은 가까움이 아니다. 왜냐 하면 진정한 가까움은 강제적인 관계를 푸는 것이기 때문이다. 밀접함은 다른 사람에게 공격을 위한 협박이 된다. 하이데거가 자신을 보호하려고 했다면, 그것은 경솔한 것이 아니며 비겁하게 도망가는 것도 아니다. 그리고 내가 가졌던 그에 대한 경험은 주관적인 뒤끝으로 남지 않았다. 나는 오히려 저작에 더 집중하였고, 소극적이 된 그 사람을 거리감 없이 대하게 되었다. 1958년에 이미 하이데거와 나는 자연스럽게 접촉을 가졌고, 그 이후 그로부터 편지와 글들을 받았지만, 1969년 9월 17일에 나는 하이데거를 나의 인생에서 처음으로 만났다.

5. 인터뷰 이전 : 질문을 위한 사전 대화

나는 지금부터 서술될 부분 (5~7절)에서 1969년 9월 18일 텔레비전 촬영과 그 이후 계속된 길고 자세한 대화들 기록 중에 중요한 것만을 여기에 기술한다. 현존하는 인물들에 관한 것은 생략하고 각진 괄호에 넣었고, 보충한 것은 둥근 괄호에 넣어 표시했다.

내가 받은 인상 — 위대한 사람이 신체적으로 그렇게도 왜소할 수 있을까 하는 생각이 들었다. 그 모습은 소박하고 겸손하며 평범하여 눈에 띄지 않는, 그냥 손님을 접대하고 손님과 앉아서 묻고 듣는 평범한 인상의 소유자였다.

나는 15시로 약속을 했다. 그런데 카메라 기사들은 오지 않고 있었다. 의심이 갔다. 어떻게 해야 할까? 자동차 행렬을 정확한 시간에 출발시키기로 책임을 맡은 사람에게 확인을 했었다.

나는 왼편으로 꺾어서 뢰테북(Rötebuck)으로 올라가기 위해 지나야 할 터널에서 그들을 만나기 위해 기다리고 있었다. 두 카메라 기사에게 가능한 많이 사진을 찍지만 되도록 눈치를 채지 못하게 할 것을 한 번 더 분명히 말하려고 했지만, 그 팀이 오지 않고 있다.

나는 정확하게 시간을 지키려고 했다. 집이 안 보일 정도로 높이 자란 나무 울타리 사이에 있는 소박하고 약간 기울어진 작은 정원 문을 지나 돌로 된 바닥을 걸어 집으로 들어갔다. 집은 길 앞까지 지붕덮개가 덮여 변장한 마녀 집 분위기를 약간 느끼게도 하였다. 나는 계단을 올라가서 나무로 된 문에 도달했다. 눈에 띄는 것은 두 개의 초인종이었다. "Dr. Dipl. Ing. H." 그리고 그 위에 "Martin Heidegger"가 씌어 있었다. *어떻게* 초인종을 울려야 할지를 가르쳐주는 타자기로 친 설명이 붙어 있었다. 오른쪽 우편함에는 하이데거가 쓴 것이 분명한 쪽지가 있었다. 그의 글씨, 그것은 — 라틴어체로 쓴 글자들 — 사실 우편배달부를 위한 것이었다. 나는 시간을 더 지체하고 싶지 않았다. 지금 15분을 지나고 있다. 초인종을 눌렀다. 문 위에는 집을 축복하는 글귀가 보였다. "무엇보다도 네 마음을 지켜라. 그것이 바로 복된 삶의 샘이다"(잠언 4장 23절). 문이 열렸다. 하이데거가 친히, 왜소한, 놀랍게도 왜소한, — 대가도 왜소할 수 있다는 사실 — 기다리면서 있던 노인, 80세로 한 집안의 가장인 그가 기다리던 손님을 맞고 있다.

인사가 오갔다. 악수와 함께 느껴질 정도의 정중한 표현과 나의 개인적인 만남의 반가움에 대한 인사가 오갔다. 왼쪽에서, 전체적으로 작고 검소하게 느껴지는 집의 부엌에서 하이데거 부인이 나와서 생기 있고 자발적이고 정중하게 인사를 했다.

나는 꽃을 좋아할지 어떤 것을 좋아할지 몰라서 그녀에게 꽃을 사오지 못했다며 미안하다고 말했다. "아무것도 필요 없습니다. 당신께서 와주신 것만도 기쁩니다." 말도 없이 그녀가 되돌아간 것이 아쉬웠다. 그래도 그녀의 자연적인 신선함이 남아 있었다. 그녀는, 내가 보기에, 우리가 무엇을 하려는지 알고 있었다.

하이데거는 나중에도 마찬가지였지만, 나를 인도할 때 약간 뒤에 서서 보조를 맞추어 천천히 안내하고, 앞서도록 하고, 대접을 하며 오래된 학교에서 시중드는 사람을 거의 연상시킬 정도로, 그렇지만 잘난 체나 거만함 없이, 절제된 몸짓으로, 자주 기술되던 농촌의 촌스러움은 없고 침착한 세심함에 분별력과 예의를 갖추고 있었다. 나는 그가 원하는 대로 그의 앞에서 좁고 돌아가는 가파른 계단을 올라갔다. 당연히 위험을 생각했다. 저 나이에 위험할 것이다. 위층에서 나는 복도에 서서 하이데거에게로 시선을 돌렸다. 그는 천천히 계단을 오르고 있었다. "노인 보행 장애", 유머와 재치를 가진 동생 프리츠가 그의 80세 "생일 편지"에 썼다는 말, 그의 작업실로 들어가는 문이 왼쪽에 열려 있었지만 나는 그를 기다렸다.

우리는 잠시 쉬었다. 나는 기회를 이용해서 아직 오지 않는 방송국 사람들이 아마 고속도로에서 교통이 혼잡하여 시간이 지체되는 모양이라고 사과를 했다. 하이데거는 듣고, 괜찮다고 하면서, 작업실로 길을 인도하며 자리를 청했다. 나는 그가 잔과 마실 것을 어디선가 준비해서 책상에 놓을 동안 많은 것을 둘러보았다. 요즘 그는 두 개의 새로운 출간을 준비하고 있었다. 『사유의 사태로』 그리고 고향 메쓰키르히에서 발간된 생일을 위한 소책자, 이것을 그는 나에게 선물했다. 두 권에는 "진심으로 감사하며 리하르트 비서를 위해 마르틴 하이데거." 감사(Dank)? 나의 마음에 와닿은 것, 나를 감동케 한 것은 그것을 앞서 준비한 마음, 생각해줌(Daran-Denken)이었다.

방은 정사각형이었다. 벽을 따라 책장이 쭉 서 있어서, 다른 장을 놓을 벽이 남아 있지 않았다. 아주 많이 "하이데거"를 느낄 수 있었다. 또한 책상 앞 구석 창문으로 초고들이 표지가 덮여서 나란히 정리되어 있었다. 그가 작업을 하는 책상 뒤에는 넓은 공간이 있었다. 구석 창문으로 향하는 전망과 오른쪽 네모난 책상 옆으로 좁은 통로, 거기에는 가죽으로 된 깊은 안락의자가 있고 소파가 하나 있었다. 그것은 덮개가 있는 것으로 머리 부분이 아주 높았다. 그 너머에는 아주 인상적인 그림, 아마도 파스텔로 된, 토트나우베르그인 듯한 슈바르츠발트의 경치가 흰색을 띠고 있다. 그 외에도 두어 점의 그림과 작은 사진이 있었다. 횔덜린의 그림, 원본인지 알아볼 수 없어 확실치는 않지만 복사같이 보였다. 나는 어디에 앉아야 할지 몰랐다. 소파, 아니면 안락의자? 하이데거는 안락의자를 청했다.

"자, 먼저 환영하는 의미에서 한 잔 합시다." 하이데거의 말소리가 나에게 다가왔다. 말한 것은 공간을 만들고 시간을 뜻하는 것이었다. 그가 말하는 말의 마지막 부분은 문장 끝의 마침표를 찍는 것처럼 끝나지 않고 시작한다. 그것은 완결된 것이 아니라 여는 것이고, 마치고 남는 여운이면서 대답을 기다리는 것이었다. 내가 하려고 했지만, 하이데거 스스로 조심스럽게 잘 따랐다. 우리는 잔을 조용히 들었다. 이 작은 잔이 그의 "위대함"에 맞을까, 계속해서 나는 첫 인상의 놀라움에 머물러 있었다. 동시에 우리는 잔을 다시 천천히 내려놓았다. 그는 반을 마셨고 나는 단지 맛만 보았다. 나는 기술자들이 정확하게 오지 않아 걱정이라고 말을 꺼냈다. 하이데거는 "기술자"라는 말에 웃었다. 나는 "정확하게"라는 말에 강조를 했었다. 나는 1층, 보다 좋게 말해서 중간 2층에 있는 그의 부인에게 사람들이 오면 우리에게 알려줄 것을 말하면 좋겠다고 했다. "그렇게 하십시오." 나는 서둘러 위험한 계단을 내려가서 하이데거 부인을 찾았다. 여러 문을 두드려도 아무 대답도 들리지 않았다. 열려진 문 안을 들여다보아도 없었다. 다시 돌아가서 사정을 말했다. 하이데거는 태연하게 말했다. "그럼 기다립시다."

나는 지금 급히 본연의 목적으로 돌아가야 했다. 나는 인터뷰 진행을 위해 준비한 의도대로 하이데거를 이끌어야 한다. 그는 단지 짧은 대담을 이미 부탁했기 때문에, 우연에 맡겨 시간을 소비해서는 안 된다. 자연스런 요구이지만 일반적인 관심을 끌 만한 것을 물어야 할 것이다. 나에게는 방송의 긴박감 때문에 인터뷰 이전에 질문을 방송으로 나갈 이야기와 맞추어놓는 것이 중요했다. 그 외에도 문제는 그의 고유한 사유와 독자적인 언어를 한 시대와 연관시키는 것이다. 그 시대는 자기의 고유한 언어로 말하며, "사회적인 것"에서 신성함과 불경함을 보며, 행동하며, 행동하기 위해 사유한다.

우리는 물음을 하나씩 살펴보기로 했다. 나는 읽어 내려갔다. 하이데거는 내가 그에게 건네준 원본을 함께 읽었다. 그는 내용을 아주 주의 깊게 읽으면서 또 들었다. 나는 의도를 가지고 읽어나갔다. 왜냐 하면 생생한 소리가 그를 설득하는 데 도움이 되리라 기대했기 때문이다. 나는 자주 그가 스스로 읽으면서 나를 뒤따라오는 것을 알았다. 나는 읽는 속도를 늦추었고, 그는 고개를 끄덕였다. "우리 시대에는 더 많은 목소리들이 계속해서 나오고 있습니다. 그 목소리는 더욱더 선명하게 사회적 관계의 변동에서 현재 당면한 결정적인 과제를 선전하고, 여기에서 유일하게 미래의 성공을 약속하는 착안점을 보고 있습니다. 이러한 소위 시대 정신의 이행에 대해 당신은 어떤 입장이십니까? 하이데거 교수님."

하이데거는 분명 다른 질문을 기대하고 있었다. 내가 알지 못하는 무엇인가가 있음을 감지했다. "그것은 너무 일반적입니다. 내가 무엇을 그것에 대해 말해야 합니까?" 물러섬, 저항이 느껴졌다. 나아가 질문이 통상적이고, 자기 식의 구호를 웅변적으로 늘어놓고 문제되는 것을 지나쳐버린다는 듯한 불만도 느껴졌다. 하이데거는 그것을 암시하면서, "일반적"이라고 말한 그의 평가에는 의심이 없었다. 그럼에도 불구하고 나는 다시 한 번 나의 진행 방향과 일반적으로 싶게 입에서 나오는 말들 —"사회적 관계의 변동", "이행", "시대 정신"— 을 사용해야 하는 점을 분명히 했다.

하이데거는 그것에 대해 문제 삼지 않았다. 그래서 나는 다음에 올 물음을 꺼냈다. 그것은 첫 번째 물음과 연관된 것이었다. "사회적 차원에서 또는 더불어 사는 인간적 차원에서 목적의 변경과 현사실적으로 주어져 있는 것의 구조 전환을 달성하려는 오늘날의 시도들을 이끌어가는 차이나는 계기들이 있습니다. 여기에 철학은 두드러지게 좋은 것으로든 나쁜 것으로든 연관되어 있습니다. 당신은 철학의 사회적 과제가 있다고 보십니까?" 나중에 내가 알게 된 사실이지만, 하이데거의 머리 움직임이 특이했다. 비스듬하게 아래로 움직이다가, 머리를 위로 올리면서, 크게 된 눈으로 분명히 거부하는 시선으로, "아뇨. 나는 어떤 과제도 보지 않습니다." "그러면 그것을 말씀해주십시오! 왜 당신이 아무것도 보지 않고 있는지를 말해주시면 됩니다. 오늘날 독선적인 것이 있다는 것을 말씀해주십시오! 철학이 사회철학과 같다는 오해를 해명해주십시오!" "그러기 위해서는 자세히 이야기가 되어야 할 텐데, 거기에는 마르크스도 있고, 당신이 알지만 ……." 새롭게 나에게는 다른 것들이 떠올랐다. "그럼, 바로 그것에 착안해야겠습니다. 왜냐 하면 오늘날 사람들이 분명 그에게 몰려 있기 때문입니다. 그리고 또한 나의 물음에서 사용한 말들, '변동', '구조 전환', '현사실적인 조건들', 이러한 것들은 나에 의해 의식적으로 사용된 오늘날 통용되는 교조적인 말투들입니다. 그것을 사람들은 구호처럼 통용하고 있습니다." 하이데거, "당신 말이 맞습니다. 예, 저도 그것을 주목하고 있습니다. 또한 첫 번째 물음과의 연관성도 함께 느낍니다. 잘 생각하셨습니다. 그렇지만 이야기할 것이 너무 많은데 ...."

나는 많은 사람들이 나에게 기대하고 있다고 생각하는 두 가지 물음을 건질 방법을 모색했다. 왜냐 하면 하이데거가 그가 개입했던 계획에서 분명히 할 것을, 더 정확히 말해서 그 자신에게서 한층 더 분명히 할 것을 믿었기 때문이다. "우리 첫 번째 물음을 좀더 좁혀볼 수도 있을 것 같습니다. 즉, 대학 개혁이란 관점에서, 이것에 대해 오늘날 많이 논의되고 의견이 분분하며 나아가 이것은 한때 당신의 과제였습니다."

이때 나는 하이데거에게 제기할 다음 물음들을 생각했다. 이 두 개의 다른 물음이 성공하지 못할 경우를 대비하는 질문이었다. "예, 그럽시다! 그것에 대해 내가 오래 전에 말했던 것을 말할 수 있겠습니다. 이전 것이 새것이 되고 새것은 유행되니까요."(나는 나중에 인터뷰에서 이 결정을 토대로 나의 첫 번째 물음을 연결했다.) "소위 시대 정신이 이 같은 이행, 즉 대학 개혁과 관련한다면, 당신은 어떤 입장입니까?" 그래서 물음의 "일반적"인 부분 때문에 손해를 보게 되었다. "나는 단지 마지막 물음에만 대답하겠습니다. 왜냐 하면 당신이 먼저 말했던 것은 너무 광범위하기 때문입니다." 하이데거가 준 대답은 1929년 프라이부르그 취임 강연에서 나온 인용이었다.[32]

내쪽에서 새로운 시도를 했다. "그렇지만 철학의 사회적 과

32) 참조, 『대담』, 67 이하.

제에 대한 두 번째 물음을 나는 제기해야 합니다. 나에게도 그렇지만 당신도 그것을 분명히 느끼고 있습니다. 당신은 합당한 대접을 받아야 하며, 당신의 사유가 자신에게만 머물러 있다는 비난을 겪어놓아야 합니다. 우리는 작금에 되어가는 추이에 대해 무엇인가 말해줌으로써, 그런 생각에 사람들이 빠져들고 있다는 것을 보여주여야 합니다. 왜냐 하면 그런 생각은 사람들이 변혁과 적용을 통해서 증명하는 효력을 가지고 있기 때문입니다." 하이데거는 이렇게 대답했다. "아, 그것을 위해서는 아직 시간이 되지 않았습니다. 사람들은 모든 것을 이해하지 못합니다."

그것은 체념인가? 나는 칼 야스퍼스와 텔레비전에서 자화상에 대해 마지막으로 남긴 그의 말을 생각해야 했다. "정신이 희미합니다." 그럼에도 불구하고 야스퍼스, 이 병든 남자는 그의 적수들과 반대자에게 덤벼들었다. 그런데 하이데거는 물러선다. 나는 연민을 느꼈다. 그는 어떤 비난도 하지 않는다. 왜냐 하면 그런 태도를 취하는 데에는 그럴 만한 많은 경험을 했기 때문이다. 하이데거는 물러나서 아주 의자 깊숙이 기대며, 나를 작게 뜬 가는 눈으로 응시했다. 나는 그가 거리를 두고 관찰하며, 자신의 주변과 자신 사이에 공간을 두고 있다는 생각이 들었다.

그는 멈추었다가 몇 마디 말을 했다. 멈춘 동안 그는 그것이 어떻게 그리고 왜 그렇게 되었는지 기억을 되살렸다. 그리고는 갑작스럽게 말했다. "변화는 오늘날 바꾸는 것을 의미하기 때문입니다." 갑자기 그의 눈이 다시 커졌다. 하이데거는 내가 기록한 물음이 적혀 있는 종이를 옆에 밀쳐놓고 말을 했다. 그때 그는 나에게 처음으로 크게 보였다. 뢰테북 47번지에 있는 체링어-집, 그의 책상에 앉아 있는 작은 사람. 그는 자신에게 부담을 주고 있고, 해명하려고 하는 그러한 경험에 대해 거부했다. 그는 솔직하게 말했다. 그러나 카메라 앞에서 그런 것을 말하지 않으리라는 것은 의심할 여지가 없었다.

그럼에도 불구하고 나는 그를 다시 나의 두 번째 물음으로 이끌어보려고 했다. "바로 철학의 사회적 과제에 대한 물음에서 이러한 물음 뒤에서 행사하고 있는 철학-개념에 대해 당신은 잘 말해줄 수 있습니다! 당신은 그 개념에 거리를 두고 있습니다." 하이데거는 말했다. "예, 오늘날 *일어나고 있는* 것은 철학과 관계가 없습니다. 그것은 사회학입니다." 다시 머리를 높이 쳐들고 약간 공격적인 시선으로, 나에 대한 것이 아니라 시대에 대해서 말했다. 하이데거가 소극적인 태도로부터 어느 정도 벗어났을 때, 나는 타오르는 불에 기름을 붓기 시작했다. "그것을 말씀하셔야 합니다. 지금 나는 나중에 묻게 될 것을 준비하고 있는 것입니다. 당신의 사유! 그것 말입니다."

우리는 세 번째 물음으로 넘어갔다. 그것을 나는 바로 읽었다. 하이데거는 다시 책상으로 가서 내가 건네준 원본을 집어, ―나에게 보이기는― 띄엄띄엄 못 이기는 체 함께 읽었다. "칼 야스퍼스가 한 말이 있습니다. 그것은 철학과 정치가 서로 관련하고 있다는 것입니다. '한 철학이 무엇인지, 그 철학은 정치적인 현상에서 나타난다'고 말했습니다. 그 때문에 야스퍼스는 특별히 자신의 말년에 '개방성으로의 길'을 걸었습니다. 그는 ―묻든, 묻지 않든― 입장을 취했습니다. 그는 지지도 반대도 경험했습니다. 그런데 왜 당신은 침묵하십니까?라고 그는 물었습니다."

하이데거는 야스퍼스의 이름은 말하지 않았다. 나는 그에게 이 물음이 아주 힘든 것임을 알았다. 나는 그것에 대해 준비가 없는 것은 아니었다. 오랫동안 야스퍼스의 조교로 있던 야스퍼스-유작의 편집인인 한스 자너(Hans Saner)로부터 나는 야스퍼스 사후 야스퍼스-하이데거 관계에 대해 어느 정도 들어 알고 있었다. 야스퍼스는 하이데거의 사유와 인격에 대해 결론지으려고 하지 않았다. 그러나 반대로 하이데거가 비판적으로 자신과 거리를 두면서 야스퍼스의 "세계관의 심리학(Psychologie der Weltanschauung)"에 반대해 쓴 것처럼, 마지막에 그도 하이데거의 사유 방식을 비난했다.33) 그러나 나는 하이데거가 카메라 앞에서도 "침묵"으로 일관하도록 놓아둘 수 없었다. 바로 이 침묵을 깨는 것이다. 하이데거는 거부했다. 아무것도 할 수 없었다. "당신이 원하시면, 우리는 이 물음을 지워버릴 수 있습니다." 하이데거, "예, 그렇게 합시다! 그것 …… 그 모든 것이 나에게는 어렵습니다. …… 나는 많은 경험을 했습니다. 몇 가지를 나는 당신에게 해명했습니다. …… 그것은 그만둡시다." 나는 연필로 원고에 있는 물음에 줄을 그었다. 하이데거는 빨간 색연필로 조심스럽게 그것에 줄을 그었다. 편해졌을까? 아주 신중하게, 그러나 모면이나 한 듯이 줄을 그었다.

네 번째 물음도 빼기로 하고 다섯 번째 물음의 반도 긴 대화 끝에 지우기로 했다. 네 번째 물음, "당신이 평생 동안, 사람들이 오늘날 사용하는 말처럼 정치적 참여(Engagement)의 길을

---

33) 그 동안에 출판된 것 : Martin Heidegger, 「칼 야스퍼스의 "세계관의 심리학"(1921 / 21)에 대한 주해(Anmerkungen zu Karl Jaspers "Psychologie der Weltanschauungen")」, in : Martin Heidegger, 『이정표들』, GA 9, Frankfurt am Main, 1-44. 야스퍼스의 『철학적 자서전(Philosophische Autobiographie)』, München 1977 의 신판에서 야스퍼스 당시에 남겨지고 씌어진 하이데거에 관한 장이 출판되었다. 비교. 두 사람간의 대결에 대해서, Karl Jaspers, 『마르틴 하이데거에 대한 메모(Notizen zu Martin Heidegger)』. Has Saner 편집, München, Zürich 1978. 『마르틴 하이데거와 야스퍼스의 서신 교환 1920-1963(Martin Heidegger / Karl Jaspers, Brifwechsel)』, Walter Biemel과 Hans Saner 편집, Frankfurt am Main, München, Zürich 1990.

걸었다는 사실은 일반적으로 알려졌고, 항상 다시 지적되고 있습니다. 그렇지만 당신은 이미 1933/34년 학기말에 학장으로서의 10개월간 공직에서 증가하는 직무 수행의 어려움으로 사임했고, 보라는 듯이 의도적으로 교육부에 의해 지명되는 후임의 공개 채용에도 관여하지 않았다는 것은 알려지지 않고 밝혀지지도 않고 있습니다. 당시 '민족들이 공존하는 법칙'으로서 '한 민족의 자기 책임으로의 의지'에 대한 발현을 다룬 그 짧은 기간의 희망을 오늘날 당신 자신은 어떻게 판단하십니까?"

다섯 번째 물음의 배경도 삭제되었다. "당신이 생각했던 희망이 수포로 돌아간 순간, 다르게 표현해서, 사람들이 당신의 철학을 규제하려고 했던 그 순간에도 그렇게 했고 — 증인들이 있듯이 — 당신의 강의에서 청강한 사람들에게 — 여하튼 수강생들 중에서 남아서 들은 사람들에게 — 가장 노골화시킬 수 있었던 많은 것을 말했다는 것은 밝힐 만한 것입니다." 하이데거는 별로 소득이 없는 대화라고 정리하며 결론적으로 말했다. "그것은 아무 소용이 없습니다. 그 또한 하나의 토론거리가 될 것입니다. 오늘날도 아직 사람들은 지금 내가 말하는 것을 이해하지 못합니다. 그것은 자기정당화를 의미하고, 모든 것은 이미 그 반대로 왜곡되었습니다. …… 아닙니다 ……." 지금 이 부정은 다시 고집을 피우거나 회피하는 부정이 아니라, 모든 것에 아픔을 느끼는 한 사람의 부정과 부담으로 느낄 수 있는 것이었다. 부정하는 아주 부드러운 손의 움직임에는 지워버리고 멀리하려는 무엇인가가 담겨 있었다.

그럼에도 불구하고 나는 계속 밀고 나갔다. 나는 이것에서 나의 성의와 애정 어린 호의를 그가 느끼기를 원했다. 그 논의는 결국 하나의 지적으로 끝날 수 있었다. "나는 당신에게 어떤 불가능한 것을 강요하는 것이 아니라 무엇인가 얻을 수 있도록 기회로 이용하려는 것입니다. 말은 설명하지 않고 해명하지 않은 상태로 있는 한, 그 말 그대로입니다. 이 문제를 위해 한 마디 말을! 나는 물을 것을 굴절 없이 간략하게 하면서, 의식적으로 물음에서 당신을 인용했습니다 …….” 나는 하이데거의 기분을 바꿀 수 있는 말을 해야 했다. “당신은 그것을 좋게 생각합니다. 비서 씨. 그러나 나는 그것에 대해 말할 수가 없습니다. 지금은 아닙니다! *우리끼리만의 말이지만,*『슈피겔』지가 언젠가 출간될 나에 대한 해명을 가지고 있습니다. …… 내가 죽은 후 …… 해명하는 대담 …… 그것이 곧 가능할 것입니다. …… 당신이 나에 관해 지금 말하고자 하는 것을 그때 말했습니다. 그것을 지금 말하지는 않겠습니다.” 그렇지만 『슈피겔』지에 대해 그가 알려주고 있다는 사실에 대해 나는 기뻤다. 나는 아무것도 말하지 않았다. 나는 신의를 지켜야 했기 때문이다. 하이데거가 나에게 알려주고, 나의 반응에 분명히 흥미를 가졌지만, 나는 아무 말도 하지 않았다. 이런 과정을 내가 몰랐다면, 나는 분명 왜 하필이면 “『슈피겔』지를?” 하고 물었을 것이다. 하이데거는 내 생각을 알아차리고 스스로 말했다. “『슈피겔』지는 나에게 공평했습니다. 나도 공평해야지요.”

그것을 이해는 하지만, 나는 늦추지 않았다. 왜냐 하면 사실상 아무도 이『슈피겔』-대담을 알지 못하기 때문이다. “중요한 것은 당신이 어떤 것을 말씀하는 것입니다. 왜냐 하면 사람들이 말하듯이 그것을 당신으로부터 사람들은 듣기를 기대하고 있습니다. 누가 그 대담에 대해서, 당신이 당시 말한 것에 대해 그리고 비로소 주어진 시간에 공개하라고 했다는 것은 알겠습니까? 그리고 사람들은 또한 나에게도 그런 문제를 제기하는 것을 기대하고 있습니다. 당신은 분명 주제넘고 악명 높게 더잘 안다고 하는 비판자들을 아십니다. 그들은 자신들이 할 수 있는 모든 것을 호도하려고 벌써 숨어 기다리고 있습니다. 좋습니다. 아마도 이런 나의 강요가 나의 부족한 이해에 있다고 하시겠지요." 하이데거는 신경질적이지는 않았지만, 강하게 말했다. "비서 씨, 당신은 너무 저돌적입니다 ……." 나는 그것에 대해 이렇게 말했다. "당신을 위해서, 당신의 철학 때문에 ……." 하이데거의 이마에 두 개의 핏줄이 부풀어올랐다. 그는 흥분했다. 나중에도 대화중에 이런 일이 한 번 더 있었다. 그는 겉으로 보기보다 내면적으로 더 동요하면서 억제하려고 했지만 억제할 수 없었다.

언제부터인가 나는 서 있었다. 하이데거가 책상에 가서 있을 때부터 그 옆에 허리를 굽히고 가까이 서 있었다. 이제 나는 다시 안락의자에 앉았다. 우리는 그 질문을 지웠다. 하이데거는 창백해져 있었다. 직설적인 물음인 다섯 번째 물음의 나머지 반을 나는 포기하고 싶지 않았다. "당시 그리고 오늘 당신의 철학은 다양한 과제와 걱정 그리고 위기와 희망들로 가득 찬 구체적인 사회의 관점에서 무엇으로 영향을 줄 수 있었고, 있습니까? 또는 마르틴 하이데거가 사회 속에서 그리고 인격체로서의 인간 조건, 인간 존재를 포기하면서까지 '존재'를 집중적으로 연구했다고 주장하는 당신에게 반대하는 비판가들이 옳습니까?" 나는 이어서 말했다. "그러나 우리가 당시 상황과의 연관을 삭제했지만, 이런 직접적인 질문을 하고 싶습니다. 왜냐하면 이 물음은 당신이 자신의 과제, 즉 '존재의 의미'에 관해서 그리고 '존재'가 무엇인지, '있음'이 무엇인지 사유의 과제로 여기는 것에 대한 비판이 포함되어 있습니다." 하이데거는 나를 큰 눈으로 쳐다보았다. 방어 양식? 찬성? 그의 집을 자주 방문한 사람들이 했던 인정, 주목, 동감, 존경에 익숙하게 반응하는 "그의" 방식인가?

여러 번 인터뷰가 위험해지고 있다는 인상을 나는 받았다. 나는 스스로 나 자신에게 다짐했다. "너는 아주 자연스럽게 해야 한다." 이미 질문의 체계적인 연관성은 깨졌고, 짜맞추어야 할 형편이 된 이 인터뷰를 성사시켜야 한다는 일념으로 나는 말을 이어나갔다. 벌써 몇 번이나 이런 식의 계획을 포기할까 망설였다. 이를 통해서 무엇이 얻어질 것인가? 지금까지 한 것으로 판단해볼 때 제대로 된 것이 아무것도 없지 않은가? 물론 나의 가장 큰 걱정은 분위기가 악화될 경우 그가 진행하던 것을 거부하지 않을까 하는 것이다.

"아, 차라리 그만둡시다." 나에게 하이데거가 이렇게 말할 것처럼 보였다. 그 때문에 나는 물음의 이유를 설명하며, 하이데거에게 방송 자체와 *참여하는 사람들의 진술*을 상기시켰다. "제 질문은 대충 만들어진 것이 아닙니다. 축하하는 사람들의 생각을 받아들이고, 그들의 찬사와 불평, 즉 당신에 대한 불평을 고려한 것입니다. 돌프 슈테른베르그(Dolf Sternberger)는 당신의 사유가 구체적인 인간, 인격체, 역사를 포기했다고 비판했습니다. 하이데거는 거칠고 생기 있게 반응했다. "말도 안 됩니다! 인간 없는 존재는 없습니다. 그러나 존재를 위한 인간입니다. 인간은 그렇기 때문에 나에게서 더욱 중요합니다. 그러나 인간이 유일한 것은 아닙니다." 나는 이어서 말했다. "슈테른베르그는 이 사람 저 사람을 생각하고 있습니다. 내 생각에는 당신의 사유가 구체적인 인간에 어떻게 유익한 것인지 그 연관을 스스로 당신이 제시해주시면 좋겠습니다. 그것을 나는 다른 물음에서, 즉 정치적이고 '사회학적인' 물음에서 의도한 것입니다."[34]

이 말을 할 때, 나는 다시 깊숙한 소파에서, 나를 위한, 나에

---

34) 이 진술들은 다음에서 읽을 수 있다. 대담, 13-56.

게 너무 깊은 안락의자에서 몸을 일으켰다. 나는 열이 나기 시작했다. 하이데거에 대항해서 말하는 것이 아니라 그의 심정에 호소하면서 그를 설득하려 했다. "사회적인 것, 개인적인 것으로의 전환은 피할 수 없습니다." 하이데거는 이것에 대해 말했다. "극소수만이 나의 사유가 무엇인지 이해하고 있습니다. 당신은 그것에 도달하지 못합니다". "그렇지만 가능하도록 해야 합니다. 그것이 훨씬 더 '이익'입니다!"라고 나는 말했다. 하이데거는 웃고 또 웃었다. 그의 시선에는 많은 경륜과 공감, 그러나 속았다는 느낌이 들어 있었다. 나를 비웃는 것인가? 우리 시대의 큰 문제를 보는 사람들이 어떻게 하이데거와 구체적인 사람을 "사회적인 것"이라고 통용되는 구호로 지적하는지에 대해 내가 말하는 것을 비웃는 것인가? 하이데거는 어느새 웃음을 감추었다. 그가 말하고 있듯이, 그는 그런 경험을 사람들에게서 하였다. "사람들은 나를 아주 어렵게 하였고 보기 좋지 않게 만들었습니다"고 하면서 그는 네 번째와 다섯 번째 물음과 관련을 표현했다. 소극적인 태도를 보이며 자신의 단촐한 책상 의자에 기대어 있는 모습이 다시 눈에 띄었다. 그렇지만 거기에는 아주 독특한 확신이 있었다. 하이데거는 그가 사유한 것, 특히 그가 사유하고 있다는 사실을 알고 있다. 문제는 단순한 이해가 아니며, 나아가 이해를 받으려는 것도 아니다. 이해의 문제가 더 이상 아니다. 그는 그것을 더 이상 믿지 않는다.

연관되어 있는 나의 다섯 번째 질문은 반 이상 줄어버렸다. 본래 철학적으로 물어보려던 물음("마르틴 하이데거는 서양철학의 나쁜 양심인가?" "당신이 과학은 사유하지 않는다고 주장하실 때, 먼저 무엇을 말씀하려고 하신 것입니까?" 이어서 "오늘날 인류에게 원자폭탄의 위험보다 더 큰 것은 기술의 몰아-놓음(Ge-setz), 몰아-세움(Ge-stell)이라고 말씀하실 때, 무슨 뜻으로 한 것입니까?"), 즉 이어지는 세 가지 물음을 빠르게, 아주 빠르게 하이데거는 받아들였다.

이 물음에서 하이데거의 용어, "몰아-세움"을 하이데거의 표현 방식에 따라 준비하면서 기대했던 내적인 자극과 친밀감을 느끼게 하면서, 그의 언어 양식을 물어보려는 것이었다. "프랑스철학의 언어를 변화시킨 당신의 언어 양식은 매우 독특한 표현으로 지적되고 비판받고 있습니다. 사회철학자 아도르노(Adorno)는 당신의 언어를 '본래성의 은어'라고 부릅니다. 그리고 에른스트 블로흐(Ernst Bloch)는 자기편에서 아도르노의 언어를 '선(善)에 대한 비본래성의 은어'라고 특징지으면서, 당신의 언어를 '개념들 속에 특이한 체험들', '액즙을 짜듯이 계속해서 짜내진 어원을 통해 말 주워담기'라고 비난했습니다. 당신에게 언어는 어떤 의미를 가지고 있습니까?"

하이데거는 눈살을 찌푸렸다. 이마의 주름이 뚜렷해졌다. 그는 마지막 물음에만 대답했다. "그것은 아주 어렵습니다." 정지된 시간. 짓누르는 듯한 이 순간은 그가 깊은 생각을 하고 있다는 것 이상을 의미한다. 나는 침묵을 깼다. "당신에게 언어는 모든 것입니까?" 하이데거, "아닙니다. 그것은 아닙니다! 말하기 어렵군요." 나는 그를 기억나게 했다. 그를 돕기 위해 그의 고유한 표현들 몇 가지를 제시했다. 그는 말하려고 하지 않았다. 먼저 아도르노와 블로흐의 말이 있었기 때문에 말하지 않으려는 것인가? 나는 그것을 끄집어내야만 했다! "우리는 방금 아도르노와 블로흐를 제시해야 했고, 피할 수 없이 많은 사람들이 따라서 말하고 맹종하고 있는 그런 비판을 언급해야 했습니다. 두 사람은 분명히 어떤 것을 거기에서 생각했습니다. 저 변화되었기 때문에 따라서 말하게 된 '본래성의 은어'와 같은 말을 — 하이데거와 야스퍼스의 이름을 함께 떠올리며 — 사람들이 많이 쓰면 객관성이 생긴다는 가상을 깨주기 위해서, 나는 의식적으로 기술에 대한 물음에서 당신의 함축적인 표현을 끌어들인 것입니다. 이 표현은 말장난처럼 보입니다. 사람들에 의해 그렇게 여겨지고 이해되고 있습니다. 여기서 용어가 함축하고 있는 것, 즉 대상을 대상으로 추켜세우고, 모든 것을 그 부속으로 만들어버린다는 뜻에 주목하지도 않는 사람들에 의해 비판받고 있습니다." 하이데거는 동의하는 듯 고개를 끄덕였다. 나는 빨리 그가 승복하기를 기대했다. 그는 동의하면서 변명했다. "그렇지만 언어에 대해 나는 말할 수 없습니다." 아무 소용이 없었다. 우리는 다시 그 물음을 지웠다.

그러나 우리는 그 물음에 대해 서로 이야기를 나누었다. 왜냐 하면 하이데거의 언어가 프랑스철학의 언어에 영향을 주었다는 말에 하이데거는 관심을 가졌기 때문이다. 그는 긴장을 풀고 좋은 분위기에서 아주 편안하게 긴 시간 동안 프랑스 사람과 프랑스 정신에 대한 경험을 이야기했다. "프랑스 사람들은 정신에 대해 조심하고 있습니다! 독일 사람들은 정신이 무엇인지 모릅니다." 나는 이에 동조하며 말했다. "예, 많은 사람들이 정신에 대해 조심을 하지 않고, 대부분 정신을 가지고 있습니다." 아주 자연스럽게 우리는 정신과 관계가 깊었던 독일 관념론의 시대에 대해 말했다. 하이데거는 다양한 모습을 보여주었다. 그는 끄덕이고 동의하고, 경청하고, 생각하고, 말하고, 제시했다.

다음 물음은 내가 늦은 밤까지 물음의 연관을 정리하면서 고심하던 것이다. "당신의 숙고들은 모두 당신 철학의 근본 물음인 '존재-물음'에 근거하고 있습니다. 그때마다 당신은 지금까지의 존재에 관한 주제에 하나의 새로운 것을 덧붙이려는 것이 아님을 밝혔습니다. 나름대로 사람들은 바로 그 존재를 각기

다르게 성질로, 가능성과 현실성으로, 진리로 또한 신으로 규정하였기 때문에, 당신은 하나의 이해할 수 있는 일치점을 물었습니다. 그러나 그 물음은 초종합(Übersynthese)을 묻는 것이 아니라 존재의 의미에 대한 물음으로 제기되었습니다. 그 물음의 대답은 당신의 사유를 통해 어떤 방향으로 길이 나 있습니까? 왜 존재자는 존재하고 오히려 무는 존재하지 않는가?" 이 물음으로 — 물론 앞에서 삭제된 언어에 대한 설명에 이어 — 하이데거를 "존재 물음"에 대해 언급하도록 이끌어내야 하고, 동시에 일반적으로 많이 사용되지 않는 표현인 "존재자"를 "존재" 그리고 "무"와의 차이에서 문제 삼을 기회를 만들어야 했다.

하이데거는 즉시 이 질문이 두 가지 다른 것에 관한 것임을 지적했다. 나는 그에게 내가 의도했던 것을 털어놓았다. 나의 질문은 그의 사유를 위해서 통속적인 논의를 바로잡는 것이 중요하기 때문에 그것에 대한 기회를 주려는 생각을 담고 있는 것이었다. 신탁과 같은 것이 아니라 그 사유의 핵심에서 나오는 생생한 대답이 중요하다고 생각했기 때문이다. "좋습니다! 그렇다면 먼저 그 질문, 즉 나의 질문에 이어 아주 다른 물음으로 셸링이 제기한 물음에 대해 말하겠습니다." "좋습니다!"

다음 물음은 인간중심주의적 자기 의식이 아니라 인간의 존재 개방적(seinsoffen) 본질로서의 실현에 대한 물음, 이 물음은 즉시 받아들여져 그대로 남게 되었다. 이 물음은 하이데거가 계획된 결론적인 물음을 거절했기 때문에 마지막 문제가 되어버렸다. 나는 그 물음을 읽었다. "하이데거 교수님, 당신은 운명(Schicksal)을 의식하며 사셨습니다. 그것은 가능적인 존재의 역운(Seinsgeschick)을 위한 의미를 인간에게서 다시 일깨우려는 당신의 과제이기도 했습니다. 당신은 항상 존재에 대한 최고의 책임 의식에서 항상 사유해왔습니다. 그것을 위해 당신은 저작들을 통해 개인적인 것까지 희생하셨습니다. 그 개인적인 것은 때때로 다른 철학자의 글에 이용되었습니다. 그로 인해 사람들은 인간 하이데거, 개인 하이데거를 넘어 사유의 사태로 나아가려고 노력하지 않고, 사유를 위해서 그 사유된 것에 집착하려고 합니다. 당신은 고독을 느끼십니까? 그리고 80회 생신을 맞으신 당신에게 인간과 신은 어떤 의미가 있습니까?" 하이데거의 대답은 돌발적이고 단호하며 빠르게 이어졌다. "이 물음에서 당신은 자기 모순을 범하고 있습니다." 침묵. 나는 당황스럽고 무엇으로 얻어맞은 것 같았다. 불교에서 선의 대가가 주는 복잡 미묘한-대답 같다는 생각이 들었다. 그것이 "반응"이고 응수였다. 더 이상의 "대화"가 없었다. 나는 침묵하다가 의식적으로 심각한 의도로만 묻는 것이 아님을 강조했다. 내가 이것을 묻게 된 것은 현재 "그" 사회로 간주되어, 장차 다시 다른 사회에 의해 해체될 "사회"를 사회 경제적으로 기다리자는 것이 아니고, "내면"으로의 침투하자는 것도 아니며, "개인 생활"을 침해하려는 것이 아님을 밝혔다. 이는 오히려 멀어진 것에 가까이 함, 가까이 감에 대한 물음이다..

　하이데거가 침묵을 깼다. 아주 부드럽고 슬픈 표정은 짓지 않고, 무엇인가 추억에 잠긴 듯 또한 나를 상당히 배려해주면서 내 얼굴을 응시했다. 그리고 아주 침착하고 진지하게 논박했다. "고독과 인간 그리고 신은 서로 연관되어 있습니다. …… 예, 그것이 문제입니다. …… 나는 고독합니다. 얼마나 고독한지 그것을 당신은 모르실 겁니다. 그런데 당신은 그것을 빤히 알면서 묻고 있습니다. 바로 그 때문에 …… 그것을 나는 여기 텔레비전에서 말할 수 없습니다." 나는 사과를 했다. 그리고 좀 더 진전시켜보려고 했다. "당돌한 질문을 드려서 실례가 된 것 같습니다. 무례를 범하려던 것이 아니고, 가까움을 ……." 이번에는 *내편에서* 마침표를 찍었다. 하이데거, "아닙니다, 그런 것이 아닙니다. 그것은 정말 문제입니다. 그것은 물음, 나의 물음이 아닙니다. 그리고 내가 인간과 신에 대해 말하면, 사람들은 그것을 …… 받아들이지만 오해합니다. …… 그리고 그들은 어떤 것을 가지고 있지만, 그러나 고독?" "그만 합시다. 당신은 바로 앞의 물음에서 대담의 정점, 즉 적당한 종결을 할 수 있게 되었습니다. 부디 이 말에 오해하지 말기 바랍니다."

그럼에도 불구하고 나는 한 번 더 하이데거를 부분적인 물음으로 이끌어보려고 했다. "나는 의식적으로 한 구절, 뢰비트가 적용했던 '존재 역운(Seinsgeschick)'이란 말을 인용했습니다." 하이데거는 뜻밖이라는 듯이 깜짝 놀라며 말했다. "뢰비트? 그도 나옵니까? 그것에 대해 당신은 나에게 보낸 편지에 쓰지 않았습니다."

하이데거는 일어서서 책상 한쪽 편에 그 동안 "밀쳐"놓았던 내가 쓴 편지를 집으려고 했다. 축하하는 사람들의 명단에 사실상 유일하게 뢰비트만을 써넣지 않았다는 것이 생각났다. 왜냐 하면 뢰비트는 하이데거에게 내가 편지를 쓸 때까지 확답을 주지 않았기 때문이었다. 나는 하이데거의 반응에 당황스러웠다. 그렇지만 아주 자연스러우면서도 힘주어 말했다. "내가 편지를 쓸 때, 그로부터 어떤 말도 듣지 못했습니다. 그러던 중에 그가 연락을 해왔습니다."

여기에서 절벽에 부딪히게 되는 것인가? 위험한 순간, 새로운 이름이라도 몰래 넣었을까 하는 의심에서 벗어나기 위해, 나는 하이데거에게 준비된 명단에서 벌써 촬영된 진술들과 아직 남아 있는 약속들에 대해 설명했다. 이중으로 훨씬 더 나를 의식하게 만든 것은 나를 설득해서 『슈피겔』-편집부를 함께 집안으로 들어오게 해서 그의 이야기를 듣게 하려 했던 그런 요구가 있었다는 것이었다.

하이데거는 다시 앉았다. 우리는 "존재 역운"이란 말에 대해 이야기했다. 그는 여러 번 강조했다. "그것은 어렵습니다. 내가 그것에 대해 어떤 것을 말해도 아무도 이해 못합니다." 나는 대담에서 기록이 중요하다는 것을 지적하면서, "이번에 슈피겔은 제외시킵니다"라고 말을 덧붙였다. 하이데거는 웃었다. "시청자들은 그것을 이해하지 못합니다. 그들에게 그것은 분명히 중국말처럼 들릴 것입니다." "그러면 우리는 당장 시간을 가지고 중국말을 배워야 합니다." 하이데거는 계속 회의적인 웃음을 웃었다. "그것은 시간이 걸립니다." 그러나 그는 나에게 승복하는 것이 아니라 내가 기대하고 있는 방송의 "결과"를 위해서 더 이상 거절하지 못했다. 그 결과가 그의 눈에는 분명히 흡족하지 않겠지만, 어쨌든 하이데거는 생각을 바꾸었다. "나는 사유의 운명에 대해 한마디만 하겠습니다. 그것을 끝까지 다할 수는 없습니다. 그러나 내가 나의 고유한 생각을 어떻게 정리하고 있는지 한마디만 하겠습니다." 나는 말했다. "좋습니다! 그럼 나는 '기술자'들을 부르겠습니다." 그들은 우리도 모르는 사이에 오래 전부터 와 있었다.

6. 텔레비전 촬영 과정

나는 아주 서둘렀다. 왜냐 하면 아직도 불미스러운 사고나 거절할 위험이 일어나는 것을 원치 않았기 때문이다. 빠른 인사가 오갔다. 왜 정확한 시간에 도착하지 않았는가에 대한 조심스러운 비난 섞인 물음도 있었다. 한 사람이 투덜거리며 말했다. "우리는 12시 이후에야 출발할 수 있었습니다! 그것은 노

동조합 규정과 관계됩니다! 12시까지 아니면 12시 이후에 할 수 있습니다!" 나는 그들에게는 중요하지 않게 보이는 것이라도 많이 찍으면서도 조심스럽게 해주기를 간곡히 부탁했다. 사람들은 개의치 않고, 여하튼 첫 번째, 가장 절실한 것에는 신경도 안 쓰고, 이리저리 둘러보고 바라보면서 분명한 지시만 받아들였다.

먼저 조명 설치, 케이블 풀기, 전기 설치, 녹음기 설치, 이 모든 것들이 습격하듯이 진행되고 집은 삽시간에 개미집처럼 변해버렸다. 그럭저럭 잘 되어갔다. 카메라 감독 폰 아르민 씨는 카메라 설치를 점검하다가 벌써 두 번이나 주변에 있는 물건 위로 삼각대를 넘어뜨렸다. 하이데거, "흥분하지 마십시오." 그는 자신의 책상에 앉아 있기를 원했다. 폰 아르민 씨는 유명한 정치가의 취임에서부터 베트콩과의 접촉에 이르기까지 경험이 많은 사람이다. 그는 하이데거를 적당히 밀어서, 촬영 조건이 원래 좋지는 않지만 가장 좋은 조건으로 보이는 곳을 정했다. 자신을 내적으로 방어하고 있지만, 지금은 벌써 그의 손에 맡겨진 "환자"를 그는 수술하는 의사처럼 원하는 위치, 수술대로 옮겼다. 하이데거는 잘 따라주었고, 준비하는 중에도 안정과 침착함을 잃지 않았다. 나는 책상을 등지고 있었고, 내 옆에는 하이데거를 찍는 카메라가 서 있었다. 바로 하이데거 뒤에는 나를 찍는 두 번째 카메라가 있었다.

이런 분위기에 압도되고 있을 때 나는 적당하다고 여겨지는 순간을 포착해서 대화를 이끌어내고, 상황을 약간 누그려뜨려 어느 정도 케이블의 유령과 삼각대와 기구들 사이에서 인간적인 분위기를 만들어보려고 시도했으나 큰 효과를 얻지 못했다. 하이데거는 서 있었다. 그는 바쁘게 서로 부르며 민첩하게 업무에 필요한 위치를 정하는 기술자들에 둘러싸여 적당한 스키

활강 코스를 잡고 있었다. 그는 칼 마르크스의 크뢰너(Kröner)판, 초기 크뢰너판에서 "초기 전집"을 집었다. 그리고 가깝게 있는 나에게 까만 색 메모장을 건네줄 것을 부탁했다. 그는 책장으로 가서 무엇인가 분명히 준비하고 있었다. 그는 책 중에서 『이정표들(Wegmarken)』이란 책을 빼내고, 그가 책장의 책들 틈에 넣어놓은 서류들을 끄집어냈다. 책 —『이정표들』— 이 밑으로 떨어졌다. 하이데거가 허리를 굽혔다. 내가 더 빨랐다. 하이데거는 그가 읽으려고 했던 곳을 찾았다. 지금 다시 그 책은 그 틈새에 꽂혀졌다.

텔레비전 사람들은 계속해서 조작을 했다. 무엇인가 의견이 맞지 않는 것 같기도 했다. 나처럼 머쓱해서 하이데거는 나와 마주하면서 초고 하나를 집었다. "이것이 손으로 쓴 『존재와 시간』의 초고입니다." "나중에 저에게 보여주실 수 있습니까?" 하이데거는 그것을 약속했다. 그는 분명 나중에도 그것을 기억하고 있었다. 양편 모두 그럴 필요가 있었기 때문이었다. 불빛이 비추고 조명이 이글거렸다. 사정없이 작렬하는 빛, 그것은 진정 "비춤(Lichtung)"이 아니다. 조도가 맞게 되었다. 사람들은 우리 주변에 마이크를 설치했다. 우리는 갇혀버렸다. 나는 소란과 뜨거운 조명에 대해 사과를 했다. 하이데거, "눈부시군요." 그는 '나에게'라고 말하지 않고, 다음 말에 덧붙여 말했다. "괜찮습니다. 나에게 이 '작업'은 대수롭지 않습니다." 미묘한 표정으로 나를 쳐다보았다.

그때까지 나타나지 않았던 카메라 기사 한 사람이 들어왔다. 그는 바깥에서 기계와 같은 다른 설비를 다루고 있다가 마지막으로 나타난 것이다. 그는 방으로 들어오자마자 친절한 얼굴로 하이데거에게 가서, 앉아서 조명을 받고 있던 그와 악수를 했다. "안녕하십니까? 교수님, 어떻습니까?" 그는 하이데거가 80

세가 되는지 알고 있었다. 하이데거는 당황했지만 잠시였다. 그 순간 나는 "마인츠 사람들은 '모든 사람'에게 너무 인사성이 분명해서 탈입니다"라고 말했다. "그것이 좋습니다." 하이데거는 유쾌하게 웃었다. 교묘한 가는 눈으로 나를 보았다. 분위기가 잡혔다.

촬영을 시작했다. 부담스러움, 갑갑함, 쫓김, 연극하는 것 같은 느낌이 들었다. 나는 집중하기가 힘들었다. 나는 대담에서 질문을 "나중으로 미루려던" 의도를 다른 이유로 일찍이 포기했다. 우리는 거의 계속해서 마주보는 상태로 있었다. 대화자와 생생하게 주고받는 대화를 하기 위해 습관적으로 내가 하는, 동의하거나 거부하는 말을 첨가해서는 안 되며, 또 내가 필요하다고 끼여들거나 말을 낚아채거나 말을 가로막거나 상대편의 말을 속단하지 말아야 하기 때문에, 나는 바싹 긴장하고 있어야 했다. 나는 대담 전문가가 아니다. 내가 시청각적인 효과에 대해 이해는 하지만, 사람들이 텔레비전에서 "대담 규범(Gesprächdisziplin)"이라고 부르는 것이 나에게는 없었다. 사전에 협의되어 고정된 대담 "과정"은 나에 의해 추구된 체계를 깨어버리기 때문에 나에게 자연스럽지 못한 것이었다. 그러나 나는 사전에 약속된 순서대로 진행했다.

하이데거가 자신의 사유에 대해 말하고 있을 무렵, 필름이 다 되었다. 하이데거는 계속 말했다. "끝", "그만", "더 이상 진행되지 못한다"는 소리에도 불구하고, 처음에는 이 기술적인 문제를 눈치채지 못했다. 새로운 필름이 설치될 때까지 중간 연결이 필요했다. 유타 초스탁(Jutta Szostak), 그녀가 없었더라면 많은 진술들이 성공하지 못했을 것이다. 그녀는 "일단 유사시 연결할 것"을 대비했다. 소파에 앉아 있으면서 그녀는 하이데거에게 "당신이 멈추신 곳에서부터 시작하십시오." 그녀에 대해 — 그녀는 심리학과 학생으로 나에게서 철학을 들었다 — 다시 선생처럼 행세하려는 것은 아니었지만, 나는 80세인 그에게 이해를 구하고 싶어 끼어들었다. "그렇게 간단하지 않습니다. 하이데거 교수는 아주 중요한 것을 말할 참이었습니다." 하이데거, "예, 그랬습니다. 그렇지만 괜찮습니다. 내가 지금 말하는 것을 당신은 연결할 수 있을 것입니다. 신경을 써주십시오." 당연히 나는 그것을 약속했다.

"내가 마르크스에 대해 말하려고 했던 부분이 본래 어디였던가요? 지금 생각이 나지 않는군요." "내가 당신께 철학의 사회적 과제에 대해 물었던 것과 관련해서 말씀하셨습니다. 아무튼 중간에 끊어졌기 때문에, 그것을 처음부터 다시 말하실 수 있습니다." 하이데거는 동의했다. 그리고 중요한 문구들 — 비히만(Büchmann)의 "명언들"에 수록된 것,35) 그리고 그것은 나중에 마르크스적 경향의 자그레브 철학자, 가조 페트로비치(Gajo Petrovic)와 나와의 논의에서 언급되었다 — 을 말하며 기다렸다. 그리고 나서 앞서 멈추었던 그곳에서부터 그의 생각을 이어나갔다.

한 번 더 우리는 중단해야 했다. 이번에는 녹음기가 다 되었기 때문이었다. 두 가지 물음, 과학 그리고 기술에 대한 나의 물음에 대해 요약하면서 했던 하이데거의 긴 대답을 중단시킨 것이다. 이것은 그와 나, 우리 두 사람을 동시에 연결해서 진행되는 필름으로 편집이 될 것이다. 중요한 것은 우리가 하이데거를 말하도록 이끌었다는 것이다. 나에게는 한 가지 물음이 더 남았지만 — 처음 일곱 번째 물음에서 다섯 번째 물음으로 되어버린 — 그가 나에게 마지막이라고 확정한 물음에서 그는 하인

---

35) Büchmann의 『회자하는 말들(*Geflügelte Worte*)』, 32판, Gunter Haupt와 Winfreid Hoffmann에 의해 완전히 개정됨, Berlin 1972, 714.

리히 폰 클라이스(Heinrich von Kleis)의 인용으로 — 하이데거는 그것을 자신의 까만 색 메모장에서, 그가 말하는 "나의 메모장 중의 하나(!)"에서 읽고 — 끝을 맺었다. 그리고 호소하는 듯한 눈빛으로 나를 보며 그는 말했다. "이제, 충분합니다." 한 왕이 권좌에 물러서는 것이 아니라 사유하는 자, 하이데거가 물러난다는 인상을 우리는 받았다. 아주 진지한 것에는 아이러니가 있게 마련이다. 그것은 단순한 진지함이 아닌, 진정한 진지함이기 때문이다.

조명이 꺼졌다. 꽉 막힌 공간에서 조명의 열기는 참을 수 없을 만큼 아주 뜨거웠다. 묶고 싸고 정신이 없었다. 며칠 후 하이데거는 삼각대 하나를 빠뜨렸으니 다시 가져가라고 나에게 편지를 했다. 혼란스러웠던 것의 수습. 많은 것은 한 번에 이루어지지 않는다. 앞으로, 뒤로, 이리저리로. 방안이 다시 정리가 되었다. 하이데거는 할 일이 없는 것처럼 허탈해 하며 지쳐 있었다. 그러나 태연하였다. 다른 사람들은 그것이 중요했다. 전쟁터는 정리되고 과제는 완수되었다. 다시 제자리를 찾았다. 하이데거, "아, 그냥 두십시오." 그래도 나는 그의 책상 의자를 예전 자리로 갖다놓았다. 우리는 책과 공책을 다시 제자리에 갖다놓았다.

하이데거 자신은 지금 책장 건너편, 문 옆 가까이 있는 선반으로 다가갔다. 그는 칼 마르크스를 책장에 넣기 위해서 약간 몸을 뻗어야 했다. "보십시오." 그는 나에게 한 책을 보여주면서, "이것은 란트훗(Landshut)의 것입니다. 역시 나의 한 제자이지요. 그러나 두 번째 판에서 그는 첫 번째 판 서문을 빼버렸습니다." "왜?" "그것이 아마 너무 하이데거적이었기 때문인가 봅니다." "예, 그런데?" "당시(1973년)는 더 이상 그럴 만한 시기가 아닌데요!" 방안은 다시 무거워졌다. 엄밀함으로 거의 빈

틈없던 학생 시절의 기억을 불러일으키면서도, 할아버지 같은 포용력이 느껴졌다. 이제야 비로소 구석 창문에 휘감겨 있는 덩굴 식물이 나의 눈에 띄었다. 창문 주변을 따라서 많은 나뭇잎들이 둘러싸여 있었다.

나는 하이데거에게 약속한 대로 정원에서 몇 장의 장면을 더 찍게 해달라고 부탁했다. 그는 원하지 않았다. 나는 간청을 했다. "에른스트 융어(Ernst Jünger)는 그의 생일축하연에서 군인처럼 활기차고 씩씩한 걸음으로 정원을 걸었습니다. 당신도 그렇게 하셔야 합니다." 하이데거는 농담을 하며, "예, 융어(Jünger)는 더 젊으니(jünger)까요, 그 사람은 나이에 비해 정정합니다. 그는 아름다운 정원을 가지고 있습니다. 그는 무거운 사유를 하고 있습니다. 내 생각에 그것은 쉬운 것이 아닙니다. 그는 그것을 합니다." 결국 그를 강요하다시피 끌어내야 했다.

우리는 방영 필름의 예고편을 위한 자막과 만일을 위해 연결하는 사진이 필요했다. 하이데거는 주저하면서 계단 위쪽에 앉아 있었다. 나는 그가 응하지 않을까 걱정을 하며, "차를 타고 댁에 오기 전, 우리집 여덟 살 난 아이 안드레아스가 같이 오겠다고 했습니다. '너는 올 수 없어'라고 하면서, 내가 유명한 철학자를 만나러 가야 하기 때문이라고 말했습니다. 그랬더니, '아빠, 아빠 말씀대로 그분이 할아버지라면, 그 집에도 나와 놀 수 있는 아이가 있을 텐데요'라고 말하더군요." 하이데거, "예, 다섯 손자 손녀가 있습니다." 하이데거는 이야깃거리로 우연히 꺼낸 말에 재미있어 했다. "그 아이를 데려오실 걸 그랬습니다. 정말입니다. 폴크만-슐룩크(Volkmann-Schluck)의 아이는 토트나우베르그 오두막에까지 왔답니다. 그때 말하기를, '아빠, 저 분이 존재가 무엇인지를 아는 철학자예요?'" 그제야 하이데거는 재미있어 하며, 소탈하게 자발적으로 가파른 계단을 내려왔다.

나는 정원에 대기하고 있던 두 번째 카메라 기사를 빨리 움직이도록 했다. 그런데 나뭇잎들이 촬영을 방해했다. 나는 그와 촬영을 했다. 나는 하이데거가 홀로 문에서 나와 정원을 지나가는 것을 원했다. 하이데거는 주저하며 망설이고 있었다. "그럼, 내가 지금 어떻게 해야 합니까?" 첫 번째 카메라 기사, 폰 아르민, "보십시오, 교수님, 문에서 나와 계단을 내려와서 잔디 사잇길을 따라 반쯤 오시다가 뒤를 돌아보신 다음, 내가 카메라로 찍고 있는 밤나무쪽으로 걸어오십시오." 하이데거는 아주 부끄러워하며 당황해서, "그런데 그것은 호두나무입니다." 나에게는 — 낭만적인 것이 연상되고 그에 맞는 제목이 떠올라, 어떤 식으로든 보조를 맞추어보려고 — 특별하게 더 좋은 것이 떠오르지 않아서 나는 노래를 불렀다. "집 앞에는 호두나무가 서 있고 ……."

하이데거는, 마치 무엇인가를 생각하는 것처럼, 혹시 왜 사람들이 호두나무를 밤나무와 혼동할 수 있을까를 생각이나 하는 것처럼 어색하게 움직였다. 결국 그는 감독의 지시에 감을 잡지 못해 나에게 물었다. "도대체 어떻게 해야 합니까? 나에게 보여주십시오." 나는 그가 보는 앞에서 그가 가야 할 길을 걸었다. 그것도 두 번이나. 그런데 매번 호두나무 잎이 내 얼굴에 부딪쳤다. 하이데거가 여기를 지나갈 수 있을까? 폰 아르민은 벌써 그가 무엇을 해야 할지를 알고 있었다. 하이데거를 카메라 쪽으로 오도록 하고, 그 다음 그의 뒤쪽을 보여주면서 그의 떠나는 모습, 사라짐을 담으려는 것이다.

잠시 후, "카메라 기사가 — 사전에 이야기가 되기로는 — 당신이 숲 방향으로 가는 것을 또 한 번 찍고 싶어합니다. 그는 너비와 거리 그리고 전망에서 그것이 좋은 사진이 된다고 생각합니다." 하이데거, "지금 그 길은 막혀 있습니다. 몇 년 전, 오래 전에는 전망이 트여 있었지만. 지금 사람들이 그것을 막아 버렸습니다." 양쪽 편 모두 애석해 했다. 그렇지만 먼저 폰 아르민은 주도적이고 명령하는 큰 목소리로, "해봅시다!" 하이데거는 준비를 했다. 불안하게 그는 집 문에 서 있었다. 폰 아르민, "아니요, 좀더 뒤로, 교수님. 사람들이 당신을 보지 *못하게* 해야 합니다. 서 있지 마시고, 문에서 나오십시오."

나는 하이데거를 적당한 곳으로 밀어, 뒤로 가게 했다. 그는 집안으로 들어가서 나와 걸었다. 그는 고르지 않은 돌로 된 바닥의 불편한 길을 약간 흔들거리면서 걸었다. 고독하고 나이든 한 남자가 걷고 있다. 카메라 기사들, "텔레비전" 사람들의 부탁으로 정원을 지나고 있다. 그는 그를 잡아가두려는, 그를 곧 "상자" 안에다 갖다 넣으려는 사람들의 분부에 따라 걷고 있다. 폰 아르민은 하이데거를 한 번 더 걷게 했다. 하이데거는 그것을 했다. 드디어 모든 것이 지나갔다.

7. "인터뷰" 이후 : 두 사람의 대화

카메라 기사들과 작별을 했다. 나는 얼마나 기다려야 될지 모르지만, 유타 초스탁에게 기다려달라고 부탁하고 하이데거에게 돌아갔다. 모든 것이 끝나고 그는 분명히 지쳐 있었다. 그런데도 그는 나에게 머물러줄 것을 요구했다. 우리는 한 시간 반 이상 서로 이야기를 나누었다. 나는 여러 번 — 사람들은 잘 참아주었다 — 갈 준비를 했다. 그렇지만 하이데거는 매번 새롭게 거듭해서 묻고, 계속해서 새로운 것을 강조했다. 일종의 전수와 같은 것이었다. 나는 많은 이야기를 해야 했다. 그는 나의 정보에 흥미를 가지는 것 같았다. 그것을 생각해보는 것이 그를 기분 나쁘게 하지 않았다. 처음 나는 가능한 한 자연스럽게 — 그리스어의 의미에서 퓌지오-로기쉬(physio-logisch) — 하려고 신경을 썼다. 이때 생생하고도 기질적인 것이 나오기도 했다. 나는 감히 하이데거 앞에서 "문자"를 쓰고, 말이 너무 많았던 것 같다. 나는 연속하는 줄을 끊고 싶지 않았다. 거기에는 내가 말을 "짓기"도 하고 침묵과 정지를 음악적으로 느끼며 연관 속에 음악의 늘임표처럼 들었다.

"내 생각에 인터뷰가 잘된 것 같습니다." 나는 새롭게 말을 열었다. "예, 그런 것 같습니다. 복잡해지지 않도록 신경을 써주십시오." 내가 보기에 하이데거는 이 일, 보다 정확히 말하면 이런 기회, 좀더 정확하게 한다면 서로간의 대담이 두 사람이 사전 대화 후에 기대하고 예상했던 것보다 잘 되었다고 여기는 것처럼 보였다. "당신은 직접 나의 물음이 함축하고 있는 것을 '명인답게' — 나는 의식적으로 이 말을 강조하면서도 아첨처럼 들리지 않게 했다 — 바로잡아, 그 물음 뒤에 추측되고 숨어 있는 것을 읽어내어 생생하게 말씀하셨습니다." 하이데거는 사과하는 뜻으로 말했다. "'몰락의 역사(Verfallsgeschichte)'에 관해서는 읽으면서 떠올랐습니다." 나에게는 지금까지 서양철학의 역사의 "해체"라는 하이데거의 방식이 문제되었다.

하이데거는 갑자기, "시원의 끝에서"라고 말했다. 나는 처음에는 그가 무슨 이야기를 시작하려는지 종잡을 수가 없었다. 하이데거는 보여주기로 약속한 『존재와 시간』의 초고를 집었다. 부탁을 더 이상 할 필요 없이 그것을 만질 수 있을 정도로 보여주는 호의를 베풀었다. 지금 그는 나에게 융어가 진술했듯이, 약간 자신의 소유를 뽐내며 어떤 사람에게 보이고 있는 한 농부처럼 보였다. 그렇지만 지금 다시 그를 농부처럼 볼 수 있게 하는 어떤 것도 찾을 수 없었다. 대화에서 몇 번 일어났던 것처럼, 심하게 화를 내기 직전까지 갈 정도로 공격적이면서도36) 부드럽고, 그의 움직임에서 신중한 그가 자신의 아름다운 독일어 저서, 분명 보충한 것도 없이 장수를 매긴 이 사유하는 자의 책을 자랑스럽게 보여주었다. "초고는 그대로 식자공에게 넘겨졌습니다."

하이데거가 자신이 초고에 대해 가진 계획에 대해 우리는 이야기를 나누었다. "세 번째 완성된 원고가 있습니다. 아직 정확히는 모르지만, 서서히 밝혀지고 말이 나오고 있습니다." 내가 그것을 들었다는 것과 그것을 미국에 팔려는 계획 — 그것을 막기 위해 나는 이미 한 후원자와의 접촉을 했다 — 이 있었다는 것 그리고 그것을 지금 아마 마르바하에 쉴러-문서실로 보내려고 한다는 것을 털어놓았다. 그러나 우리에게 가치 있는 것이 역시 그에게도 무엇인가 유용한 것일 수 있다는 것에 대해 이해한다는 것을 비쳤다. 그는 침묵 속에 사로잡혀, 그가 알고

---

36) 『대담 중의 마르틴 하이데거(*Martin Heidegger im Gespräche*)』 책을 출판하면서 나는 의도적으로 "말하는 사진들"이라고 내가 제목을 붙인, 네 장의 순간 포착 연속 사진을 집어넣었다. 이것들은 그 자체로서 뿐 아니라 연속적인 다른 과정들을 보여준다. 56-57. 참조, Richard Wisser, 「마르틴 하이데거와 끝없는 사유(Martin Heidegger, und kein Ende des Denkens)」. 80회 생일 기념 출판, in : 책들의 세상(Die Welt der Bücher), 4권, 3호, Freiburg Br. 1970, 117 : "이어서, 하이데거의 관상을 확인할 수 있는 '말하고 있는 장면'을 나타내 보여주는", 방송에서 나온 네 장의 연속 사진. "그것은 집중하고, 기다리며, 함께 사유하면서 경청하다가 가벼운 회의로 인해서 거리감을 가지고 물음을 제기하는 장면으로 바뀐다. 그리고 특이하게 이마의 혈관이 부풀어올라 보일 정도로 힘있게 근본 생각을 요약해서 말하는 장면이 나온다. 이어서 다시 말한 내용이 설득력 있고 상처를 주지 않도록 전달되었는지, 교조적이지 않은 기대함의 표정으로 바뀐다. 그런 식으로 개인적인 연관들이 현실화되고 특별한 가까움, 두터운 신뢰와 같은 것이 분명히 드러나게 된다. 그리고 동시에 사유하는 자, 하이데거가 '현상'으로 드러난다.

있는 것에 대해 골똘히 생각하면서도 말하지는 않았다. 그런 다음, "알게 될 것입니다."

우리는 돋보기가 필요할 정도의 작은 글씨와 해독하기 어려운 『존재와 시간』의 초고를 읽기 좋게 만드는 초기 작업에 대해 생각해보았다. 하이데거는 다른 초고 하나를 가져왔다. 그것은 셸링의 저서 『인간의 자유에 대한 본질』에 관한 강의로서 하이데거가 아주 특별한 의미를 부여하는 것이다.(이것은 하이데거-색인37) 작업에 헌신적으로 기여한 힐데가르트 파일에 의해 튀빙엔에 있는 니마이어사에서 1971년에 출판되었다.) 하이데거는 다른 통을 집었다. 그것은 하이데거의 강의들과 손으로 쓴 저서들이 들어 있는 일련의 같은 모양으로 된 작은 상자에 들어 있는 것이었다. 내가 농부라고 했던가? 한 마리의 꿀벌, 평화롭지만 침을 가지고 있는 꿀벌 그리고 책장은 벌집처럼 보였다.

하이데거, "모두 출판되지 않았습니다. 보십시오 — 그는 창문 맞은편 선반 위에 놓인 종이 꾸러미들을 가리켰다 — 그러나 그것은 때가 있습니다. 그것은 알맞은 때가 필요합니다." 나는 불만족스럽게 거드름을 피며, "인정합니다. 그러나 내가 당신의 논문과 교수 자격 논문은 읽지 않았지만, 당신의 새로운 출판에 매우 흥미를 가진 다른 사람들이 있을 것입니다." 하이데거는 내가 웃으면서 허튼 소리를 하는 것으로 생각하고 날카로워져서, "오늘날 사람들은 새로운 출판만을 생각하고 있습니다. 매번 새로운 출판이 낡은 신판을 잊어버리도록 하고 있을 정도입니다. 어떤 <……>출판사. 그것은 정말 출판사가 아닙니다. 그것은 재앙입니다." 이러한 공개적인 말은 나를 할 말이 없게

---

37) 하이데거의 『존재와 시간에 대한 색인(*Index zu Heideggers "Sein und Zeit"*)』. Hildegard Feick, Susanne Ziegler의 4번째 개정판, Tübingen 1991.

만들었다. 나는 그것이 회복되어야 할 것이라고 느꼈다.

하이데거는 이러한 돌발적인 말을 하고 주제로 다시 돌아갔다. "내가 알기로 사람들은, 당신은 그것을 달리 생각하셨습니다만, 항상 새로운 것을 원합니다. 그들은 옛 것도 아직 읽지 않았고, 제대로 읽지도 않았습니다." 나는 말하기를, "그러나 그 '사람들'이 수를 헤아리지 않습니다. 당연히 '사람들'은 새로운 출판을 원합니다. 그것을 읽지도 않지만, 보고 사기를 원합니다. 왜냐 하면 신간이 최근 다시 나왔기 때문이지요. 그러나 당신의 친구들과 적대자들과 신중한 사람들은 당신의 사유를 경험하려고 합니다. 그것이 어디에서 왔는지, 거기에서 그것이 어떻게 되었는지 경험하고 함께 가고 싶어하거나 또는 다른 길(Abwege)로 바꾸고 싶어합니다." ― "잘못된 길(Irrwege)"을 나는 말하려고 했다. 그러나 하이데거는 나의 말을 가로막고 거칠게, 위험스러울 정도로 작은 소리로, "사람들은 출판된 것을 하나도 이해하고 있지 않습니다. 나의 사유에 대해 쓰고 있는 사람 ― 그것에 대해 말하고 있는 사람에 대해서 말하고 싶지도 않고 ― 조차 적어도 내가 지금까지 출판한 것에서 가장 중요한 것을 읽었더라면, 그 사유를 더 잘 경험할 수 있었을 것입니다."

내가 그에게 잘못한 것은 없지만, 나 자신도 약간 그랬다는 느낌 때문에 당황해 하고 있는 것을 하이데거는 눈치채고 덧붙여 말하기를, "나의 *사유*만이 아닙니다." 하이데거가 방금 전 클라이스-인용으로 대담을 마치면서, 그것으로 *사유*의 길에 대해 말한 것을 잊어버리기나 한 것처럼, 사실 내가 한 순간 무비판적으로 하이데거의 사유를 그런 사유와 일치시켰다는 것이 떠올랐다.

그후 1971년 5월 26일에 나는 "푸브릭(Publik)"에서 자신에 대해 말하고 있는 어떤 저자의 서평을 읽었다. 그는 "조심스럽게 하이데거가 비서와의 인터뷰에서 맺고 있는 위험한 인용에 대해 생각했다"고 말했다. 하이데거는 "여기서 한 '다가올 사유하는 사람'에 대해 말하고 있다. 그 사람은 하이데거가 '예비'하려고 했던 그 사유를 '진정으로 전해받을' '과제 앞에 서 있는' 그런 사람이다. 이 장차 '오게 될 사유하는 자'는, 여기에서 그것이 긍정적인 묵시록의 표현이든 단순한 변증법을 의미하든 간에, 하인리히 폰 클라이스의 말을 '좇아야 할 것이다'. 그것은 다음과 같다. '나는 아직 현존하지 않은 것 앞에서 물러나서 천년을 앞서 그의 정신 앞에 굴복한다.' 구세주처럼 보이는 그 사유하는 자가 '한마디 말에 순종해야 한다'는 그것이 무엇을 의미하는지가 불투명하다는 것은 제쳐놓더라도, 이 인용을 주석하는 일조차 딜레마에 빠진다. 하이데거가 지금 다가올 사람을 벌써 '예비하는' 선구자로서 자신을 이해하고 있는지, 아니면 새롭게 한 번 더 오게 될 사유하는 그 자가 오고 있는 자를 다시 — 천 년 동안을 — 앞서 제시하는 자로 이해하고 있는가? 어떻게 되었던 간에, 이 천년왕국설은 어떤 위로나 도움도 주지 않으며 어떤 논쟁의 토대도 제공하지 못한다. 그것은 엘리트 의식을 가진 자의 지적인 측면이며, 치명적으로 비-정치적, 비-사회적임 나타내는 것이다. 그리고 분명 그것은 알베르트 카뮈가 신랄하게 열을 내어 비판했던 midi의 사상, 즉 그리스 사람들에게 영감을 받은 한계와 절제의 철학(Philosophie der Grenze und des Maßes)에 대립하는 독일적인 무절제함의 표현(demesure des minuit)이다."[38]

그런 다음 80세의 그는 책상 의자에 기대며 거리를 두었다. 그것은 거리를 넓히기 위해서가 아니라 내가 금방 알게 된 것

---

38) "Publik", 23호, Frankfurt am Main, 26.

처럼, 나에게 자신에 대한 중요한 것을 가까이 전해주려고 했기 때문이다. 하이데거는 나에게 아주 사적으로 직접 말을 건넸다. "사유는, 친애하는 비서 씨, 사유는 시간을, *그 자신의 시간* 그리고 그 자신의 *시간*을 필요로 합니다. 그것은 시간을, 많은 시간을 가지고 있습니다 ⋯⋯."

위대한 철학자들과 시간과의 관계 그리고 그들의 "시간"과의 관계는 엄청난 차이가 있다는 생각이 나의 머리를 스치고 지나갔다. 나는 무의식중에 칼 야스퍼스(Karl Jaspers)를 생각했다. 야스퍼스는 그가 스스로 자신의 성격을 말하듯이 원래 "비-정치적"인 태도를 취했지만, 말년에 숨가쁠 정도로 빠르게 정치적으로 공공성의 길을 걸었고, 아주 많은 정치가들이 그것에 대해 유감을 가졌다.[39]

내가 하이데거를 앞서 삭제한 물음에서 드러내보이고자 한 것도 이것이었다. "하나의 철학이 어떤 것인지 그 철학은 그것의 정치적인 현상에서 나타난다"고 야스퍼스는 정리했다. 그리고 나아가 그렇게 행동했다. 그는 요구하든지 안 하든지, 묻든지 안 묻든지 하나의 입장을 취했다. 야스퍼스로부터 내가 받은 편지들에서 그는 자신에게 남아 있는 시간을 지금 절박한 것을 하기 위해 사용하겠다는 의지를 갈수록 보다 분명히 했다. 매번 그는 정치적인 것이 그에게 얼마나 중요한지 여러 번 강조했다. "아시다시피 당신이, 거의 유일한 사람으로, 정치적인

39) Richard Wisser, 「인간 존재의 현실화로서 정치. 정치적으로 잘못된 태도에 대한 칼 야스퍼스의 비판(Politik als Verwirklichung des Menschseins. Karl Jaspers' Kritik an politischen Fehlhaltungen)」, in : Richard Wisser, 『칼 야스퍼스 : 검증 중에 있는 철학(*Karl Jaspers : Philosophie in der Bewährung*)』. 1, 2판, Würzburg 1995, 199-222. 일본어 번역판 : 『철학의 실존. 야스퍼스와 하이데거(*Die Existenz der Philosophie. Jaspers und Heidegger*)』. Shinichiro Morinaga와 Takaya Hayashi의 번역, Matsudo, 1997.

내용을 담은 나의 책들을 받아주셨다는 것에 나는 아주 기쁩니다"(바젤, 67년 5월 20일). 우리에게 그것은 "즉각"을 의미해야 합니다.[40]

하이데거가 손으로 쓴 초고를 직접 보여주었지만, 하이데거는 그것을 소중히 여겨 손에 놓지 않고 있어서, 글씨를 직접 대하고 읽을 수 있을 만큼 가까이 하지 못해 유감이었다. 하이데거는 직접 종이를 넘기며 보여주었다. 나 자신은 넘길 수 없었다. 아마 할 수도 있었겠지만 그것에 손을 대고 싶지 않았다. 왜냐 하면 내가 깊이 몰두하게 될 것 같아서 들춰보고 싶지 않았다. 그 대신 나는 — 하이데거는, 내가 침묵했기 때문에 그 초고를 다시 쌓아 "집어넣고" 몇 걸음 옆으로 갔다 — 내가 학생 때부터 공부하던 책, 『존재와 시간』에 그의 이름을 적어줄 것을 부탁했다.

나의 부탁은 뒤로 미루어지게 되었다. 왜냐 하면 하이데거가 먼저 다른 출판물을 가져왔기 때문이다. 그것은 프랑스에서 있었던 한 모임에 대한 기록을 인쇄한 것이었다("Seminaire du Thor — 30 aout — 8 septembre 1968, Seminaire tenu par le Professeur Martin Heidegger sur la Differenzschrift de Hegel" Exemplaire 36). 나는 철학사를 정리하고 있었고 또한 바로 헤겔의 이 "Differenz-저작"에 대한 상급 세미나 — "헤겔 그리고 하이데거의 눈으로 본 피히테, 셸링" — 를 진행하고 있었기 때문에 그것에 특별히 흥미를 가졌다.

하이데거, "아직 시중에 아직 나오지 않은 책을 당신에게 선물로 드리고 싶습니다." 이것이 하이데거가 이번 방문 과정에서 증정문을 직접 써서 나에게 준 세 번째 책이 되었다. 하이데거는 초고를 보여주는 일을 끝내고 책상에 앉았다. 그리고 거

---

40) 야스퍼스-편지, Basel, 1967년 5월 20일.

기에서 편하고 여유 있게 만년필을 들고 전장을 몇 번 접어 제본한 소책자에 몇 자 적어 나에게 건네주었다. 나는 프랑스어로 된 본문 끝에 독일어로 된 문장을 보았다. "펼쳐진 존재 자체가 비로소 신-존재를 가능하게 한다." 증정문을 읽어보았다. "리하르트 비서를 위해 기념으로 마르틴 하이데거." 나는 스스로에게 물었다. 무슨 생각으로 그가 나에게 이런 희귀한 저서를 주는가? 그는 마지막으로 *삭제했던* 신에 대한 나의 물음을 암암리 염두에 두고 있단 말인가? 그는 내가 가져온『존재와 시간』을 이제 앞에 가져다놓았다.

서로의 대화를 다시 시작했다. 하이데거에 의해 나의 이력에 대한 것을 늘어놓게 되었다. 나의 감옥 생활, 프랑스 감옥 생활, 미국 감옥 생활과의 현저한 차이, 프랑스 사람에게로의 이송에 대한 것이 화제가 되었다. 하이데거는 그의 두 아들에 대해 말했다. 그들은 각각 — 나의 기억이 정확하다면 — 러시아 감옥 생활로 3년, 5년을 지냈으며, 요즘에도 여전히 후유증을 겪고 있다고 한다. 그와 반면 장 보프레 주변에 모인 사람들을 "깨어 있는 사람들"이라고 하면서, 그들과 함께 지내며 대화하는 것이 하나의 낙이라고 그는 고백했다. 두 번이나 그는 보프레의 따뜻함을 말했다. 그리고 나서 천천히 그는『존재와 시간』에 글을 쓰기 전에, 그는 무엇인가 특별한 것을 준비하려는 듯 내 쪽을 바라보았다. 거기에는 묘한 분위기가 흘렀다. "내가 당신에 관해 읽은 첫 번째 것은 프랑크푸르트 알게마이네 차이퉁에 있는 기사였습니다. 당신은 당시 네스케출판사가 나에게 만들도록 권유한 레코드판, 동일률에 대해 썼습니다. 그것은 프라이부르그대학 500주년을 기념하는 강연이었습니다. 아직 그 논평의 제목을 알고 계십니까?"

나는 그 과정은 아직 잘 기억하고 있었지만, 그 정확한 제목은 떠오르지 않았다. 그래도 대충 기억나는 대로 말했다. "사유하는 목소리와 그것에 대한 생각들." 하이데거, "예, 맞습니다 ……." 생각하고 되새기며 기억하고 숙고하는 상당히 긴 휴식 시간이 지났다. 긴장은 풀렸지만 집중을 요하는 휴식이었다. 그가 무슨 생각을 하고 있는지 알지는 못하지만, 그의 아주 친근하고 온화하게 웃는 눈에서, 눈가에서 어느 정도 감사함을 표시하고 있음을 알게 되었다.

나는 당시 내가 분명하게 강조했던 것을 기억하고 있다. 나는 하이데거의 목소리, 다시 말해 그 음향, 즉 청각에 대한 이해가 단지 귀에 대한 것이 아니라 사유된 것과 "말되어진 것"에 대해 주의해야 할 해석학적인 이해와 관심을 위해 가치 있는 해석의 도움 수단임을 소개하고 제시했다. 이러한 해석 수단을 사용해서, 즉 레코드판을 통해서 직접 그 이해에 맞닿게 될 것이라고 했다. 하이데거의 반응을 이해하기 위해 발췌해서 많은 것이 인용되었다.

"오늘날 우리 주변에서 칸트, 헤겔 또는 니체가 말하는 것을 들을 수 있다면, 그들이 철학 강연에서 말했던 방식이나 리듬, 멜로디를 위해 특별한 주해가 필요 없을 것이다. 지금 우리는 ─ 기술적인 가능성을 이용해서 ─ 음성을 듣고 있다. 여기에서 말하는 것이 훨씬 더 진짜 표현이라는 것이다. 문서적인 표현만이 진짜가 아니다. 그것은 사유하는 목소리다.

그 목소리에서 전달되는 의미를 다 퍼낼 수 없다. 그 속에서 '내보이는 것'을 판으로 만드는 일은 말되어진 것을 사유하는 것과 일치한다. 그것은 의미 뒤로 가는 것도 아니며, 의미 안으로 무엇인가를 집어넣는 것 ─ 혹시 감정적인 것이거나 의지적인 것 ─ 도 아니다. 그렇게 고정화한 것은 더 이상 순수한 사유하는 목소리가 아니다. 사유하는 목소리에 들어 있는 신뢰감은 새로운 재판을 내기 위해 경쟁을 하는 방송국에서 찾을 수 없다. 오히려 그것은 그 자체에서 통일성을 이루고 있다. 그것은 무엇인가 말하고 있는 바 그대로 있는 것이다.

지금까지 하이데거의 글쓰기 방식만을 알고, 그것이 애매하다고 여겼던 사람은 얼마나 하이데거의 말하는 방식이 그의 사유의 투명함에 사실상 일치하고 있는지를 알게 된다. 사람들이 하이데거가 말하는 것을 한 번 듣게 되면 귀로 듣게 되는 소리, 강조, 몸짓과 리듬은 잃어버린다. 많은 아류들이 위협을 느낄 것이다. 흔하지 않은 것이 발생하게 된다. 그 글들은 말하기 시작하고 저술들은 음조로 변한다. 이러한 합치를 통해 많이 논란된 하이데거의 독특한 형식이 밝혀지게 된다. 이점에서 — 바로 하이데거와 관련되어서 — 출판사에서 추진하는 새로운 기획의 근거 제시는 설득력을 가진다.

많은 하이데거의 비판자들에게 가식적으로 보일 정도로 이상하게 그의 말은 철학적인 웅변가가 하는 선동적인 열정과도 거리가 먼 것은 물론, 그렇다고 기술자가 보고하듯이 실감이 없는 것도 아니며, 과학자들의 방법적인 깔끔함 또는 결단을 촉구하는 설교자의 설교와 같은 것도 아니다. 철학자는 여기에서 말한다.

여기에 사유-의지가 울리고, 그 울림은 청중의 모든 돌발과 모든 탈선을 막아 공동적인 길로 이끄는 것이다. 이렇게 '사유의 경험'으로 이끌고자 하는 의지는 많은 사람에게 '유혹'으로, '명령'으로, '허망한 기대들을 일으킴'으로 보일 수 있다. 그러나 실제로 사유하는 목소리의 '비밀'은 우아함과 아름다움 또는 좁은 의미에서 분명함이 속하는 곳을 제시하는 말함으로 그 듣는 자를 피할 수 없게끔 이끄는 것이며, 오늘날 대개 유행하는 말의 유창함과 무분별함에 철학적인 사유의 재갈을 — 그것이 사

유이려고 하는 한 — 물리는 그런 것이다.41)

정말로 나를 놀라게 한 것은, 하이데거가 아주 분명하게 이러한 분석을 기억하고 있었다는 것이다. 나에게 문득 떠오른 것처럼, 당시 그가 나에게 썼던 내용을 기억하고 있는 것 같았다. 그것이 그와 접촉이 이루어진 첫 편지였다. 그 편지가 있고난 다음부터 많은 편지들이 오갔다. 하이데거, "당신의 글, '사유하는 목소리와 그 사상'에 대한 나의 감사가 너무 늦었습니다. 왜냐 하면 당신의 글이 너무 뛰어나서 나는 지금까지 그 만한 것을 읽을 수가 없었습니다. 당신은 내가 지금까지 알지 못하고 그냥 행했던 것을 빛나게 해주었습니다. 당신이 나에게 그리고 독자와 청중들에게 전달해준 그 내용은 너무나 그 일에 적절한 것이어서 빗나가거나 오해의 여지를 만들지 않았습니다. 만약 내가 당신의 작업과 당신 자신에 대해 더 많이 알았더라면, 나에게서 당신은 진정한 소원을 이룰 수 있었을 텐데요. 당신의 글이 전달하고 있는 것처럼, 그런 사태로의 자유로운 개입이 오늘날 드물게 되어버렸습니다 ……."42)

그러던 사이에 11년이 지나가버린 것이다. 하이데거는 그 모든 시간을 아주 정확하게 회상하고 있었다. 나에게 갑자기 그가 "그것은 많은 시간을 가지고 있다"는 말로 표현하려고 하는 의도가 분명해졌다. 하이데거는 나를 오랫동안 바라보았다. "특별한 의미"가 있는 것이 아니라 깊은 생각에 잠긴 것이다.

---

41) Richard Wisser, 「사유하는 소리와 그의 사상(Die denkende Stimme und ihr Gedanke)」, in : 프랑크푸르트 알게마이네 신문, 출판 소개(F. A. Z, Literaturblatt), 140호, 1959년 6월 21일. 강연들의 내용에 특별한 것을 연관시킴. 증보판 : Richard Wisser, 프랑스어 원전 제목 : La voix qui pense et sa pensee. Martin Heidegger. Traduction francaise de Lothar Kelkel), in : Les Etudes philosphiques. Revue trimestrielle, No. 4. Presses Universitires de France, Octobre Decembre 1958, 495-500.

42) 하이데거-편지, Freiburg i. Br. 1958년 5월 27일.

그는 푹신한 소파에 앉아 있는 나를 넘어 무엇인가를 보고 있었다. 그는 글을 썼다. 그리고 조심스럽게 펜을 다시 꽂고, 나에게 나의 책『존재와 시간』, 그의 책을 건네주었다. "리하르트 비서를 위해 1969년 9월 17일 텔레비전-대담을 기념하며 마르틴 하이데거." 많은 사람들에게 오늘날까지 수수께끼처럼 보일 수 있고, 마찬가지로 나에게도 이 순간까지 수수께끼로 남아 있는 것은 무엇 때문에 하이데거가,『슈피겔』이 썼던 것처럼 "다른 사람들이 성사시키지 못했고, 아예 제쳐놓은 것으로 여겼던 텔레비전-인터뷰"를 심사숙고해서 *나에게* 맡게 했는가 하는 것이다.

써준 글을 내가 읽고 있는 동안, 하이데거는 머뭇거리면서 작은 사진 한 장을 집었다. 그것은 책상 위 두 개의 가족 사진 옆에 있었다. 그러면서 새로운 주제로 바꾸어 이야기를 시작했다. "이 사람 역시 고독한 사람입니다." 감상에 빠져서 하는 말이 아니었다. 침묵. 그리고 나서 "루돌프 불트만." 나는 사무적으로 반응하면서 기록을 했다. 그리고 나는 즉각 개인적인 내용임을 직감하면서 의식적으로 분위기를 만들어보려고 했다. "아, 그가 이번에 생일을 맞았습니다." 하이데거는 나에게 대구도 없이, "제자들, 그들에게는 하나의 일이 있습니다. 그들 모두는 마르틴 하이데거를 '넘어'서려고 합니다. 그들은 '넘어서는 것'을 빚지고 있다고 생각합니다."

하이데거가 나에게 보낸 그의 다른 편지에서 썼던 글귀가 떠올랐다. "제자가 된다는 것은 하나의 수수께끼 같은 문제다."[43] 그러나 어떻게 그가 불트만에게서 그 자신의 제자들을 떠올리게 되었는가? 그것이 이해하기 힘들었지만, 갑자기 나에게 분명해졌다. 하이데거는 우리가 *삭제한* 문제, 마지막 문제에 있었

---

43) 하이데거-편지, 당시 Meßkirch, 1959년 5월 28일.

던 고독에 대한 암시를 하고 있는 것이다. 그렇지만 나는 물었다. "당신은 그것을 어디 탓으로 돌립니까?" 그는 말했다. "많은 이유가 있습니다. 모르겠습니다. 그러나 많은 사람들이 그것을 해야 한다고 생각합니다. 깃발과 바람의 관계라고나 할까요?" 나는 반문했다. "자기 방어 같은 것이 가능하다고 여기시지 않습니까? 모두 분명 당신으로부터 배웠고 얻었습니다. 그들도 어떤 것을 준 것처럼 행동하지 않으면, 비참하게 보일 테니까요. 그리고 많은 사람들이 어떤 것을 주었고 주고 있지 않습니까?" 하이데거, "그러나 많은 사람들이 유행을 따르고 사람들이 듣고자 하는 것을 쓰고 있습니다. …… 결국 많은 사람들은 아무것도 이해하지 못했습니다 ……."

여기에서 특별히 나는 또 다른 인상을 받았다. 하이데거는 어떤 교활함을 가지고 있었다. 그것은 농부의 지혜로움과는 다른 것이다. 그것은 속일 수 없는 건전한 인간의 이성에서 본래 나오는 불신과 같은 것이었다. 이를테면 아마 나무에서부터 멀리 떨어지지 않은 사과에 대한 의심 또는 보금자리를 떠나 있으면서 자신의 다른 좁은 원을 그리는 새들에 대한 의심과 같은 것이다. 그것은 자신의 과제와 자신의 길에 대해 확고하기 때문에, 인식하지 못할 정도의 본질적인 거부였다. 그 거부하는 몸짓은 자기에 반대하는 것에 대항하는 것도 아니며, 그것을 두려워해서 나오는 것도 아니다. 그것은 단지 이름만으로 철학인 양하는 것에 대한 거부며, "사태의 바람(Wind der Sache)에서 단단해지지 않은" 사유에 대한 거부다.

나는 하이데거에게 <……>에 대해 묻고, 대학과의 관계에 대해 물었다. "나는 대학과 더 이상 아무런 관계가 없습니다." 하이데거는 멈추었다. 이를 통해 그는 그것이 그에게 의미하는 것을 생각할 기회를 가진다. 다시 그의 멈춤 가운데서 하나의 멈춤, 암시된 것을 푸는 공간. 그는 그의 반대자들에게 반응하고 자신의 입장을 취하는 것을 포기했다. 나는 말을 끄집어냈다. "그것이 정년 퇴임자의 운명일지는 몰라도, 그렇게까지 할 필요도 없고 그렇게 해서도 안 됩니다." 다시금 하이데거는 새삼스럽게 말했다. "사람들은 나를 좋지 않게 만들었습니다!" 하이데거는 생각나는 것 몇 가지를 털어놓았다. 왜 그 역시 그랬어야 했던가?! 그는 이것에 대해 일단락을 짓고 싶어했다. 해결되었기 때문이 아니라 아프기 때문이었다.

우리는 아도르노(Adorno)에 대해 말했다. 나는 라디오 방송국과 신문 편집을 하는 아도르노-제자들과 있었던 경험을 털어놓았다. 또한 당시 추구되었을 뿐 아니라 방법적으로도 사회정치적으로 소위 "비판적 의식을 반영하는" 규정된 사상들을 "왜곡"시키지 않고 표현하는 일이 항상 쉽지만은 않았다는 것을 말했다. 하이데거, "아도르노가 독일에 왔을 때, 그는 — 사람들이 그것을 나에게 알려주었다 — '5년만에 나는 하이데거를 극복했다'고 했습니다. 그 사람이 어떤 사람인지 보세요." 나는 대답했다. "그에게서 그런 표현이 나올 만도 합니다. 그러나 그것은 작은 표현에 불과합니다. 차원을 넘어서는 힘의 느낌에서 나온 말입니다. 그는 분명히 사태에서는 길을 잃었습니다. 많은 사람들은 당신의 사유의 영향에 대한 그의 작업이 장려할 만한 것이 못된다고 말합니다." 미학자 아도르노에게 본래 적용될 수 없고, 사실인지 아닌지도 모를 단지 소문으로 무성해진 그런 힘자랑 싸움에 대한 논의에서 벗어나기 위해, 나는 하이데거에게 마르부르그 철학자 율리우스 에빙하우스(Julius Ebbinghaus)와의 만남에 대해 이야기했다. 그는 나에게 — 나는 당시 다른 회원들과 차이나게 아주 상당히 젊었지만 "독일철학회(Allgemeine Gesellschaft für Philosophie in Deutschland)" 대표자의 일원이었고, 이를 통해 나는 비평을 주도적으로 했던 에빙하우스와 만났다 — 칼 야스퍼스에 대해 언급하면서, "그를 나는 한 방의 논리로 박살냈다!"는 말을 했다고 전해주었다. 그러나 하이데거는 나의 분위기 전환을 눈치채고도 아도르노에 머물러 있었다. 그리고 새롭게 한 번 이미 불붙었던 "빛"을 일으켰다. 분명히 하이데거는 *삭제된* 물음에 대한 대답에 부담을 지고 있다는 것을 시간이 지나면서 암시하려고 했다. "나는 그에 대해 아무것도 읽지 않았습니다. 헤르만 뫼르헨(Hermann Mörchen)이 한 번은 그래도 내가 아도르노를 읽어야 한다고 설득하려고 했었습니다. 나는 하지 않았습니다."

대화 가운데 나는 의식적으로 아도르노의 결정적인 말이면서, 그에 의해 특정화된 사유 방식, "부정의 변증법"이라는 표현을 사용했다. "그는 무엇을 거기에서 — *본래* — 이해합니까?" 그는 자신의 변증법을 그에 의해 비판된 긍정적인 헤겔의 변증법과의 차이에서 "고발(Denunziation)"로서 이해하고 있다는 것을 나는 해명했다. 또한 있지 않은 것, 아직-도달하지 않은 것의 관점에서 볼 때, 있지 않은 것을 나타내기 위해, 있는 것에 대한 비판으로 이해된다는 것을 나는 자세히 말했다. 아마 너무 길게 또한 긍정적인 면을 강조했다. 왜냐 하면 내가 얼마 전에 아도르노의 "부정의 변증법"에 대한 서평을 출판했기 때문이다.44) "그것은 비판적인 반응을 받았습니다."

---

44) Richard Wisser, 「Theodore W. Adorno : 부정의 변증법(Theodore W. Adorno : Negative Dialektik)」, in 『책들의 세상(*Die Welt der Bücher*)』, 3권, 9호, Freiburg Br. 1968, 459 이하(3분의 1로 줄여짐). 주로 긍정적인 평가를 했지만 서평에는 반대 의견도 들어 있었다. 그 반대 의견은 하이데거와의 대립을 의식해서 한 것이 *아니다*. "아도르노에 대한 비판은 …… 아도르노 자신이 분명히 그 비판을 기대하고 있는 그 자리, '부정의 변증법'에 대한 것이 아주 적다. 오히려 비판은 철학이 '존재의 물음'에 개입해야 한다는 것을 '원시적으로 물질을 숭배하는' 철학의 요구라고 주장하는 곳, 이런 철학은 '새롭

하이데거, "그러니까 사회학자라고 할 수는 있겠지만, 철학자는 아니오." 나는 이렇게 대응했다. "그러나 오늘날 우리의 '혁명적인' 학생들에게 호응을 받는 몇 안 되는 사람입니다. 그는 바로 비판적인 저항, '반대(das Gegen)'를 불러일으켰습니다. 그와 함께 사람들은 철학적으로 굳혀진 위치에서 부정을 말하게 되었습니다. 이를 통해 자신을 차별화하고, 지향하며, 반동적으로 반응하기 위해 선동을 할 수 있게 되었습니다. 당신의 의미에서 철학적으로 묻는 것은 없어졌습니다."

하이데거의 질문은 나를 당황스럽게 만들었다. "도대체 누구에게서 아도르노가 공부했습니까?" 이 물음에 나는 대답을 할 수 없었다. 그 대신 나는 내가 아는 대로, 그의 출신과 그가 출판한 것들을 제시했다. 하이데거는 그것과 나의 "작은 도덕(Minima Moralia)"에 대한 설명에는 관심을 기울이지 않았다. 그것은 한 번의 유일한 개인적인 만남에서 아도르노가 나에게 자부심을 가지고 상당히 의도적으로 설명했던 것처럼, 헤르만

고 즐겁게 앞에서부터 시작하려는' 계획을 하고 있다고 주장하는 곳 또는 그가 다른 철학자의 관점에서 초월을 이미 경험한 철학은 '신성불가침'으로 전제된 초월로의 소급을 통해 설득한다고 주장하는 곳에 몰려 있다. 아도르노가 자신의 분석에서 존재론적이면서 기초 존재론적인 철학과 실존철학을 정당하게 보지 않는 상황은 그가 이러한 철학의 방향들을 정당화하지 않으려는 경향으로 나타난다. 아도르노 자신이 여러 경우에 대해 적용하고, 모델과 관련해서 나타내 보여주는 방법 외에 주어야만 했던 것은 —'사회적인 것에 적용'이라는 표어를 통해 특징지어지는 모든 것을 제외하고 — 대부분 철학에 '관한' 분별력 있는 말이다. 아도르노는 그것에 빠져 있다. 그리고 자유로 옮겨지면서, 반성 없는 부정적인 변증법은 이러한 것과 많은 것을, 아마도 아주 많은 것을 쉽게 만들었다. 그것은 고무적이어서 독자에게 그러한 충동을 따르도록 동기를 주었다. 이 때문에 오늘날 니체를 많이 응용하게 되었다. 예를 들어 '체계는 정신이 된 배(Bauch)이고, 격정은 그때마다 관념론의 특징이다'는 아도르노의 설명에 참된 어떤 것이 있지만, 문제는 아도르노 자신이 다른 철학자에게서 확정하려고 하는 '간계(Lancune)'로부터 스스로 자유롭지 못하다는 것도 알려주는 것이 아닐까?"

크링스(Hermann Krings)가 그것에 관해 서평을 썼고, 그것에 관해 그가 오랫동안 깊이 생각했고 생각하고 있던 것이었다. 하이데거는 내가 덧붙여 말한 것에 귀를 기울였다. 그런 다음 그는 나의 설명에서 대답되지 않고, 단지 미루어놓은 *자신의* *물음*에 연결지었다. "아닙니다. 내가 묻는 것은, 그가 누군가에게서 제대로 배웠는가? 하는 것입니다." "그것은 모릅니다!"

하이데거는 아도르노의 *언어*에 대해 묻고, 그것을 통해, 이런 방식으로 삭제된 물음에 대답하였다. 그가 "텔레비전"에서 말하려고 하지 않던 것을 나중에 정리하려고 했던 것이다. 사실상 나에게 거리를 두려는 것은 아니었다. "아도르노식으로 모방하는 자들(adornierende Nachahmer)"이란 표현이 나왔다. 그것은 나로 하여금 "하이데거식으로 추억함(heideggernde An-dächtige)"이라는 제시를 하게 만들었다. 나는 의식적으로 앞의 이야기를 꺼냈다. "나는 많은 아도르노의 출판들이 문학적으로 이해하기 곤란한 것이라고 여깁니다. 다른 사람들은 훌륭하며 미묘함을 연상시키는 것으로, 또 다른 사람들은 조작적인 사상의 표현, 즉—내가 아도르노의 표현대로 흉내낸다면—질적으로(kualitativ)(!) 차이나는 것으로 여깁니다." 물론 아도르노의 미학적인 저작들과 내가 그와 연결될 수 있는 음악에 대한 사랑은 상당한 동감을 느끼는 부분임을 밝혔다. 그리고 토마스 만(Thomas Mann)의 "파우스투스 박사(Dr. Faustus)"를 위한 그의 공로를 기억시켰다. 또한 나는 그가 음악 청취를 많은 것으로 이어지는 통로로 여긴다고 강조했다. 하이데거가 무엇인가를 고대하면서 귀를 기울였다. 그는 나의 아도르노에 대립적인 입장도 있었지만, 주로 찬동하는 것에 대해 충분히 들었기 때문에, 나는 융어(Jünger)의 진술에서 날카롭고 선명한 비판을 들려주었다. 그는 "젊은이"라는 사랑스런 이름을 붙여주면서, 눈에 띌 정도로 편안하게 주제를 바꿀 기회를 만들었다.

"언제 방송이 나옵니까? 그것을 적어놓고 싶습니다. 내 동생 프리츠(Fritz)는 텔레비전을 가지고 있기 때문에, 아마 그것을 보고 싶어할 것입니다." "당신은 그것을 안 보시렵니까?" 무뚝뚝하게, "아니오!" 하이데거가 내가 당황하고 있음을 그제야 알아차리고, 설명을 덧붙였다. "우리는 텔레비전이 없습니다." "한 대 가지고 싶지 않습니까? 하이데거는 나를 아주 이상하다는 듯이 쳐다보았다. 나의 물음이 그에게 아주 당돌하게 여겨진 것 같았다. 그는 손을 흔들어 거부하는 답변했다. 아니오 보다 더 강한 답변이었다.

그럼에도 불구하고 나는 우리의 계획을 주의 깊게 지켜보고 있는 ZDF의 총감독, 홀잠머(Holzamer) 교수[45]가 생일 축하로 그에게 텔레비전의 "기쁨"을 줄 수 있을 것이라는 생각을 해보았다. 나에게 유타 초스카가 알려준 것이 떠올랐다. 에른스트 융어도 얼마 전부터 처음으로 텔레비전을 가졌다고 한다. 이것도 화를 내던 그의 반대에도 불구하고 그의 부인에 의해 이루어졌고, 지금 융어는 그것을 잘 사용하고 있다고 한다. 바로 그때 나의 머리를 스치고 지나간 것이 있었다. 오히려 하이데거의 남은 생애에 죄를 짓게 될 것 같은 생각이었다. "기쁨이 될까?" 하이데거, 텔레비전 앞 안락의자에 물러나 앉은 사유하는 자? 그가 필요로 하는 즐거움은 다른 것이다. 하이데거가 축구 경기를 좋아한다는 것을 사람들이 알려주었기 때문에, 가능성이 있다는 것을 계속해서 나 자신에게 말하고 있었다. 이어 나

---

45) Karl Holzamer는 "대담에서의 마르틴 하이데거"에 "서문"을 썼다. "안내문으로": "나는 제2독일 방송의 총감독으로서 뿐만 아니라 철학 교수로서 기쁨으로 마르틴 하이데거, 한 사상가로서 그를 출연시키려는 계획을 도왔다", 8.

는 자신에게 다시 이의 제기를 했다. 사람들이 그에게 제공하게 될 즐거움은, 그 자신보다는 아마 그의 부인을 통해, 아마 그녀가 좋아하기 때문에, 알게 될 것이지만 나쁜 유혹이 될 수 있다. 다른 한편, 그에 의해 사유되거나 후설에 의해 보여진 세계와는 다른 세계로 눈앞에 나타난다고 할지라도 그것이 그에게 세계가 될 수 있다.

직접 하이데거는 독일 제1방송(ARD)이 그에게 했던 텔레비전 촬영과 당시 상황 그리고 자신의 평가에 대해 말했다. 그리고나서 자발적으로, "친구들과 지난 제자들이 진술을 하도록 한 당신의 계획이 나의 마음에 들었습니다. 그것은 당시의 많은 것을 기억나도록 하고, 오늘 그들이 어떻게 밝히고, 무엇을 그들이 오늘날 말하며, 거기에서 그들이 어떤 특별한 것을 보고 있는지 알게 해줍니다." 나는 하이데거의 동의에 기뻤다. 그리고 나는 그가 이 방송을 아마 보지 않고 단지 그 진술들만을 읽게 될 것이라고 추측했기 때문에, 하나 하나 모든 것이 어떻게 진행될 것인지 그에게 알려주었다. 진술이 진행되는 동안 우선 나타나기도 하고 반대로 나타나지 않기도 하면서 눈앞에 이끌어지고 "상연되"며, 말하면서-사유하는 그의 모습이 나올 것이다. "예, 맘에 듭니다." 내가 항상 앞뒤가 맞는 설명을 할 때마다 하이데거는 동의를 했다.

우리는 또한 대학에서 가르치는 사람들에 대해 말했다. 많은 <……>, 무엇보다도 많은 <……>에 관해서 그는 나의 생각을 듣고 싶어했고 나는 터놓고 얘기했다. 나는 그가 나에게 정식으로 신문을 하는 듯한 의심이 들 정도였다. 그의 판단은 날카로웠다. 그러나 애정이 없는 것은 아니었다. <……>의 약점들을 꼬집었다. 그러나 어떤 상처도 내지 않았다. 그는 젊은 동료들의 걱정을 의식하고 있지만, "시대 정신"으로부터 요구된 "방향 전환"을 주로 사유 과제에 대한 포기로 해석한다는 생각이 나는 들었다. "많은 사람들이 무엇인가 되려하는데, 이때 그들은 스스로를 잃어버림으로써 그것이 됩니다."

그러므로 하이데거는 사전 대담에서 그에 의해 거부된 물음들을 결과적으로 뒤에서부터 앞으로 풀어나가고 있었다. "'사회적인 것' — 당신이 나에게 그것에 관해서 물었던 것입니다! 모든 것을 헐뜯는 사람들은 깊이 사유해야 합니다. 당신이 모든 것을 더 잘 알고 있습니다. …… 모든 *것*을 사람들은 항상 더 잘 알 수 있습니다. 아무도 사태에 맞는 것에는 관계하지 않습니다. …… 그들은 모든 것, 사물과 인간을 그들의 잡담으로 덮어버립니다. 그들은 편견에 사로잡힌 대답들로 인해서 모든 것에 대한 많은 것을 망각하게 되었습니다. 언제 누가 사회학자들에게 '사회적인 것'이 무엇인지 말해줍니까? 그것은 정의(Definition)를 통해서 알려지지 않습니다. 그리고 행동들만으로 충분하지 않습니다. 사회적인 것은 사회적인 것의 한 *해석*입니다. 그것은 그 자체에서 밝혀지지 않습니다. 그런 식으로 하는 것은 이데올로기적이며 현실적인 분석을 상실하게 합니다. 그것 뒤로 돌아가 보아야 합니다. 그때 그것을 비로소 파악하게 됩니다. 그러나 사회학자들은 사회의 '정신'이 무엇이어야 할지를 규정하지만, 정신이 무엇인지는 모릅니다 ……."

우리는 어떤 대학 정교수들 <……>에 대해 그리고 특정한 대학들 <……>에 대하여, <……> 초빙과 <……> 임용들, 그에 대한 평가에 대해 말했다.

하이데거가 다시 한 번 뒤로 돌아가 책상 의자에 기댔을 때, 나는 그것을 작별을 위한 표시로 생각했다. 그는 눈에 띌 정도로 피곤해 있었고 헤어질 것에 동의했다. 물론 역시 내가 지금 어두워서 집에 돌아가는 것을 걱정했다. 나는 그의 부인에게도 다시 한 번 작별 인사를 할 수 있도록 부탁했다. 하이데거는 부엌에서 그녀를 데리고 나왔고 진심으로 친근하게 작별했다. 하이데거는 나를 집 문 앞까지 배웅했다. "나는 단지 이 방문이 마지막이 되지 않기를 희망합니다." 하이데거의 격려가 있었다. 그는 나를 정원 문 앞까지 동반했다. 거기에서 우리는 기다리고 있는 차를 보았다. 그 차를 나는 완전히 잊어버리고 있었다. 하이데거, "그들이 지금까지 긴 시간을 기다려야 했습니까? 그렇게 하려던 것이 아니었는데!" 또 한 번 작별 인사. 그는 돌아들어갔다. 문을 열고, 사라졌다. 우리는 떠났다. 나는 마르틴 하이데거를 다시 보지 못했다.

　"사유함에서 저마다의 사물은 고독하며 더딥니다."[46] 한 고독하고 늙은 남자, 작은 체구이지만 한 위대한 남자, 그의 사유에 철저했고 그의 과제에 대해 확신에 차서 작업에 몰두했던 사람, 자신을 위해서가 아니라 그에게 있었던 것을 말하는 목동.

8. 반향과 영향에 대해

　방송을 문서화하려는 의도는 방영 바로 직후에 나왔다. 알버-출판사의 마이놀프 베벨 박사(Dr. Meinolf Wewel)와 이야기가 된 이후 1969년 성탄절 직전에 소책자가 나왔지만, 출판사의 기술적인 사정으로 출판 연도를 1970년으로 하였다. 그리고 즉시 이탈리아, 스페인 그리고 일본말로 된 판이 촬영된 사진과 함께 나왔다. 그런데 이탈리아어 판에는 네 장으로 된 "말하는 사진들" 없이 기록으로만 나왔다. 후에 뉴델리에서 영어판이

---

46) Martin Heidegger, 『사유의 경험에서(*Aus der Erfahrung des Denkens*)』, Pfullingen 1954, 17.

추가로 나왔고, 이어 영어와 스페인어판과 포르투갈어와 스웨덴어, "세르보크로아티아어판이 계속 되었다.47)

먼저 "말 건넴과 반향(Zuspruch und Echo)"이라는 제목에 대한 토론이 있었다. 이 제목은 방송의 윤곽과 그것을 두 부분으로 나누어 표현한 것이다. 여기에는 다른 제목으로 하이데거의 말을 고려한 "말 건넴과 맞울림(Zuspruch und Anklang)"이 나왔다. 그러나 이 제목은 어디에서 따온 것처럼 전문적이어서 형식적으로 들리고, 그래서 관련자들에게만 무엇인가 말하고 있는 것 같은 인상을 받게 된다는 것을 알았다. 계속해서 "추억과 사유"라는 부제에 대한 논의가 있었다. 이 부제는 『라인 포스트』지가 기재한 방송에 대한 비평문에서 나온 것이었다. "믿음직한 인터뷰와 깊은 관심, 존경 그리고 비판을 전달하는 일련의 유명한 동시대인들."48)

우리는 짧은 논의 끝에 풍부한 암시를 가진 제목 "대담에서의 마르틴 하이데거"로 결정했다. 방송인, 한스 킴멜(Hans Kimmel)은 『호크란트』잡지에 쓴 비평에서 그 암시적인 의미를 이렇게 말한다. "시청자 수를 계산해본다면, 대략 독일 시청자의 1%가 관심을 가지는 한 텔레비전 방송 …… 독일 연방 텔레비전 예산

---

47) 「텔레비전-인터뷰, 도입(Das Fernseh-Interview. Einführung)」, 19-20. 「리하르트 비서와의 대담중의 마르틴 하이데거(Martin Heidegger im Gespräch mit Richard Wisser)」, 21-28. 「두고두고 감사함(Nachdenkliche Dankbarkeit)」, 29-77. In : 『답변. 대담중의 마르틴 하이데거(Antwort. Martin Heidegger im Gespräch)』. Günther Neske 와 Emil Kettering 편집, Pfullingen 1988. 영어판, in : *Martin Heidegger and Nationalsocialism. Questions and Answer.* Ed. Günther Neske and Emil Kettering, New York : Paragon House 1990, 79-124 ; 이탈리아어판 in : *Risposta. Acolloquio con Martin Heidegger.* Ed. Günther Neske e Emil Ketterung, Napoli : Guida 1992, 49-104.
48) Rheinische Post, Düsseldorf, 1969년 9월 26일.

의 1% — 그것을 늦은 저녁 시간에 보는 사람은 아마도 25만 명에 달한다. 이 특정한 순간 전생애에 하이데거가 말하는 것을 보는 기회를 얻은 사람의 수가 그 이상이 된다 ……."[49]

하이데거는 일일이 개인적으로 감사하기 위해 참여자의 주소록을 나에게 부탁했다. 나에게 보내는 감사 편지에서 그는 전달 사항으로, 자신을 변호하기 위해 "필요한" "교정" 내용을 적었다. 나는 하이데거가 "알레만의 고향에 뿌리를 두고 있다"고 표현하면서 거기에서 다음을 이끌어냈다. "…… 사람들은 자주 좋지 않은 의도에서 하이데거를 사람들이 생각하는 것처럼, 시대에 맞지 않은 자연과의 밀접함과 시골 정취 묘사에서 혼동된 '소박한 출신 근거(naive Verwurzelung)' 때문에 일면적으로 보려고 한다. 그는 이러한 근본성(Radikalität)에서 자신의 작업을 위한 힘을 끌어낸다. 이것이 그의 가장 개인적인 모습이다."[50]

"알레만"이란 표현에 나는 지형적인 것이 아니라, 그를 비판하는 자들의 자극적인 말을 생각하면서 특징을 실어보려고 했다. 하이데거는 적확하게 지적하기를, "메쓰키르히는 오버슈바벤에 속합니다. 그 사투리는 슈베비쉬입니다. 거기에서 나의 모든 조상들이 태어났습니다. 그 '알레만' 사투리는 우리가 1922년부터 또한 마르부르그 때도, 모든 방학 기간 동안과 성탄절에 머물렀던 토트나우베르그의 오두막에서 온 것입니다. 우리는 깊은 눈으로 덮인 숲에서 땔나무를 가져왔습니다." 그 "지형적인 측면에서 시골 사람 같다고 몰아가는 시선"을 약화시키기 위해 하이데거는 "당시 메쓰키르히의 시장이 그에게 보낸" "전경을 보여주는 설명서"를 첨부했다.

---

49) Hans Kimmel, in : *Hochland*, 62권, München 1970, 368 이하.
50) 『대담』, 55.

나는 그 설명서를 넘겨보았다. 조심스럽게 그리고 눈에 뛰게 빨간색으로 빌덴스타인 성(Burg Wildenstein)의 그림 주위를 표시했다. "그 성 아래에 있던 하이데거가(家)의 종가. 1801년 거기에서 할아버지 마르틴 하이데거가 태어남." 그 지도의 끝에 있는 주변 약도에도 하이데거가 친필로 쓴 하이데거 종가 표시가 씌어져 있었고, 또한 크라우헨비스(Krauchenwies) 서쪽으로 "어머니의 고향"이란 표시가 있었다. 그리고 근처에 있는 크레엔하인슈테텐(Kreenheinstetten)에 다시 정확하게 표시되어 친필로 "Abraham a. S. Clara"라고 씌어 있었다. 그에게 하이데거는 아마 알려진 대로 자신의 가장 아름다운, 그 때문에 가장 짧은 말을 (1964년 메쓰키르히의 동문회에서) 바쳤다. 여기 메쓰키르히의 학생이 그 메쓰키르히의 학생에게, 그의 길은 "신실함과 엄격함의 상징이고, 이 상징과 함께 Abraham a Santa Clara는 그에게 주어진 규정을 따랐다. 우리는 그것에 주의를 기울인다. 우리는 지금 동문회에서 그를 메쓰키르히 학교의 선배로서 뿐만 아니라 우리의 삶의 선생으로 그리고 언어의 대가로 만났다."[51]

텔레비전 작업을 위한 감사의 표시로 하이데거는 편지에 증정하는 글을 손으로 쓴 몇 장의 종이로 된 초고를 동봉했다. 거기에 "1943년 기념집을 위한 횔덜린의 '회상'에 대한 해명을 준비하는 글"이라고 썼다. 그 몇 장의 종이는 ― 이것에서 나는 하이데거에게 특히 관심을 가지게 되었고, 계속 하이데거가 다른 사람과 관계를 유지하고 있다는 증거를 가지게 되었는데, 이번에는 나와의 관계에서 ― 조심스럽게 선택된 것이다. 왜냐 하면 그 글은 방송에서 나에 의해 진행되고 기억된 것에 비교될 뿐

51) Martin Heidegger, 『80회 생일 그의 고향 메쓰키르히에서(*Zum 80. Geburtstag von seiner Heimatstadt Meßkirch*)』, Frankfurt am Main 1969, 57.

아니라 아주 정확하게 일치하고 있기 때문이다. 나에게 보내진 그 종이들에서 하이데거는 오해, 즉 휠덜린의 시 「회상」에서 "자연에 대한 느낌" 또는 "개인적인 민감함" 같은 것이 문제가 되는 것과 같은 오해에 대해 주의하도록 하는 것이다. 그 대신 하이데거는 강조했다. "북동쪽의 바람은 모든 다른 바람보다 앞선다 …….. 그 '가장 사랑스런' 바람, 그것은 말하는 자를 그의 가장 내면적이고 독특한 본질의 방향으로 돌리기 때문에 …… 그 시는 '인간' H[하이데거]의 '개인적인 체험'에 대해 아무것도 말하고 있지 않다." 바로 이 점을 나는 필름을 위한 준비 과정에서 물론 하이데거의 관점에서 느꼈다.

오늘날 나는 스스로 반문하고 있다. 여기 그리고 하이데거의 인정에는 ("당신의 두 글은 마르틴 하이데거의 사유의 처해 있음(Befindlichkeit)이라는 것과 관련되고 일치되는 말을 쓰고 있습니다 …….."52)) 시대를 넘어서는 하나의 암시가 들어 있지 않은가? 그 암시는 아주 분명한 의미에서 그리고 하이데거 사후 네스케출판사에서 나에게 요청한 기억과 관련해서 볼 때, 사실 말 그대로 "개인적인" 것이다. 이것은 *출판될 수 없는 기억*으로 끝내야 할 것들이라는 생각이 든다. 하이데거는 그의 "휠덜린의 시작에 대한 해명들"에서 「회상」이라는 시에 대해서는 논문 하나 쓰지 않았다. 거기에서 그는 일어난 것에 대한 분명한 보고나 생애에 대한 기억, 간단히 말해서 소위 체험이 문제를 문제 삼지 않고 "회상"의 본질에 대해 시를 짓는 것을 분명히 하려고 했지 않았는가?

보라! 아폴로는 신문을 쓰는 자의 신이 되었고, / 그리고 그의 신하는, 그에게 사실을 신실하게 설명하는 자다"(III, 6)라고 쓴 휠덜린의 이행시를 생각해본다면, 침묵하든지 그것도 아니라

---

52) 하이데거-편지, Freiburg i. Br. 1969년 12월 18일.

면, 우리가 할 수 있다면 시를 쓰든지 해야 할 것 아닌가? 또는 소위 인간적인-너무도 인간적인 것을 통해 사람들이 상종하고 또는 결별할 수 있고, 인간을 *단지 사유된 것을 넘어 사유로 그리고 그 사유로* 의무를 지울 수 있는 것을 인식할 필요가 있지 않은가? 금고와 문고를 여는 것이 바느질 꾸러미에서 나오는 잡담을 넘어설 수 있는가? 디오게네스 라에르티오스의 "학설과 명언을 통해 명료하게 풀어보는 철학적 삶에 관하여", 그러나 또한 크세노폰의 "소크라테스에 대한 기억들"? 그것이 무엇이란 말인가? 예화들과 체험들, 사진들, 이해와 오해된 것들, 날카로운 것과 그렇지 않은 것 그리고 항상 문제되는 길과 상충되어 만나게 되는 자신에 속한 사람과 가지는 민감한 관계란 말인가?

어떻게 기억 속에서 하이데거에 관해 해명되는 것이 이해될 수 있는가? 그것은 아마 보다 구체적으로 그를 기억하는 사람과의 관계를 통해서 가능할 것이다. 사람들은 약점을 캐낼 수도 있고 그를 바르게 조명할 수도 있다. 항상 개인적인 경험은 인상적으로 남아서 계속되어 다른 시간과 다른 불빛에서 볼 수 있을 때, 다른 사람들에게 분명한 것으로 남는다. 묘사된 것에 자신의 개인이 개입할 수 있는 공간이 독자를 위해 필요하다. 어려운 점은 하이데거에 대해 진술하는 어떤 것을 전달하는 데 있다. 거기에는 그러나 그 개인의 문제가 관련된다. 순수하게 그 본질을 나타내보이기 위해서 사람들은 자신을 빼고, 다른 것을 문제 삼을 수 없기 때문이다. 많은 것이 희미한 상태에 있다. 화학적인 중립, 요소의 분리로는 실패하게 된다. 내적인 그림을 경험해야 할 곳에서 대부분의 사람들은 물과 유명한 방앗간만을 알고 있다. 그 방앗간은 오른쪽으로도 왼쪽으로도 돌 수 있는 것이다.

9. 봄과 사유를 연결해보려는 또 한 번의 시도

경험자가 하는 경험들이 있다. 귄터 네스케출판사는 다가오는 하이데거의 85회 생일을 기회로 삼아, 그가 살아 있는 동안 *한 번 더 필름*, 하이데거가 주인공으로 등장하는 필름을 만들려는 계획에 나를 개입시키려고 했다.

나의 경험으로 하이데거를 한 번 더 카메라 앞에 세운다는 것은 희망이 거의 없는 짓이었다. 네스케의 기대에 어긋난 하이데거를 새롭게 촬영하지 못한 데에는 여러 이유가 있었다. 그들은 나에게는 다른 개념으로, 발터 뤼델 네스케-필름)에게는 다른 진행 방식으로 해보도록 강요했다. 모든 가능한 자료들이 그 적용과 가치 면에서 검토되었다. 사진들과 개인 소형 카메라의 촬영을 통해서, 또한 중요한 장소와 하이데거의 삶의 여정에서 머무른 곳에 대한 실제 촬영을 통해서 볼 만한 것을 소개하려 했다. "먼저 회화는 시각에 관계하지만, 회화는 시에 기인한다." 적합한 글은 내보여진 것을 볼 수 있는 것으로 투시하게 만든다. 이는 하이데거가 "사유에서 봄"이라고 표현한 것이다.

계속해서 압력을 넣어 나를 움직여보려던 출판사 귄터 네스케는 다음과 같은 의도에서 나를 지지하였다. 그들은 마치 앞에 기록된 시나리오에서 한 것처럼, 글에 정보나 인용만을 붙일 것이 아니라 비판적인 생각을 싣고 논쟁거리를 수집하고 이해를 불러일으키며 오해된 것을 힐책한다는 의도에서 이 일을 도모한다고 밝혔다.

"…… 사람들은 하이데거를 "사유를 짜는 직공"이라고 비웃거나 "알레만 지방 지펠뮈체"(끝이 뾰족한 모자)라고 놀렸다. 진지한 비판자는 사회적인 관점, "개방되고" 통일적인 사회에서 볼 때, 그의 사유는 무용하고 무가치한 것이라고 비난했다. 쓸모와 목적을 위한 것에 기준을 두거나, 그런 오성이 계산하는 것으로 있을 때 비판은 줄어들지 않는다. 사람들은 하이데거를 그들 자신이 만든 잣대로 잰다. 하이데거는 아무와도 사업상의 논쟁은 하지 않는다. 그러나 사람들은 그의 직업을 과소평가해서는 안 된다. 그에게서 오성은 짧을 수 있어도 이성은 그를 통해서 통찰된다.

그리스, 아크로폴리스, 캅 수니온, 델피 원형 경기장에서의 하이데거. 휠덜린과 니체를 통해 그리스적인 가능성을 경험한 그는 끈질기게 미래를 위해 "한 걸음 물러섬"을 통해 "사유된 것의 처음"을 "사유될 것의 가까움"으로 이끌기 위해 노력하였다. 사유하는 사람, 하이데거는 오늘날 과학-이론에서, 효력 있는 사회철학에서, 논리학과 이데올로기 비판에 들어 있는 날카로운 통찰력에도 불구하고, 이성에 대한 성찰이 상실될 위기에 있음을 본다. 이 사유의 상실을 그는 "오늘날 세계 도처에서 들락날락하는" "무시무시한 손님"이라고 말한다. 선생, 하이데거는 대지 전체를 짓누르고, 인간을 지배하는 독재자로 군림하게 하려고 날뛰는 사람들이 그 모든 권력과 병적으로 주인이 되려는 행동에 무엇이 담겨 있는지를 가르친다. 즉, 무엇이 *있는지* 단순히 말할 수 없는 지경에 있다는 것을 가르친다.

사람들은 뒷전에서, 하이데거가 그의 언어 양식에서 지식과 인식을 넓히는 정보의 성격을 포기하며, 그런 것들을 겉보기에만 의미 있어보이는 빈 형식을 통한 사상적으로 사소한 것이라고 기만하면서, 어둠침침한 스파이 같은 분위기를 잡아 자신을 돋보이려 한다고 말한다. 하이데거의 언어는 시인의 언어처럼 의미를 만들어내지는 않는다. 그의 언어는 인간과 존재와의 연관을 열어보이려는 것이며, 언어의 전환으로 듣지 못했던 것을

경청하도록 일깨우려는 것이다. 어떤 사람들에게는 하이데거가
자신에게 물음을 던지는 사람으로 받아들여지는가 하면, 다른
부류의 사람들에게 하이데거는 물음표를 찍어야 할, 알 수 없
는 사람이 된다."

권터 네스케출판사와 쥐드베스트 바덴바덴 라디오 방송의
책임 편집자, 파울 슈레히트 박사(Dr. Paul Schlecht)는 유일하
고 여전히 가능한 것에 대한 반향이 전달될 수 있다는 것을 잘
알고, 각각 자기 방식으로 나에게 다소 도움을 주었다. 신문-반
향은 다양했다. 어떤 신문에서는 그것이 "즐기기 어려운 것"[53]
으로, "강한 담배"[54]처럼, "어렴풋이 알고 있던 것이 얼마나 애
매한 것인지를 단지 보여준"[55] 필름으로 평가되었다. 다른 신
문에서는 그것이 "처음으로 폭넓게 일반 대중을 철학자와의 대
담으로 다시 이끌 수 있다는 가능성을 열어준 포괄적인 필름
기록"[56]으로, 여러 말을 통해서 "잊을 수 없는"것이라고 논평
했다. 그리고 네스케-필름이 "하이데거 자신이 보는 것의 연습
으로 이해한 한 사상을 중심적인 문제로 제시했다는 점에서"[57]
"본보기"로서 여겨졌다. "라디오-통신"은 판단하기를, "어떤
'숲길'"도, 소박한 것이 아니다. 숲길은 "제3방송의 프로그램에
서 신경을 써서 준비하는 연속극에서 하이데거를 더 요구하게
되는 그런 때나"[58] 가능할 것이다.

하이데거는 나에게 방영 3일 *전에* 네스케의 주관(Initiative)
에 대해 참지 못해 편지를 썼다. 방송에 연루된 것을 알게 된

---

53) Frankfurter Rundschau, 1975년 9월 25일.
54) Epd / Kirche und Rundfunk, 1975년 10월 2일.
55) Frankfurter Allgemeine Zeitung, 1975년 9월 25일.
56) Hannoversche Allgemeine Zeitung, 1975년 9월 25일.
57) TV, Zeitung, 1975년 10월 4일.
58) Funk-Korrespondenz. 1975년 10월 2일.

것이 그에게는 "전혀 기쁨이 되지 못했다"고 했다. "우리는 다행히 텔레비전을 가지고 있지 않아서, 이 방송을 보는 것에 화를 낼 필요가 없습니다. …… 그렇지만 당신에게 감사한 것은 당신이 이 일에 최선을 다해주셨다는 것입니다"59)(프라이부르그 Br. / Zähringen, 75년 9월 20일). 방송 *이후* 2일이 지난 다음, 분명히 친구들로부터 "방송이 좋았다"는 것을 듣고, "나[하이데거]에게 도달된 많은 편지에서" "그 일에서 '최선'"의 것이 행해졌다는 것을 확신하게 된 후에도 하이데거는 역시 감사를 했다. "애석하게도 역시 다른 것은 — 보통 있는 일처럼 — 공공적인 표현으로 언급되었습니다. '조명 빛'으로 새롭게 되는 것에서 나는 진정 피해가고 싶습니다 ……."60)

하이데거 사후 첫날 독일 제1방송은 추모 방송으로 나의 두 번째 하이데거 필름 — "마르틴 하이데거. 사유의 도상에서 ……" — 을 선택했다. "마르틴 하이데거가 그의 사유에서 '전회'라고 일컫는 것은 하이데거의 '전향'도 '귀의'도 아니고, 그것은 존재의 길이 항상 이미 존재로부터의 길이라는 것에 대한 표현이다." 하이데거는 스스로 말하기를, "사유의 운명이 어떻게 생겼는지는 아무도 모른다. …… 내가 *준비하려고* 하는 이 사유를 아마 진실로 전해받을 과제 앞에 선 다가오는 사유하는 자, 그는 한 번 하인리히 폰 클라이스트(Heinrich von Kleist)가 쓴 말에 해당되어야 할 것이다. 그에 따르면, '나는 아직 여기 있지 않은 한 사람 앞에서 물러나, 천 년이나 그에게 앞서, 그의 정신 앞에서 머리를 숙인다."61)

"철학의 종말"은 철학이 학문들에서 생겨날 때 도달된다. 그

---

59) 하이데거-편지, Freiburg i. Br. / Zähringen, 1975년 9월 20일.
60) 하이데거-편지, Freiburg i. Br. / Zähringen 1975년 9월 25일.
61) 『대담』, 77.

러나 사유는 계속된다. …… 아마 대부분은 깨닫지 못했지만, 앞서간 선구자를 만나는 사람들에게서.

■ 출 처

□ 머리말 / 인간의 도상에 있음에 대하여 — 과제로서의 철학의 길 안내 — R. Wisser, *Vom Weg-Charakter philosophischen Denkens*. Königshausen & Neumann. Würzburg 1998. Seite 33-48.

□ 제 1 부 / 물으며 사유함 : 이정표들
철학, 학문, 사유 — R. Wisser, *Philosophische Wegweisung. Versionen und Perspektiven*, Königshausen & Neumann, Würzburg 1996. Seite 187-215.
헤겔과 하이데거 또는 사유의 사유에서 존재 사유로의 전환 — R. Wisser, *Philosophische Wegweisung*, Seite 217-249.
하이데거의 사중적 물음 — R. Wisser, *Philosophische Wegweisung*, Seite 251-276.

□ 지은이 / 리하르트 비서(Richard Wisser : 1927~   )

독일 마인츠대 철학과 교수를 역임하였으며 현재 같은 대학 명예교수로 있다. 하이데거와 야스퍼스에 관한 연구로 저명한 저자는 하이데거와 관련된 많은 저서와 논문을 발간했고 또한 1983년 이후부터 '국제야스퍼스학회 공동대표'직을 계속 수행하고 있다. 그의 철학은 존재론, 실존철학, 철학적 인간학 분야에 관련을 갖고 있다. 지은 책으로는 『대화중에 있는 하이데거』(1970), 『사유의 도상에 있는 하이데거』(1987), 『철학적 길 안내 ― 모델들과 전망들』(1996), 『누구도 동일하지 않다 : '비판적-위기적 인간학'에 대한 스펙트럼과 전망』(1997), 『철학적 사유의 도상적 성격』(1998), 『의미와 존재』(1960), 『시대의 변화 속에서의 책임』(1967), 『철인들 중의 철인』(1993), 『카를 야스퍼스』(1995) 등이 있다.

□ 옮긴이 / 강학순

총신대 종교교육학과를 졸업하고 독일 뒤셀도르프대 철학과 석사 과정을 마친 뒤 독일 마인츠대에서 철학 박사 학위를 취득하였으며, 안양대 신학부 철학 교수로 있다. 저서로는 *Die Bedeutung von Heideggers Nietzsche ― Deutung im Zuge der Verwindung der Metaphysik*, Peter Lang (Dissertation)(1990)이 있으며, 역서로는 후퍼나겔의 『해석학의 이해』, 로렌츠의 『현대의 철학적 인간학』, 비서의 『카를 야스퍼스』(공역) 등이 있다.

□ 옮긴이 / 김재철

한국외국어대 화란어과를 졸업하고 동 대학원에서 철학과 석사 과정을 마친 뒤 마인츠대에서 철학 박사 학위를 받았으며, 현재 한국외국어대와 경희대 강사로 있다. 저서로는 *Leben und Dasein(Die Bedeutung W. Diltheys für den Denkweg M. Heideggers).* Königshausen & Neumann (Dissertation). 2000이 있으며, 역서로는 하이데거의 『철학입문』(근간)이 있다.

하이데거
사유의 도상에서

초판 1쇄 인쇄 / 2000년 11월 10일
초판 1쇄 발행 / 2000년 11월 15일

●

지은이 / 리하르트 비서
옮긴이 / 강학순 · 김재철
펴낸이 / 전　춘　호
펴낸곳 / 철학과현실사
서울특별시 서초구 양재동 338의 10호
전화 579-5908~9

●

등록일자 / 1987년 12월 15일(등록번호 / 제1-583호)

●

ISBN 89-7775-314-7 03160
*엮은이와의 협의에 의하여 인지는 생략합니다.
*잘못된 책은 바꾸어 드립니다.

값 15,000원